职业教育信息化发展案例报告
（2021）

赵 林 主编

北京理工大学出版社
BEIJING INSTITUTE OF TECHNOLOGY PRESS

版权专有 侵权必究

图书在版编目（CIP）数据

职业教育信息化发展案例报告.2021/赵林主编. --北京：北京理工大学出版社，2022.7
ISBN 978-7-5763-1552-3

Ⅰ.①职… Ⅱ.①赵… Ⅲ.①职业教育—信息化—案例—研究报告—中国—2021 Ⅳ.①G712

中国版本图书馆CIP数据核字（2022）第133904号

出版发行 /	北京理工大学出版社有限责任公司
社　　址 /	北京市海淀区中关村南大街5号
邮　　编 /	100081
电　　话 /	（010）68914775（总编室）
	（010）82562903（教材售后服务热线）
	（010）68944723（其他图书服务热线）
网　　址 /	http://www.bitpress.com.cn
经　　销 /	全国各地新华书店
印　　刷 /	三河市华骏印务包装有限公司
开　　本 /	787毫米×1092毫米　1/16
印　　张 /	28.5
字　　数 /	587千字
版　　次 /	2022年7月第1版　2022年7月第1次印刷
定　　价 /	99.00元

责任编辑／李慧智
文案编辑／李慧智
责任校对／周瑞红
责任印制／施胜娟

图书出现印装质量问题，请拨打售后服务热线，本社负责调换

前　言

2015年1月教育部发布《职业院校数字校园建设规范》（教职成函〔2015〕1号）。为了落实该规范，在教育部职成司指导下，中央电化教育馆启动"全国职业院校数字校园建设实验校"项目，分批遴选了428所实验校。2021年4月召开的实验校工作总结会上，评选出了116所样板校（占比27%），从一个方面展示了"十三五"时期全国职业教育信息化工作取得的突出成效。

为贯彻落实《国家职业教育改革实施方案》《职业教育提质培优行动计划（2020－2023年）》《关于推动现代职业教育高质量发展的意见》《职业院校数字校园规范》（教职成函〔2020〕3号）的精神，及时总结和展示职业院校信息化建设与应用中取得的成果和经验，持续发挥职业院校数字校园建设实验校在职业教育信息化领域的示范带动作用，中央电化教育馆面向职业院校征集职业教育信息化建设与应用成果案例。征集范围不仅包括职业院校数字校园建设实验校，也包括在职业教育信息化实践中有创新、有特色的其他职业院校。2021年9月启动案例征集工作，截至2021年11月底共收到24个省级电教部门提交的103所院校274个案例。经专家初评、专家组终审，最终推荐108个典型案例。限于出版篇幅，又从中选取了66个案例，作为2021年职业院校信息化建设成果优秀案例编辑成册。

教育部教育技术与资源发展中心（中央电化教育馆）职业教育资源部李贺、李蕾、施春燕、成秀丽、姜博仑参与了本书的编写。

感谢24个省级电教部门对本次案例征集工作的大力支持，103所院校的积极参与。特别感谢韩锡斌、葛连升、谢幼如、刘革平、王民、门海、赵慧勤、王宝俊、赵立华、张晓河、万振凯、周潜、黄春麟、焦勇等专家对案例的评审并撰写点评意见。

目　　录

综述 ·· 001

信息化课堂教学篇 ·· 007

积极推进混合教学改革　提升社会服务水平 ·· 009
混合式教学赋能课堂实效 ·· 013
工业机器人技术专业"2347混合式理仿实一体化"教学模式改革与实践 ···· 019
基于职教云和BIM虚拟仿真的多维度协同教学创新与实践
　　——以《建筑工程预算》课程为例 ·· 027
"理实融合、四体协同"新时代师范生信息化教学能力培养创新与实践 ···· 034
评价导向、保障到位、组织有力、多措并举实施混合教学改革 ·············· 040
充分利用信息化技术，推进混合式课堂教学改革 ······································ 046
5G构建"云工地"，真实场景进课堂
　　——建筑类专业课信息化课堂教学 ·· 052
信息化助力科学治理　重塑学校教育新生态 ·· 056
AR/VR赋能"理、虚、实一体化"课堂实践 ··· 062
聚焦教学，技术引领，信息化支撑混合教学改革 ······································ 067
深化混合教学改革　促进体教融合高质量发展 ·· 071

信息化实训教学篇 ·· 081

城市轨道交通智慧运维示范性虚拟仿真实训基地建设案例 ······················ 083
铸造铁路魂　锤炼工匠神
　　——调车作业安全效率护航者混合教学案例 ···································· 093
科技创新服务　助力人才培养 ·· 101
智慧实训：实训教学与信息技术的"智慧化"成果 ···································· 107
高端模拟系统在高职助产专业正常分娩情景模拟演练教学中的应用 ······ 115
基于虚拟仿真的城市轨道交通智能运维实训教学模式创新与实践 ·········· 119
学习智慧岛：开展线上线下混合式技能实训 ·· 126
测绘地理信息智慧型开放实训平台改革与建设 ·· 131

工业机器人系统集成与应用虚拟仿真实训 ………………………………………… 138
"3D智能工厂实训基地"助力智能制造专业群教育教学模式改革创新 …………… 143
虚拟仿真实训助力"智能建造"
　　——以广州番禺职业技术学院建筑工程虚拟仿真实训中心为例 …………… 148

信息化校企合作篇　153

深化校企合作、共创"云中高职"
　　——高职院校数字化转型的研究与探索 ………………………………………… 155
校企融合共建"资源工厂"创新教学资源建设模式 ………………………………… 163
基于产教融合的"三元联动、双向反哺"云网融合实训基地 ……………………… 170
电子商务信息化校企合作：一个案例折射出的职教新方向 ………………………… 174
基于校企协同数字校园"五引五新"建设模式探索与实践 ………………………… 179
创新"互联网＋N平台"校企协同创新模式，促进产教深度融合 ………………… 186
信息化引领"六位一体""三结合""五化"跨境电商产教融合创新与实践 …… 192
"互联网＋保险"校企协同育人模式 ………………………………………………… 199

数字化教学资源建设与应用篇　205

基于虚拟仿真的"学作融通、虚实融合"人才培养模式构建与实施 ……………… 207
以学习者为中心的电力系统自动化技术专业教学资源库建设与应用实践 ………… 214
智慧学习环境下中职机械类立体化教材的开发与实践 ……………………………… 221
金融科技应用专业国家教学资源库建设与应用 ……………………………………… 227
国家职业教育新能源汽车技术专业教学资源库建设与应用 ………………………… 234
"船舶e栈"服务海洋强国战略，助力"战疫"教学 ……………………………… 241
急危重症虚拟仿真实训资源的开发与应用 …………………………………………… 246
"东西对接、联盟联考"构建国家级临床医学专业教学资源库建设与应用新模式 …… 252
基于职教集团信息化平台打造继续教育新高地的探索与实践 ……………………… 259

教师信息技术应用能力篇　269

信息化教学能力提升助推课堂教学模式改革 ………………………………………… 271
"三教"改革下的职业院校教师信息化能力实施路径 ……………………………… 277
"赛教融合、五步四梯"系统推进教师信息化教学能力提升 ……………………… 283
成都职业技术学院教师信息化能力提升 ……………………………………………… 291

信息化治理与服务篇　295

信息化赋能教育评价改革，推动学校治理能力现代化 ……………………………… 297

数"治"苏职大，打造"六全"智慧校园
　　——信息化全面助力学校内涵式高质量发展 ………………………………… 303
高效输送信息化服务，用心用情为师生办实事 ……………………………………… 312
大平台、微服务、慧治理
　　——深入推进校园一站式服务与数据治校工作 ………………………………… 318
"五育"并举、深度融合、数据服务，打造"智慧育人"新平台 …………………… 324
"融合创新、数据赋能"智慧教学模式的实践 …………………………………………… 329
信息化助力校园管理"零跑腿" …………………………………………………………… 335
以数"治"赋能数"智"　构建福建船政交通大脑 ………………………………… 343
为"五育"装上信息化"引擎" …………………………………………………………… 350
厦门社区书院建设 ………………………………………………………………………… 357
信息化助力学校治理能力现代化 ………………………………………………………… 364
技术与组织双驱动，助推智慧校园建设 ………………………………………………… 369
教育信息化战略下构建电力高职教学新生态 …………………………………………… 375
流程变革、数据对话让学校治理走向智慧
　　——重庆市荣昌区职业教育中心"四化"智慧校园治理模式探索之路 ……… 382
超融合智慧校园在信息化治理与服务中的案例介绍 …………………………………… 391
数字校园助力双高建设　诊改体系保障人才培养 …………………………………… 398

复合案例篇 ……………………………………………………………………………… 407

数据驱动的智慧教学综合系统赋能高质量教学的探索与实践 ………………………… 409
数据治理体系下的高职院校现代化治理水平提升 …………………………………… 415
聚焦育人·聚焦创新·聚焦发展 ………………………………………………………… 422
信息化支撑职业教育区域协同发展模式探索与实践 …………………………………… 429
依托国家级教学资源库的带电作业信息化实训教学探索与实践 …………………… 434
建设高质量教育支撑体系，推进院校现代化治理变革 ……………………………… 440

综 述

基于互联网的各类新型信息技术由过去的单一辅助要素，扩展为无所不在的创新驱动力，引发了职业教育的整体性、系统性变革。这一变革不是信息技术与原有职业教育的简单叠加，而是互联网思维、连通的环境与技术等共同推进互联网+职业教育全面发展，从而基于信息化构建新体系、创建新模式、探索新规律、培育新机制，最终支撑引领职业教育迈向现代化。"十三五"时期，全国职业院校在信息化引领职业教育现代化的积极探索中取得了可喜的成效。

本书按照信息化课堂教学、信息化实训教学、信息化校企合作、数字化教学资源建设与应用、教师信息技术应用能力、信息化治理与服务、复合案例等七个专题对案例进行了分类，每个案例按照背景与概况、特色与创新、成果与影响、经验与启示等四个部分进行呈现。综合分析所选案例，概述如下：

1. 教育信息化理念提升，推进意识增强

不少案例材料在经验与启示部分明确提到校领导的"一把手"作用，体现出职业院校领导对信息化价值的认知水平大幅提升，进而在学校的信息化启动、调控和评估工作中发挥了第一推动力的作用。

2. 网络基础设施不断完善，信息化教学环境广泛应用

各级政府对职业教育投入的增加以及职业院校对信息化重视程度的提高使得职业院校的信息化建设投入显著增加，校园技术条件得到改善，网络基础设施逐步夯实，信息化教学环境得到广泛应用。

3. 数字教学资源质量提升，支撑教学与社会服务

职业院校建设了教学素材、网络课程、仿真实训等形式多样的数字教学资源，质量明显提升，有效支撑了校内教学，一批课程成为国家级或省级精品在线开放课程、精品资源共享课程等，支撑终身学习理念及职业院校服务社会的目标。

4. 信息化教学常态化，破解难点能力逐步提高

信息化课堂教学和实训教学已不局限于一门或几门课程、一个或几个实训项目，而是在学校很多课程、多个专业普遍、系统地实施，推动信息化教学的常态化应用。运用信息化解决职业教育的痛点、难点，如利用信息化手段破解传统职业教育教学模式中学生学习的积极性和参与度不高、教学手段和方法单一、理论和实践脱节、难以满足个性化教学需求等问题，运用信息化创新实训模式突破传统实训教学中资源、师资、时间、场地、资金、耗材、安全等方面的限制等。

5. 信息化提升学校服务水平，增强治理能力

借助信息化推动学校治理从管理转向服务。强调面向师生服务的理念，聚焦师生需求，建设一站式服务大厅、移动应用、自助服务终端等信息系统，提升学校日常管理与办事效率，增强服务水平及师生的体验感、获得感。案例校的实践反映出信息技术在学校管理与服务方面带来的不仅仅是数据的管理，更是利用信息技术促进学校的科学决策、业务流程再造及学校体制机制改革。

6. 教师信息化教学能力显著提升，有效支撑人才培养

教师运用信息技术创新教学的意识、态度和能力得到了显著提升，教学研究能力得到增长，发现了教学研究相关的课题，发表了相关的论文，同时在各级、各类教学比赛中的参与度、获奖率大大提升。通过推动多元互动、形式多样的信息化教学手段，采用基于线上、线下、课内、课外有机融合的混合教学模式，学生在学习兴趣、学习态度等方面得到了提高，学生信息化素养、自主学习能力等得到了增强，在学生学习满意度、个性化学习需求满足程度、用人单位对教学质量的反馈等方面均显示出积极的变化。信息化工作的相关经验和方法通过会议报告、院校间交流等方式得到传播，增强了学校影响力，并获得了不同级别的教学成果奖等荣誉。

7. 探索新兴技术，引领教学改革

案例显示出一些院校在大数据、人工智能、VR/AR、5G等新兴信息技术在教学、实训、管理等方面开始探索应用，彰显技术赋能职业教育的潜能，推动职业教育数字化转型。

本次收录的案例也反映出职业院校信息化建设与应用方面还存在着一些问题与不足，值得进一步探索：

（1）职业院校信息化教育教学的推进不均衡

不同区域、不同类型的职业院校在信息化发展理念、基础设施、数字资源效能、信息化教学、管理与服务、体制机制等方面存在较大差异，最终导致职业院校信息化教育教学呈现出非均衡性。区域方面，通过对案例学校所在地区分析，呈现出明显的东部地区职业院校信息化推进快于其他地区的现象，浙江、山东、广东、江苏四个省份的案例占总案例数的57.4%，这些省份的案例不仅数量多且质量高。在类别方面，高职院校的信息化推进显著快于中职学校。全国中等职业学校约1.03万所，占职业院校总数的近88%，在本次评选出的案例中，中职学校的案例占比仅18.5%，反映了中职学校在信息化教育教学的意识、能力、实施效果等方面与高职院校仍有很大差距。

（2）职业院校教师信息技术应用能力仍待加强

不少案例院校强调教师信息技术应用能力对学校信息化教育教学改革的重要性，但在提交的274个案例中仅有14个案例（占比5.1%）属于"教师信息技术应用能力"类，在评选出的108个案例中仅有4个该类别案例（占比3.7%），反映出职业院校在教师信息技术应用能力发展方面的具体行动仍然滞后。教师信息技术应用能力类的案例在培训的目标、方法等方面进行了探索，但在教师信息技术能力标准制定、教师发展体系构建、教师教学应用效果评价等方面涉及不多，职业院校在教师信息技术能力提升方面尚未形成体系。

（3）信息化支撑产教融合、校企合作的成效仍不突出

在提交的案例中仅有11个属于"信息化校企合作"类案例（占比4%）。其他主题的案例中也鲜有提及学校通过信息化产教融合、校企合作提升学校教学质量和办学能力的内

容。信息技术在支持培养标准与企业标准对接、产业与专业对接、生产过程与教学过程对接、职业标准与课程内容对接等方面有很大潜力，数字化教材随信息技术发展和产业升级情况可以及时动态更新，但是这些方面的信息化实践在职业院校中仍然鲜见。

（4）数字教学资源共享与应用效果尚有待检验

职业院校在精品资源共享课程、精品在线开放课程、专业教学资源库等数字教学资源项目中投入了大量的人力、物力、财力，但普遍缺乏对这些数字教学资源共享与应用效果的有效证据。针对数字教学资源在职业教育高素质技术技能人才培养中的应用模式、院校间或校企间资源共建共享模式及长效机制的深入探索仍然不足。

（5）信息化系统、体制机制、人员能力需协调发展

大多数案例都提及技术系统、体制机制和人员能力三方面的建设问题，但是案例分析仍反映出职业院校在信息化方面重技术系统、轻体制机制和人员能力的倾向，如何使信息化技术系统、体制机制及人员能力之间协调发展将是信息化工作需要解决的问题。

本案例集较为全面地展示了我国职业院校在"十三五"时期职业教育信息化取得的丰硕成果。面向"十四五"时期职业教育高质量发展的新要求，这些鲜活案例呈现的成功经验、揭示的不足与问题对全国职业院校信息化教育教学改革具有重要的借鉴价值。

信息化课堂教学篇

积极推进混合教学改革　提升社会服务水平

沧州医学高等专科学校

一、背景与现状

（一）学校简介

沧州医学高等专科学校始建于 1958 年，2004 年经教育部批准升格为"沧州医学高等专科学校"。建校 60 余年来，为社会培养卫生技术人才 60 000 余名。

学校设有"七系三院两部"，开设 20 余个专业。拥有全国首批职业院校健康、养老服务类示范专业点 3 个，中央财政重点支持专业 2 个，省级骨干专业 1 个。外科护理学入选首批全国精品在线开放课程，牵头主持国家级专业教学资源库 2 个，参与建设 5 个。

学校坚持质量立校、特色兴校、人才活校、科研强校、依法治校，不断提高办学水平，先后荣获全国文明单位、全国绿化模范单位、全国职业院校护理专业仪器设备装备规范样板学校、首批全国职业院校数字校园建设实验校、河北省文明校园、河北省成人教育评估优秀单位、河北省普通高校示范性就业指导中心等荣誉称号。

（二）背景介绍

近年来，随着信息技术的高速发展，我校审时度势，将信息化工作作为提升学校办学实力的重要战略举措，强化顶层设计，加强融合创新，优化信息化应用与服务环境，建成了高速、便捷的校园网络，促进信息技术与教育教学的深度融合，在实践中探索医学高职院校数字校园建设路径。尤其是 2015 年入选"首批国家数字校园建设实验校"项目以来，我校依托数字校园环境，探索混合教学模式的广泛应用，促进信息技术与教育教学深度融合，利用信息技术手段传播卫生保健知识，拓展学校社会服务功能，提高学校的社会声誉。

（三）实施过程

1. 促进在线开放课程建设与应用

一是统筹规划，制定制度。在学校教育事业"十三五"规划和沧州医学高等专科学校信息化建设与发展规划框架下，制定《在线开放课程建设工作实施办法》，指明了在线开放课程建设的方法、步骤和各方人员的职责。

二是校企合作、示范引领。2015年与人民卫生出版社合作，建设外科护理学和社区护理学两门慕课，依托"人卫慕课"平台，展现我校教师风采。"慕课"建设由授课教师团队和技术支持团队共同完成。授课教师团队负责课程知识点选取、内容组织、授课方式选取、素材收集等工作，技术支持团队负责课件制作、视频拍摄、剪辑等工作。经过两个团队一年半的努力，两门"慕课"按时上线。

三是广泛推广、积极探索。在外科护理学、社区护理学上线"人卫慕课"平台之后，学校积极推广"慕课"建设经验，建设学校范围内使用的SPOC（小规模限制性在线开放课程）。2017年确立了基础营养学、医护英语等11门校级精品在线开放课程，2018年确立了信息技术基础、病理学等11门校级精品在线开放课程。

2. 推进混合教学模式应用

在学校教学工作中，我校基于"优慕课"在线教育综合平台，开展线上线下相结合的混合教学模式改革。

2017年5月完成了"优慕课"平台的升级。根据学校规划，制定了《沧州医学高等专科学校混合课程建设工作方案》，明确了混合课程建设目标、实施办法、建设任务、保障措施等内容。为了提高教师对混合课程、混合教学的认识，2017年平台升级后，组织了两次培训，参加培训教师达到200名，覆盖了全校所有的教研室。通过专家的讲解，教师们掌握了新平台的使用方法。2018年7月，我校从混合课程负责人中优选30名教师，赴清华大学教育技术研究院参加"混合教学能力提升研讨班"，专家的讲解提升了教师们对混合教学模式的认识，提高了混合课程设计和混合教学实施能力。回校后，30名教师再接再厉，课程建设与应用更上一层楼。

3. 促进学校社会服务功能拓展

我校充分利用先进信息技术传播卫生保健知识，致力于提升广大居民的健康素养水平，拓展学校社会服务职能。

我校依托数字校园环境，发挥视频制作优势，开发健康教育"微视频"。在充分调研的基础上，按照基本知识和理念、健康生活方式与行为、基本技能、常见病的预防、传染病的预防、安全与急救技能、营养与健康知识等模块，组织经验丰富的医师、护师、营养师、教师开发卫生保健网络科普"微视频"。其中视频开发团队负责知识点选取、素材收集、脚本设计，技术支持团队负责视频拍摄、剪辑、生成、上传。搭建了"卫生保健科普网络开发与应用研究平台"，几年来，制作上传"微视频"300余部，总计4 000多分钟，免费向社会开放，传播卫生保健知识。

二、特色与创新

（一）以项目管理方式进行精品在线开放课程、混合课程、健康教育微视频开发

在精品在线开放课程、混合课程、健康教育微视频开发过程中，引入了项目管理的方

式，打破了部门之间的壁垒，由信息技术人员直接服务一线教师，在项目负责人的协调、调度下开展工作，达成项目目标，取得了较好的应用效果。

（二）形成了校本混合课程、精品在线开放课程、教学资源库的联动

校本混合课程建设是基础，是学校教学工作的主阵地。需要申报精品在线开放课程时，按照申报要求，将校本混合课程上传到相应平台上，参加评审。校本混合课程中积累了大量的文本、图像、视频、试题资源，为各级教学资源库建设积累了大量素材。同时各级教学资源库的资源又可以广泛应用到校本混合课程建设中，这样，形成了校本混合课程、精品在线开放课程、教学资源库的联动机制，达到一处建设、多处应用。

三、成果与影响

（一）在线开放课程建设初见成效，教师建设在线开放课程的能力得到提升

近3年，外科护理学入选首批国家精品在线开放课程，入选省级精品在线开放课程4门，校级精品课程20余门。在线开放课程建设与应用深入发展，极大推动了教学模式的改变，以学生为中心的混合式、探究式、合作式教学调动了学生学习的主动性和能动性。

在中央电化教育馆组织的全国教育教学信息化交流展示活动中，屡创佳绩，获得国家级二等奖3项、三等奖3项，省级一等奖3项、二等奖4项、三等奖3项。连续三年参加全国职业院校信息化教学大赛，获得一等奖1项、二等奖1项、三等奖2项；省级一等奖5项、二等奖6项、三等奖1项。

（二）教师混合课程设计能力、混合教学实施能力显著提升

通过专家进校讲座、教师外出学习等方式，提高教师混合课程设计能力和混合教学实施能力。尤其是2018年7月，精选的30名教师在清华大学教育技术研究院接受培训之后，无论是对混合课程的认识深度，还是混合课程设计能力、混合教学实施能力的提升都非常显著，这一批教师已经成为学校混合教学模式改革的中坚力量。

截至目前，学校建设混合教学模式课程40余门，参与教师上百名。"优慕课"平台升级一年半以来，医护英语访问量达30万次，口腔内科学、医学心理学等课程访问量达到13万次。随着混合教学模式的推广，学生的学习积极性、学习成绩、主动学习的意识有较大幅度的提升，学校的人才培养质量提升明显。

（三）学校社会声誉提高

学校搭建了"卫生保健科普网络开发与应用研究平台"，免费向社会开放，提高了学校的社会声誉。平台开通3年来，访问数量达到60 000余人次，其中"劳逸结合""抗生素滥用及危害""健康概述"等微视频点击量800次以上，其中"劳逸结合"点击量1231

次，位居榜首。中华医学会教育技术分会的专家认为该项目开创性、技术性、推广性好，是我国医学教育技术界一项先进的、较为成熟的、有着很好应用前景的难能可贵的医学教育技术成果。

四、经验与启示

在数字校园建设中，取得的成绩是暂时的，信息技术与教育教学的深度融合还有很长的路要走，在今后的工作中，学校计划从以下两方面推进工作：

一是进一步加强混合教学模式改革，提升教师信息化教学能力，吸引更多的老师参与混合教学模式改革，惠及更多学生。

二是进一步提高资源共享水平，彻底打破"信息孤岛"，实现资源共享、信息共享、数据共享，促进校本数据中心建设，为教学诊断与改进工作提供数据支撑。

专家点评

该案例依托数字校园环境，探索混合教学模式的广泛应用，促进信息技术与教育教学深度融合，利用信息技术手段传播卫生保健知识，拓展了学校的社会服务功能，提高了学校的社会声誉。主要有以下几点经验：

（1）大力推进在线开放课程建设与应用。以项目管理方式进行在线开放课程、混合课程、健康教育微视频开发。典型做法：一是统筹规划，落实制度保障；二是校企合作、实施示范引领；三是广泛推广、鼓励积极探索。

（2）推进混合教学模式应用。围绕教学目标，制定教学管理办法，明确混合课程建设目标、实施办法、建设任务、保障措施等内容，强化教师信息化教学能力培养，推进混合教学改革。

（3）充分利用信息技术，搭建"卫生保健科普网络开发与应用研究平台"，实现校本混合课程、精品在线开放课程、教学资源库的联动，免费向社会开放，传播卫生保健知识，提高了学校的社会声誉，拓展了学校的社会服务职能。

混合式教学赋能课堂实效

上海市工商外国语学校

一、背景与现状

（一）现状简述

1. 学校简介

上海市工商外国语学校直属于上海市经济和信息化委员会，是国家级重点中专、上海市文明校园、上海市"国际化"特色示范学校、上海市技能人才培育突出贡献单位，入选2018—2020"亚太职业院校影响力50强"，上海市"龙文化"民族文化传承教育基地、上海市家庭教育示范校，上海市唯一具有招收外国留学生资质、获得ISO 21001学校服务管理体系认证的中等职业学校。

2. 学生和教师特点

新时代的中职学生喜欢运用信息化手段解决学习、生活问题，热衷于游戏和微信等娱乐方式，但在学习过程中"重操作，轻原理""多盲从，缺思考"，尤其对逻辑思维较强的知识理解、正确应用网络学习的能力较弱、社会认可特别是国际认可程度较低。在教师比较偏重传统的"演示-操作"教学中，教学模式较为单一，学生主动性不强，课堂教学往往达不到预期效果。

3. 基本对策

面对教育教学前所未有的机遇和挑战，上海市工商外国语学校以教育信息化带动课堂教学改革，充分发挥混合式教学优势，有效结合实体教学空间和虚拟教学空间特点，注重信息技术与课堂教学的全面深度融合，注重课堂实效，促进学生和教师的全面发展。

（二）实施路径

为适应教育发展新常态、学生特点变化，学校通过教育信息化"一基础一保障一途径"策略，推进混合式教学在课堂中的应用。即以校园网络和信息化设施建设为基础、提升教师混合式教学技能为保障、强化一线教学过程中的合理应用为途径，在一线课堂教学中，积极探索提高中职课堂教学实效的新途径，积极打造具有国际化特色的"工商外"教育。

1. 基础设施保障教学之"路"

我校建有"一网二平台三中心",包括数据中心、资源中心、认证中心、智慧学习平台、综合管理平台,涉及管理、服务、实训、在线课堂等多个方面,基本实现基层用户在应用层面的业务整合,在统一的操作界面就可以查询各子系统的信息,实现了业务层面的统一。以"数字校园平台"为主,建有"移动校园"App,基本实现师生用户在应用层面的业务整合,部分满足移动业务的需求。市级开放实训中心管理平台、大数据专业实训平台已投入日常教学管理,并在优慕课在线教学平台、学习通平台等开展混合课程资源建设,360度虚拟交流空间正在建设布局中。

2. 强化混合式教师培训

学校以职业院校教师专业标准与信息化2.0时代特点为基础,开展分层次、分阶段混合式教学能力培训,提升教师信息技术服务于教学的意识以及将技术运用于教学的技能。学校与清华大学教育技术研究所和优慕课在线教育科技有限公司合作,开展混合式课程教学改革和教学培训,以数字学校建设为契机,以覆盖全校各核心专业、各类型课程的混合教学改革为抓手,通过1~2年的整体系统建设与推进,在混合教学技术支撑环境、教师信息化教学能力、信息化教学的支持服务体系、学校信息化建设的体制机制等方面提升学校能力,建设一批符合信息时代职业教育特点的上海市工商外国语学校特色课程,切实提高学生的教学质量。

3. 以"应用驱动"开展混合式课堂教学

学校强化"重在应用"的思想,引导教师积极提升自己的混合式教学素养,将混合式教学积极应用于教学实践,创新推进信息化的融合应用。全校教师因地制宜推进信息化在校园安全、学生德育、教育教学等方面的应用。如教学资源补充在线内容,教学方法兼顾线下和线上,教学环境从实体班级延伸到网上虚拟教学环境,教学反馈除了日常考核,还要关注学生的信息技术能力和素养。学校的智慧教室已形成"课堂用、经常用、普遍用"的智慧教学常态。通过一系列的组织管理措施,保障教师的教学自主权,使教师改革创新的积极性逐步增强,实现了骨干教师应用技术创新变革课堂、年轻教师应用技术优化改善课堂。

二、特色与创新

(一)混合式教学模式在计算思维培养上的创新与实践

在面向国际商务专业一年级学生开设的信息技术基础课程中,有Excel软件的IF函数的教学内容,涉及基础的编程思维内容。在以往的教学中,学生往往机械地学和做,无法真正理解多条件分支的逻辑思维。为了帮助学生理解函数内涵并能完成函数的设置,教师充分利用混合式教学手段,通过线上线下的资源建设,设计含有逻辑思维的游戏,提升课堂效果,增强学生的逻辑理解能力。

根据"课前自主学习,提升兴趣,课中聚焦重难点,师生互动,多次练习,课后有效巩固和预习"的原则，按照"基本概念—实践操作—思维强化—巩固加强"的步骤开展教学；以经济建模来引领任务，通过信息化手段，吸引学生参与实践。同时，利用教学平台和自主研发的自动评分程序，进行过程性评价和结果性评价。

（1）课前：通过教师自创微信公众号发布知识文档和IF函数操作微课。以专业知识为背景，设计猜汇率游戏，使学生在游戏中体验逻辑，激发学习兴趣，同时记录游戏数据。结合游戏完成速度和学生平时情况，对学生进行异质分组，达到组内梯度清晰、组间实力均衡。

（2）课中：教师讲解游戏的逻辑，引入对"如果，就"的逻辑过程的思考，顺势转入IF条件函数新课操作练习。对于利用Excel建立"国际贸易中的国家经济比较优势原则"模型的概念，则以动画清晰直观地展示出来。

针对IF函数中的嵌套较难理解，教师通过"小机器人回家"游戏（见图1），将抽象的IF函数的嵌套逻辑变得直观易懂，化静为动、化隐为显，为突破教学难点做好准备。

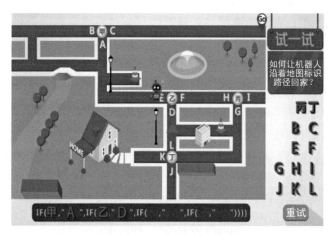

图1　小机器人回家游戏

小机器人面对三岔路口时，将判断每个路口情况和选择正确路径达到下个路口，等于完成一次IF函数语句，四个路口组合就完成了一次IF函数嵌套的使用，最终小机器人将沿正确路线回家。在游戏过程中，学生通过拖拽，既能实现用IF函数语句描述问题，也能体会函数运行方法。

在巩固练习阶段，学生扫描二维码获得进阶任务，即"公用事业阶梯收费建模"，分小组进行水、电和天然气的收费建模比赛。结果将利用自动评分程序即时评测，评出优胜小组，各小组代表分享解题过程。

（3）课后根据课中测试结果，通过微信公众号选人功能，针对学生情况进行个别推送课堂录屏和易错点知识文档。在完成作业过程中，可通过在微信公众号中输入"第一步""第二步"等关键字，自动获得教师提前预设的帮助指导，实现智能答疑。微信公众号还可应用于推送下一小节"数据分析"的预习内容。

（二）新冠肺炎疫情防控背景下的混合教学模式应用

针对新冠肺炎疫情防控对教育信息化提出的新挑战，学校对标重点、难点问题，依托各种教学平台，实现了在线课程的快速搭建，同时鼓励教师优化完善网上课程资源，在疫情防控常态化背景下保障了教学工作的正常进行，提升了课堂效能，提高了学校信息化应用水平。

1. 停课不停学

2020年年初，疫情肆虐，学校充分应用信息化手段，结合混合教学模式，联动保障线上教学，多平台应用，丰富课堂内容。为了更好地响应教育部、市教委号召，切实落实线上教学，学校成立教学工作专班，做好制度建设、教学计划、技术保障、教师培训等准备工作。全体教师通过互相讲课，灵活使用学习通、腾讯课堂、Zoom、QQ课堂等，自建线上课程，设置互动活动和作业，寻找资源，丰富自己的课程内容。为了激发和保持同学们的学习兴趣，英语课把知识点与英语歌曲、电影片段融为一体。在疫情面前，教师开始重新审视信息化教学手段、在线教育模式，新时代只有随时适应和调整各种教育形式，才能无愧于这份职业给予的责任和使命。

2. 构建"零时差"的跨国课堂

在疫情常态化的情况下，在国内老师顺利上课的同时，上海市工商外国语学校的外教老师们也借助信息化技术手段，开展多种形式的课堂教学和交流互动。

同时，学校与海外姐妹学校定期利用远程在线环境技术，进行联合教学和专项合作，如韩国首尔女子商业学校、西班牙阿丰索八世学校、德国不莱梅欧洲中心学校等。

2021年，学校和不莱梅欧洲中心学校举行了"融合·连接"线上交流项目结项仪式暨"双城"论坛。"双城－港口城市生活"项目旨在通过"微课程化"的实践学习，为学生创造学习与了解对方国家和文化的机会，进一步提高中德两国学生的实践能力和跨文化交流能力，从而拓宽国际视野并增进两国青少年间的友好交流。参与该项目的学生锻炼了解决问题、团队协作及逻辑思维的能力，从而提升了未来的职业竞争力。这也是我校践行国际化办学理念的有效方式和有益实践。中德学生的线上交流活动，为疫情下的中外学生交流互动创造了良好的机会，也让两国学生在互动中共同成长。

三、成果与影响

实践证明，通过混合式教学，实时解决了学科教学中思维逻辑训练难题、中职课堂参与度不高的问题，让学生用更自由和更热爱的方式，沉浸式学习。这种信息技术支持下的教学尝试，使得学生学得更扎实、教师教得更活跃，教师成长速度显著提高。同时在国际合作与交流中，混合式教学不受地域、空间和突发情况影响的特点，正在逐步显现。

（一）学生技能显著提高

混合教学方式没有辜负学校的期望。课堂中融入了混合教育，学生们在各类职业技能大赛中取得显著进步,提高了学校的美誉度与知名度。

2021年我校选拔了一批优秀的学生选手,参加了作为上海市中等职业教育技能顶级比赛——上海市"星光计划"第九届职业院校技能大赛的9个项目比赛,我校25名学生在教师精心指导下获得计算机操作等三个项目一等奖,个人团体一共获得30个奖项。

(二) 名师不断涌现

随着混合教学的理念深入人心,"三教"改革成效逐步显现。学校教师们在各类教学比赛和科研中,运用混合式教学理念,设计教案、改造教法、编写教材,在多项比赛中取得佳绩。基础德语专业获2021年上海市中等职业学校在线开放课程建设立项,3个团队获2021年上海市中等职业学校教师教学能力比赛二等奖,2名教师获得上海市中职校第八届教师教学法改革交流评优活动一等奖。

目前学校拥有全国模范教师1人、上海市先进工作者1人、市级名师和市级名师培育工作室主持4人、市专业学科中心组成员9人,校级专业(学科)带头人11名,校级名师8名,常年聘请20名左右外籍教师、30余名国内外相关行业企业专家、技术能手组成兼职教师队伍,为学生的终身发展提供优质保障。

(三) 提升职业教育国际影响力

新冠肺炎疫情对国际交流活动的开展虽然存在着客观的阻碍,但是学校通过运用线上融合线下的方式,运用智慧克服疫情期间不利因素,不忘初心,保持中外学生交流,努力拓展国际交流的新模式,组织了尽可能多的中国学生参与到国际交流活动中,力争惠及更多的我校学生。

2020学年度第二学期,学校共组织展开了5轮学生跨文化品鉴能力提升活动。参与活动的中国学生约164人次,参与活动的外国/外校学生约123人次,同上学期相比,参与活动的中国学生人次约增长了47%,外国、外校学生参与人次约增长了54%。

四、经验与启示

(一) 组织机制保障,推动信息化发展

学校编制了《教育信息化发展规划》,健全了高效管理、协同工作、应用激励三大机制,有效保障教育信息化策略的有序实施。同时为顺利推进学校信息化建设和混合式课堂建设,提高信息化建设的科学性、严谨性和实效性,降低建设风险,充分发挥信息化专家的技术引领、经验指导和决策咨询作用,完善学校信息化治理架构,我校成立信息化建设专家委员会,协同推进,保障技术有效融入课堂教学,以系统化思维推动混合式教学改革,深入推动教育信息化2.0,实现跨越式发展。

（二）混合式教学提升学习兴趣，激活沉闷课堂

（1）关注学生特点，针对学习难点，以学生喜闻乐见、乐于接受的游戏形式教学，将传统的函数操作训练与基础原理知识相结合，将难以量化的函数逻辑思维教学变得易控能评价，使学生以轻松的方式掌握逻辑问题。

（2）课前在线预习，课中游戏化体验学习，课后微信公众号自动辅导学习。同时，教学平台及时反馈，实时了解学生学习情况，实现网络学习和面对面学习相结合的混合式教学模式。

（3）改变了单纯操作式教学，形成了以实际应用为导向，操作和思维训练并重的教学方法。培养和开拓学生思维，培养学生处理数据、解决问题的能力。

（三）营造职业教育国际化氛围

混合式教学模式，有效地推动我校与国（境）外优秀职业教育机构联合开展各类师生交流和上课等合作项目，完全不受疫情等其他因素影响，有力地促进了我校职业教育优秀成果海外推介，助力中国职业教育走出去，提升国际影响力。

如今，课堂教学离不开信息技术，合理运用混合教学等新型信息技术教育手段，既能提供软硬件支持，又能提供各种教学资源，还能为学校国际教育思想、观念和方式提供革新的思路，为新的课堂教学形式保驾护航。

专家点评

该案例以校园网络和信息化设施建设为基础，以提升教师信息素养和混合式教学技能为保障，有效结合实体教学空间和虚拟教学空间特点，强化一线教学过程中的信息技术合理应用，注重信息技术与课堂教学的全面深度融合，以"应用驱动"开展混合式课堂教学。主要有以下几点经验：

（1）根据"课前自主学习，提升兴趣，课中聚焦重难点，师生互动，多次练习，课后有效巩固和预习"的原则，按照"基本概念—实践操作—思维强化—巩固加强"的步骤开展教学；以经济建模来引领任务，通过信息化手段，吸引学生参与实践。同时，利用教学平台和自主研发的自动评分程序，进行过程性评价和结果性评价。

（2）通过混合式教学，实时解决了学科教学中思维逻辑训练难题、中职课堂参与度不高的问题，使得学生学得更扎实、教师教得更活跃，教师成长速度显著提高。

（3）经验启示：一是高效管理、协同工作、应用激励三大机制，有效保障了混合式教学的有序实施。二是混合式教学可以更有效推动与国（境）外优秀职业教育机构联合开展各类师生交流和上课等合作项目，提升职业教育国际影响力。

工业机器人技术专业"2347混合式理仿实一体化"教学模式改革与实践

浙江长征职业技术学院

一、背景与现状

目前，我校工业机器人技术专业的6门核心课程，采用"理仿实一体化"的教学模式，实现"做中教、做中学"，显著提升了教学效率和教学质量，但实施过程中也表现出教师和教学资源的局限性。采用"线上线下混合式"教学模式能打破学生学习的时间界限和师资及资源的局限性。经过几年的实践，我们课程组体会到："混合式"教学模式与"理仿实一体化"教学模式结合的"混合式理仿实一体化"模式更加适合工业机器人技术专业的课程教学。

本专业借助我校龙盛机器人产业学院和校企深度合作，采用"2347混合式理仿实一体化"教学模式，在培养学生工业机器人技术核心能力和职业素养方面取得了较好的教改效果。

（一）校企共建信息化实训基地，为教学改革与信息化应用奠定基础

本专业与杭州龙盛工贸有限公司（全国磨抛机器人龙头企业）合作成立"龙盛机器人产业学院"，校企共建"长征·龙盛磨抛机器人职业技能培训基地"（以下简称"基地"），校企共同制定管理制度和人才培养方案，打造磨抛机器人职业人才培养校企共同体。本"基地"包括磨抛机器人职业技能实训区、虚拟软件模拟仿真训练区和磨抛机器人教学资源共享区。

（1）磨抛机器人职业技能实训区。共投入磨抛机器人20套，全部由杭州龙盛公司捐赠，价值448万多元，每套磨抛机器人包括专用的工装夹具、底座、配套的电控控制系统及空压机等辅助设备，能够承担磨抛机器人初级、中级、高级三个等级的职业技能培训，具备了磨抛机器人职业技能等级证书（由浙江省中小企业协会主导授权）颁发资质。

（2）磨抛机器人模拟仿真训练区。根据磨抛机器人行业及其龙头企业的实际需求，建设了RobotStudio软件系统仿真教学平台，配备了一体机及投影设备，用于虚拟仿真教学系统中PC端软件的安装及教学使用。将智能工厂机器人虚拟仿真教学系统与课程整合，开展信息化条件下实训教学方法研究，制定了案例教学法、项目教学法、探究式教学法等实施方案，并将教学方法应用于实际教学和实训中，提高了课程教学和实训效果，提高了学

生智能工厂工业机器人应用技能水平。

（3）磨抛机器人教学资源共享区。依托产业学院，引入企业技术项目，开发课程及教材，全面开展项目化教学、工作过程导向教学、案例教学等教学改革活动，深入实施现代学徒制的人才培养；结合线上平台、直播课堂、虚拟仿真软件、实时评价体系等信息化手段，促使学生专业能力逐层递进，各个教学任务重难点有效突破。校企共建线上线下教学资源列表见表1。

表1　校企共建线上线下教学资源列表

序号	资源和手段	图片	作用
1	机器人企业生产案例库		教学案例，用于学生自主学习
2	校企合作活页式教材		满足任务驱动教学需要
3	全过程多元化动态评价系统		开展学生互评、教学评价，跟踪学习情况
4	虚拟仿真软件系统 Robot-Studio		用于机器人仿真训练
5	空中直播课堂		远程在线指导，帮助学生解决疑问

续表

序号	资源和手段	图片	作用
6	职教云平台		开展线上课堂，发布任务、资源、测试，开展自主学习等
7	教学课件		展示教学内容、教学环节等

（二）校企共组"双元"师资团队，为教学改革与技术研发搭建平台

依托龙盛产业学院校企共建"长征·龙盛磨抛机器人技术研发与推广中心"，聘请龙盛公司的金忠豪等3位大师，组建"数字工匠大师工作室"，校企联合共育"双师"、共建团队。教学配套资源由校企共同开发，共建科研团队，共研关键技术领域。

（三）校企共组现代学徒班，为教学改革与输送人才提供保障

龙盛产业学院本着"产教双赢、共育智才"的理念，组建了"磨抛机器人现代学徒制班"3个，参与学生150名。依据工业机器人系统集成应用的人才培养定位，校企共同研制了"龙盛磨抛机器人现代学徒制人才培养方案"1部、"龙盛磨抛机器人职业技能标准"1部、"龙盛磨抛机器人职业技能考核标准"1部，构建基于相应岗位职业能力标准的课程体系，设置针对不同中小企业工业机器人应用、智能化改造等多门专业方向课程8门。

二、特色与创新

（一）"2347混合式理仿实一体化"教学模式

以学生为中心，落实立德树人根本任务，灵活设计"2347混合式理仿实一体化"教学模式（见图1）。

2线：通过线上线下开展混合式教学。

3堂：利用网络课程和线上直播搭建网络课堂，利用产业学院机器人实训室搭建校内课堂，通过校企合作搭建企业课堂。

4学：线上线下教学实施过程中实施"督学、自学、互学、辅学"。

7步："基于工作过程导向的任务驱动教学法"设计"学—导—析—练—展—评—拓"七步教学任务实施过程。

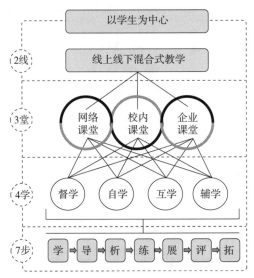

图 1 "2347 混合式理仿实一体化"教学模式

(二)"学、导、析、练、展、评、拓"七步教学法

按照"2347 混合式理仿实一体化"教学模式,将课前、课中、课后的教学实施过程划分为"学—导—析—练—展—评—拓"七个步骤来开展每次课的教学(见图2)。

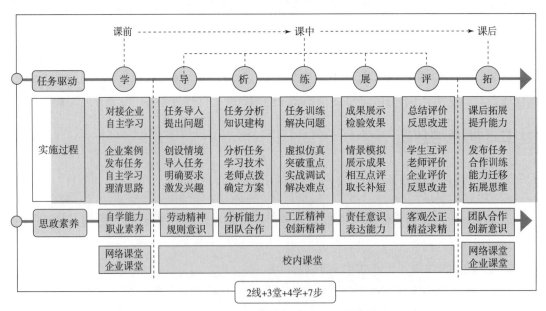

图 2 基于工作过程导向的任务驱动教学

1."学":对接企业,自主学习

课前,教师结合企业真实的岗位工作任务,设计教学任务,选取合适的教学资源,通

过职教云平台上传活页式教材、学习任务单、教学视频等学习资料。学生接受任务，通过网络课堂进行自主学习，根据学习需要进入企业课堂，向企业导师或学长咨询，学习企业的新技术、新工艺，完成课前任务。教师线上评价学生学习情况，收集学生课前学习时遇到的问题，聚焦教学难点，有针对性地调整教学策略。

2. "导"：任务导入，提出问题

上课前教师线上发布签到，按防疫和教学要求组织学生进入教室，小结课前学习中容易出现的问题。通过播放仿真视频、企业实际操作的视频、安全事故案例等创设问题情境，渗入职业文化和专业素质，激发学生的学习积极性和求知欲，吸引学生的注意力，驱动学生去分析问题，思考解决问题的方案，有目的地开展学习。

3. "析"：任务分析，知识建构

学生在接受任务后，通过学生试一试、教师导一导、学生练一练和师生评一评的模式，开展任务分析，建构知识、评价学习效果。教师引导学生开展任务知识点的分析讲解，利用虚拟仿真软件 RobotStudio 演示操作流程和方法，进行模拟训练，把新知识的建构穿插在仿真过程中，培育工作认真细致的职业素养。学生分小组进行试探性完成任务，培养团队合作能力。教师在学生练习过程中进行巡回指导，发现学生的共性问题，及时进行点评指导，纠正错误，同时鼓励学生进行创新；最后，小组进行研讨，确定解决问题的方案。通过教师演示，学生虚拟仿真操练，教师巡回指导，达成教学。

4. "练"：任务训练，解决问题

各小组根据商定的方案，开展任务实战操练，实施"学生为主，教师为辅"。现场操作前，教师再次明确任务要求和实训要求，强调操作规范，分析实操与仿真的区别，进行实操过程中的操作安全教育，并投屏演示训练过程中的重要环节，以帮助学生进行自主训练。学生观看教师演示，进行明确任务要求，清晰操作规范和操作流程。小组内学生分工合作，在工业机器人上进行实操训练。在训练过程中，发现问题各小组及时讨论，教师巡回指导，学生反复训练，逐步突破教学难点。通过实战训练，提升了学生综合解决问题的能力，增强了团队协作、安全意识、职业道德、工匠精神、劳动素养、独立思考、创新思维等能力。

5. "展"：成果展示，检验效果

学生在完成任务训练后，模拟企业工作汇报会。以小组为单位选派代表展示本组完成的作品，并进行成果介绍发言。各组相互观察、相互体验、相互交流，巩固知识、反思自己、改进作品、提高质量。教师对各小组的作品和发言进行实时点评。通过成果展示，锻炼了学生的担当意识、语言表达能力和沟通能力。

6. "评"：总结评价，反思改进

将岗位工作标准、企业用人标准及职业资格证书考核标准融入教学任务评价，结合课程标准设计全过程多元化动态考核评价体系（见图3）。利用设计的实训评价系统（见图4），动态跟踪评价每个教学环节，系统自动以柱形图及雷达图分析各组学习情况，实时呈现，学生实时了解自己组的薄弱点，及时弥补不足，教师及时把握动态，及时调整教学策略。小组在成果展示后，在全过程多元化动态考核评价系统上完成互评，教师对各组学习情况进行总结和综合评价，进一步强化学生对重点知识的掌握、对难点内容的理解。

图 3　全过程多元化动态考核评价体系

全过程多元化动态评价系统

	第一组	第二组	第三组	第四组	第五组
课前导学(15%)	90	84	86	80	83
课堂练习(15%)	86	88	90	86	85
仿真操作(20%)	85	86	85	84	86
实战调试(40%)	85	82	88	85	84
课后提升(10%)	88	80	80	85	88
总成绩	86.2	83.9	86.6	84.2	84.8

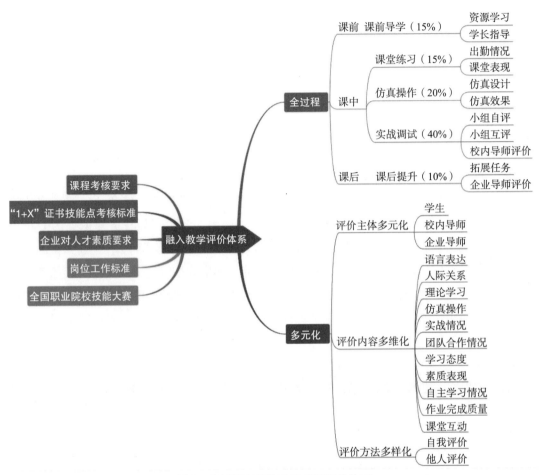

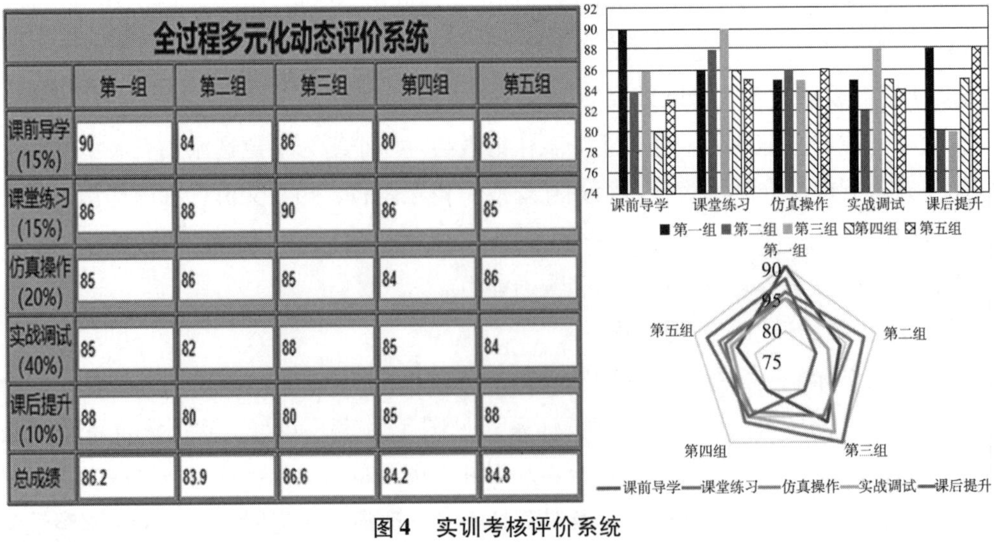

图 4　实训考核评价系统

7."拓":课后拓展,提升能力

课后,教师布置拓展任务,学生接受任务,通过网络课程和企业课堂进行自主学习,结合企业导师指导,进一步完善课堂任务,巩固课上所学内容,完成课后任务,提升学生沟通能力和独立解决问题的能力,培养学生的创新意识,拓展学生思维。

三、成果与影响

经过3年校企双方的不断探索与实践,已建成了磨抛机器人开放式省级示范实训基地,也探索出了"2347混合式理仿实一体化"高职人才培养新的教学模式,使其成为一条产教深度合作、校企协同育人的有效途径,在实训条件、课程资源、科研、技能竞赛和社会服务等方面取得了较好的成果,校企建设成果见表2。

表2 校企建设成果

序号	建设指标	输出成果
1	实训基地硬件设施建设	已建成磨抛机器人开放式示范实训基地,总资产达520余万元
2	实训基地软件设施建设	已建成基于RobotStudio系统的磨抛机器人仿真实训室2间
3	线上线下课程资源建设	1. 校企共同制定了6门专业课程的课程标准、整体设计和考核方案。 2. 已编写3本校企合作教材。 3. 已开设4门在线开放课程
4	校企共建行业标准	1. 与龙盛联合制定磨抛机器人行业标准1部,通过中小微企业协会,进行了全省推广。 2. 与龙盛联合制定产业学院人才培养暨技能鉴定标准1部,已在龙盛学徒制班上实施。 3. 与龙盛联合制定磨抛机器人应用人才职业技能考核标准1部,已在龙盛学徒制班上实施
5	科研	1. 校企教师主持厅级项目11项。 2. 校企教师发表高质量的论文8篇。 3. 校企教师发表专利5部
6	技能竞赛	1. 校企教师指导学生参加国家级技能竞赛获一等奖1项,二等奖2项,三等奖3项,省级多项。 2. 校企教师参加教学能力比赛获省二等奖4项
7	中小企业和社会服务	依托校企联合开放式研发中心于2021年开展社会服务20项以上,开展企业职工培训300人次以上

四、经验与启示

在智能制造和"互联网+"的教育背景下,面向信息化的教育模式成为高等职业教育研究的热点。本专业通过与龙盛公司开展深度校企合作，成立产业学院，共同创建"2347混合式理仿实一体化"教学模式，探索了校企协同育人的有效途径，为企业培养高素质技术技能人才奠定了坚实的基础。今后我们将本着"资源整合、课程配套、项目引领、双师共育、创新驱动"的思路，持续推进信息化校企合作项目，提升社会服务能力。

专家点评

该案例针对"做中教、做中学"教学模式实施过程中学生学习的时间界限、师资以及教学资源的局限性问题，通过信息化手段采取线上线下混合式教学，并与"理仿实一体化"教学模式结合，形成了"混合式理仿实一体化"模式，解决了工业机器人技术专业的课程教学问题。"2347混合式理仿实一体化"高职人才培养新的教学模式，以学生为中心，通过线上线下开展混合式教学；利用网络课程和线上直播搭建网络课堂，利用产业学院机器人实训室搭建校内课堂，通过校企合作搭建企业课堂；线上线下教学实施过程中实施"督学、自学、互学、辅学"；"基于工作过程导向的任务驱动教学法"设计"学—导—析—练—展—评—拓"七步教学任务实施过程。此教学模式在培养学生工业机器人技术核心能力和职业素养方面取得了较好的教改效果，为利用信息化手段进行产教深度合作、校企协同育人提供了有效途径，在实训条件、课程资源、科研、技能竞赛和社会服务等方面成果显著，具有良好的推广应用价值。

基于职教云和 BIM 虚拟仿真的多维度协同教学创新与实践

——以《建筑工程预算》课程为例

嘉兴职业技术学院

一、背景与现状

（一）研究背景及意义

中共十九大以来，国家开启了加快教育现代化、建设教育强国的新征程。教育部相继颁布了《国家中长期教育改革和发展规划纲要（2010—2020 年）》《国家教育事业发展"十三五"规划》《教育信息化十年发展规划（2011—2020 年）》《教育信息化"十三五"规划》《教育信息化 2.0 行动计划》等系列文件，聚焦新时代对人才培养的新需求，结合国家"互联网＋"、大数据、新一代人工智能等重大战略的任务安排，推进新时代教育信息化发展。

2018 年 9 月 10 日习近平总书记在全国教育大会上指出，培养什么人，是教育的首要问题。培育和践行社会主义核心价值观，要以培养担当民族复兴大任的时代新人为着眼点。同时，在教育教学过程中，坚持显性教育和隐性教育相统一，要挖掘其他课程和教学方式中蕴含的思想政治教育资源，实现全员全程全方位育人。既要有惊涛拍岸的声势，也要有润物无声的效果，这是教育之道。

因此，借助"互联网＋教学"开展教学信息化改革研究，基于职教云和 BIM 虚拟仿真系统，同时将"红船精神"和"四史教育"等课程思政元素融入课程教学和改革，实施"线上＋线下"协同、"课内＋课外"协同、"思政课程＋课程思政"协同等多维度协同教学实践和创新，具有非常重要的研究价值和推广示范意义。

（二）问题现状及分析

通过不懈努力和长期建设，我国教学信息化已取得了长足的进步和显著成效，但仍面临一系列问题亟待深入研究和解决，我们针对以下几方面进行了深入分析和研究：

1. 教学信息化的立体设计与构建

教学信息化不应只是将信息化作为传统教学的辅助手段或者后勤工具。借助"互联网＋"、云计算等信息化技术实施"线上＋线下""课内＋课外"的协同教学，将教学信息化与学生的创新能力、终身学习能力、实践和社会服务能力相结合，构建立体式教学信息化体系。同时通过信息化技术采集过程性信息进行学习效果评价，并将过程性考核信息用以改进下一步的教学。

2. 教学信息化与课程思政的融合与创新

课程思政开展得如火如荼，但更多的是任课教师针对自己课堂的思政挖掘，还存在很多的不足。一方面专业教师的思政元素挖掘能力和思想政治理论学习的深度有待于进一步加强，另一方面课程思政与思政课、通识课的融合还很不够。课程思政的开展一方面需要盐溶于汤的润物无声，另一方面也需要借助信息技术用学生喜闻乐见、乐于接受的方式开展。同时通过思政课老师与专业课教师交叉构建教学团队，充分挖掘思政元素，实施"专业课–思政课–通识课"的协同教学，将地方红色资源、党史教育学习、传统文化和地方非遗文化等有机融入课程思政，创新信息化教育与课程思政的深度融合。

3. 虚拟仿真技术助力可视化教学

"建筑工程预算"课程主要培养学生利用预算工具对实际工程图纸进行精准算量和准确计价的能力。传统教学中需要学生通过想象在大脑建立空间感，隐蔽工程以及细部节点构造往往成为学生学习的难点，难以进行直观可视化学习。但进入工地实践存在着教学协调、工地安全等诸多难题。借助职教云和 BIM 虚拟仿真技术开展可视化教学，一方面可以将传统图纸立体可视化，另一方面也可以通过 BIM 虚拟仿真技术将课前预习练习和可视化课堂教学与课后的自我强化提高有机统一，借助信息技术将课堂教学进行课前和课后的拓展与延伸。

二、特色与创新

（一）教学信息化"1233"整体设计

近年来，课程团队不断探索和完善课程的信息化教学，尤其由于疫情的影响，线下授课必须转为线上授课，更加促进了课程教学信息化改革的进程。"建筑工程预算"课程依托职教云平台和 BIM 虚拟仿真系统实施"互联网＋教学"改革与实践。整体思路可以总结为"1233"整体设计。即 1 个中心：以学生成长发展为中心；2 个平台：职教云平台和 BIM 虚拟仿真系统；3 个协同："线上＋线下"协同、"课内＋课外"协同、"思政–通识–专业"协同；3 条线路：1 条线上＋2 条线下课程实践研修线路，如图 1 所示。

（二）基于职教云和 BIM 虚拟仿真的多维度协同教学创新与实践

"建筑工程预算"课程是学校首批重点建设课程和精品在线课程，由学校和两家企业学院共同开发的"岗课赛证"一体化课程，2021 年被评为浙江省首批课程思政示范课程。

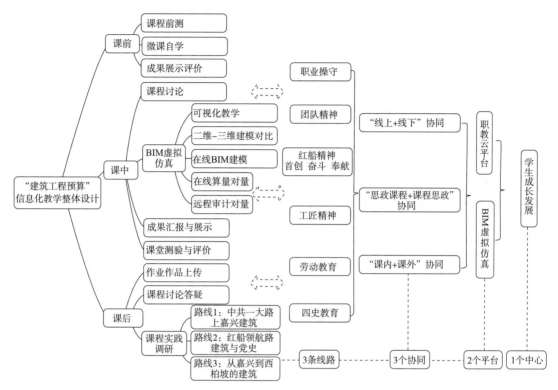

图 1 "建筑工程预算"教学信息化"1233"整体设计

1. 职教云平台 + 智慧教室，实施"线上 + 线下"协同

依托职教云平台，课程团队不断完善"建筑工程预算"精品在线课程建设。课程资源库以"可视化 + 红船精神"为特色，建有课程微课、自学自测、练习题库、工程案例和 BIM 虚拟仿真三维模型、微课、节点施工视频、三维动画、施工现场照片，帮助学生在线完成课前自学。通过采集学生课前自学数据为课堂教学提供数据，进行翻转课堂教学，重点突破学生未知和疑难问题。智慧教室内学生可以通过手机移动端实时进行课堂讨论和互动，如头脑风暴、小组 PK、小组成果投屏展示等，充分调动学生的积极性和主动性，受到学生一致好评。

2. BIM 虚拟仿真 + 职教云平台，校企协同三维可视化教学

"建筑工程预算"中隐蔽工程是学生学习的重点和难点，尤其是构件搭接部位和钢筋分布。因此，在原有微课、施工图片和视频、三维动画的基础上，借助 BIM 虚拟仿真系统，将工程案例图纸通过 BIM 虚拟仿真系统建立了三维模型，通过多屏展示，可以将二维图纸和三维模型进行实时对比展示，帮助学生识图和理解工程构造。同时，BIM 虚拟仿真可以完成在线建模、在线工程量汇总、计算过程展示以及在线或远程对量审计。对于学生边做边学，课堂建模课后巩固完善以及企业师傅远程审计对量提供了可靠的保障。学生团队将三维建模成果上传平台，企业师傅远程登录调取三维建模进行审计对量，给出审计意见并进行平台反馈。这一教学方式有效解决了"校 - 企"师资共教共育人才的难题。

3. 团队融合+资源库共建，促进"思政–通识–专业"协同

通过思政课、通识课教师和专业课教师交叉组建团队，依托互联网技术和BIM虚拟仿真技术，建设具有课程思政特色的在线可视化教学资源库以及课程实践研修线路的设计（见图2）。依托浙江省首批课程思政示范课建设项目，共建"建筑工程预算"课程思政教学线上资源库。将"首创、奋斗、奉献"的红船精神、"党史教育"、工匠精神、职业道德、劳动教育、团队精神等思政元素有机融入专业课程教学，通过学生的感受、感知和感悟进行网站交流和分享，促进"思政课程+课程思政"协同育人。

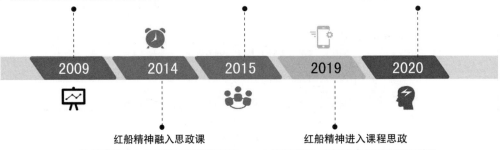

图2　课程思政研究开展时间轴

4. 实践研修+平台汇报展示，实现"课内+课外"协同

纸上得来终觉浅，绝知此事要躬行。因此，课程团队通过设计课程实践研修线路将课内教学与课外实践相结合，实现了课内到课外的延伸。课程实践设计了2条线下+1条线上课程实践线路。两条线下线路设计为线路1：中共一大路上的嘉兴建筑（南湖革命纪念馆+烟雨楼+狮子汇渡口+嘉兴火车站）和线路2：红船领航路上的建筑与党史（嘉兴党史展览馆+嘉兴市烈士陵园+嘉兴市纪念毛泽东同志批示展示馆+茅盾故居等浙江省党史教育基地）。1条网上线路：从嘉兴到西柏坡的建筑（嘉兴南湖+井冈山+延安+西柏坡）。线下实践研修线上汇报展示，线上收集资源线下成果汇报。借助互联网技术，实现了线上线下的交互，实现了课内课外的拓展。

（三）项目特色与创新

"建筑工程预算"课程自2009年不断进行创新与探索，经过十多年的不断研究和完善形成了自己的特色。

1. 模式创新，形成 1233 多维度协同教学模式

以学生成长发展为 1 个中心，借助职教云和 BIM 虚拟仿真系统 2 个平台，实施"线上＋线下""课内＋课外""思政课－通识课－专业课"3 个协同实施课程教学，设计 3 条课程实践研修线路实现课内到课外的课堂延伸，并最终将教学引入社会，将专业学习引入社会实践和社会服务。"1233"多维度协同教学模式如图 3 所示。

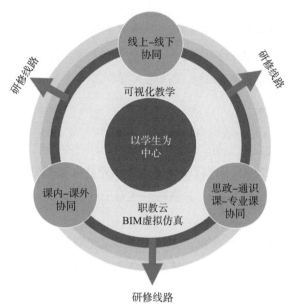

图 3　"1233"多维度协同教学模式

2. 手段创新，依托互联网＋创新三维可视化教学

借助职教云平台和 BIM 虚拟仿真系统，将传统二维图纸立体化，可以线上线下同时进行二维和三维的对比分析学习，线上线下进行三维建模、在线算量以及远程审计对量。结合微课、施工图片和视频以及 BIM 和 TIM 三维模型动画形成可视化在线教学资源库、为学生终身学习能力培养以及校企现代学徒制人才培养提供了支撑。

3. 方法创新，构筑多方协同共建课程思政新方法

思政课教师、通识课教师和专业课教师共建课程教学团队，将党史教育、爱国主义、传统文化有机融入课程建设，共同进行课程以及资源库建设，打破思政课、通识课和专业课教师之间的壁垒，充分发挥各自优势，借助嘉兴丰富的"红船精神"育人资源优势，创新课程思政整体设计和课程实践研修路线，实现线上线下交互、课程内外融合。

三、成果与影响

（一）研究成果与获得荣誉

经过课程团队十几年不断地"探索—实践—改进—再实践"，团队在教学信息化以及课程思政建设方面取得了丰富的研究成果。课程被立项为浙江省首批课程思政示范课程，课程团队主持教育部人文社会科学研究专项任务项目1项（15JDSZ2047），浙江省哲学社会科学规划项目（14GXSZ014YB）1项，浙江省教育厅教改项目2项（yb06141、jg2013371），教育部现代学徒制人才培养项目1项。嘉兴市校企协同育人项目3项。课程团队在《中国高等教育》《光明日报》《思想政治课研究》等公开发表研究成果论文10余篇，作为副主编参与编写浙江省新形态教材1部。课程团队参加浙江省教学比赛获一等奖1项，嘉兴市教学能力大赛获一等奖3项、二等奖2项。指导学生立项浙江省新苗人才项目3项，发表论文3篇，获得授权专利1项。指导学生参加浙江省创新创业大赛获二等奖2项，指导学生参加浙江省工程造价专业技能大赛获二等奖5项，三等奖10项。

（二）成果推广与示范

经过课程团队不断建设与完善，取得丰硕成果的同时也起到了很好的示范作用，在校内外进行了推广应用。2021年本课程被立项为浙江省首批课程思政示范课程。课程研究首先在校内建筑类专业群进行了推广，并在嘉兴建筑工业学校和嘉兴南洋职业技术学院进行了推广和应用，受到了一致的好评。

本课程基于职教云平台进行建设，课程成果可以在浙江省精品在线课程、超星通等学习平台进行借鉴复制，且操作简单。BIM虚拟仿真模型在建筑类相关课程可以进行互通，通过广联达云锁可以实现异地在线实时共享。随着国家对课程思政改革的不断推进，思政课教师和专业课教师的融合是未来的发展趋势，本课程研究成果也为兄弟院校提供了参考样本。目前上海很多高校已经进行了很多思政课教师与专业课教师共建教学团队、共同申报项目、共同组建教研室的探索。这些都为兄弟院提供了可资借鉴的经验。

四、经验与启示

回顾课程的建设历程，有如下几点经验希望可以给同行课程团队或兄弟院校提供借鉴和启示：

首先，教学信息化建设必须以学生为中心。课程的建设必须围绕教学过程中的重难点展开，以服务学生为宗旨，一切的教学手段都是为了更好地帮助学生解决课程学习中存在的难题，并借助信息化手段为学生创造更好的学习条件。

其次，课程信息化建设需要长期积累和不断更新。课程信息化教学资源需要大量的积累、优化和整合，需要团队在日常教学和工作中不断积累丰富资源，同时随着信息技术的发展不断更新教学手段和信息化资源，保证课程的新鲜度和时代感。

再次，教学信息化建设需要多学科的交叉和协同。课程教学必须充分发挥团队的力量，而且通过学科的交叉和协同发生思想的碰撞和优势互补，更能激发团队和课程建设的活力。正是由于思政课、通识课和专业课教师之间的融合与协同，使得课程的信息化和课程思政建设更加充实且能给学生提供源源不断的思想文化教育营养和专业知识技能。

最后，教学信息化建设需要学校统筹与政策保障。在本课程的教学信息化建设过程中，首先学校从智慧教室、BIM 虚拟仿真系统采购提供了硬件和软件支持，同时在学校"十四五"规划中专门制定教学信息化和课程思政建设目标，推动全校课程改革并提供政策保障。有了学校的统筹规划和政策保障，使得每门课程建设都有了成长进步的沃土。

专家点评

针对教学信息化的立体设计与构建、教学信息化与课程思政的融合与创新、虚拟仿真技术在可视化教学中的应用等问题，该成果将 BIM 技术与课堂教学深入融合，利用 BIM 技术实现虚拟仿真，借助职教云平台和 BIM 虚拟仿真系统，将传统二维图纸立体化，实现线上+线下同时进行二维和三维的对比分析学习，线上线下进行三维建模、在线算量以及远程审计对量。结合微课、施工图片和视频以及 BIM 和 TIM 三维模型动画形成可视化在线教学资源库，解决了课堂教学难以实现的教学问题，实现了"互联网+教学"立体化设计。创新"1233"多维度协同教学模式，并充分融入课程思政，进行"红船精神"育人，实现了课程的教学目标与思政目标。成果实现了职教云平台+智慧教室"线上+线下"协同，BIM 虚拟仿真+职教云平台校企协同，团队融合+资源库共建"思政-通识-专业"协同，实践研修+平台汇报展示"课内+课外"协同，为信息化建设与应用提供了创新的思路，建设成果具有良好的推广应用价值。

"理实融合、四体协同"新时代师范生
信息化教学能力培养创新与实践

淄博师范高等专科学校

一、背景与现状

（一）存在的问题

作为以培养专科层次小学及幼儿教师为主的师范院校，淄博师范高等专科学校始终把人才培养质量作为学校的生命线。在"互联网+"教育的大背景下，学校积极推进信息技术与教学的深度融合，尝试线上线下混合式教学环境下的师范生培养体系，打造了"理实融合、四体协同"新时代师范生信息化教学能力培养模式。

"理实融合"育人模式是以师范生信息化教学能力标准为核心，开展教学应用，形成理论与实践相结合的培养模式；"四体协同"育人机制是由信息化教学决策、标准研制、教学研究、多元实践四个共同体要素构成的信息化教学能力培养机制。学校重点进行了信息化教学改革的创新实践，力图解决目前困扰教学工作的迫切问题。

1. 对信息化教学的认识不到位

教学方法陈旧，没有真正树立"学生中心"理念，存在信息技术与教学"两张皮"现象，信息化教学能力标准不能适应新时代学习发展要求。

2. 信息化教学推动力度不够

动力不足、力度不大、制度不健全且落实不到位、缺乏推进混合教学的环境及缺乏系统推进信息化教学的方案等问题。

3. 协同育人机制不完善

现有机制平台不能正常运转，缺乏合作沟通和条件保障，不能发挥多元育人的长效机制。

（二）环境与资源

为保障新时代师范生信息化教学能力培养模式改革顺利实施，学校着力提升教学改革所需信息化基础设施环境。

1. 技术人员保障

成立由学校党委书记任组长的信息化建设领导小组，统领全校信息化教学工作；成立

2个中心：教师发展中心负责规划实施教师专业发展路径，信息网络中心负责信息化教学平台建设；确定1个实施部门——教务处；建立2层保障机制，学校层面的技术支持由信息网络中心负责，各院系由信息专员承担。

2. 应用环境保障

2012年学校引进了"清华教育在线"教学平台V4.0版，用于学校精品课的校本资源建设；2013年部署V6.0版，开始探索混合式信息化教学环境下的师范教育人才培养。2017年和2019年先后两次升级平台，有力地保障了线上线下混合教学实践的深入开展。

3. 硬件设施保障

近五年以来，学校在信息化基础设施建设方面累计投资近5 500万元，如图1所示。

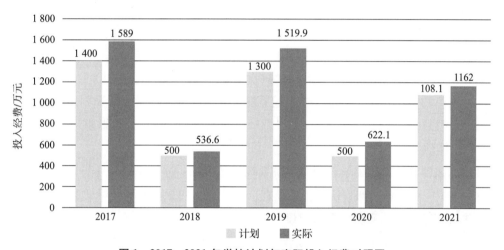

图1　2017—2021年学校计划与实际投入经费对照图

校园网基础设施日趋完善，建成了覆盖校园全区域的有线无线一体化高速网络，互联网出口总带宽达12G；部署了"私有云"平台，包括网络教学平台在内的各种信息系统都运行在云平台上。建设了智慧教室、录播教室、远程互动教室、多媒体合堂教室等可满足不同需求的教学场所200余间，实现了教学场所的多媒体设备全覆盖，打造了覆盖全校所有教室的教学可视化管理中心。

（三）设计与实施

1. 出台并落实教学改革配套制度措施

学校先后出台了《教育信息化推进方案》和《教育信息化"十三五"规划》，制定了《网络课程建设技术规范》和《网络课程建设评价指标体系》，下发了《关于开展网络课程建设的意见》，将网络课程的建设、混合教学的开展纳入校级教学改革项目，定期开展信息化教学设计比赛，实现了混合教学制度化、常态化、持续化开展。

2. 制定基本评价指标体系

在实施混合教学的过程中，学校创新形成了多元评价方式：以学习过程和成效为导向，构建多维度的评价指标体系，建立由混合课程建设、教学资源建设、在线学习活动等多个因素组成的教学有效性评价模型。

3. 完成相关教学准备

（1）制定相关课程开发文本材料的模板及标准要求。在 2016 年小范围试点改革、观摩交流基础上，学校于 2017 年正式启动了师范教育混合式教学改革实践，并制定了课程开发管理文件，出台了技术方案、激励制度与评价标准。

（2）将混合式教学理念融入人才培养方案。把培养能力目标的要求、教学模式的改变、教学团队的要求、教学条件保障要求的变化、课程考核的评价变化、信息化支撑的变化，都融入师范类专业人才培养方案。

4. 提升师范生信息化教学能力

（1）更新教学理念。进一步强化学生中心教学理念，以课堂教学改革为抓手，深化现代教育技术与教学的深度融合，提高课堂教学效率。

（2）变革教学方式。扎实推进线上线下混合教学改革，改变教师教学方式和学生学习方式，变"教师教"为"学生学"，变"教师讲"为"学生做"，把课堂还给学生，真正落实学生主体地位。

（3）加强课程开发。由学校面向各院系教学骨干统一进行课程开发能力培训，由他们再回院系组织内部培训；课程层面，选择有示范性意义的重点课程开展试点。

5. 进行示范性高水平教学队伍建设

2016 年，学校优选 10 门课程作为第一批试点进行了建设，并广泛开展了师范教育课程试点观摩研讨交流活动，总结经验向全校推广。

6. 通过大数据分析完善教学评价方式

2017 年，正式启动师范教育混合式教学改革，全校约 300 门课程参与了改革。通过整理平台数据，进行大数据分析，监测教学改革运行情况，完善评价方式，科学评价改革成效。

二、特色与创新

学校 2016 年成功申报第二批全国职业院校数字实验校，启动人才培养模式改革，形成了"理实融合，四体协同"新时代师范生信息化教学能力培养新模式。

（1）以建构主义理论和情境学习理论为指导，将"教学、育人、发展"融合统一，打造了"以学生为中心，注重能力培养，持续改进、协同发展"的共同体理念。

（2）形成了"四体协同"育人机制。由决策、标准、研究、实践四个要素共同构成信息化教学能力培养的完善机制。信息化教学决策共同体引领全校信息化教学工作的方向；标准研制共同体由专家、高校、小学教师共同开发培养标准，保障标准的可操作性和前瞻性；信息化教学研究共同体通过讲学、交流、项目研究，提升一线教师的信息化教学能力，保障研究的深入开展；多元实践共同体组建由校外专家、校内教师、小学骨干组成的学生能力提升指导团队，实现多元主体育人。

（3）提高了师生对信息化教学内涵的认知和信息化资源设计开发能力，增强了学生自主学习意识，创新了信息化教学模式，推进了信息技术与专业学科课程的深度融合。

（4）推动了教学评价创新，形成了"五评价四反馈"教学质量评价机制。"五评价"即课课评、阶段评、期中评、期末评、毕业评，"四反馈"即教师、院系、学校、用人单位评价反馈；构建了以过程评价和能力培养为导向的多元化考核评价体系，加强了学生学习过程管理和创新能力提高。

三、影响与效果

（一）教育教学成果丰富

学校出台人才培养方案修订办法，教学改革向全校推广。经过8年实践和推广，取得了丰硕的教学成果。

1. 促进了小学教育专业学生信息化教学能力提高

教学改革从2014级小教专业开始，目前已涵盖小学教育、学前教育等21个专业，每年9 000余名学生受益，学生信息化教学能力普遍提升。在2014—2021年近七届山东省师范生从业技能大赛中，我校学生获得一等奖39项、二等奖32项、三等奖24项；在山东省高职院校电子信息技术技能大赛中，获一等奖18项、二等奖23项。

2. 课程资源建设满足了学生个性化学习需求

2014—2021年，建设网络课程300门，其中国家级精品资源共享课1门、省级精品课程21门、省级精品资源共享课15门。线上学习行为活跃，2015—2021年网络教学平台访问量快速提升，如图2所示。

3. 师生信息技术技能明显提高

师生的信息素养明显提升。2015年以来我校教师在山东省信息化教学比赛、山东省高职院校微课比赛等省级以上赛事中获奖30余项；同期学生相关获奖达100余项。在近六届（2016—2021年）山东省高校青年教师教学比赛中，我校教师获得一等奖3项、二等奖2项、三等奖2项。2019年10月，我校教师在首届全国高校思想政治理论课教学展示活动中获一等奖。

4. 提高了教师的学术水平

改革实施以来，学校教师围绕师范人才培养、育人创新模式、智慧环境建设、师生信息素养等主题先后立项各类课题30多项，发表文章50多篇，出版主编教材2部。2017年至今，信息化教学相关项目获批山东省职业教育教改立项3项。

图 2　网络教学平台访问量数据

（二）社会影响显著提升

随着实践经验的推广，学校社会影响力逐步扩大。2016 年获得"中国教育信息化应用示范奖"；2017 年学校入选山东省教育信息化示范单位；2018 年入选全国职业院校数字校园建设实验校；2020 年被评为全国职业院校数字校园样板校。

1. 媒体报道

2019 年，中国教育报以"'融合·创新·师范'信息化环境下的师资培养"为题对我校的成功经验进行了报道；2020 年，我校撰写的案例入选教育部科技司组织的"职业教育领域在线教育应用"专题研究。在 2021 年中国高职院校科研与社会服务竞争力评价排行中，我校课题竞争力列第 5 名。

2. 校外交流与推广

2021 年，我校举办淄博市高校信息化座谈会。2021 年，在"全国职业院校校长信息化领导力高级研修班"上，校长孙启友向全国职业院校分享了我校信息化教学改革成果及信息化工作经验。2018 年，我校教师应邀在第 38 届清华教育信息化论坛做信息化教学典型报告；2017—2020 年，我校教师应邀先后为全国 30 多所职业院校做教学经验推广，为职业教育改革贡献了"淄师方案"。

四、经验与反思

（一）教学改革实践经验

学校在系统推进改革实践的过程中，获得了新时代师范生信息化教学能力培养模式探索的实践经验：首先，做好顶层设计，确保信息化的战略地位；其次，以点带面，共同推动是持续开展的关键；最后，基础建设先行，为信息化教学改革提供支撑。

（二）反思与改进方向

学校在改革过程中也发现了一些问题，在"十四五"期间，将从以下几个方面努力改进：

（1）进一步加强对师范生信息化教学能力重要性的认识，着力扣好学生信息化素质培养的"第一粒扣子"。

（2）进一步加大线上线下混合教学改革的力度，争取"十四五"期间开展混合教学改革的课程达到100%；加大优秀案例的示范推广，探索优质在线课程的社会开放与跨校共享。

（3）进一步提升信息化教学环境，加强大数据分析与应用，实现学校教学工作多维度智能决策，全面提升教育教学和人才培养质量。

专家点评

> 淄博师范高等专科学校在"互联网+教育"的背景下，尝试线上线下混合式教学环境下的师范生培养体系，推进信息技术与教学的深度融合，打造了"理实融合、四体协同"新时代师范生信息化教学能力培养模式。
>
> 案例的创新点之一是理念创新，以建构主义理论和情境学习理论为指导，将"教学、育人、发展"融合统一，确立了"以学生为中心，注重能力培养，持续改进、协同发展"的教学共同体理念。二是机制创新，通过信息化教学决策共同体、标准研制共同体、信息化教学研究共同体、多元实践共同体，实现了校-校协同育人、多元主体育人。由决策、标准、研究、实践四个要素共同构成了信息化教学能力培养机制。三是评价体系创新，开展"课课评、阶段评、期中评、期末评、毕业评""五评价"，教师、院系、学校、用人单位评价反馈的"四反馈"，形成了"五评价四反馈"教学质量评价机制，构建了以过程评价和能力培养为导向的多元化考核评价体系。有关创新和实践提高了师生对信息化教学内涵的认知和信息化资源设计开发能力，探索创新师范生人才培养模式，推进了信息技术与专业学科课程的深度融合，达成了有效助力师范生信息化教学能力提升的目标。

评价导向、保障到位、组织有力、多措并举实施混合教学改革

莱芜职业技术学院

一、背景与现状

（一）教学改革背景

2016年，教育部《教育信息化"十三五"规划》中明确指出"十三五"期间，以"构建网络化、数字化、个性化、终身化的教育体系，建设'人人皆学、处处能学、时时可学'的学习型社会，培养大批创新人才"为发展目标，稳步推进教育信息化各项工作，形成与教育现代化发展目标相适应的教育信息化体系，充分发挥信息技术对教育的革命性影响作用。2018年4月，教育部印发《教育信息化2.0行动计划》，要求发挥信息技术优势，变革传统模式，推进信息技术与教育教学的深度融合，实现常态化应用，达成全方位创新。到2022年，教育信息化基本实现"三全两高一大"的发展目标。2019年1月，为贯彻全国教育大会精神，进一步办好新时代职业教育，落实《中华人民共和国职业教育法》，国务院印发《国家职业教育改革实施方案》，为适应"互联网+职业教育"发展需求，运用现代信息技术改进教学方式方法，推进虚拟工厂等网络学习空间建设和普遍应用。

在信息时代下，新知识、新技能不断涌现，要求高职院校的学生不仅要具备扎实的理论知识、动手操作技能、创新意识、创新能力，更要具备适应时代发展需要的核心素养及终身学习的能力。混合教学模式改革的实施，可以营造自主学习的环境，由传统的"以教促学"的学习方式演变为学生通过新型信息化环境和工具来获取知识和技能的新型学习方式，实现以"教师为中心"向以"学生为中心"教学模式的转变，符合新一轮教学改革的教育理念，有助于学生核心素养及终身学习能力的培养，提高人才培养质量。

（二）环境与资源

莱芜职业技术学院成立于2000年10月，隶属于济南市人民政府，是"山东省优质高等职业院校建设工程"立项建设单位、山东省首批技能型人才培养特色名校、全国"职业院校数字校园建设试验校"、山东省职业教育先进单位、山东省高职高专人才培养工作水平评估优秀学院、教育部现代学徒制试点单位、全国高等职业教育"校企一体化"创新联

盟永久秘书处单位、山东省校企一体化合作办学示范校、山东省校企合作先进单位。现有 8 个系、18 个研究所，开设 43 个招生专业，面向 13 个省（自治区）招生，全日制在校生 11 600 人，现有在职教职工 739 人，专任教师 535 人，其中教授、副教授 167 人，博士、硕士 364 人。建院以来，学院充分认清高职使命，坚持走创新融合发展之路，夯实内涵建设，努力发挥教学改革研究在高职教育教学中的基础性、战略性和先导性作用，以科学研究指导改革实践，不断提高人才培养质量，取得了较大成效。

学院自 2018 年起实施混合式教学模式改革，从教师队伍培训、课程建设、课堂教学等方面先后出台《莱芜职业技术学院混合式教学实施管理细则（试行）》《莱芜职业技术学院科研工作管理办法》《关于印发莱芜职业技术学院教师教学工作实施办法的通知》《莱芜职业技术学院教学项目经费配套与奖励办法（试行）》《莱芜职业技术学院网络课程建设管理暂行办法》《莱芜职业技术学院教师工作量计算办法（试行）》等多项制度文件，推动混合教学模式实施，效果显著，先后获得混合教学改革示范校、教育部 2019 年度网络学习空间应用普及优秀学校、职业院校数字校园建设样板校等荣誉，为项目的实施搭建了有效的教学平台，创设了浓郁的改革氛围，奠定了良好的改革基础。

（三）设计与实施

1. 以评促建，以评促优

（1）强化评价导向，改革教学和学习评价体系。

一是创建实施可借鉴、可复制的混合教学评价体系。参加混合式教学改革的老师，立项混合教学改革课题，建设适于混合教学的课程，混合式教学模式合理、实用、新颖，能够提高学生学习成效，提高教学质量；提交混合式教学改革方案；提交混合式教学案例，供他人参照实施。经过两轮建设期，所有混改课题结题验收。二是创建实施面向学习过程的学习评价体系。既重视对学生学习过程的评价，又重视对学习结果的评价，同样重视对学生发展的人文关怀。评价形式综合运用了发展性评价、总结性评价、学生自评、同学互评、教师评价等方式。

（2）强化顶层设计，注重混合教学改革的系统推进。

一是关注学生职业成长，推进实施混合式人才培养模式创新。提出了"2.5 + 0.5 + N"混合式人才培养模式。"2.5"是学生在校两年半的学习，能在老师的引导下，进行"线上、线下、相融相合"多方位的混合式学习，养成一种能在网络上自主学习的习惯；"0.5"是学生参加企业顶岗实习，师生能依托网络，开展远程实习指导、理论补修等，同时学生可以在网络平台完成实习汇报、师生沟通、与工厂师傅在线交流等。"N"是终身学习阶段，学生一旦入学注册，其学号就是数字校园的终生账号，学生毕业后随时可以登录学校数字校园，自主学习、查阅资料，并与老师联系、沟通、交流等。混合式教学既充分发挥在线课程建设和自主学习优势，又注重实体课堂，强化实体课堂面对面教学的学习效果，更加关注学生的"学"以及学习的效果。建立起了教师"引导、指导和督导"、学生"自学、互学和群学"的新型教学方法，推进了教学方法与考试方法改革，提高了课堂教学质量。二是围绕提升教育教学质量，开展"线上、线下、项目化"为特征的混合式教学模式改革和"线上、线下、虚拟化"为特征的混合式实训模式改革，注重人员培训，增强混合教学改革的意识和能力，强化数字资源的建设与应用，推进"线上线下相融相合"的混合教学改革。

2. 落实"3项机制，3个保障，4项融合"，着力推进混合式教学模式改革

学校在建设数字校园实验校的过程中，提出了"创新3项机制，落实3个保障，把握4项融合"的应用原则，逐步推进"线上、线下、项目化"为特征的混合式教学模式改革和"线上、线下、虚拟化"为特征的混合式实训模式改革。通过大范围推行混合教学改革，教师队伍整体素质得到了提升。学校推进混合教学改革的举措如图1所示。

图1　学校推进混合教学改革的举措

"3项机制"：一是创新激励机制，对参与混合教学改革的教师在职称评审时给予加分；二是创新评价机制，在专业层面建立专业建设诊断与改进运行机制，在课程层面建立课堂教学成效诊断与改进运行机制；三是交流促进机制，包括对外交流促进和内部交流促进两个方面。

"3个保障"：一是组织保障，成立了以校长担任组长的混合教学改革领导小组；二是条件保障，建设了较为完善的信息基础设施，为全体任课教师配备了高配置笔记本电脑，建设了在线教学综合平台；三是经费保障，学院每年都为混合教学安排专项经费。

"4项融合"：一是先进教育理念的融合应用，二是优质课程资源的融合应用，三是有效教学策略的融合应用，四是多元评价手段的融合应用。

3. 校企合作，建设职业岗位核心能力线上精品课

学校积极推进校企合作、产教融合，专业教师与企业技术人员一起合作建设职业岗位核心能力线上精品课。2019年度申报了2门课程，"产前采集病史与全身检查"和"小儿头皮静脉输液技术"双双荣获第二十三届全国教师教育教学信息化交流活动高等教育组职业岗位能力精品课一等奖。2020 年，学校教师联合企业工程师建设职业岗位能力精品课 149 门，全国评选出 39 门标杆精品课、64 门典型精品课、102 门优质精品课，学院分别获评 29 门、24 门、67 门，获奖数量无论是单项还是总量均位列全国前列。2021 年学院又申报了 146 门课程，已完成全部作品的提交工作，目前正在评审中。

4. 开展全院教师信息化技能培训，提升教师专业发展水平

学院组织教师进行教学能力培训。混合教学改革优秀教师及全国教学能力大赛一等奖获奖教师为全院教师培训。学院对全院教师进行信息化教学技能培训，并出台了《教学名师评选通知》，注重培养教学名师及技能名师；出台《评选青年技能名师及组建青年技能名师工作室的通知》，培养青年技能名师；出台《实施职业教育名师工作室建设计划的通知》，建设名师工作室，培养了一大批教育教学名师。

5. 充分利用网络学习空间，建设数字教学资源

学院依托优慕课在线教育综合平台已经建成 350 多门混合教学模式改革课程。依托超星泛雅网络教学平台建设了 3 个专业教学资源库的 30 门网络课程。黑色冶金技术专业依托网络教学平台申报了国家专业教学资源库备选库，依托智慧职教平台申报了国家专业教学资源库。

二、特色与创新

（1）创新顶层设计，以"创新激励、评价和交流促进 3 项机制，落实组织、条件和经费 3 个保障，把握先进教育理念、优质课程资源、有效教学策略和多元评价手段 4 项融合"机制保障混合式教学模式改革的实施。

以院长为代表的教学管理层转变思想意识，强化顶层设计，勇于融合创新，从经费、课时量计算、职称评聘、交流学习、督导评价和硬件设备等方面制定了一系列保障措施，激励教师转观念、促改革，构建了有效支撑混合教学的技术环境，加强管理人员和教师信息素养培训，完善混合教学组织管理体制及教师激励机制，建立常态化的教学研究与评估机制，建立协同合作的混合教学改革共同体。

（2）建立了以专业建设为抓手，课程改革为切入点，系统构建以"夯基础+练技能"为目标的"线上线下+项目化"和"线上线下+虚拟化"的教学模式，形成了规划、实施、评估、反馈、总结、推广螺旋递进的职业院校混合教学改革的流程。混合教学环境准备→混合教学支持团队建设→混合教学试点课程遴选→混合教学课程开发与建设→混合教学课程实施→混合教学课程评价→总结完善混合式教学模式→全院推广组成一个循环迭代、螺旋上升的过程。混合课程及其教学开发与实施的前期分析、规划、设计、实施、支持与保障、评估与优化六环节模型，方便不同专业、不同课程实施混合教学。

（3）构建了学生、课程、专业、学校"四位一体"，线上线下结合的全方位混合式教学评价体系。

三、效果与影响

改革实施以来，360 余名专任教师参加混合教学改革培训，建设混合教学课程 300 余门，教师的信息素养和综合素质得到显著提升，参加混合教学改革的教师获全国职业教育教学成果二等奖 1 项、省级特等奖 1 项、一等奖 1 项、二等奖 4 项；获全国职业院校教师教学能力竞赛一等奖 2 项、三等奖 2 项，省内获奖数量位居全省前列。全校 12 000 余名学生全部参与了混合教学课程的学习，学生的自主学习、实践、创新能力和团队合作意识得到增强，获全国职业院校技能大赛和创新创业大赛金银铜牌 17 枚，形成了"教师乐教、学生乐学"的良好氛围，人才培养质量明显提升。近 5 年学校在山东省教师教学能力比赛获奖情况如图 2 所示。

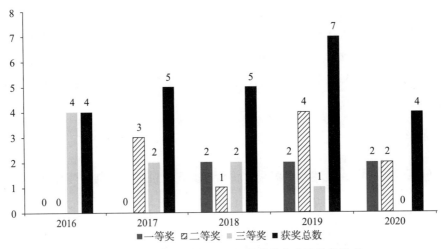

图 2　近 5 年学校在山东省教师教学能力比赛获奖情况

2019 年 9 月 28 日，学院党委副书记、院长李维运在云南昆明第四十五届清华教育信息化论坛做"创新机制　融合应用，以混合教学改革提升人才培养质量"的典型报告，推介学院推进混合教学改革的经验，收到与会院校领导、教师的广泛好评；2019 年 12 月，在山东省高校信息化建设应用交流会上，学校教务处孟宪超主任以"落实'3 项机制，3 个保障，4 项融合'，着力推进混合式教学模式改革"为题，介绍了学院开展混合教学的情况，受到全国教育信息化专家西南大学信息中心主任刘革平教授的高度评价；"评价导向，推进'线上线下相融相合'混合教学改革""创新机制　融合应用　以混合教学改革提升人才培养质量"分别被评为 2018 年度、2019 年度优秀案例，连续两年被评为中央电化教育馆数字校园建设实验校的优秀案例校。2019 年 9 月，学院入选全国混合教学改革示范校；学院"线上线下、项目导向、多元融通、虚实结合"的混合实训教学模式入选 2019 年度职业教育信息化发展案例报告。2020 年 8 月学校被评为教育部 2019 年度网络学习空间应用普及活动优秀学校，是山东省唯一获此殊荣的高职院校；2020 年 11 月，学校被世界职业教育大会组委会评为全国职业院校智慧校园 50 强；2020 年 12 月 7 日，被教育部中央电化教育馆评为职业院校数字校园建设样板校。

新乡职业技术学院、潍坊护理职业学院、济南幼儿师范高等专科学校、山东轻工职业技术学院等 10 余所兄弟院校来校访问交流；学院领导先后在第四十五届、四十七届清华教育信息化论坛，全国数字校园建设实验校总结会等 6 个大型会议上介绍推广该成果，《中国青年报》等多家媒体对该成果进行了报道，成果在省内外产生了良好的示范效应和社会影响。

四、经验与启示

学院按照"实用性、可靠性、扩展性、先进性"原则，编制 2021—2025 年信息化建设整体规划，建设满足教学、管理等业务需求的 IT 系统，根据规划选择合适的应用试用，根据应用评估情况适当调整规划，建立弹性架构解决方案、移动互联解决方案、高效管理解决方案，打造功能强大的数字化校园平台，统一信息门户入口，解决统一身份认证问题，统一共享数据中心和数据标准，突破时间、空间限制打造一站式服务智慧校园，持续推动信息技术与教育深度融合，促进师生信息技术应用能力和信息素养全面提升，以因材施教和自主学习为抓手，创新教学资源建设模式，推动数字资源建设，促进网络学习空间全覆盖，混合教学改革不断迭代，落实网络安全责任，从整体上提升学校教育信息化建设水平。

专家点评

> 该案例注重顶层设计，提出"创新激励机制、创新评价机制和交流促进"3 项机制、落实"组织保障、条件保障和经费保障"3 个保障、把握"先进教育理念融合应用、优质课程资源融合应用、有效教学策略融合应用、多元评价手段融合应用"4 项融合应用的工作原则，全面推行混合教学改革，教师信息化教学能力显著增强，教学资源质量显著提升，人才培养质量显著提高。
>
> 案例创新还体现在：一是推进评价体系改革创新，设计实施科学有效的混合教学评价体系和面向学习过程的学习评价体系，构建了学生、课程、专业、学校"四位一体"、线上线下结合的全方位混合式教学评价体系。二是注重改革系统性，建立了以专业建设为抓手，课程改革为切入点，系统构建以"夯基础+练技能"为目标的线上线下+项目化"和"线上线下+虚拟化"的教学模式，构建规划、实施、评估、反馈、总结、推广螺旋递进的职业院校混合教学管理流程，形成了学生在校学习两年半，顶岗实习半年，毕业以后能够终身学习的"2.5+0.5+N"混合式人才培养模式。

充分利用信息化技术，推进混合式课堂教学改革

临沂职业学院

一、背景与现状

临沂职业学院坐落于风景秀美、人文荟萃的历史文化名城、商贸物流之都、滨水生态之城、红色沂蒙革命老区山东省临沂市。是经山东省人民政府批准，临沂市人民政府主办的全日制公办高等职业学校。是教育部现代学徒制试点单位、教育部"1+X"证书制度试点院校、教育部智能制造领域中外人文交流人才培养基地项目建设院校、全国职工教育培训示范点，山东省高校思想政治工作先进集体、山东省中华优秀传统文化传承基地等。

学校于2017年7月被确定为山东省第二批教育信息化试点单位，几年来，重点围绕"数字校园融合平台"和"在线教育综合平台"两个平台的建设，加强信息化基础设施建设，加强组织及人员保障，健全规章制度，强化项目质量监控，累计投入3 500余万元，高质量完成了数字校园融合平台建设、信息化教学模式改革、信息化基础设施建设等多个信息化建设项目。2020年以优秀等次，成功入选山东省教育信息化示范单位。

信息技术全面支撑教学过程，教务管理、在线教学平台、多媒体教学、智慧教室、教学质量监控体系等信息化手段与教学过程深度融合，借助以上信息化建设，为实施信息化环境下的线上线下混合模式课堂教学改革打下了良好的基础。

（一）建立制度，保障混合式课堂教学改革开展

2017年学院将混合式课程开发与实施写入学院章程，制定《线上线下混合式教学课程建设管理办法》，规范混合式课程教学管理。从2019年开始，学院与清华大学教育技术研究所深度合作，制定《临沂职业学院混合教学实施方案》，大力推进信息技术与教育教学深度融合，引导、激励教师采用多元化教学模式开展教学，深化教育教学模式创新。

（二）搭建平台，为混合式教学过程提供技术支撑

2016年开始构建得实、超星、优慕课、智慧树在线教育教学平台，引导老师创建线上课程，同时引进线上教学资源，通过混合式教学，实现在线学习和移动学习，并为教学过程提供了更为全面的统计数据。建设微课慕课创作室、智慧讨论教室，运用流媒体、智能识别、物联网技术来装备教室的教学环境，改善学生的学习方法，实现教学内容展示、资源共享、互联互动和教学应用等多方面的高效融合。

（三）从宏观到微观，逐步推进在线课程改革

从学生的创新与自主学习能力目标要求方面，将混合教学模式理念融入人才培养方案。改变课程标准，使其既要融入职业教育行动导向与学院信息化理念，又要体现混合式教学模式改革的新要求。改变教学设计模式，使线上学习与线下面对面教学活动一体化。

（四）从理念到技术，系统推进在线课程开发实施

基于信息化和职业教育的融合创新作用，教师逐渐形成了"职业教育＋信息技术"深度融合的模式理念。以此为基础，进行了以下推进：

（1）前期准备阶段：研究、培训、学生试学智慧树等平台慕课；教师试学在线课程；制定相应技术标准等。

（2）试点探索：各专业及学科进行一节次在线课程设计与制作，并上传超星、优慕课等教学综合平台，组织混合课堂探索，学院组织现场观摩与指导，进行微课设计竞赛及系列培训。

（3）推进应用：梳理确定拟开发课程，由课程负责人牵头成立课程信息化开发团队，进行课程知识点系统梳理，拟定课程标准和基本思路，对拟制作微视频进行规划，完成立项书。

（4）反思提高：举办课程建设研讨会，总结相关经验及不足，完善临沂职业学院平台精品资源课程建设规范，指导各种类型课程完善资源及教学设计。

（5）全面推广运用：建立基于新一学期课程开发团队，对原开发与实施课程进行二次编辑完善，全面推进"线下线上混合课堂"。

二、特色与创新

（一）基于工作过程，开发优质课程

以智能制造学院为例，智能制造专业群作为省级品牌专业群，基础平台课程共享、专业核心分立、专业方向拓展任选，培养学生兴趣和特长，构建了"基础共享、核心分立、平台依托、拓展任选"的智能制造专业群课程体系，如图1所示。

（二）探索实施"线上、线下，教学做赛研创六位一体"混合式教学模式

借助在线网络教学资源平台，进一步深化教学模式改革，进行基于信息化条件下以学习者为中心的教与学改革，实现"线上、线下，教学做赛研创六位一体"混合式教学模式实施。强化专业课程的教育性，把价值引领贯穿到专业课程教学全过程。

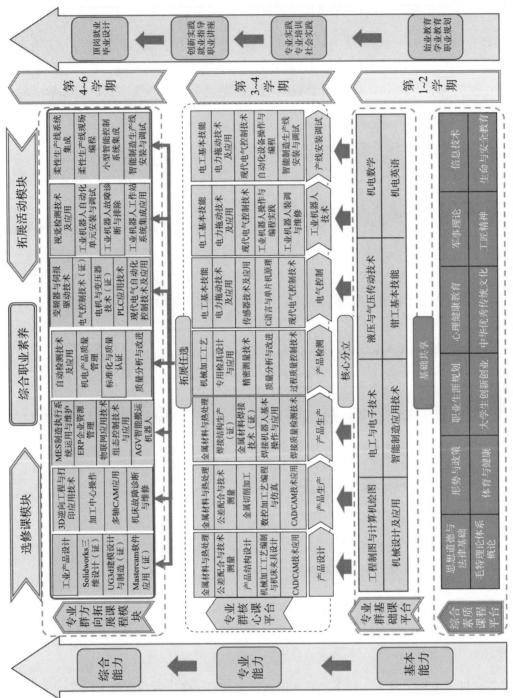

图1 "基础共享、核心分立、平台依托、拓展任选"的智能制造专业群课程体系

(三) 信息化与企业角色相融合,创设情境化教学

根据企业真实任务设计课堂项目,营造真实的企业环境,实施行动导向教学,引导学生完成任务、项目或作业,并依据行业与企业标准实施评价。通过信息化技术自主获取在线资源支持,实现学习与实践融合、知识与技能融合、课堂与实习基地融合。

(四) 构建教师信息化素养提升发展体系,提升了教师信息化水平

学院探索实践了"线上、线下,一体化"教师发展体系,有效提升了教师信息化水平,促进了教育信息化改革。如图 2 所示。

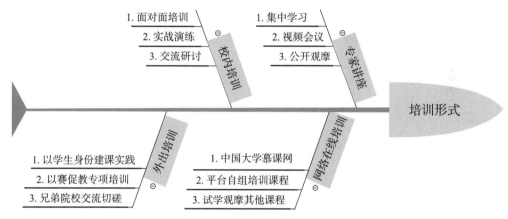

图 2 "线上、线下,一体化"教师发展体系

以提升教师信息化能力为重点,开展"走出去、请进来"多元化培训。学院为适应信息化教学改革要求,在线下培训中将信息化教学改革作为主题,邀请清华大学、山东大学等信息化专家来校进行培训与研讨。先后组织上百名骨干教师赴宁波职业技术学院、深圳国泰安职业教育基地、北京信息学院、清华大学教育技术研究所培训学习,开阔思路,学习先进的现代高职教育理念,信息化教学水平得到稳步提高。学院鼓励教师选择与自己所授课程相同或相近的优秀在线课程进行学习,在熟悉信息化教学手段的同时,教师通过在线课程网站学习本专业前沿知识及教育教学改革策略,重点学习优秀的教学设计,增强自身课程设计能力。

三、成果与影响

(一) 理论与实践结合,取得了丰硕的教学与研究成果

通过教育信息化试点院校建设,学院信息化水平再上了一个新台阶,信息化在专业教学和管理上的应用发生了质的变化。学院探索了信息化教学模式改革和信息化与教学的深度融合,形成了丰硕的研究成果。

（二）利用自主学习与资源多样化优势，思政课程和课程思政混合教学改革齐头并进

学院自实施信息化课程教学平台以来，马克思主义教师充分利用平台优势，积极通过平台与学生互动，了解学生的思想动态和学习兴趣。"毛泽东思想与中国特色社会主义理论体系概论"与"思想道德修养与法律基础"课程的访问量一直名列前茅。我校备课专题"邓小平理论与中国特色社会主义的开创"获山东省高校思政课教师备课展评二等奖；疫情期间录制的"致敬战役英雄"系列微课被"学习强国"平台和山东省学习平台推荐播出。在第二届全国微课大赛中，思政课程参赛作品获得全国二等奖。2021年度山东省职业教育课程思政示范建设项目中，我校两门课程获批山东省职业教育课程思政示范课程。

（三）"线上、线下，一体化"教师培训模式，教师信息素养能力显著提升

通过系统化、高密度的培训，学院教师信息化素养与能力大幅提升，信息技术成为助力教师发展、深度融合教学、变革教学模式、提升培养质量的重要载体和推手。2016—2021年，学院教师在山东省职业院校信息化教学（教学能力）大赛中共获得二等奖7项、三等奖13项；在山东省第一届、第二届微课大赛中，我校参赛作品均获得一等奖。

四、经验与启示

（1）大力融入大数据分析与决策在混合式在线教学中的应用，提升教学效果反馈的实时性和准确性。

（2）高效提升在线课程资源的制作质量，采取购买服务与自建相结合的方式，丰富虚拟仿真教学资源，实现资源的持续更新。

（3）深度探索线上、线下混合式课堂教学和课程思政育人相结合的信息化保障体系建设。

（4）持续推进信息化与混合式课堂教学全员、全程、全方位的"三全"融合，加快学校混合式教学的改革步伐。

专家点评

> 该案例根据学生的创新与自主学习能力目标要求，将混合教学模式理念融入人才培养方案；修订的课程标准既融入职业教育行动导向与学院信息化理念，又体现混合式教学模式改革的新要求；课时规划和内容调整使能力目标与学以致用的理念更加突显，课程学习评价方式更加导向以线上线下混合式教学效果为根本性指标；推进教学设计模式创新，使线上学习与线下教学活动一体化，形成"职业教育+信息技术"深

度融合的信息化课堂教学模式。

　　该案例实践探索包括：一是对接行业职业资格标准和规范，构建基于工作过程系统化的"三平台+三模块"学分制课程体系。二是探索实践"线上、线下，教学做赛研创六位一体"的现代职教课程改革，进行信息化与技能化深度融合的现代职教课程建设和线上线下融合的混合式教学改革。三是信息化与企业角色化相融合，创设情境化教学，将"企业角色化"特色贯穿始终，融入线上与线下各环节，形成理实一体混合教学模式。四是探索实践了"线上、线下，一体化"教师发展体系，提升了教师信息化教学能力水平，为混合教学改革打下坚实基础。

5G构建"云工地",真实场景进课堂
——建筑类专业课信息化课堂教学

山东科技职业学院

一、背景与现状

近期中共中央办公厅、国务院办公厅印发了《关于推动现代职业教育高质量发展的意见》,在强调统筹推进职业教育与普通教育协调发展的同时,指出要"创新教学模式与方法,推动现代信息技术与教育教学深度融合,提高课堂教学质量"。

山东科技职业学院在信息化教学改革和职业院校数字校园实验校建设期间,构建了"职场化+信息化"的人才培养模式。对建筑类专业来说,学生的职场化教学至关重要,最有效的方法是将课堂教学搬到工地现场,开展现场教学,但因其行业特点和条件限制,师生很难到施工现场进行实践教学和锻炼,主要存在以下问题:

一是合适的工程所在地点往往离校园比较远,师生根据学习的需要随时进入工地不现实;二是施工工期比较长,工程进度与教学内容难以同步同频;三是建筑真实场景环境复杂,场地大,学生难以在短时间内对工程概况进行全面了解;四是工地现场工艺做法多,技术工人经过专项培训上岗但往往未经过专业系统学习,能熟练操作但对原理疏于表达,标准做法及工艺要求多数不能清晰准确表达,而学生学习的内容恰恰是这些,没有正确引导的现场学习往往流于形式,效果不够;五是由于建筑工地自身管理需要和安全施工的考虑,学生作为工程外部人员,不能随便出入工地现场。唯有引入信息技术,将建筑工地实景通过5G技术实时传送到课堂,融入课堂教学各个环节,推动课堂信息化教学改革。

2020年新冠肺炎疫情期间,在武汉"雷神山"和"火神山"医院建设过程中,利用5G技术开创了全民"云监工"的先例,引起了巨大社会反响,实现了建筑施工过程管理与信息化的深度融合。山东科技职业学院建筑工程系受此启发,深度开展校企合作,利用5G技术实施了"云工地"进课堂的教学改革。

二、特色与创新

本案例运用5G技术,将建筑工地施工现场同步传输到校内课堂,创新实施"线上兼职教师讲工艺+线下专职教师讲标准+实训中心实战模拟"的教学模式,解决了建筑类专业"职场化+信息化"人才培养中的难题。通过5G技术和高清摄像头,将工地实景上云，利用工地管理系统将工地管理情况数据化，形成大数据动态报表，通过实景和数据的结合，搭建了全天候访问、多角度浏览、场景数据同步展示的云工地。云工地在课堂的创新应用，改变了建筑类专业课程的课堂教学模式。主要特色有以下三点：

（一）5G 构建云工地，实现了学生时时处处可进"工地现场"

运用 5G 技术，校企共建"云工地"，施工现场视频大屏和智慧工地数据大屏全天候对师生开放。学生根据学习兴趣和学习进度，可随时通过直播和回放远程关注工地进展，进行工程实地"云"学习，了解工程过程全貌，有效提升学生学习兴趣。学生在自主观看的过程中，可以学习施工现场生产管理、技术管理、质量管理、安全管理及绿色施工各个环节，观摩施工技术和施工工艺，了解施工现场布置和施工进度情况、了解施工现场的施工技术和施工工艺以及"人机料法环"等关键要素，助力提高学生专业能力和职业素养。

（二）云上资源与存储资源互补，真实工程项目"进课堂"

以"云工地"为载体，基于工程项目创设学习情境，按照分项工程设置学习任务，用工程中现行的规范标准作为学习的参考资料。学生课堂学习内容基于学生可见的工程现场设置，可以在云上观察学习内容在工程中的具体应用，也可以了解分项工程之间的相互工序关系。通过"云工地"，学生跟进工程项目进度，分项工程会反复出现，学生可多次观看，对学习内容进行复习巩固。"云工地"的应用，使学生在学习过程中既可见单个分项工程的"一斑"，又可见整个工程的"全貌"，提升了专业课程的学习效果，加深了对专业的理解。

教师通过云工地，按照一体化设计、碎片化建设的原则，将工程现场中的典型做法和新技术新工艺等资源录制存储到校本专业教学资源库中。真实工地现场建造过程数据、大量工地现场典型做法、最新现场施工工艺视频资源，师生根据教学和学习的需要，随时查阅、反复学习。

（三）专兼职教师无缝协作课堂教学，打造专兼结合的教师团队

专任教师是课堂教学的设计者和组织者。通过"云工地"，把工地现场引入课堂进行教学设计。专任老师结合"云工地"讲理论和标准，结合现代建筑技术馆，深化理实一体。现场工程技术人员作为兼职教师，介绍工作任务和工作要点。兼职教师可以根据实际教学需要和安排，远程进入课堂互动教学，讲解与课堂相关的施工技术与施工工艺、质量标准与验收做法等。专兼结合，专兼配合，丰富了课堂教学手段，打造了结构合理的课程教学团队。

三、成果与影响

（一）课堂教学满意度大幅提升

应用"云工地"教学后，通过对学生的课堂教学满意度调查分析，超过90%的同学认为"云工地"能够提升自己的课堂学习效果；接近90%的同学对课堂教学质量、兼职教师线上辅导答疑效果等评价为非常满意，调查中也发现5G技术对提升网络视频的稳定性、解决语音视频不同步问题效果明显。

（二）学生进入企业后的职场化适应能力强，就业上手快

学生学习过程中，跟踪了工程进度全过程，理论与生产实际相结合，掌握和了解了当前行业中常用的工艺和技术，就业后能够迅速融入实际工作中，工作上手快，能快速融入企业工作中。近3年学生就业率97.63%，就业对口率87.68%，用人单位对学生的满意度99.89%。山东高速、天元建设等企业连续多年主动到校招聘学生，给予毕业生高度评价。

（三）信息化与教学的深度融合，促进"三教"改革实施

教师教研以云工地项目为依托，按照项目进度逐渐深入，不同项目迭代调研，教师的职业教学能力增强；教学过程通过云工地，发挥了现场教学的优点，由传统的讲授变为结合真实案例的云上现场教学，实现了课堂教学任务职场化、专兼教师配合施教；校本专业资源库建设利用"云工地"实现了教学资源的不断积累和更新。通过"三教"改革提升了专业竞争力，现代建筑技术群是国家优质校建设重点项目之一，是山东省品牌专业群；建筑工程技术专业是国家级骨干专业。

四、经验与启示

（一）新一代信息技术是课堂教学改革的关键

为保障"云工地"进课堂的顺利实施，学院在技术方面部署移动录播设备、搭建高清直播平台和资源管理系统，督促运营商完善校园5G基站部署，建设远程互动教室和智慧教室。基于建筑类课堂的教学内容，学院利用新一代信息技术，使学生通过工地里的"千里眼"（高清摄像头、360°球机）、"顺风耳"（移动录播设备）、"通灵鼻"（PM2.5监控系统、扬尘智能控制系统），实时了解工程现场技术工艺和进度信息，助力专业学习。

（二）校企合作是实现"云工地"进课堂的根本

要实现"云工地"，最重要的是企业同意将工程现场的视频信号分享到学校。因此，选

择技术能力强的企业是关键。校企深度合作，在一定程度上达到资源共享。云工地其实就是校企深度合作资源共享的一种形式。学校在校企合作中要注意保护企业知识产权和商业秘密。

借助云工地，实现专业与职业互融、知识与技能互融、教师与工程师互融、教学过程与生产过程互融，真正推进产教融合，实现生产和教育教学的一体化，在生产实境中教学，教学不影响生产，推进人才培养模式改革，形成校企深度融合的育人模式。同时，专任教师也在校企合作中教学相长，提升了自身专业素养。

（三）兼职教师深入课堂教学是提升学生职业技能的有效手段

按照"线上兼职教师讲工艺+线下专职教师讲标准+实训中心实战模拟"的教学模式，兼职教师融入课堂教学，将施工工艺和实际操作相结合，与专任教师协作开展教学和评价，有效提升学生职业技能；同时兼职教师深度参与课堂教学，有助于双师型教学团队建设。

结语

随着5G技术的发展，"云大物移智"等新一代信息技术将推动建筑类专业教学改革，提升学生学习兴趣和职业认同感；也必将推动课堂教学模式创新，提高学生培养质量。同时，我们还需要深度开展校企合作，构建双师型教师队伍，共同交流学习，形成切实可行的共建共赢人才培养机制，为祖国建筑事业的发展培育高水平技术技能人才。

专家点评

运用5G技术，将建筑工地施工现场同步传输到校内课堂，创新实施"线上兼职教师讲工艺+线下专职教师讲标准+实训中心实战模拟"的教学模式，解决了建筑类专业"职场化+信息化"人才培养中的难题。通过5G技术和高清摄像头，将工地实景上云，利用工地管理系统将工地管理情况数据化，形成大数据动态报表，通过实景和数据的结合，搭建了全天候访问、多角度浏览、场景数据同步展示的"云工地"。"云工地"在课堂的创新应用，改变了建筑类专业课程的课堂教学模式。

具体创新实践体现在：一是运用5G技术，校企共建"云工地"，施工现场视频大屏和智慧工地数据大屏全天候对师生开放；二是以"云工地"为载体，基于工程项目创设学习情境，按照分项工程设置学习任务，用工程中现行的规范标准作为学习的参考资料，实现云上资源与存储资源互补，真实工程项目"进课堂"；三是专兼职教师无缝协作课堂教学，打造形成专兼结合的教师团队，专兼结合，专兼配合，创新了课堂教学模式。借助"云工地"，实现专业与职业互融、知识与技能互融、教师与工程师互融、教学过程与生产过程互融，真正推进产教融合，实现生产和教育教学的一体化，在生产实境中教学，推进人才培养模式改革，形成校企深度融合的育人模式。

信息化助力科学治理　重塑学校教育新生态

长江职业学院

一、背景与现状

"十三五"期间，学校信息化遵循"完善机制、融合创新、重在应用、服务全局"的建设原则，坚持"创新、协调、绿色、开放、共享"的发展理念，强化顶层设计，加强融合创新，以信息技术广泛应用为主导，以网络基础设施和基础服务平台建设为支撑，以支撑和引领教学改革为核心，以增强学校核心竞争力、提升学校运行管理效率和服务水平为目标，逐步实现校园教学的双向交互、校园环境的全面感知、校园管理的高效协同、校园生活的个性便捷，构建了一个具备"全面感知、深度融合、高效稳定、安全可靠、多维服务"的智慧校园环境，全面提升信息化服务水平和师生信息化服务获得感、幸福感和安全感，推进学校治理体系和治理能力现代化。

截至目前，学校建成了高网速、高性能、高效用的"三高"基础网络；搭建统一门户、统一身份、统一数据的"三统一"平台；开发和引进了近21T的数字资源，集成行政、教学、服务等25个数字化管理平台；打造了信息化管理、技术、建设、教学、科研五支队伍。通过数字化校园建设，构建了全新的信息化建设机制与应用模式，促进了人才培养质量的提升，提高了我校信息化管理水平。学校先后获批为"教育部首批教育信息化试点单位"、全国首批"职业院校数字校园建设实验校"，获评为"全国职业院校数字校园建设样板校"。

二、特色与创新

（一）全面构建机制，保障建设成效

1. 建立"两级三层"CIO管理机制

学校建立了信息化建设"两级三层"CIO管理机制，实施学校、行政部门两级，以行政部门为主，覆盖决策、执行、应用3个层面的信息化建设统一协调决策，有效解决跨部门、跨业务领域信息化工作不易协调、难以推进的问题，使信息技术与教育教学、行政管理的深度融合成为常态。

2. 建立"三元共建"的合作机制

学校建立了"学校主导、企业参与、三元共建"的信息化建设合作机制。遵循"互

惠互赢"原则，实现"共建、共管、共享"，采取校企合作、校校合作等多种方式，建设信息化基础设施、丰富优质教学资源和完善信息化平台。

3. 建立"应用导向"的激励机制

学校建立"以应用为导向"的激励评价机制，将信息化工作纳入部门年终目标管理考核指标；同时，将在信息化方面取得突出成绩的教师和团队纳入学校内涵建设奖励，在评先评优、职称评聘、职级晋升等方面给予政策倾斜。

4. 建立全方位多角度的保障机制

一是组织保障，学校成立网络安全和信息化领导小组、专家指导委员会等决策机构，设立信息化建设办公室，建立信息化建设联络员制度。二是制度保障，学校出台《校园网络安全管理办法》《长职教育信息化数据标准》《长职数字校园建设实验校实施方案》等多项制度。三是队伍保障，打造了信息化建设的管理、技术、建设、教学、科研五支队伍。四是经费保障，设立常态化的信息化建设专项资金，形成制度化的可持续经费投入机制。

（二）变革教学模式，提升教学质量

1. 系统推进混合式教学改革

学校出台《混合教学课程建设管理办法》《数字化课程经费使用管理办法》等制度助力全面深化混合教学模式改革，每年通过立项申报、评审、验收、持续更新等方式建设10～20门混合教学课程。目前共建设237门基于混合教学模式的数字化课程。通过混合教学模式改革，鼓励教师重新定位学生需求，把传统教学和网络教学相结合，提高教学效率，激发学生学习主动性、积极性与创造性，提升学生自主学习和终身学习能力，最大限度满足学生学习的多样化、个性化需求。

经统计，学校累计有18 978名学生通过网络教学综合平台进行学习，网络学习实时在线人数最高达2 183人，其中，电商物流学院谌莉老师的"职场文化英语交际"课程被访问114 398人次。

2. 持续加强数字资源建设

学校坚持走自主开发和积极引进相结合的道路，基于"立足学历教育、辐射社会培训、服务自主学习"的指导思想，遵循以用促建、共建共享、开放建设、动态更新的建设原则，基本形成了精品课程、全球开放课程、公开视频课程、微课、专题库、虚拟仿真6类数字资源，覆盖了艺术、管理、医药、计算机、思政等多个领域。

经统计，学校累计有21T，共39 047项数字资源。其中，自建校本资源，包括微课、课件等累计29 265项。

3. 构建"互联网+移动终端"数字环境

学校无线Wi-Fi认证覆盖全校园，极大方便了全校师生，创造了"处处皆可学"的学习机会。结合网络教学综合平台，探索"互联网+移动终端"应用，推行了移动学习

App，有效调动了学生学习的积极性，营造了"人人皆学、处处能学、时时可学"的学习型校园环境。

三、成果与影响

（一）打造智慧教育环境，促进师生能力提升

1. 部署教考云平台，建设未来智慧教室

学校将"云大物智移"技术深度融入校园智慧建设中，融合教育教学、管理服务等业务，打造教考一体化云平台，实现场景感知、智能物联。通过云桌面无缝漫游实训室、机房、多媒体等各类环境，实现在线巡课、在线巡考；利用电子班牌、综合信息屏、移动客户端等不同媒介，直播课堂教学、宣传校园文化、办理校园业务，全方位贴近、服务师生，增强全校师生信息化应用体验。

2. 教改成果丰硕，师生竞赛屡创佳绩

学校组织专班深入研究信息化环境下的教育思想、机制、模式和方法，重点探讨高职院校信息化建设如何推进教学改革创新。其中"职业教育信息化与学校教学研究""信息化条件下教学方式与学习方式变革研究"等多项重点课题获省级立项；"高职院校数字化校园建设机制与应用模式的研究""慕课视角下职业院校教学改革的研究"等多项一般项目获省级立项，为我校信息化建设工作的开展奠定了坚实的理论基础。

学校通过系统推进混合教学改革，大大提升了师生信息化技术能力，在信息化教学、大学生创新创业等各级各类大赛中取得优异成绩，师生累计获得省级及以上奖项 350 余项。学校先后承接了"全国职业院校数字校园建设实验校"培训、各类信息化专题讲座等工作，共计 2 000 余人次参加。

（二）优化数字校园，提升服务能力

1. 优化数字校园，构建智慧型服务中心

以"互联互通、信息共享、业务协同"为目标，围绕校园用户的信息需求、办事需求和决策需求，打破数据壁垒，完善数据标准，规范数据采集与管理流程，将散落在校园网、互联网等不同应用中的资源进行聚合与重组，完成学校管理信息系统整合工作，形成个人事务全覆盖、展现内容可定制、交互方式一体化的智慧型服务中心，优化了业务管理，提升了公共服务，促进了决策支持。

2. 搭建"大学工"平台，提供一站式学生服务

学校本着"以学生为本"的建设原则，以满足学生工作需要为核心，构建了招生、迎新、学工、教务、离校为一体的"大学工"平台。通过数据中心，实现了以新型的身份认证模式替代手工表格填写，以信息状态的变化及信息流动替代实物表格的流动；以信息共享和交换替代手工操作，实现了从学生录取、入校、教学、日常事务到毕业离校的"全生

命周期"信息化管理，为学生提供了方便、高效、一体化的数字化服务。

3. 拓展一卡通应用，打造智能生活环境

学校一卡通系统为全校师生校务管理、生活服务提供重要支撑，广泛应用于聚合支付、图书借阅、会议考勤等多个校园场景中，给师生带来了高效、简便的现代生活和工作方式。同时，通过一卡通大数据的统计与分析，为学校管理决策提供了有价值的数据支持，有效提升了管理的科学性，也为学校各类奖助学金发放、贫困生评定、饮食健康分析等提供准确、可靠和翔实的数据信息服务。

（三）发挥信息化优势，助力疫情防控

1. 同心战"疫"，云端保障教学

面对突如其来的新冠疫情，学校上下同心协力，充分利用网络教学资源和信息技术手段，落实"停课不停学，教学不延期"的工作要求，全面开展网络教学。学校疫情教学创新案例"创新云端保教学　聚焦质量践使命"入选2020年高职高专校长联席会举办的"高等职业教育改革发展优秀成果案例"全国20强。

2. 智慧精准防疫，阻止疫情蔓延

学校及时部署疫情信息系统，对师生返校前、返校期间以及返校后的健康状态进行填报统计、精准监控，有效落实了每日"日报告"和"零报告"制度，同时强大的数据分析、分类管理，为师生错峰返校做好了充足准备，有效防止疫情向校园蔓延。

（四）构建新生态环境，发挥示范作用

学校将信息化建设作为提升办学实力的重要战略，不断优化顶层设计，构建新生态环境，大力推进"智慧校园"建设，积极发挥示范引领作用。学校顺利通过教育部首批教育信息化试点和首批职业院校数字校园建设实验校验收评估，并获评"职业院校数字校园建设样板校"。信息化建设模式得到了省内外众多兄弟院校的认可，项目建设形成的经验和做法在省内外得到一定的推广应用。其中"探索信息化保障机制　变革教学模式"入选2017年全国首批职业院校数字校园建设实验校典型案例；"信息化支撑教育管理和教育教学的创新与成效"入选2018年教育部教育管理信息化应用优秀案例；"全方位加快融合创新　纵深推进信息化建设"入选教育部职成司2019年职业教育信息化发展案例报告。

四、经验与启示

（一）健全的信息化机制为推进信息化建设提供强力保障

信息化机制建设事关信息化建设的规划与管理，也关系着整个信息化建设发展进程的快慢。学校建立了一套行之有效的信息化保障机制，为全面推进信息化建设提供了强有力的保障。其中"两级三层"CIO管理机制，有利于信息化建设工作规范高效地开展；"三

元共建"合作机制,实现了信息化基础设施和优质教学资源的"共建、共管、共享";激励评价机制,充分调动教师开展信息技术教学应用的积极性和主动性;综合保障机制从组织、制度、队伍、经费等方面为信息化工作的顺利开展提供了重要支撑。

(二)先进的现代教育管理理念引领信息化建设开拓创新

信息化建设须要以理念的突破和更新为先导,引进先进的现代化教育管理理念,是学校信息化工作可持续发展的需要,是学校信息化建设开拓创新的需要。学校采取"请进来,走出去"的方式,通过邀请信息化专家开展讲座、赴先进院校调研等方式组织教师进行学习,用先进的建设理念凝聚人心,重塑管理制度,指导教学改革,完善过程管理,开创一条具有"长职特色"的信息化建设道路。

(三)完善的网络教学平台为师生教学改革提供技术支撑

学校信息化建设过程中,始终围绕教学这一中心工作,聚焦于借助信息技术变革教学模式。在优秀专家团队的指导下,转变教学观念,创新教学模式,以网络教学综合平台的构建为支撑,多样化培训为抓手,系统开展混合式教学模式改革,提升了师生信息化素养,促进了人才培养质量的提升。

(四)完备的大数据为创新学校教育教学提供智慧发展路径

随着信息技术与教育的深度融合,通过新思维、新技术,重构传统教育系统,推动数据的汇聚、存储与处理,形成学校大数据平台,探索大数据驱动教育变革的发展路径,不断创新教育理念与模式、教学内容与方法,打造支撑和引领教育现代化的新途径和新模式,构建面向未来的智慧教育新生态,从而加快推进教育现代化发展。

"十四五"期间,学校将根据《职业院校数字校园建设规范》《"十四五"国家信息化规划》等相关文件,结合《长江职业学院"十四五"改革和发展规划》,充分发挥信息化在学校改革发展过程中的驱动作用,坚持系统推进混合教学改革,坚持校企合作共建数字资源,坚持运用大数据提高学校治理能力,不断完善智慧校园建设,为职业教育提质培优、增值赋能贡献力量。

专家点评

学校将信息化建设作为提升学校办学实力的重要战略,在信息化管理模式和信息化教学模式方面开展了富有成效的工作,构建了数字化校园建设新的机制与应用模式,促进了人才培养质量的提升。

该校的主要经验:构建了符合职业院校信息化建设与应用的体制机制:建设了"两级三层"CIO管理机制,保障信息化建设工作规范高效地开展;建设了"三元共建"的合作机制,实现了信息化基础设施和优质教学资源的"共建、共管、共享";

建设了"应用导向"的激励机制，充分调动了教师开展信息技术教学应用的积极性和主动性；全方位多角度的保障机制，从组织、制度、队伍、经费等方面为信息化工作的顺利开展提供了重要支撑。

　　围绕教学这一中心工作，学校聚焦于借助信息技术变革教学模式，构建了网络教学支撑平台，开展了多样化培训，转变了教学观念，系统开展了混合式教学模式改革，创新了教学模式，提升了师生信息化素养，促进了人才培养质量的提升。

AR/VR 赋能"理、虚、实一体化"课堂实践

广东工贸职业技术学院

一、背景与现状

职业教育重视学生实践能力与操作技能养成，传统授课方式进行大量概念性理论知识的传授，容易造成学生对实际工作流程的了解不够立体和深入；理论知识与实际操作技能结合的过程，会存在概念性知识与程序性知识隔离，加大教学成本投入，也影响整体教学进度。

遵循教育部《职业教育提质培优行动计划（2020—2023）》《关于开展职业教育示范性虚拟仿真实训基地建设工作的通知》等文件精神，职业院校应运用现代信息技术改进教学方式方法，推进人才培养模式创新，要充分利用现代信息技术，开发虚拟工厂、虚拟车间、虚拟工艺、虚拟实验。

学校从"理、虚、实一体化"发展的角度出发，以特色 VR/AR 专业作为赋能点，探索校内课堂实践建设。在教学过程中运用信息化的教学手段，使用 VR/AR 虚拟仿真资源，让教学不再局限于课堂讲述，教师能够更灵活生动地帮助学生巩固和理解课堂知识，为教学模式改革提供新的可能。

二、特色与创新

学校从宏观厘清发展定位、中观重塑教学资源、微观进行课堂革命，全方位、立体化地推进"理、虚、实一体化"课堂实践和创新，形成独有特色。

（一）宏观层面，聚焦产业需求打造 VR/AR 产业学院

面向粤港澳大湾区产业需求，面向职业教育新形态 VR 课程开发、VR 教学设备与系统、VR/AR 虚拟仿真实验、AR 数字教材、AR 教学资源库等实训项目的应用需求，学校在测绘遥感信息学院、机电工程学院、计算机学院等二级学院布局五大 VR/AR 产业学院，同时围绕 VR/AR 产业学院，联合学校"双创"中心，进行应用技术、卓越技能技术人才培养、行业标准技能鉴定等方面的研究，如图 1 所示。

（二）中观层面，依托专业群重塑"理、虚、实一体化"教学资源

打造包括虚拟现实应用技术、数字媒体应用技术、数字媒体艺术、数字展示技术等专

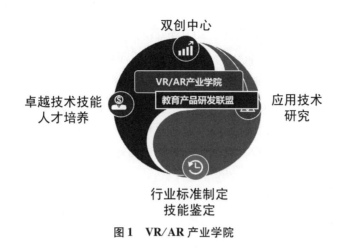

图 1 VR/AR 产业学院

业在内的虚拟现实应用技术专业群,在全国首批开设虚拟现实应用技术专业。依托学校专业及专业群从平台、团队等方面重塑"理、虚、实一体化"教学资源。

(1) 平台资源。拥有国家级虚拟现实教育信息化产学研应用技术协同创新中心 (2019 年)、国家虚拟现实应用技术 (VR) 双师型教师培养培训基地 (2019 年)、广东省 VR/AR + 职业教育工程技术研究中心工程中心 (2017 年认定, 2020 年考核优秀)。依托 VR/AR + 职业教育工程技术研究中心, 研发团队开发了诸多虚拟仿真实训软件, 实现特色教学资源的产、学、研、用一体化, 广泛应用于课程教学及对外技术服务。

(2) 团队资源。通过虚拟仿真实训切实提高教师教学过程中信息化技术运用的能力, 激励教师主动适应人工智能等新信息技术变革, 通过实施"外引内培、校企互聘"方式建成一支校企协同、结构合理、教学与开发能力强、工程经验丰富、年龄结构合理的虚实结合教师队伍。学校拥有广东省"面向智能制造的 VR/AR 应用技术研究协同创新团队" (2020 年) 普通高校创新团队。团队骨干成员已承担开展多项虚拟仿真相关科研项目。

(三) 微观层面, 推动"理、虚、实一体化"课堂革命

(1) 重塑 VR + 课堂教学模式。通过创新构建新型的 VR + 教学模式, 建设以教师为主导, 学生为主体的新型、高效、互动式"VR 智慧课堂", 依托先进的 VR 教学设施及丰富的 VR/AR 教学资源, 构建了"VR + 教学模式""VR + 课堂教学""VR + 实训教学"; 构建"VR + 学习模式"——沉浸式实训、人机交互式实训、智能探索式实训。教学以任务驱动, "做中学、做中教", 与学校优慕课混合教学平台相结合, 利用 VR 技术将实训过程中抽象、枯燥、难以理解的内容转化为生动、立体、可交互的形式, 让学生利用碎片化时间掌握实训流程和重难点。以学生为中心的教学模式革命, 激发了学生的学习热情, 实现了突破时空限制的"泛在式"学习。

(2) 校企合作建设虚拟仿真教学平台。校企共建虚拟仿真实训基地、开发了针对"三高三难"的虚拟仿真实训软件"测绘虚拟现实三维互动教学平台"。疫情期间, 平台

累计为超过 900 所各类院校 6.5 万名师生提供教学服务。

（3）高本合作开发虚拟课程资源。2021 年，与广东工业大学合作开发 6 个项目 24 课时的 5.2G 虚拟教学资源建设，向农村地区输送优质职业教育数字资源，提高农村地区职业教育水平，该项目资源经过省厅遴选，推送给中央电化教育馆。

（4）开发 VR-3D 课堂教材。开发 VR-3D 教材，将教材建设和专业教学资源库、在线开放课程、虚拟仿真平台等相结合，开发相互融合、互为补充的新形态 3D 教材，通过虚拟场景呈现教学内容，作为教材数字化资源实训内容的有效补充。

三、成果与影响

（一）取得的成果

（1）虚拟仿真领域荣誉及奖项丰硕。建设了多个虚拟仿真实训与研究中心，其中广东省 VR/AR+职业教育工程技术研究中心，是与广州市大湾区虚拟现实研究院、广东职业教育信息化研究会等行业企业联合共建，定位为省内一流的 VR/AR 工程技术研究和教育基地，于 2020 年获得省科技厅考核认定优秀。依托 VR/AR+职业教育工程技术研究中心等研究实体，获得国家科技进步奖三等奖 1 项，教育部科技进步奖二等奖 1 项，国家级奖项 6 项、省级奖项 10 项。

（2）虚拟仿真资源社会服务效果好。开发 365VR 教学云平台和高校机械工程学科虚拟仿真实验教学共享平台两大平台，上千个免费 VR 教学资源已服务 657 所院校的近 10 万用户，热门虚拟仿真资源访问次数均达 5 000 次以上。

（3）师生信息素养明显提升。通过 VR 项目的研发，把教师、学生同工程技术人员、操作能手、软件设计师凝聚到了一起，形成合作伙伴团体，提升了师生岗位技能、信息技术水平，并形成了丰硕的教学成果。

（4）教学资源共建共享。开发 6 个项目 24 课时的 5.2G 虚拟仿真教学资源由央馆开展应用与推广，加快推进农村地区职业教育信息化发展；共建教学资源共同体，开放输出 16 门教学资源课程，覆盖汕头职业技术学院等 5 所学校，学生学习总时长 14 650 小时。

（二）影响

1. 入选省级以上案例

信息技术与教育融合总结案例入选 2019 年度广东省教育信息化应用典型案例；信息化教学案例入选 2019 中国（西安）世界职业教育大会优秀案例；VR 教学资源建设案例入选教育部职成司 2019 职业教育信息化发展报告。

2. 获得的荣誉称号

开展以信息化推动与引领"三教"改革，重点推进混合式教学改革、教学资源共建共享的模式得到中央电化教育馆的认可，学校被授予数字校园建设实验校的称号，并获评数字校园建设样板校，被社会教育教学培训机构评为"混合教学改革示范校"。

3. 示范推广情况

学校领导在中央电化教育馆的数字校园实验校会议、清华教育信息化论坛以及校长论坛等多个平台上做主题发言，介绍学校数字校园建设总体情况，在线课程建设与混合教学改革、"VR+教学"等方面的实践探索。

四、经验与启示

（一）经验

（1）"VR/AR+职教"赋能"理、虚、实"是系统性工程，涉及课堂、实训等多个环节，学校领导高度重视，在教育信息化推动中形成全校的共识，部门各负其责，密切配合。

（2）特色资源建设取得明显成效。结合学校自身及重点专业群特色，建设了丰富优质的数字化教学资源并重点建设、推广应用以 VR 为主要载体的教学资源。

（3）政校行企深度融合，主动服务区域经济发展，学校充分发挥 5 个新工科特色和龙头企业资源，构建了 5 个校企命运共同体，尤其创新了广东工贸－测绘地理信息校企命运共同体的运行机制，实施了混合所有制"实体化运作"，实现合作共赢。

（二）启示

（1）VR 已具备重塑教育的潜力，但 VR 大范围变革教育的路还很长。

（2）VR 教学资源不足，需要聚焦产业需求，打造特色 VR/AR 资源，精准满足不同用户群体的差异化需求，提供优质差异化教学服务。

（3）虚拟现实和增强现实不仅仅是一个技术平台或工具，更会孕育出一种新型的教学模式和教学方法。将虚拟现实和增强现实技术广泛地应用到课堂教学中，对于贯彻落实教育部"职业教育信息化"设想有重大意义。

专家点评

> 案例体现了 AR/VR 与教学融合的顶层设计，从宏观厘清发展定位、中观重塑教学资源、微观进行课堂革命，以特色 VR/AR 专业作为赋能点，探索高职院校课堂实践建设，全方位、立体化推进"理、虚、实一体化"课堂教学实践和创新，将 AR/VR 深度融入教学，使教学不再局限于课堂讲述，教师能够更灵活生动地帮助学生巩固和理解课堂知识，为教学模式改革提供新的可能，形成了独特的信息化课堂教学方式。

特色一是面向产业需求，面向职业教育新形态VR课程开发、VR教学设备与系统、VR/AR虚拟仿真实验、AR数字教材、AR教学资源库等实训项目的应用需求，布局VR/AR产业学院，进行卓越技能技术人才培养、行业标准技能鉴定等方面的研究。二是依托学校专业及专业群从平台、团队等方面重塑"理、虚、实一体化"教学资源，打造包括虚拟现实应用技术、数字媒体应用技术、数字媒体艺术、数字展示技术等专业在内的虚拟现实应用技术专业群。三是实施"外引内培、校企互聘"方式建成一支校企协同、结构合理、教学与开发能力强、工程经验丰富、年龄结构合理的虚实结合实训教师队伍，通过虚拟仿真实训切实提高教师教学过程中信息化技术运用的能力，提升教学效果。四是建设以教师为主导、学生为主体的新型、高效、互动式"VR智慧课堂"，依托先进的VR教学设施及丰富的VR/AR教学资源，重塑"VR+课堂教学"，实现了技术赋能课堂教学。

聚焦教学，技术引领，信息化支撑混合教学改革

宝鸡职业技术学院

一、背景与现状

宝鸡职业技术学院是一所地市级高职院校，成立于2003年，由原市属7所中专学校和1所二甲医院合并组成，专业涉及面广，与地方经济发展结合紧密。学院信息化建设以《教育信息化2.0行动计划》《高等学校数字校园建设规范》和《职业院校数字校园规范》为指南，坚持信息技术与职业教育深度融合的核心理念，围绕构建"教育教学新生态"和"学校治理新体系"的核心目标，以培养服务地方经济产业发展的技能型人才为目的，以混合教学改革为抓手，多措并举、齐抓共管，构建信息化环境下的教育教学新生态和学校治理新体系。

二、特色与创新

（一）整体规划，夯实基础，建设基础网络

学院高度重视校园信息化建设，注重规划的先进性、系统性和可持续发展性。2012年委托清华大学教育研究院对学院的信息化建设做了整体规划，编制了《宝鸡职业技术学院数字校园规划与建设方案》，学院的信息化建设一直按此"方案"进行建设。近几年来，学院遵循整体规划，以新基建的理念夯实基础，累计投入近5 000余万元，建设了"五全一多"的校园信息化环境。

（1）基础网络（有线无线）全覆盖。按大二层网络架构进行校园网络的升级改造，新建楼宇采用全光网技术进行规划建设，校园有线网络信息点20 000余个、无线AP部署5 000余个，校园主干10G、出口接入10G，并建设了超融合校本数据中心，支撑信息系统的部署和数据的存储，构建了"人人皆学、处处能学、时时可学"的网络支撑环境。

（2）应用（业务）系统全方位。建成了21个业务应用系统和校园网上办事大厅，涵盖学校管理、教学及校园服务，依托网上办事大厅，再造管理服务流程，创新工作机制，全面推进信息化融合应用，实现了常规业务线上办理，提升了学院管理服务效能和信息化应用水平。

（3）校园空间全监控。按照高校安防建设的要求建设了校园可视化安防应急系统，该系统有机融合身份识别、车辆识别、行为识别、边界识别等，对数据进行综合智能分析、

实时预警，实现校园无死角多维度的安全防范，并无缝对接上级公安机关和教育行政部门，为平安校园建设提供了强有力的保障。

（4）教学场所全装备。学院300余间教室和实训室，配备了交互式一体机等多种信息化教学设备设施，与优慕课教学平台及近1 000门课程资源库构建了集环境、平台、资源于一体的信息化教学支撑环境。

（5）主要系统全连通。建立《数据标准规范》，通过统一身份认证、统一信息门户和统一数据管理三大基础平台，集成对接14个主要业务应用系统，实现单点登录和数据唯一性，各业务系统之间的数据动态交换共享，基本消除了信息孤岛。

（6）虚拟实训门类多。建成5个满足专业教学需求的虚拟仿真实训中心和20个虚拟仿真模拟训室，涵盖了机电、软件开发、医学、中医药学、电子商务、学前教育、建筑等专业，为虚实融合、理实一体教学创造了条件，为混合教学改革奠定了基础。

（二）以建促用，以用促建，建设应用相互促进

随着"智慧校园"信息化环境的初步形成，工作重心从"建设"转移到"应用"上。以"建设"支撑引导"应用"，以"应用"需求主导"建设"，逐步形成应用建设相互促进的信息化建设新局面。

（1）以建促用，引领管理创新。通过校园信息化环境的改善和信息化应用的深入开展，构建了"信息互通、数据共享、事务协同、一网通办"的智慧管理服务模式，引领校园管理服务不断改进。依托业务应用系统，80%的常规业务基于线上办理，实现了协同办公无纸化、人事管理数字化、教学科研管理高效化、学生管理一体化、资产管理精细化、校园安防可视化和生活服务便捷化。在网上办事大厅搭建各类网上办事流程30余个，在"智慧宝职"移动端，集成教学、管理、服务、生活、查询、资讯等20多个一站式应用服务，提高了办事效率和服务能力，逐步形成了信息化环境下"精诚服务、精细管理、精准决策"的职业院校治理新体系。

（2）以用促建，建设决策与质量监测预警平台。随着信息化在管理、教学及师生校园服务等方面的应用，积累了大量的数据，逐步形成新的数据资产。学院挖掘大数据价值，建设了辅助领导管理的《决策与预警平台》和《教学质量监控平台》，通过对各类数据进行智能汇总分析和图表化展示，实现对学校、教师、学生、专业和课程5个层面的多维度数据画像，提高了管理的及时性、全面性、真实性、高效性。

三、成果与影响

教学是办学的核心任务，学院的一切工作都是围绕"教学"这个焦点任务开展的。以信息化支撑管理创新、教学创新和服务创新，推动了职业教育理念更新、模式变革和体系重构。

（1）建立"平台＋资源＋环境＋实训＋管理"的混合教学支撑体系。围绕教学工作

的核心任务，整合形成以"优慕课"教学平台为主，"蓝墨云""智慧职教"为辅的在线教学平台；汇集形成了5个类别的专业课程资源库，结合交互式及网络教学环境，融入数字化、虚拟化、仿真化、模拟化的各类实验实训条件，对接教务管理系统和质量监控系统，系统化地支撑混合教学开展。

（2）引领教学改革，推动混合教学不断创新。以现代混合教学理论为指导，针对专业课程教学过程中存在的重点难点痛点，以学生培养目标为标准重构教学内容，以多元化方式为策略实施混合教学，促进混合教学形成新范式。一是以专业核心课程为中心重构课堂教学内容。对标专业人才培养方案，从专业人才培养标准、课程结构以及学生特征、教学条件、实训条件、师资力量、教学管理等方面综合分析，以专业核心课程改革入手，融合课程和专业课程，以项目（案例）教学方式重构课堂教学内容。二是以技术为手段支撑多元化混合教学实施。建设数字化、模拟化及虚拟仿真实训中心，建设校企合作、校校联合的支撑系统，运用信息技术实现多元化的融合，支撑参与式、启发式、讨论式、协作式等教学模式。三是信息技术与教育教学的深度融合，促进了"物理教室"向"虚实融合教室"转变、固定时间教学向"时时可学"转变、班级授课向"集中面授+在线学习"转变、实验实训向"虚实结合"转变四个转变，翻转课堂、虚拟教学、混合教学等多元化教学全面开展，形成了"线上线下两维度，课前、课中、课后三环节，虚实融合多模式"的高职混合教学新形态，目前所有课程均已开展混合教学探索，教育教学质量持续提升。

（3）完善保障机制，教学效果逐步显现。坚持以机制保障、教师先行的原则推动混合教学改革。教改工作有序推进，教学效果逐步呈现。一是成立了书记、院长为组长的网络安全与信息化领导小组，成立了专家委员会，建立和完善了20余项管理规定与制度，保障支撑体系的可靠运行，激励教师积极开展混合教学改革。二是加大教师的培训力度，激发教师的内生动力。学院通过专家报告、名师示范、交流研讨、应用辅导等方式，对教师进行系统化、高密度信息化教学培训，年均培训达到1 000余人次，教师信息化素养和教学能力大幅提升，教改的积极性更加主动。

近三年来，教师荣获省级各类信息教学大赛、微课大赛和教学能力大赛一、二、三等奖41项，全国教学能力大赛二等奖1项，完成信息化教学研究课题27项，多名教师入选全省"蓝墨云"班课"十大魅力教师"。

四、经验与启示

宝鸡职业技术学院把信息化建设作为学院发展的新引擎，推动了学校治理水平的提升和教学质量的提高。在近几年的实践中积累了一些经验：第一，建设高速安全、资源丰富、智能应用的智慧校园环境，是推进创新改革的基础保障；第二，引入高层次专家对全员培训，转变了领导及教职工的理念，是推进创新改革的认识保障；第三，加强兄弟院校间交流，邀请专家及兄弟院校优秀教师对老师们进行针对性的培训指导，是技术保障；第四，建立管理制度和激励机制，是体制保障。

聚焦混合教学改革取得的一点成绩，对我们也有一些启示：混合教学改革，要遵循教学规律，要遵循混合教学理论，要遵循职业教育的特点，教师是主导、学生是主体、技术是手段、教学设计是关键。

专家点评

宝鸡职业技术学院推荐的信息化课堂教学案例"聚焦教学，技术引领，促进混合教学改革"从解决教学实际问题出发，用互联网技术、虚拟现实技术、大数据技术等手段解决了教学中的重点、难点、痛点，实现了可视化教学、沉浸式教学，理念先进。

宝鸡职业技术学院以建促用，以用促建，在信息化基础设施建设和治理服务信息化建设方面卓有成效，建成了295间网络多媒体教室、2间智慧教室、20个虚拟仿真实验实训室、3个网络教学平台，建设了581门网络课程和4个专业教学资源库，特别是建成满足各类专业教学需求的虚拟仿真及模拟实训室20个，为虚实融合、理实一体教学创造了条件，为混合教学改革奠定了基础。该案例有以下两个明显亮点：

（1）建立"平台+资源+环境+实训+管理"的混合教学支撑体系。学校围绕教学工作的核心任务，整合形成以"优慕课"教学平台为主，"蓝墨云""智慧职教"为辅的在线教学平台；汇集形成了5个类别的专业课程资源库。

（2）混合教学不断创新，引领教学改革。学校以现代混合教学理论为指导，针对专业课程教学过程中存在的难点、痛点，以学生培养目标为标准重构教学内容，以多元化方式为策略实施混合教学，促进混合教学形成新范式。

深化混合教学改革　促进体教融合高质量发展

乌鲁木齐市体育运动学校

一、背景与现状

乌鲁木齐市体育运动学校成立于1989年，学校坚持"崇德重训，训学结合，全面发展"的办学理念，坚持"隶属于体育局关系不动摇，充分依靠教育发展体育"的办学思路，以国家示范校建设和数字校园实验校建设为抓手，基于"互联网＋"思维和混合教学理念，坚持以学生为中心，突出学生主体地位，借助网络教学平台，根据专业技能课、专业核心课和文化基础课的不同特点，开发建设了30门校本网络课程，数字教学资源达3TB，均已投入使用，并不断更新。学校实施"线上、线下"贯穿"课前、课中、课后"混合教学模式改革，无限拓宽育人时空，打造出具有我校特色的"互联网＋"高效新生态课堂，探索出一条缓解学训矛盾的运动员培养之路，实现了高效完成校内课堂教学，有效突破因随时外出集训、参赛等长期影响体校发展的"学训矛盾"难题。

学校利用混合教学理念与方法，不断深化探索体教融合发展新路径，提升教学水平，突破办学瓶颈，取得了教育教学和运动训练成绩双丰收，实现了学校高质量发展。

二、特色与创新

学校坚持以习近平新时代中国特色社会主义思想为指导，全面贯彻党的教育方针，落实好新时期体育人才培养要求，把体校发展融入教育大环境，充分利用国家大力发展职业教育的政策，以职业教育项目建设为抓手，以"校企（队）合作，德学训赛证"结合人才培养模式改革为主线，以学校专业课试点课程为建设重点，成立专项课题研究团队，充分利用信息化手段，深化实施"线上、线下"贯穿"课前、课中、课后"的混合教学模式，探索创新出一套适合我校特点，且行之有效的专业课混合教学"德学训赛证"一体化评价模式。此举打破传统，立破并举，构建和创新了混合教学模式下的教学评价，有效提升了我校教育教学水平和竞技体育水平，有效促进了学校内涵建设和高质量发展，开创了体教融合的新局面。

（一）主要做法

健美操运动是一项以有氧运动为基础，以健力美为特征，融体操、舞蹈、音乐为一体的大众健身方式，作为一项深受大众喜爱的社会体育锻炼方式和运动训练竞赛项目，在我校课程体系中既是一门专业核心课程,又是一门专业技能方向课程,教学和训练工作并存,在深入开展混合教学,促进学训融合、课程融合教学方面具有很好的先行基础和典型作用,并成效显著。

1. 健美操教学与训练中存在的问题

随着教育信息化的迅速发展,我校健美操课程混合教学改革一直在不断探索创新和实践的路上。改革前,健美操教学与训练中存在的问题有以下几点:

(1) 主要采用"教师教,学生学"的方式,"满堂灌"的教学现象普遍存在,导致学生在课堂中的主体地位不够突出,缺乏个性化教学。

(2) 受课时局限,课堂中所能呈现的教学资源有限,为了完成教学任务,教师压力大,学生自主学习机会少,缺乏创造力培养。

(3) 教学仅限于课堂,学生学习内容和资源相对单一,学习视野较窄,学生缺乏学习成就感,导致学习积极性不高。

(4) 教学中师生间、同学间的交流与协作的次数相对较少,且师生互动仅限于课堂,师生间缺乏充裕的思想感情交流机会。

(5) 统一的课程教学进度不能满足学生自主学习的需求,不能因材施教,学生学习兴趣相对较弱。

2. 混合教学模式改革的主要目标

(1) 促进教学新生态的形成。

通过混合教学模式改革与实践,促进课堂"教"与"学"模式的翻转,使课堂形态发生改变,促进教学新生态的形成。

(2) 激发学生的学习兴趣。

通过混合教学模式改革与实践,实现课堂教学与网络教学优势互补,突破课堂教学课时局限性,拓展学习内容,开拓健美操课程学习视野,满足学生自主学习的需求,激发学生的学习兴趣。

(3) 促进师生角色转变。

通过混合教学模式改革与实践,增加学生自主学习机会和师生、同学间交流与协作次数,促进师生角色转变,提升学生学习的积极性、主动性与创造性。

(4) 促进优质资源拓展与共享。

通过混合教学模式改革与实践,提高教师利用现代信息技术的能力,促进信息技术与课程更深层次的整合,实现优质资源拓展与共享。

3. 混合教学的实施

(1) 混合教学模式运行机制(见图1)。

(2) 混合教学课程规划设计和资源开发建设。

①打破传统,创新健美操课程混合教学规划与教学设计。

基于混合教学,健美操课程聚焦课堂教学与在线教学紧密融合与实施。首先,根据人

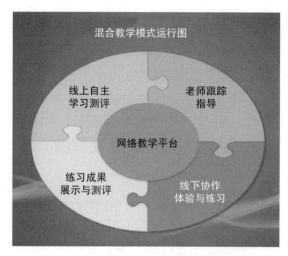

图1 专业课程混合教学模式运行机制

才培养方案、专业标准、学校实际、学生特点等进行科学实效的混合教学课程规划与教学设计，最终使得混合教学实施过程更加流畅，教学目标、教学内容、教学方法与手段、教学评价与反思等教学环节有的放矢，避免盲目实施，滥用信息化手段，徒增教学包袱，影响教学进度与质量提升。

②立破并举，创建健美操混合教学线上资源：健美操网络课程。

根据健美操课程混合教学规划与设计，在现有健美操网络课程资源基础上，重新调整和创建，形成健美操网络课程框架，将健美操网络课程构建设置为5大模块，主要内容有基础能力培养、职业能力培养、欣赏与创造源泉、成果积累与分享、学习标准与职业资质模块。各模块下创建内容根据课程标准、教学实际、学生特点设置相应的内容。健美操借助网络课程进行教学和训练，不仅实现了健美操课堂教学时空的无限拓宽，还有效解决了学习层次的难题，能很好地满足学习者个性化需求，还使得学习内容更加具体、可视、可测，可有效实现永不下课的课堂。

③教学结合，创编健美操课程混合教学线下资源：《中职健美操课程活页式教材》。

遵循混合教学理念与方法，结合健美操课程混合教学实际，依据健美操课程混合教学规划设计，根据具体教学目标与任务，把必须通过线下学习的教学内容用导学方式编制成《中职健美操课程活页式教材》，以便于结合健美操混合教学线上资源健美操网络课程更高效地完成教学目标。此创举目的是帮助解决信息化素养薄弱的学生更好地适应混合教学，提升信息化学习能力和培养自主探究学习的能力。该教材的每个章节和教学环节都严格按照混合教学模式编制与健美操网络课程完全对接，不仅可以很好地发挥课程导学作用，在没有网络条件的情况下，也完全可以通过本教材实现自主学习。

④健美操课程混合教学组织与实施。

健美操课程教学与训练实施"线上自主学习测评，线下协作实践展示"的混合教学模式（见图2）。根据学生学习能力，提倡线上线下引领式融合学习，不断拓展学习空间和学习视野，促进学生学习能力的提高。整堂课由课前、课中、课后三部分构成。其中"线上自主学习测评"是指学生通过健美操网络课程进行课前自主学习与在线测试和课后巩固学习与答疑讨论，主要是教师借助网络课程引导学生进行自主探究学习，初步解决学习疑难；"线下协作实践展示"是指通过课堂体验练习，提升技能与协作精神，主要是在课中教师采用"四三教学的方式"（见图3），以提升学生理论结合实践能力、实际操作能力、创新能力等为目的，引导学生进行实践，促进技能提升，培养协作精神，达成教学目标。

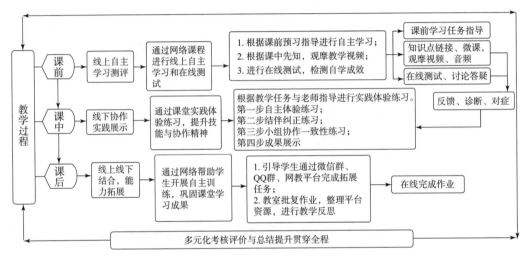

图2　健美操课程教学与训练混合教学"线上自主学习测评"实施流程

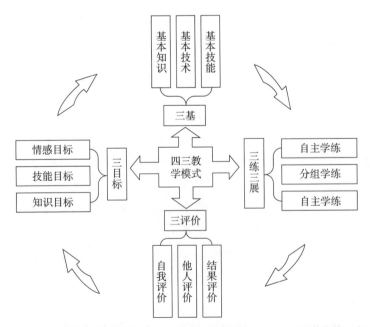

图3　健美操课程教学与训练"线下协作实践展示"四三教学方式运行

例如：在教学情境四"健美操套路学习与创编指导"，教学任务1"健美操规定动作套路学习"中，将整个教学活动设计为八个教学环节。

4. 健美操课程混合教学"德学训赛证"一体化评价模式

（1）"嵌入式互融"，建立学生德育第一能力培养机制。

依据健美操社会体育指导员、健美操运动员专业能力素养，收集整合青少年思想政治教育资源和体育德育资源，围绕整个学习、训练、比赛过程，划分成不同模块，形成德育教育专题。用"讲好红色故事""讲好体育故事"的形式，结合专业素养、技能实践训练嵌入德育资源，形成健美操课程特有的德育内容，并在课程学习中建立专门的德育评价指标。

（2）教学标准与职业资格互融，促进"1+X"证书评价机制建立。

注重学习过程评价和学生的发展性评价，严格对照职业资格，执行教学标准，充分挖掘各学习模块中过程评价的有效导向指标与结果评价的考核标准指标，以有效促进"线上线下引领式融合学习"混合教学评价，保障"德学训赛证"全过程各环节质量达成，促进"1+X"证书评价机制建立。

（3）注重学习过程评价和学生发展性评价指标导向设计。

注重学生发展性评价，采用学生自评、互评和教师评价相辅相成，过程评价与结果评价完美结合，及时评价，有效引导学生学习目标的高质量达成。

过程性评价具体到每堂课每位学生课前、课中、课后，包括线上线下完成每一项教学任务中。其中，教师根据教学任务设计了"混合教学课堂学习效果评价导向表"，作为课前导学内容之一发送到健美操网络教学平台上，学生可以利用手机，通过优慕课进入该课程平台进行课前先导学习，此举不仅让学生明白了堂课学什么、怎样学、学成什么样，还引导和培养了学生自主学习的方法和学习行为及习惯。具体环节评价标准见表1～表3。

表1　线上自主学习测评完成效果评价标准

课前　线上自主学习测评完成效果评价标准							
	态度决定一切				质量是发展保障		
标准	提交情况	分值	得分	标准	提交情况	分值	得分
微课学习	平台上课前微课学习记录完整率100%	20分		在线测试	在线测试完成率、正确率100%	20分	
	平台上课前微课学习记录完整率99%~80%	15分			在线测试完成率、正确率99%~80%	15分	
	平台上课前微课学习记录完整率79%~60%	10分			在线测试完成率、正确率79%~60%	10分	
	平台上课前微课学习记录完整率59%~40%	5分			在线测试完成率、正确率59%~40%	5分	
	平台上课前微课学习记录完整率39%以下	0分			在线测试完成率、正确率39%以下	0分	

亲爱的同学，学会自主探究学习是成长的第一步，也是提升自我学习能力的关键！相信你一定懂得态度决定一切，质量保障发展。来吧，按照最好的标准塑造自己，相信总有一天你会收获棒棒的自己！我们就从这个小任务开始吧，看看你是否能赢得最高分！加油！

表 2　线下协作实践展示完成效果评价标准

课中　线下协作实践展示完成效果评价标准											
标准	具体表现		分值	得分	标准	具体表现	分值	得分	标准	具体表现	分值	得分
态度决定一切	上课出勤	提前做好上课准备	5分		质量是永恒的话题	回答完整、正确	5分		团队协作是成功的秘诀	学习展示成果一致性非常高	5分	
		按时到	3分			回答不完整	3分			学习展示成果一致性比较高	4分	
		迟到	0分			回答错误	0分			学习展示成果一致性一般	3分	
	课中实践操作练习参与情况	参与实践练习行动主动积极	5分		课中实践操作练习完成情况	规定时间内完成任务	5分			学习展示成果一致性差	2分	
		参与实践练习行动一般	3分			延时完成任务	3分		成果展示中的着装情况	着装整齐统一	5分	
		参与实践练习行动不积极	1分			没完成任务	0分			着装不统一	3分	
					课中实践操作练习质量情况	完美完成	5分		成果展示中小组成员到位情况	小组成员全部到位	5分	
						1~2处轻微错误	3分			成员不够	3分	
						1处明显错误	2分					
						2处明显错误	0分					

亲爱的同学，做人要讲规矩，做事要讲标准！千里之行始于足下，让我们以优秀为习惯，严格按照最高的标准完成你本次学习任务，相信日积月累，你一定会迎来优秀的自己！加油！

表 3　拓展学习与能力提升完成效果评价标准

课后　拓展学习与能力提升完成效果评价标准															
学习成果展示视频——快、对、好												健美操精彩资源搜集分享——美			
标准	提交情况	分值	得分	标准	提交情况	分值	得分	标准	提交情况	分值	得分	标准	提交情况	分值	得分
快 看看在规定时间内哪个组完成的速度快！	第一时间提交	15分		对 看看在规定时间内哪个组完成的正确率高！	完全没有错误	15分		好 看看在规定时间内哪个组完成的质量高！	动作表现完美	15分		美 看看在规定时间内哪个组的分享资源价值高！	艺术性强	10分	
	第二时间提交	10分			1~2处轻微错误	10分			动作表现一般	8分			艺术性一般	5分	
	第三时间提交	8分			1处明显错误	8分			动作表现差	5分			艺术性差	1分	
	第四时间提交	6分			2处明显错误	6分			视频制作呈现精美	10分			欣赏价值高	10分	
	第五时间提交	4分			1处严重错误	4分			视频制作呈现一般	8分			欣赏价值一般	5分	
	第六时间提交	2分			2处严重错误	2分			视频制作呈现差	5分			欣赏价值低	1分	
	延迟提交	1分			3次以上错误	0分			团队协作完美	15分			使用价值高	10分	
	没有提交	0分							服装、动作不统一	5分			使用价值低	1分	

亲爱的同学，养成课后巩固和开拓学习视野的好习惯，是提升自我学习能力的关系！按时、高质量地完成这部分内容，你就会赢得100分哦，离成功又近了一步，加油！

（4）教学反思与新课准备。

教师立足学生特点，根据教学实施效果，总结教学优势与不足，认真填写教学反思表，对教学中的不足进行诊断，并撰写改进措施，修改本课堂教学方案，完善后续教学方案，为新课做好准备。教学反思的流程与教学反思表如图4和表4所示。

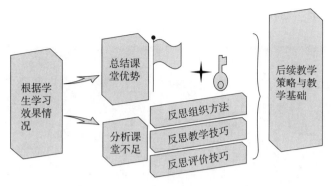

图 4　教学反思流程

表 4　教学反思表

教学环节	实施情况	优势	不足之处	改进措施
课前 线上自主学习测评	教学资源的整合、利用			
	网络课程平台建设			
	学生课前自主学习情况			
课中 线下协作实践展示	师生配合			
	学生调用平台学习资源			
	学生课堂参与性			
	学生学习效果			
	教学目标达成			
课后 线上线下结合，能力拓展	学生学习笔记			
	课后作业			
	拓展锻炼			

三、成果和影响

（一）课堂注入了新活力，成效显著

1. 学生学习兴趣明显增强（见图 5）

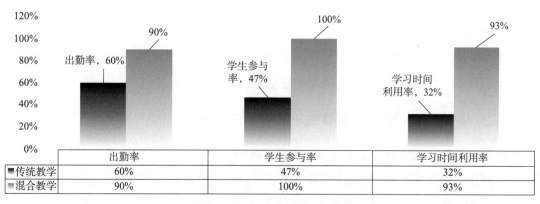

图 5　出勤率、参与率学习时间利用率统计图

2. 课堂氛围更加主动积极（见图6）

图6　课堂氛围更加主动积极

3. 学生学习成绩明显提升（见图7）

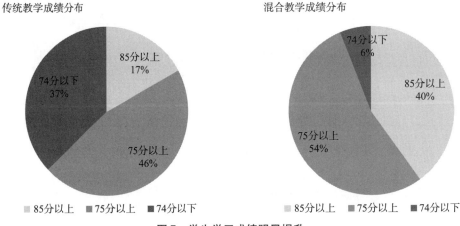

图7　学生学习成绩明显提升

4. 学生学习能力变化不断

健美操课程实施混合教学以来，学生自主学习能力、合作探究能力、创新创造能力、成果展示分享能力、社会适应能力都有明显提升。

（二）学校教育信息化水平整体提升

1. 形成了线上线下结合的混合式体育教学新模式

学校开展混合教学改革试点课程建设，着重对专业课和实训课进行混合教学改革与建设，现有20%的课程实施混合教学模式改革。线上学生自主学习、互动和线下辅导、讨论、答疑有机结合,实现了翻转课堂,打破了空间和时间限制,解决了困扰多年的运动员因外出训练和比赛而影响学习的矛盾,实现了学训一体、体教融合的目标,为全国体育运动学校突破办学瓶颈、有效推动教学改革、提升运动员培养质量提供了可借鉴的经验。

2. 学生学习行为和成绩发生显著变化

混合教学模式改革,拓宽了育人时间与空间,学生可以随时随地进行学习,师生、生生可以随时随处讨论交流,学生学习兴趣增强,自主学习能力、合作探究能力、创新创造能力与成果展示分享能力都得到提升,学习成绩也均有提高。不仅如此,创新实施"校队联动、学训赛结合"的人才培养模式和"双主六维、训赛结合三循环"的训练模式,借助网络课程辅助教学和训练,人才培养质量明显提升。2017年2月学校被国家体育总局命名为"国家高水平体育后备人才基地",在学校建校史上首次获得此荣誉。在2021年第十四届全国运动会上,我校培养的运动员获得一金、三铜、一个第四、一个第五、一个第八的辉煌战绩,创建校以来最好成绩,实现历史性突破。

3. 教师教科研水平显著提升

混合教学模式改革与实践,促进了教师队伍理论结合实践能力和教科研能力大幅提升。在教师团队大力参与下,学校制定了课程建设开发实施方案,投入近100万元建设校级精品课程10门、自治区级精品课程2门、市级精品课程4门。立项并结题10余项市级课题、3项省级课题、4项国家级课题。编写出版运动训练专业教学标准和专业技能实训课程教材14本、开发建设实训视频教材5部、优质网络课程30门,填补了多年来全国运动学校专业实训教材的空白。近年来在国家级、省部级刊物发表论文百余篇,获奖论文50余篇等。我校教师张雅茹荣获由教育部主办的第七届全国职业院校信息化教学大赛中职组信息化课堂教学比赛三等奖,全晓雯老师荣获新疆维吾尔自治区首届职业院校教师教学能力大赛中职组一等奖。

4. 学校信息化整体水平提高

学校2016年申报"乌鲁木齐市体育运动学校'互联网+教学'——不同学科背景下的混合教学模式实践研究"(项目编号:2016ZD315)被教育部在线教育研究中心立项为国家重点课题,是该年度参审立项的唯一一所中职学校。"乌鲁木齐市体育运动学校基于互联网的专业基础课程混合教学模式实践研究"(项目编号:201603023)被教育部在线教育研究中心评为全国优秀项目奖。2017年"创建数字校园,探索混合式体育教学新模式"典型案例被教育部职成司评选为优秀典型案例(教职成司函〔2017〕57号),向全国职业院校推广。"职业教育信息化发展战略"项目课题"教育信息化对提高职业教育人才培养质量的作用及发展方向研究"子课题——"新疆职业教育信息化现状与对策研究"研究成果内容被编入《职业教育信息化研究导论》,该成果被评选为第六届全国教育科学优秀成果奖二等奖(证书号:CG210039)。学校多次在市级、省级信息化建设培训班中进行混合教学专题经验交流,为全疆职业院校信息化建设做经验分享;多次参加清华信息化论坛,并做混合教学改革实践分享。2018年1月学校作为全国中职学校唯一代表,在中央电教馆召开的国家职业院校数字校园实验校总结及经验交流大会上做了"混合教学新模式"典型发言。闫仁清书记被聘为全国"职业院校数字校园建设实验校项目"专家。2021年4月，我校应邀参加"推广落实《职业院校数字校园规范》暨职业院校数字校园建设实验校项目总结会"，荣获"职业院校数字校园建设样板校"称号。

四、经验与启示

我校实施混合教学改革初有成效，为了进一步深化混合教学改革成效，学校实施了"同向共生"策略，做好各级各类建设项目指标整合与统筹规划，制定整体顶层设计与分步实施方案，打通了各级各类诸多建设项目的共生通道，节省了资源，实现了"同向共生"高质量发展。

一是以国家级精品在线开放课程评审标准为依据，开展校级精品在线开放课程建设与评选，最终选定7门不同学科课程，立项为校级精品在线开放课程，进行省级、国家级精品在线开放课程项目建设培育。现已有2门课程成功晋级，被自治区教育厅立项为省级精品在线开放课程项目，并有省教育厅推荐申报了国家级精品在线开放课程项目。

二是学校借助自治区优质校建设项目课程建设经费给予校级、省级、国家级精品在线开放课程建设资金配套，同时为优质校项目课程建设、各级精品在线开放课程建设、混合教学改革项目建设等诸多项目在团队提升、资源建设、技术支撑、经费保障、提质培优等诸多必需方便建立了"同向共生"机制。

三是学校通过职业院校数字校园项目标杆校建设，使得混合教学运维环境更趋成熟稳定，为所有项目的高质量发展提供了更佳的数字环境，使得更多建设项目融合发展、质量评估、过程推进更具科学化、实效化。

总之，处理好整体与局部的关系，做好更多项目建设指标整合与规划，同向同力，共建共享，才能保证质量，成效倍增。

专家点评

> 乌鲁木齐市体育运动学校构建了特色鲜明的信息化教学模式，取得了显著的成效，为中职学校的信息化教学提供了宝贵的经验。
>
> 该校探索创新出一套适合学校特点，且行之有效的"德学训赛证"线上线下结合专业课混合式体育教学新模式，促进了学校内涵建设和高质量发展，开创了体教融合的新局面。
>
> 学校教育信息化水平提升效果显著，学生学习行为和成绩发生显著变化，教师教科研水平显著提升，学校信息化整体水平提高。
>
> 从课堂的变化、学生的变化、教师的变化、学校的变化等方面进行动态跟踪，定量评估混合教学模式的成效，采用第三方佐证材料使得评价结论令人信服。

信息化实训教学篇

城市轨道交通智慧运维示范性虚拟仿真实训基地建设案例

河北交通职业技术学院

一、背景与现状

河北交通职业技术学院始建于1956年,是交通部在全国最早创办的六所公路工程学校之一,是全国五一劳动奖状获奖单位,是国家优质专科高等职业院校和全国创新创业典型经验高校,是教育部现代学徒制试点单位,是全国职业院校数字校园建设实验校。

为更好地服务建设"轨道上的京津冀",提高城市轨道交通专业群内人才培养质量,精准对接轨道交通运维企业主要岗位,学院重点支持城市轨道交通虚拟仿真实训基地建设,近3年累计投入资金2 738万元,生均教学仪器设备值达到1.18万元。实训基地占地面积3 000平方米,拥有工位数800个,包括15个虚拟仿真实训系统,开发了212个虚拟仿真实训项目,其中可用于大规模在线实训项目3个,虚拟仿真实训教学资源1 200多个,可满足300人同时实训,年均完成20个教学班、2 357人实训教学工作。实训基地拥有一支结构优、实力强、"专兼结合"的教学团队,"双师型"占比在80%以上、高级职称比例在30%以上,负责虚拟仿真实训资源开发、实训教学实施和实训基地管理等工作。

2019年实训基地在《河北省高等职业教育创新发展行动计划(2019—2021年)》中立项为省级虚拟仿真实训中心,并在2020年河北省高职教育"行动计划"建设中绩效排名省内第一。

二、特色与创新

以社会和市场需求为导向,秉承虚拟仿真技术与教育教学深度融合的理念,按照"以实带虚,以虚助实,虚实结合"的原则,以全面提高学生职业技能和创新能力为宗旨,以虚拟现实、人工智能等新一代信息技术为手段,以实训教学平台建设为抓手,以虚拟仿真实训教学资源建设为核心,产教融合、校企协同,打造"全实景"高度仿真的虚拟教学环境,实现优质虚拟仿真实训资源的共建共享,促进教学改革与创新,提高人才培养质量。

科技引领,建设城市轨道交通虚拟仿真实训场所。充分利用5G、人工智能、大数据、虚拟现实等新一代信息技术,建设符合教学需要的实训场景,打造适应虚拟仿真实训的教学场所,助力虚拟仿真技术与教育教学的深度融合,促进教学模式改革。

课岗对接,建设城市轨道交通虚拟仿真实训教学资源。充分考虑跨专业交叉实训和社会培训的不同特点，校企共同针对专业群内核心岗位进行课程体系重构，针对企业真实工作过程及典型工作任务借助 Mudbox 和 Zbrush、3DMAX 等 VR 开发技术及工具，校企协同开发虚拟仿真实训项目，建立系统、合理、有效的实训教学资源库。

专兼结合，打造高水平城市轨道交通虚拟仿真教学团队。通过聘请石家庄地铁、北京京港地铁等企业的领军人才，成立企业技能大师工作室，建立兼职教师动态库，建立实训教师发展培训机制等打造一支专兼结合"善教学、会开发"的高水平结构化教师教学创新团队。

校企协同，建设城市轨道交通虚拟仿真实训管理平台。牵手石家庄地铁等轨道交通运营维护企业及虚拟仿真技术开发企业，共同打造集资源统一调度管理、统一身份认证、资源服务开发、数据挖掘分析于一体的开放共享教学管理云平台，为专业群建设及发展提供决策依据。

（一）城市轨道交通虚拟仿真实训基地场地建设

按照教育部专业实训教学条件建设标准和调度指挥、车辆驾驶维修、信号检修、供配电检修等岗位职业能力培训需求，兼顾考虑跨专业交叉实训、在线实训和实训资源研发转化等，将城市轨道交通虚拟仿真实训基地分为三大区域：虚拟仿真教学中心、虚拟仿真创新研发中心和虚拟仿真成果展示中心。实训基地整体架构如图 1 所示。

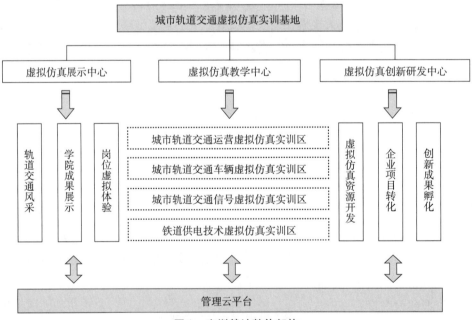

图 1　实训基地整体架构

（二）城市轨道交通虚拟仿真实训基地资源建设

1. 重构实践教学课程体系

基于运营管理、通信信号维护、车辆驾驶与检修和供电运行维护四大模块，围绕

"城市轨道交通客运组织""城市轨道交通行车组织""城市轨道交通联锁系统维护""城市轨道交通信号基础设备""城市轨道交通列车驾驶""城市轨道交通车辆检修""电气化铁路接触网""牵引变电所"等核心课程，对接岗位标准和职业技能等级标准，开发虚拟仿真实训项目，打造轨道交通虚拟仿真教学资源库。虚拟仿真实训课程体系如图2所示。

运维模块	岗位	实训课程	实训项目
运营管理	站务员 客运值班员 行车值班员 行车调度员	城市轨道交通客运组织 城市轨道交通行车组织 城市轨道交通票务组织 城市轨道交通应急组织	地铁车站设备认知实训 车站火灾应急处置实训 非正常情况下的行车组织实训 车站大客流应急处置实训
通信信号维护	信号工 通信工	城市轨道交通连锁系统维护 城市轨道交通信号基础设备维护 城市轨道交通通信设备维护	信号基础设备认知实训 转辙机拆装实训 车载信号故障处理实训 信号正线典型故障处理实训
车辆驾驶与检修	驾驶员 车辆检修工	城市轨道交通列车驾驶 城市轨道交通车辆检修 城市轨道交通车辆制动	转向架认知实训 受电弓检修实训 辅助逆变器检修实训 列车车门故障排查实训
供电运行维护	接触网工 变配电工	电气化铁路接触网 高电压技术 电力路系统继电保护 牵引变电所	接触网标准化作业实训 接触网支柱检修实训 35kV倒闸操作实训 牵引变电所标准化交接班作业实训

图2　虚拟仿真实训课程体系

2. 建设完善城市轨道交通虚拟仿真实训基地资源（见表1）

表1　实训区及资源建设情况一览表

序号	实训区	虚拟仿真系统	资源介绍
1	城市轨道交通运营管理虚拟仿真实训区	新建地铁车站设备管理虚拟仿真实训系统	采用虚拟仿真的形式构建一座涵盖地铁车站的全部主流设备的仿真城市轨道交通车站。系统具有漫游教学功能，教师能以第一人称角色进入地铁站，可以在车站中自由走动，也可对多主要设备进行操作或是结构分解，方便向学生讲解设备的操作方法、结构和工作原理
		新建地铁应急演练虚拟仿真实训系统	地铁应急演练虚拟仿真实训系统针对城轨隧道内起火等突发应急事件创设场景，使学生迅速熟悉和掌握应急处置的流程和方法，实现各岗位的联合演练

续表

序号	实训区	虚拟仿真系统	资源介绍
2	城市轨道交通通信信号虚拟仿真实训区	新建地铁信号维修综合虚拟仿真实训系统	地铁信号维修综合虚拟仿真实训系统采用全三维数字化形式实现。在虚拟场景中可通过联锁操作表示机终端建立进路、转换道岔、开放信号以及解锁进路，实现道岔、信号、进路之间的联锁关系，操作方式、逻辑关系和触发形式及结果与实际一致
		改建转辙机 AR 仿真实训系统	在实训基地已有 ZD6 电动转辙机的基础上，基于全息眼镜 Hololens 平台改建转辙机 AR 仿真实训系统。改造后，1 台 ZD6 转折机可满足 20 名同学同时进行拆装、结构认知、手摇道岔等实训
3	城市轨道交通车辆虚拟仿真实训区	新建城轨车辆电气系统检修 VR 实训系统	该系统可实现牵引供电系统检修作业指导、牵引供电系统虚拟零件拆装、牵引供电系统检修的工装设备作业、牵引供电系统检修及故障处理、牵引供电系统检修实训及考核等功能，通过 3D 虚拟场景的模式提供教学指引，操作简单；同时避免了接触实际供电系统的危险性，检修实训更便捷高效
		改建城轨车辆检修 AR 仿真实训系统	在实训基地现有轨道车辆客室车门、受电弓、转向架和空调等实物设备基础上，基于全息眼镜 Hololens 平台改建城轨车辆检修 AR 仿真实训系统，可有效解决实物实训设备数量少的尴尬问题，满足多人同时实训的需求
4	建设完善铁道供电虚拟仿真实训区	新建城轨变电所认知 VR 虚拟仿真实训系统	城轨变电所虚拟仿真实训系统利用虚拟现实技术，构建出一个完整的城市轨道交通牵引变电所，可实现对牵引变电所的 35kV 高压开关柜、整流变压器、整流柜等主要电气设备进行原理和结构的学习和拆解
		新建电气化铁道接触网仿真实训系统	电气化铁道接触网仿真实训系统通过构建一个虚拟的接触网场景，教师设置突发故障，学生根据故障完成备件准备工作后，进入应急抢修场景，按照操作规程完成应急抢修过程，实现应急抢修的教学和实训

（三）城市轨道交通虚拟仿真实训教师团队建设

学院成立了以主管院长为项目总负责人、专业带头人为具体负责人、合作企业和学校信息管理中心提供技术支持的基地建设管理团队。聘请中国工程院刘尚合院士为实训基地建设首席顾问，引进拥有先进教育教学理念的信息化技术专家 6 人，轨道行业拔尖人才、大师名匠 12 人，企业一线高水平技术技能人才 100 余人，组建了一个动态兼职教师库，持续深化校企双主体育人成效。成立了 6 个与专业紧密相关的企业技能大师工作室，培育校内优质实训项目指导教师。支持教师参加虚拟仿真技术培训、企业实践学习等活动，同相关专家交流学习，开阔教师团队视野，提升教师虚拟仿真实训教学和研发水平。

（四）城市轨道交通虚拟仿真创新研发中心建设

基于城轨运维企业列车管理、运营调度、信号监测、电力维护等方面的现场实际数据，配套轨道交通模型素材库，借助3D、VR虚拟现实、AR增强现实等技术，依托5G的云渲染推流软件以及空间定位器等软硬件，进行虚拟仿真教学资源开发、技术研发、创新孵化，如图3和图4所示。

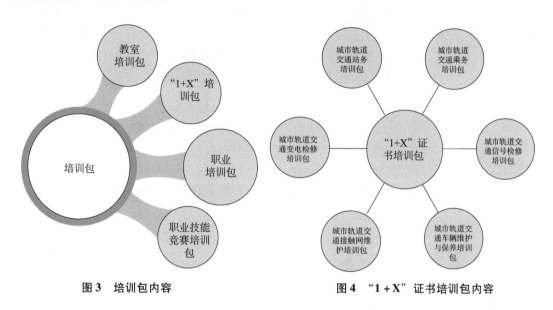

图3　培训包内容　　　　　图4　"1+X"证书培训包内容

（五）城市轨道交通虚拟仿真教学管理云平台建设

充分利用"大物智移云"等技术搭建互联网+虚拟仿真实训教学管理云平台，秉承智能、开放、赋能、集约的先进运营理念，有机链接VR/AR设备、实训项目、岗位技能、服务能力等核心要素，打通师生、校企、理实信息孤岛，提供流程化、场景化、沉浸式、探索性学习体验，拓宽优质教育教学资源供给渠道，形成多端互联、数字孪生、持续发展、全民参与、终身学习的轨道交通智慧实训管理教育生态体系。

资源管理调度中心：对实训场地、软件、硬件、资源、主体、活动实行一站式、精细化管理，打通虚拟场馆和物理场馆、打通线上资源和线下资源，推动教学课程与虚拟仿真实验项目的深度融合。

统一身份认证中心：与数据中心实现统一身份认证，实现多层级分角色权限管理，注重知识产权保护，注重保护学习者个人信息。

资源服务开发中心：提供个性化教学资源创新、共享工具，配置VR资源库及编辑器平台，支持师生自主设计、二次开发VR教学资源，并发布到统一的资源共享服务平台。

数据挖掘分析中心：引用国家、行业、校本数据标准，实行跨系统、全过程、全覆盖数据采集跟踪，形成师生学习发展档案和可视化数据分析报告，为教师提供助力教学全环节的数据跟踪服务和数据分析能力，为学生实现个性化推荐和定制服务。实训基地管理云平台如图5所示。

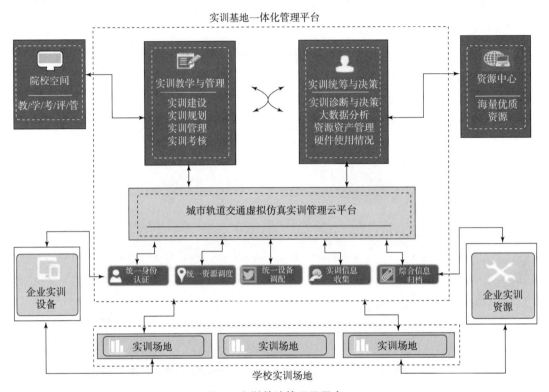

图5 实训基地管理云平台

三、成果与影响

学院建成了覆盖站务、调度、乘务、车辆维修、信号通信设备维修、供电设备维护等城市轨道交通智慧运维全岗位链，涵盖了城市轨道交通运营维护岗位群内的关键核心技能的国家级虚拟仿真实训基地，实训基地运转良好，辐射京津冀地区兄弟院校及相关企业，实现了共建共享。

（一）建成"育训并举"的虚拟仿真实训基地新标杆

学院将城市轨道交通虚拟仿真实训基地建设成为京津冀地区以及全国轨道交通智慧运维类示范性虚拟仿真实训基地，为其他职业院校开展同类实训基地建设以及实训教学提供样板，成为该领域的新标杆。

1. 虚拟仿真实训教学资源应用受益广

近三年，学生在全国职业院校技能大赛获奖1次，河北省职业院校技能大赛获奖10次；在"创青春""挑战杯"和"互联网+"等创新创业大赛中，获省赛三等奖以上11次。学生一次就业率达98%以上，与北京轨道交通运营公司、石家庄地铁等多家国内轨道交通运维企业合作开展订单培养。学生普遍就业于石家庄地铁、青岛地铁、北京轨道运营公司、杭州地铁、中国通号上海工程公司等大型国企单位，用人单位对毕业生评价高，满意度在 95% 以上。

2. 实训基地开展社会服务成果丰

实训基地向兄弟院校和轨道交通企业开放，实现了资源共享。目前平台上累计注册单位 452 家，注册 17 596 人，浏览量达 427 138 次、实训人时数 342 305，达到了良好的应用效果。团队教师借助实训基地平台为郑州捷安高科、三安车业等企业提供交通设备的改进、安装、调试等技术服务数十次。实训基地多次接待教育部、河北省人大、省教育厅领导和新加坡南洋理工学院、湖南交通职业技术学院、石家庄铁路职业技术学院、衡水电气化铁路学校等国内外兄弟院校调研交流，建设成果受到来访人员的高度认可。实训基地承办省级以上轨道交通类职业技能大赛 3 次，多次开展"职业教育周""校园开放日"等活动，接待中小学生、社会人士等参观体验 20 000 余人次，取得了良好的社会反响。

3. 实训基地校企协同创新效果好

联合石家庄地铁、郑州捷安高科等城轨运营及技术研发公司多方合作共同开发虚拟仿真资源，已开发的资源有基于石家庄地铁 1 号线的模拟驾驶系统和基于西门子 A 型车的综合检修仿真实训系统，目前两套虚拟仿真实训教学系统已经投入实训教学和企业职工培训。

（二）形成"虚实结合"的"三教"改革新模式

基于专业岗位分析，以国家颁布的专业教学标准为蓝本制定专业群人才培养方案，制定课程标准，推进"信息技术+教材"改革，开发实训指导立体化云教材。信息技术融入教与学的全要素、全过程，打造开放共享的优质专业教学资源，创新"智能+课堂"教学手段，推动课堂革命，提高课堂教学质量。校企协同，打造高水平结构化专兼职教师教学团队，提高教师信息化教学水平。打造区域教学共同体，促进区域教育均衡发展。多措并举，培养城市轨道交通领域"精运营、善维护、通研发、会驾驶"的一专多能复合型技术技能人才，促进区域经济发展，发挥引领辐射作用。

（三）建成"科技赋能"的建管评一体化新平台

基于新一代云计算技术和先进的服务管理体系，采用具有高度可扩展设计的"中台+微服务"架构，建设智慧实训云平台，实现对实训设备（包含 VR/AR 实训设备）、耗材、实训项目、实训案例、教学资源、实训过程、实训结果、教学评价等的综合管理和优化整合，进而更好地为管理者的决策提供数据支撑，推动实训资源共建共享，深化实验教学改革、提高人才培养质量。

（四）形成"多方协同"的共建共享新机制

依托全国交通运输职业教育教学指导委员会、河北省交通职教集团、京津冀沪宁晋川职教联盟，校企多方协同，形成城市轨道交通虚拟仿真实训资源共建共享联盟，充分利用联盟成员单位的优质资源，共同开发、使用、更新资源，形成具有多项功能的开放式专业交流与服务平台。实训基地以服务为导向，内容完全开放，充分发挥公益性作用，满足学校教学、企业职工培训以及社会学习者学习需求，实现优质虚拟仿真实训资源的共建共享。

四、经验与启示

（一）做好组织与制度保障

学院成立"城市轨道交通智慧运维虚拟仿真实训室建设与管理工作领导小组"，由主管院长任组长，轨道交通系行政负责人和骨干教师作为领导小组成员，负责学校实训室建设的发展规划、管理制度、机构设置，研究解决实训室建设中的重大问题。细化并制定了《项目建设工作人员管理办法》《项目建设质量管理办法》《项目建设资金管理办法》《项目建设情况报告制度》及《项目建设定期检查制度》一系列的管理细则，确保基地的制度化和规范化建设。

（二）做好环境与资金保障

教育行政部门、行业主管部门及地方政府对于区域性虚拟仿真实训平台方面的政策支持，为项目的落地实施提供改革发展环境和保障。院校主导、企业协同的育人模式，为基地建设提供良好的协作环境。为保障中心持续更新运行，科学规划资金投入，建立资金保障制度，提高资金使用效益，三年计划共投入900万元。其中学院自筹450万元、行业企业支持150万元、各级财政支持300万元。

（三）加强考核体系建设

1. 建立健全规章制度，明晰权责

充分利用数字化校园网络，建立健全一整套依托教学管理云平台的实训基地管理办法，如《实训基地开放管理办法》《实训基地开放实施细则》《综合性、设计性实训管理办法》《虚拟仿真实训基地专兼职技术人员考核办法》等，明确校企责任，促进基地稳定健康发展。

2. 规范绩效考核，提升使用效能

采用实训基地自我考核、校企重点考核、第三方协助考核相结合的考核方式。实训基地对实训教学质量、经费使用绩效、师资队伍建设水平、日常管理进行定期考核；校企重点考核实践教学新方法应用、教学效果评价新机制的探索等方面，鼓励教师利用新方法开展实践教学，提高实践教学效果；聘请第三方调查机构对虚拟仿真实训基地运行效果、投入产出效能、与行业发展密接程度、培训效果满意程度等进行考核，定期发布年度报告，促使基地不断完善。

专家点评

一、教学改革的背景

服务建设"轨道上的京津冀",提高城市轨道交通专业群内人才培养质量,精准对接轨道交通运维企业主要岗位的需要。以社会和市场需求为导向,秉承虚拟仿真技术与教育教学深度融合的理念,按照"以实带虚,以虚助实,虚实结合"的原则,以全面提高学生职业技能和创新能力为宗旨,以虚拟现实、人工智能等新一代信息技术为手段,以实训教学平台建设为抓手,以虚拟仿真实训教学资源建设为核心,产教融合、校企协同,打造"全实景"高度仿真的虚拟教学环境,实现优质虚拟仿真实训资源的共建共享,促进教学改革与创新,提高人才培养质量。

二、教学改革做法

1. 科技引领,建设城市轨道交通虚拟仿真实训场所

利用5G、人工智能、大数据、虚拟现实等新一代信息技术,建设符合教学需要的实训场景,打造适应虚拟仿真实训教学场所,助力虚拟仿真技术与教育教学的深度融合,促进教学模式改革。

2. 课岗对接,建设城市轨道交通虚拟仿真实训教学资源

基于跨专业交叉实训和社会培训的不同特点,校企共同针对专业群内核心岗位进行课程体系重构,针对企业真实工作过程及典型工作任务借助Mudbox和Zbrush、3DMAX等VR技术及工具,校企协同开发虚拟仿真实训项目,建立系统、合理、有效的实训教学资源库。

3. 专兼结合,打造高水平城市轨道交通虚拟仿真教学团队

学校通过聘请石家庄地铁、北京京港地铁等企业的领军人才,成立企业技能大师工作室,建立兼职教师动态库,建立实训教师发展培训机制等打造一支专兼结合"善教学、会开发"的高水平结构化教师教学创新团队。

4. 校企协同,建设城市轨道交通虚拟仿真实训管理平台

与石家庄地铁等轨道交通运营维护企业及虚拟仿真技术开发企业,共同打造集资源统一调度管理、统一身份认证、资源服务开发、数据挖掘分析于一体的开放共享教学管理云平台,为专业群建设及发展提供决策依据。

三、特色与成果

(1)建成了覆盖站务、调度、乘务、车辆维修、信号通信设备维修、供电设备维护等城市轨道交通智慧运维全岗位链,涵盖城市轨道交通运营维护岗位群内的关键核心技能的国家级虚拟仿真实训基地,实训基地运转良好,辐射京津冀地区兄弟院校及相关企业,实现了共建共享。

（2）基于专业岗位分析，以国家颁布的专业教学标准为蓝本制定专业群人才培养方案，制定课程标准，推进"信息技术+教材"改革，开发实训指导立体化云教材。信息技术融入教与学的全要素、全过程，打造开放共享的优质专业教学资源，创新"智能+课堂"教学手段，推动课堂革命，提高课堂教学质量，在2020年河北省高职教育"行动计划"建设中绩效排名省内第一。

铸造铁路魂 锤炼工匠神
——调车作业安全效率护航者混合教学案例

辽宁铁道职业技术学院

一、背景与现状

（一）课程类型

本案例选自《铁路行车规章1》，该课程是高职铁道交通运营管理专业的专业核心课程，也是省级精品课程。本课程是铁道交通运营与管理专业学生在校期间考取连结员职业技能等级证书的必备课程。课程依据《国家铁路职业技能标准——调车岗位作业标准》的岗位技能标准开发，以职业能力培养为核心，以工作过程为导向，精心设计课程内容，重点培养学生运用企业实际生产设备完成调车岗位所需的能力，能够胜任铁路生产单位实际岗位，同时在教学过程中融入爱国主义教育、企业文化教育、安全教育、工作态度教育，弘扬铁路行车规章，树立铁路执行规章"一点也不能差，差一点也不行"的铁路精神，培养高素质应用技能型人才。

（二）学情分析

本课程面向大二学生开设，该年级的学生已学习了"铁路通信信号设备""铁路机车车辆"等专业基础课程，掌握了部分专业基础知识，了解了企业调车作业过程，认知了铁路调车相关设备。同时，本案例根据高职学生普遍不善于思考，主动学习能力差，喜好动手操作等特点，通过引入企业实际生产案例，将教学任务分解为岗位技能点，将理论知识转化为实践操作技能，以问题为导向，引导学生自主思考问题、解决问题，激发、调动学生学习兴趣，达成"教师为辅、学生为主"的教学理念，全面提升学生自主学习的质量，如图1所示。

（三）教学目标分析

本案例本着"岗课赛证"人才培养模式，以职业能力培养为核心，工作过程为导向，岗位技能为目标，技能点为授课单元，实训设备为载体，技能比赛、技能等级证书为验证渠道，职业素养和岗位技能为人才培养主线，让学生养成工作严谨、操作规范的职业素养，培养学生执行规章"一点也不能差，差一点也不行"的铁路精神，从而为企业培养高素质复合型技能人才，如图2所示。

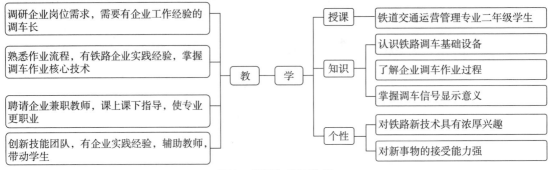

图1　教情与学情分析

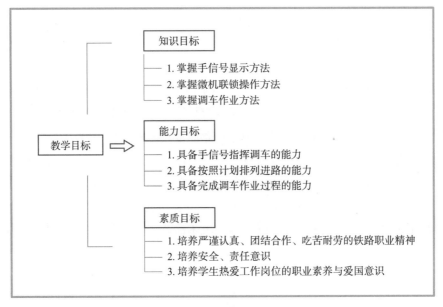

图2　教学目标

（四）现状分析

本案例主要借助非正常虚拟仿真实训室的实际操作，练习调车进路排列方法，培养岗位实践技能，打破传统图片、视频讲解，解决学生无画面、无触感的问题；调车虚拟仿真实训室解决了校内无法完成企业实际车辆甩挂、人员领车、车辆防溜、摘接软管等作业过程，结合无线调车灯显设备、手信号（旗、灯）指挥调车作业，采取角色扮演法融入企业文化，培养岗位技能，养成职业素养。

二、特色与创新

（一）特色

依托企业实际生产案例，根据企业调车岗位作业标准，制定教学任务，按岗位技能点分解任务，分组练习掌握岗位技能。课前、课后，小组平台上传操作视频，企业兼职教师线上点评；课中，小组实施录制视频，课评软件"机器人"粗略点评。同时，通过实施过程，培养了规范化作业意识，掌握了企业文化，养成了职业素养，树立了安全意识和爱岗敬业思想意识，从而为职业教育培养德智体美劳全面发展的复合型技能人才。

（二）创新点

（1）校企深度融合，"双共"实现"双对接"。

校企共建调车作业实训基地搭建了校企共育平台，引入企业教师，运用企业实际生产案例、岗位实践技能指导书，实现课程对接岗位、技能对接生产。

（2）优化教学模式，打造五位一体混合教学模式。

充分发挥混合教学优势，利用"数字时代"信息化技术手段，完成抽象问题直观化、课程体系规范化，建设虚拟仿真实训室实现理论知识技能化、岗位技能模块化、创新设计"五位一体"混合教学模式，高效解决传统教学痛点。

（3）融入大学生创新创业，助力产教融合开花结果。

课程教学过程中深化产教融合，学生毕业后参加企业内部"调车技能大赛""接发列车技能大赛"屡获佳绩，学生取得的成绩充分检验了教学改革、校企合作共同培养人才的成果。

（4）校企师资共享，创建"双赢"模式。

聘请企业高级技师及以上职称企业职工为企业兼职教师，指导实践教学任务，培养青年教师实践技能，言传身教标准化岗位职责。

（5）立足"岗课赛证"人才培养途径，创造校企"课－赛"检验模式。

通过学生参加企业"知识竞赛""技能竞赛""岗位能力竞赛"等，检验学生理论与实践技能培养成效。

（6）对接职业技能等级证书。

本课程采用企业实际生产案例，围绕铁路调车岗位任务及技能点展开讲授，对接铁路连结员中级技能等级证书，实现校企共育、校企共认育人目标。

三、成果与影响

（一）教学实施成效

利用校企共建调车基本功实训室、非正常接发车实训室，结合实际企业生产案例有效开展教学，学生的参与度、兴趣、获得感等成效改善显著，如图3所示。

（1）实践教学过程突出"学生为中心"，构建"线上—案例—演练—操作—考核"五位一体的实践教学做评体系：线上发布任务，完成课前预习，引入一线案例增强代入感，

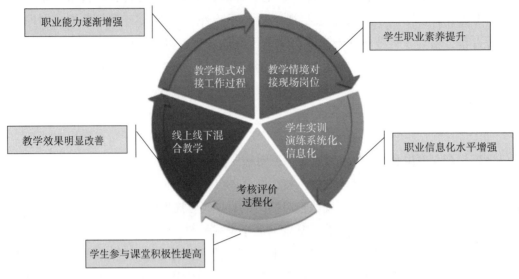

图 3　教学实施与成效分析

融入课程思政元素，进行模拟演练，教学练更好结合，突出过程考核，学生课堂参与度明显获得强化。教学实施与成效分析如图 4 所示。

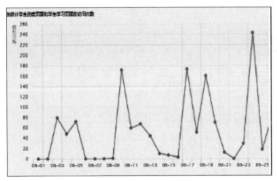
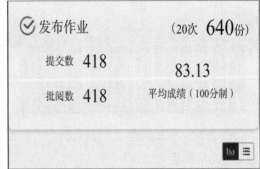

图 4　学习情况统计

（2）混合教学模式有助于学生掌握知识，学生学习积极性明显增强。结合职业教育教学发展趋势以及信息化的不断发展，搭建了"互联网＋实训场"混合模式的教学策略，采取角色扮演法，学生身临其境融入企业生产场景，提高知识技能实际应用性。

（3）校企深入合作，互学共建，打造高度真实的职场化教学情境，职业素养明显提升。与企业合作，共同开发建设了调车作业实训基地及微机联锁系统。案例贴近岗位工作实际，结合岗位素养教育，学生职业素养显著提升。

（4）校企双育人，服务教学齐头并进。学生深入企业岗位实习，为企业创效提供服务，检验理论、实践技能，达成"做中学，学中做"育人模式，实现校企深度合作。

（5）校企师资共享，提速双师队伍建设进程。企业兼职教师"传帮带"校内青年教师，快速提升实践技能；青年教师参加企业岗位职业技能鉴定考核，获取"双师"证书。

（二）教学改革影响

（1）企业双育人渠道得以深度挖掘。

企业教师在课程实践教学中发挥着重要作用，取得了良好的技能培养辅助效果，深度挖掘出校企"双育人"教学运作模式。

（2）企业生产案例进入课堂。

校内教学紧跟企业技术发展趋势，保持良好的现势性，企业实际生产案例进入课堂，实现技能对接岗位，企业人才需求引领人才培养方向。

（3）"双师型"校企师资团队结构合理化。

企业教师技能水平高，掌握岗位前沿新技术、校企育教，校企育人新模式得以推进，"双师型"教师团队建设更合理，校企协同配合更全面。

（4）校企混合教学模式改革提升教学效果。

本案例采用校企"双育人"模式改革、课堂教学形式改革、校企资源共享改革、校企实训基地共享改革、校企师资共享改革等多种手段，提高课堂教学质量，激发学生学习兴趣，提升学生技能水平，达成"岗-课"人才培养目标。

四、经验与启示

（一）经验总结

本课在教学实施过程中，依托校企共建调车基本功实训室，融入实际企业生产案例，组建"校内教师+企业教师"教学团队，合理运用信息化资源与手段，开展理实一体化、教学做一体化模式下的线上线下混合教学，有效解决教学重、难点，完成教学目标，接下来以"调车进路排列"的案例总结突破重难点的路径。

首先，在教学实施过程中，为了突破调车进路排列与调车信号指挥调车作业的重、难点问题，讲授中以调车生产作业流程为主线，以学生思考为主、教师引导为辅，采用讲授、演示、角色扮演、分组讨论等教学方法，利用理实一体虚拟仿真设备解决利用微机联锁设备解决排列调车进路的重、难点问题，如图5所示。

（1）重点。运用微机联锁设备排列调车进路是本节课重点，解决办法是将排列进路过程编制成"一点前始端，二击后终端，有长不排短，规章不违反"口诀，教师利用微机联锁设备演示、讲解学生课前平台提交作业过程的共性重、难点问题，学生根据教学案例反复练习掌握技能点。

（2）难点。各项规章制度、职业精神养成是难点问题，依托生产案例，讲练结合，让学生亲自动手完成生产案例，利用事故案例警示标准化、规范化作业，认知企业文化，培养安全意识、责任意识。

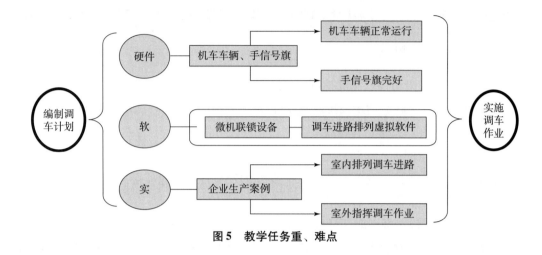

图 5 教学任务重、难点

（3）完整教学任务实施过程。

本课程是培养学生的铁路连结员岗位技能，以企业生产案例与调车基本功实训室为载体。教学过程中重点突出企业岗位技能要求，固化学生岗位技能养成。具体实施过程如图 6 所示。

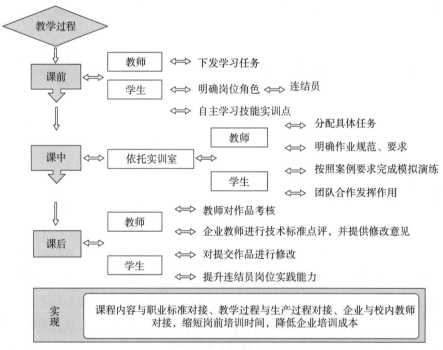

图 6 实施过程

①课前。

在优慕课在线教育平台下发调车实际生产案例，要求学生以企业连结员的身份仔细研读，同时利用微机联锁虚拟仿真系统，熟悉使用设备完成调车作业进路排列的基本操作方法。

②课中。

教师：下发企业实际生产案例、解析各项技能要求，为每名连结员（学生）下发调车作业前的准备工作任务，学生利用实训室设备，结合企业案例岗位技能要求，讲解、演示调车进路排列及作业过程指挥全过程，并分组辅导、纠错、评价、总结。

学生：按各项作业技术要求完成课中作业。

教师：查找各组演示过程，分组有针对性地进行指导。

③课后。

企业教师在优慕课在线教育平台按铁路调车作业标准对学生提交作品进行的规范性、标准性、完整性进行评价、审核，并给出修改意见。

（二）启示教育

（1）"三教"改革取得突破进站。

自职业教育提出教学、教法、教材改革以来，职业院校全面深度探索职业技术教育改革方向，从教学内容对接企业，实践技能对接岗位，校企共建实训基地、校企共享实训资源，开发实训项目、研发实践教材，校企研发技术课题，达成"两接两共两发一研"创新教学改革模式。

（2）职业教育人才培养方向。

坚守职业教育是培养高素质技术技能人才的阵地，深度探索职业教育复合型工匠人才培养新途径。

专家点评

辽宁铁道职业技术学院依托信息技术建设虚拟仿真实训教学环境，根据企业实际作业标准，制定教学任务，按岗位技能点分解任务，分组练习掌握岗位技能，有利于培养规范化作业意识、养成职业素养、树立安全意识。

（1）校企深度融合，借助共建实现"双对接"。校企共建调车作业实训基地，搭建校企共育平台，引入企业教师，运用企业实际生产案例、岗位实践技能指导书，实现课程对接岗位、技能对接生产。

（2）改革教学流程，打造"五位一体"混合教学模式。利用信息技术手段，构建混合教学模式，实现抽象问题直观化、课程体系规范化、理论知识技能化、岗位技能模块化、创新设计等环节五位一体。

（3）变革实践环节，助力产教融合。虚拟仿真环境融入大学生创新创业训练，在课程教学过程中贯彻产教融合理念，让学生在学校直接体验企业生产实际，学生毕业后在岗位上屡获佳绩。

（4）校企师资共享，共创"双赢"模式。依托虚拟仿真实训平台，聘请企业高职称职工为兼职教师，指导实践教学任务，培养青年教师实践技能，言传身教，形成了校企双赢的局面。

针对技能训练这一职业院校教育教学的重点环节，本案例构建了以企业实际业务流程、作业标准为基础的虚拟仿真实验环境，将企业生成场景引入实训教学，解决了校企衔接的最后一公里问题，在同类型的学校中有借鉴作业。

科技创新服务　助力人才培养

长春职业技术学院

长春职业技术学院始终坚持数字校园需求导向，突出信息化的研发与创新。由学校信息中心牵头，联合信息、艺术学院信息技术类专业优势，创建"5G+信息智能"产教协同应用技术研发服务中心，引入国内信息技术与人工智能领域高端企业，共同开展项目化实践教学，形成了自主研发+联合开发运维的校企协同数字化校园建设与运维新模式。一方面，为信息技术相关专业学生的实践教学提供了真实的场景与应用平台，全面提升了人才培养质量；另一方面，全面提升了师资队伍信息化教学水平、管理水平和研发水平；同时，学校致力于人像识别、流程自动化等先进的人工智能技术与数字化校园建设的融合与研发，多项应用技术研发成果推广到了政府机关和省内多所兄弟院校应用，实现了技术成果与模式成果的双重转化。

一、背景与现状

随着信息技术的飞速发展、移动应用的不断普及，学校原有的信息化系统已无法满足日渐丰富的业务需求，"信息孤岛"现象严重影响办公效率。2015年，我校顺利入选中央电教馆职业院校数字校园实验校建设项目，为我校新一轮数字化校园建设发展带来了新契机。2016年，学校确定了信息化应用建设"十三五"规划——在加大信息化基础环境投入的前提下，通过自主创新+联合开发，校企合作创建"信息类专业项目化实践教学"人才培养新模式，在项目化实践教学项目课程实施中，由专、兼职教师带领专业优秀学生共同进行应用软件开发和网络安全运维。

经过5年的建设，打造出"5G+信息智能"产教融合应用技术研发服务中心，包括应用系统研发、人工智能应用研发、信息安全运维、教育资源制作、国产化应用研发、代码安全检测等6个工作室，形成了以项目化实践教学为模式、校企深度融合为机制、自主研发与联合开发相结合的学校信息化建设、运维的创新模式。

二、特色与创新

目前学校形成了研发与建设相融合、项目与教学相融合的"双融合"模式，并创建了数字校园建设"三一"体系——以"一个研发服务中心、一套学研产融合体系、一支专业技术队伍"作为学校数字校园建设的基础支撑，在逐步提升学校信息化水平的同时，开创真实项目研发与实践教学深度融合的项目化教学模式，实现了信息化水平提升与高技能人才培养的双重成果。

（一）大平台，轻应用，构建数字校园建设新模式

2016年，按照新一轮数字校园建设的整体规划，学校信息中心与信息学院联合共建"5G+信息智能"产教协同应用技术研发服务中心。按照企业运行的标准打造研发中心基础环境，建立研发中心运行管理机制，将企业的运营项目、管理制度和企业文化引入研发中心，由企业专家、骨干教师组建数字化校园研发导师团队，校企协同开展数字化校园应用项目研发。

5年来，研发中心综合分析数字校园建构格局，深挖业务部门需求，引入了身份识别、认证体系、数据中心、应用平台构成的底层支撑，构建了教学域、学工域、人事域、科研域的数字校园主体业务体系，并通过研发中心技术力量整体推进底层延伸与业务域融合，以自主研发和联合开发模式，在应用层构建面向行政决策与管理、教学评价与支撑、后勤服务与保障的多维度轻应用软件，进而将业务关联轻应用有机整合，逐步形成了面向业务域的轻应用系统集群，初步建立了适用于我校的"大平台融合支撑，轻应用集群服务"的新一代数字校园体系，为实现"服务精优迅达、数据畅享融通"的数字化校园建设终极目标，奠定了坚实的基础。

（二）学分置换，成果转化，构建学研产融合新体系

为保障各项数字化校园建设任务有序开展，学校针对应用技术类研发中心出台了一系列政策，具体包括专项项目资金投入与管理政策、学分置换制度、成果转化制度等。

为支持研发服务中心更好地开展技术研发与服务，学校投入超500万元专项资金，建设了网络安全运维实验中心、教学资源制作中心、国产化应用研发中心，用于研发中心技术研发和项目化实践教学。

在学生层面，学校出台了学分置换制度，一年级下学期，经选拔进入研发中心参与项目研发的学生由指导教师进行3~4个月的高强度专业技能集训，集训考核通过后，可以集训成绩置换专业课程成绩，同时免修二年级专业课程。集训结束后，成绩合格的学生跟随企业工程师和研发中心指导教师开展技术研发和服务工作。学分置换制度，既充分调动了学生参与实训学习的积极性，又为学生在研发中心参与项目研发提供了政策保障。

学校还探索制定了应用技术研发与成果转化的一系列制度，鼓励研发中心承接政府、企业应用项目，积极开展技术服务。通过成果转化制度，研发中心孵化出的数字化校园相关应用产品，推广到了政府机关和10余所兄弟院校，提高了专业教师在行业内的影响力，并通过产品转化，提升了教师的收入水平和幸福指数，增强了学生的参与感与成就感。

（三）导师双元，梯队滚动，打造专业研发与服务团队

"5G+信息智能"产教协同应用技术研发中心人员由三部分组成，即企业高工、校内名师、学生精英。

企业高工来源于企业，受聘于研发中心，主要负责企业生产、管理规范的指导与新技术的引领。校内名师主要负责项目的管理与实施、学生管理等工作。基于此针对研发中心学生构建了企业高工与校内名师为支撑的"双元导师"制。

研发中心项目开发的大量代码工作由学生来完成，为了让在校学生能够有序衔接，研发中心设计了"滚动梯队"人才培养机制。即针对大一新生每年从软件技术、大数据、人工智能、网络技术、信息安全、电脑艺术设计、虚拟现实技术等专业遴选出40～50人，进入"研发中心预备班"，开展一学期的"分段主题教学"，即根据项目所需的知识技能规划若干个学习阶段，分阶段设定教学目标、项目主题和研讨活动。"分段主题教学"实行"开放、流动、竞争、淘汰"的运行机制，极大地促进了学生的学习动能。大二阶段从"预备班"选拔出部分精英，成为"准程序员"，在导师团队的带领下，参与"数字化校园"项目研发、网络安全运维和教学资源制作。

将项目以模块化进行分解，明确系统目标和开发规范，把其中的部分模块作为项目化实践教学任务，最终使得"教、学、做"融为一体，使学生的职业能力和职业素质得到充分的锻炼，既完成了"数字化校园"项目研发和技术运维工作，又提升了学生的专业技能，同时也为教学积累了案例资源。通过"滚动梯队"机制，使得新老学生有序衔接，研发中心人才培养质量不断提升。研发中心队伍建设如图1所示。

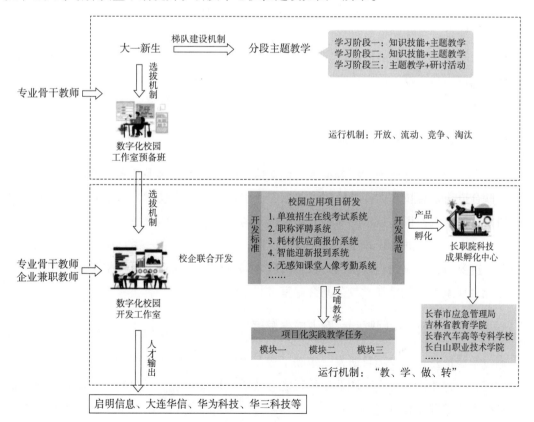

图1　研发中心队伍建设

三、成果与影响

（一）能力提升——信息化运维、管理水平提质增效

在信息化运维工作中，指导教师以实际工作任务和问题作为真实案例，研发中心的学生能快速投入信息化基本环境建设与安全运维中，有效解决了学校信息化建设管理部门人员不足的问题，使校园信息化支撑基础环境的建设和发展更加迅速，网络服务、存储、传输能力大幅提高，运行更加安全可靠，问题处理更加及时，为应用系统建设使用提供了有力的保障。

研发中心从学校实际业务出发，以实训教学的形式开发了智能迎新系统、师生防疫综合数据平台、综合办公与服务平台、阳光采购系统、单独招生管理系统、职称评聘系统、教学资源中心、移动缴费平台、绩效工资申报审核系统、课时费核算系统、自考管理系统、教学资源中心等 26 个校园信息化应用系统和 33 个业务流程，有效地提升了学校的信息化管理水平。

（二）社会服务——软件产出，高校推广

研发中心积极开展技术服务与成果转化，单独招生管理系统、在线考试系统、阳光采购系统、人证合一考场验证系统等产品，已推广到长春市应急局、长春市教育局、长汽高专、长白山职院、省教育学院等政府机关和 10 余所兄弟院校使用，有效地帮助吉林省内众多兄弟院校提高了校园数字化管理水平，提升了学院的社会声誉和社会服务能力，节省学校应用系统采购资金近 200 万元，横向技术服务和成果转化到账资金近百万元。

（三）校企联合——研发创新，成果丰硕

研发中心与华为、商汤、江苏金智、奇安信、南京铱迅等众多知名厂商达成校企深度合作，联合进行信息技术类高端应用人才培养，引入人像识别技术，校企联合，带领学生重点研发了基于人像识别技术的多种应用系统。与商汤科技合作开发的无感知课堂人像考勤系统，已在学校公共阶梯教室进行了部署应用；开发的人证合一考场验证系统，已经在我校多个重要考试中应用，并推广到长春市应急局特种行业从业人员资格考试中使用；开发的智能会议室系统，已在学校公共会议室进行了部署应用。

（四）职业情境，项目驱动，育人成果显著

通过学校信息化建设项目研发，带动了专业教师、学生应用技能的提升，推动了教学质量的提高，探索出一条高职职业院校行之有效的"职业情境，项目驱动，双元导师"的工学结合人才培养途径（见图 2）。

打破传统封闭的教学模式，将传统的课堂教学转变为以实践为主的开放式教学。倡导

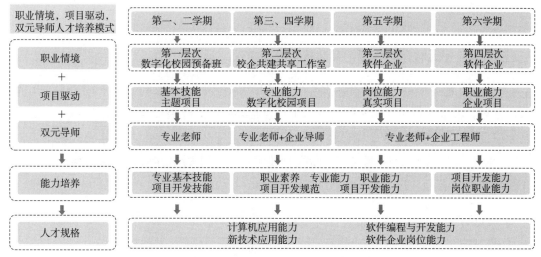

图 2　职业情境，项目驱动，双元导师人才培养模式

"理论实践一体化"，实现教学内容项目化、学习过程职业化、学习情景真实化、学习成果产品化，激发学生学习的主动性和积极性，提高学生的实践能力和岗位适应能力，充分体现"以学生为本"的教育理念。通过人才培养模式改革，满足了学生全面发展的需求，为学生终身发展奠定了基础。

研发中心已培养了 200 多名优秀学生，学生在全国职业技能大赛信息类赛项中，共获得国家级一等奖 5 项、二等奖 12 项、三等奖 15 项，学生具备丰富的软件开发经验和网络建设安全运维经验，深受企业欢迎，绝大部分学生在毕业之前就已经被华为、华三、大连华信、启明信息等知名厂家及代理商企业优先录取。

四、经验与启示

信息化实训教学提高了学生的职业技能，自主研发与联合开发提升了学校信息化建设与应用水平。学校信息化建设与信息化实训育人结合的方式，有效地提升了人才培养质量，促进了学生高质量就业，在整个过程中积累了以下经验：

（一）构建职业情境下的信息化实训教学环境

学校信息化实训教学注重校企合作、工学结合，依托"5G + 信息智能"产教协同应用技术研发服务中心，采用企业真实办公环境、管理模式，创建职业情境下的教学环境，实现实训教学效果最大化。

（二）开发新技术不断融入的信息化实训教学内容

以实训教学为手段、以新技术为基础、以数字校园建设为契机、以学生技能提升为目标来进行项目化实践教学，在实训教学中根据行业及专业发展，融入人工智能技术、

RPA、5G 等技术，一方面能提升学校信息化整体水平，另一方面也能有效提升学生专业技能。

（三）完善多元融合的信息化实训教学管理模式

4 年多来，研发中心通过实践不断完善人才培养模式，总结有利于技术技能人才培养的课程体系，推进项目教学、案例教学、工作过程导向教学等教学模式改革，将先进的应用技术研发成果有机融入专业课程体系，进一步推进了"2＋1"人才培养模式改革，将"2＋1"演变为"1＋1＋1"模式，不断提升技术技能人才的培养质量，着力培养学生的创新思维和创新能力。

专家点评

> 该案例通过创建"5G＋信息智能"产教融合应用技术研发服务中心，建立了包括应用系统研发、人工智能应用研发、信息安全运维、教育资源制作、国产化应用研发、代码安全检测等 6 个工作室，形成了以项目化实践教学为模式、校企深度融合为机制、自主研发与联合开发相结合的学校信息化建设、运维的创新模式。
>
> 该案例形成了研发与建设相融合、项目与教学相融合的"双融合"模式，创建了以"一个研发服务中心、一套学研产融合体系、一支专业技术队伍"为支撑的数字校园建设体系，开创了真实项目研发与实践教学深度融合的项目化教学模式，实现了信息化水平提升与高技能人才培养的双重成果。
>
> 该案例特点：一是采用企业真实办公环境、管理模式，创建职业情境下的教学环境，构建职业情境下的信息化实训教学环境，实现实训教学效果最大化。二是以实训教学为手段、以数字校园建设为契机、以学生技能提升为目标来进行项目化实践教学，在实训教学中根据行业及专业发展，开发新技术不断融入的信息化实训教学内容，有效提升学生专业技能。三是通过实践不断完善人才培养模式，总结有利于技术技能人才培养的课程体系，推进项目教学、案例教学、工作过程导向教学等教学模式改革，将先进的应用技术研发成果有机融入专业课程体系，完善多元融合的信息化实训教学管理模式，不断提升技术技能人才的培养质量，着力培养学生的创新思维和创新能力。

智慧实训：实训教学与信息技术的"智慧化"成果

江苏省连云港中等专业学校

一、实施背景和现状

（一）实施背景

《国家中长期教育改革和发展规划纲要（2010—2020）》中，提出要"强化信息技术应用，提高教师应用信息技术水平，更新教学观念，改进教学方法，提高教学效果"。近年来，随着国内中高职学校的数字化校园建设快速发展，校企合作的逐步深入，实验、实训室建设的投入逐年增加，要求智慧实训课堂在教育新生态下，改革传统教学结构，探索新型的智慧化教学模式，在教学环境、实训场所、云端教学和仿真实训上进行创新设计，辅助职业学校培养出符合发展高技术产业需要的大量技能型、应用型高素质劳动者要求的人才，推动我国顺利实现由制造大国向制造强国的转变。

（二）实施现状

2013年学校通过"国示范"建设正式启动了数字化实训教学体系建设，2016年学校确立了混合式实训教学体系建设并在2017年获得江苏省教学成果奖一等奖，同年学校通过江苏省智慧校园创建升级启动了智慧实训教学体系建设，在此基础上2018年学校修订了《江苏省连云港中等专业学校智慧实训教学体系实施方案》并展开实施，2021年以"中职'四核驱动、五线并举'智慧实训教学体系的构建与应用"为题申报了2021年江苏省教学成果奖。

我校结合采用以物联网为架构的智能综合管理软件平台、云计算存储解决方案、虚拟现实技术相结合的综合的智慧训练实验室，推动数字教育资源在不同实训场所下的应用，依托成熟的校园网络针对不同专业实训的需求建设了一整套实验室教学管理平台。学校根据国内学校实验室实际教学应用和管理流程，经过认真的需求调研和分析，总结师生对软件和硬件的应用经验，整合实验室的信息化教学方式、日常管理、实验教学开放和选课、设备耗材的动态管理、资源共享等业务，采用新的设计思想，打造了PPG汽车喷涂与钣金中心、铠胜现代数控技术学院、卫星石化化工学院、朐海菜烹饪研发中心等数字化实训中心。

二、特色与创新

通过构建智慧实训 5 个体系，借助实训教学、管理 4 个平台，融合企业实训项目资源，形成 4 条路径，助推我校发展为以"科技引领，创智优才"为目标的创新型智慧实训基地（见图 1）。

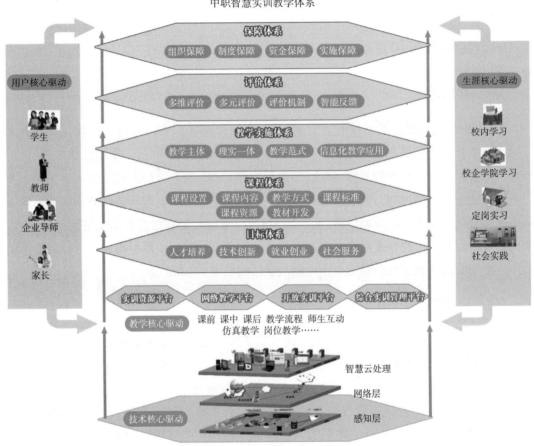

图 1 中职智慧实训教学体系

5 个体系：智慧实训的目标体系、课程体系、教学实施体系、评价体系、保障体系。

4 个平台：实训资源平台、网络教学平台、开放实训平台和综合实训管理平台。

4 条路径：探索实训教学增效新路径、开辟实训课堂教学改革新渠道、形成仿真＋技能教学新思路、构建综合实训管理新模式。

（一）探索实训教学增效新路径——建设实训资源平台，聚合多样的校企资源

学校引入企业培训数字化资源库内容，结合行业的发展现状和行业技术标准，要挖掘

企业在职业技能培养方面的优势资源，整合企业的工作任务场景，培养学生对岗位的认知能力。组织专业教师深入企业第一线，接触行业新技术、新标准，制定切实可行的课程标准，要充分吸纳合作企业的项目资源、先进技术和设备，掌握生产过程管理、业务流程、岗位职责、企业案例等。资源库建设的内容要由校企双方共同制定，关于专业建设的需求分析、人才培养规格、课程体系的构建、实训内容的组织等环节要和企业多沟通，将碎片化的实训教学资源分类汇总，建成灵活实用的本地资源库平台。所有专业均建立了人才培养方案库和实训项目库，所有文化基础课程和专业课程建有电子教案库、课件库、课程标准库、试题库和视频库。

鉴于合作企业培训数字资源内容针对性较弱，且内容繁杂；各专业系部组织教师团队对资源进行重新整理，制作成符合实训教学需求的PPT、动画、微视频等素材，并提交到学校资源平台。教师在课前下载本课PPT和数字教学素材，再根据学情进行二次修改。例如，港口运输专业赵莉老师，为解决起重机吊装作业中的稳定吊钩技术，将企业培训视频进行剪辑和二次加工，制作成交互式FLASH课件，学生可通过操作课件学习到不同稳钩技术的原理和要领，从而将抽象的原理知识形象化。

学校各专业教师将校企数字资源、网络共享资源结合自主创建将教学内容制作动画等教学素材进行信息化教学已经成为新常态，建设了优质高效的实训课堂。近两年我校朱薇薇老师获得江苏省信息化大赛微课比赛一等奖，其他多名教师获得二等奖等成绩。

（二）开辟实训课堂教学改革新渠道——建设线上教学平台，打造互动实训网络精品课程

建设现代化实训基地，以信息化武装实训课堂，引入多专业的教学平台，利用云技术和移动通信技术，构建泛在学习环境。学校主干专业在云平台上建设了107门网络课程，引入了全新的网络教学模式，师生以实训项目教学为中心，以线上教学平台为导向，学生合理地在各功能区域进行自主学习、互动交流、在线测试、小组讨论、互动答疑、现场实践等线上翻转学习，实施多元评价与质量监控，教学效果显著。

以港口机械专业课实训教学为案例，通过对比分析、教学实践，找出学习者学习能力、知识技能掌握等影响有效教学的因素，通过校企合作对课程设置、课程内容、教学模式和课程资源等内容进行建设和调整，搭建"以学为中心"的任务达成式学习平台，提供紧密关联实训课程的分层学习任务包和训练题库，借助平台的信息智能分析为课上师生打造个性化的自适应生态教学。港口机械专业课实训教学案例智慧实训教学模式如图2所示。

（三）形成仿真+技能教学新思路——建设开放实训平台，营造虚实衔接的实训环境

学校通过引入、共建共享等形式建设教学仿真软件平台（见图3）。在生产实习、认识实习、课堂演示、课程设计、过程控制等教学过程中，可以先用仿真软件进行仿真教与

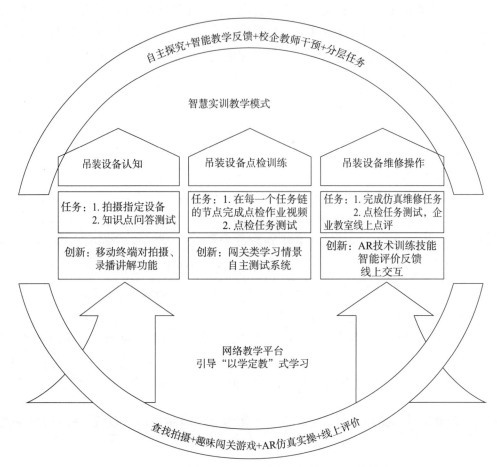

图 2　港口机械专业课实训教学案例智慧实训教学模式

学,再进行实践操作,形成仿真教学与技能实践教学相结合的教学模式。仿真教学为学生提供近似真实的训练环境,提高学生的职业技能。

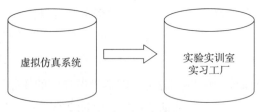

图 3　仿真 + 实践教学模式

我校化工专业教师胡可云、徐海丽等教师根据教学内容,广泛利用开放实训平台,熟练运用仿真 + 实践教学模式,改善了教学手段,形象生动地用仿真的形式表现教学内容,并与实践技能教学有机衔接,在 2017 年全国信息化大赛中获得一等奖。

学校秉持现代学徒制校企协同育人的理念,以"1 + X"证书制度为抓手,加快推进现代化实训基地建设,目前已经建成数控仿真、工业机器人、特种运输、化学工艺、电子电工、港口机械、装配式建筑、云计算等 23 专业仿真实训室,并建成交通运输、化学工艺、智能家居 3 个交互式体验馆,为学生营造出对接企业生产的实训环境,从而构建出仿真教学与技能实践教学相结合的教学模式,帮助学生强化职业技能并提升了职业素养。

(四)构建综合实训管理新模式——建设智能化实训综合管理平台,启用物联网技术实现高效管理

学校建成智能化实训综合管理平台,提供了高效的实验室、实训设备、实训耗材等信息的综合性管理平台。启用物联网技术管理实训基地的各项目使用情况,对实践教学(实验排课、实验室开放、实验成绩、实验考勤、实验报告、实验过程、毕业实习、学科竞赛)、实验监控(实验门禁、设备电控、视频监控)、设备仪器(采购、审批、领用、借用、修理、报废等)、耗材低值品(耗材申报、采购、入库、领用、报废等)、报表与统计(人员统计、设备统计、实验室统计、数据上报)等统一安排管理,如图 4 所示。

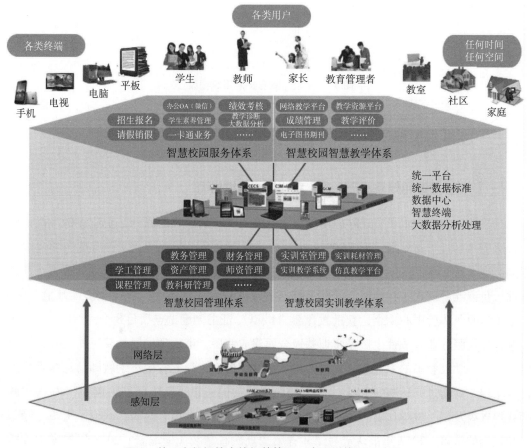

图 4 基于大数据技术的智慧管理(含实训管理)功能

在评价方式上,校企深度合作共研系统化的实训学习考核评价指标,借助云技术、大数据、智能终端等技术搭建起一套能记录学生成长并能智能干预指导考核应用系统,从而

创设出智能化的多维评价体系，让实训教学充满生命活力、学习情趣，富有智慧灵性并贴合企业需求。"金领"素养护照系统框架如图5所示。

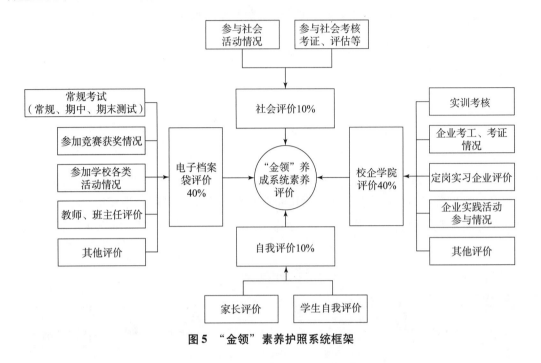

图5 "金领"素养护照系统框架

三、成果与影响

（一）教学质量和效益提升明显，专业发展成绩显著

一是学生的技能水平、迁移应用能力和职业素养得到极大的提升，企业评价为优秀格次者达75%以上。4年来，近2 000人次学生获得市级及以上教学比赛一等奖，学业水平测试通过率达95%以上。二是学校专业发展取得了显著的进步，学校在此期间通过江苏省首批、我市唯一现代学徒制试点验收，拥有省现代化专业群5个、现代化实训基地3个、省中小学职业体验中心1个，获批教育部"1+X"证书制度试点项目8个。"十三五"产教融合现代服务业开放性生产型实训基地全面建成使用，市教师发展学院正式入驻并开展培训。三是学校教师的专业教学能力取得了长足的进步，江苏省中小学教师信息技术能力提升工程2.0通过率达98%以上，联合校企学院共同建设了221门网络课程，40人次教师获得省级及以上教学比赛一等奖。四是学校职业办学质量提升显著，获得了上级主管部门和社会的认可，2017年被认定为江苏省第二批次智慧校园实验校，2018年国家中等职业教育改革发展示范学校验收通过，2018年被评为度江苏省现代化示范性及优质特色职业学校，2020年被认定为全国数字化校园样板校，2016年全省职业教育信息化总结大会在我校成功举办。

（二）可复制、极具推广价值的实践经验在学校内获得了广泛应用

目前学校发布《江苏省连云港中等专业学校智慧实训教学体系建设实施方案》，已经在6个院系、16个专业中广泛开展智慧实训教学体系建设应用，教师以智慧实训、信息化教学、实训体系、实训基地为关键字的发表了70余篇论文，其中核心和主流期刊论文10余篇，省市级课题19个，省教学成果奖一等奖1项，在此基础上学校建设了12个现代学徒制校企学院，向企业输出优质毕业生2 000余人次，毕业生企业满意度较以前有较大的提升。

（三）改革的引领示范作用引发社会和同行业的广泛关注

一是成果通过多种媒体进行宣传，教学模式在学校得到成功应用和检验后，办学成效和典型案例多次被《中国教育报》《新华日报》《连云港日报》等主流媒体报道，办学成效得到省、市领导和社会各界的肯定和赞扬，学校和省内外多个同行院校、企业进行交流和合作。二是通过各类活动进行辐射，2016年通过学校承接全国职业教育活动周并将数字化校园建设作为成果汇报，2017学校承接江苏省信息化建设总结会，迎接了100多个中高职院校参观交流。

四、经验与启示

互联网、大数据、云计算和物联网技术是智慧校园建设的重要技术支撑，提高教育教学质量的重要保证，是实现职业教育现代化、建构全新教育模式的核心。如何将这些技术恰当地运用到实训教学过程中，更是培养高素质应用型人才的关键。我们深刻体会到实训教学改革和基地建设工作的持续性和复杂性，在多年的建设过程中，学校总结了以下几点：

（一）坚持吸收前沿的企业数字资源结合自主创作是教学云资源开发的现实路径

利用校企合作，学校可以针对专业需求，采取购买或共建共享的方式来引入，但是教师一定要主动参与开发和二次修改过程，比如重新进行资源整合，提出理念、撰写脚本等；对于校本资源，要根据学科和专业实际情况，鼓励教师和学生参与建设，同时要注重优质实训课堂资源的生成。

（二）坚持交互与体验融合是教学云资源使用的有效方式

一是资源存在的形式要科学合理，平台的交互性要强，要和企业生产实际挂钩，符合企业对专业人才的用工要求。二是资源要能激发学生的学习兴趣，具备良好的交互性和易学性，方便学生学习体验。

(三) 坚持建设与反馈一体是智慧实训建设的基本保障

资源建设的成效取决于教师和学生的信息化教学实践，学校要从建设情况、设备仪器、低值耗材、资源开发、教学应用、质量监测等方面进行全方位监测与反馈，不断提升信息化管理效率，完善信息化教学质量控制机制与激励机制，更好地推动智慧实训基地的建设。

(四) 坚持以赛促成长，强化"一师一精品课"的实施策略

学校每年进行"一师一优课"的评比活动，选拔出优秀的示范课在校内进行推广，参与每一年的信息类教学大赛，通过比赛，对各类信息化教学手段和应用技术都起到去粗取精的打磨意义，极大地锻炼了广大师生的信息化应用能力水平。

专家点评

该校在申报的"智慧实训：实训教学与信息技术'智慧化'成果"的案例中，尝试改革传统教学结构，探索新型的智慧化教学模式。在教学环境、实训场所、云端教学和仿真实训上，进行了创新实践。2021年，以"中职'四核驱动、五线并举'智慧实训教学体系的构建与应用"为题，在获连云港市教育局教学成果一等奖的基础上，又申报了省教学成果奖。该案例的特色在于结合学校几年来信息化建设的实践成果，构建了智慧实训的5个体系，即目标体系、课程体系、教学实施体系、评价体系，以及保障体系。然后借助已搭建的4个平台，实训资源平台、网络教学平台、开放实训平台和综合管理平台，组织广大师生积极探索教学实训改革的4条路径。①实训教学增效新路径。②实训课堂教学改革新渠道。③仿真加技能教学新思路。④综合实训管理新模式。并以此为基础，成功打造了PPG汽车喷涂与钣金中心、铠胜现代数控技术学院、卫星石化化工学院、朐海菜烹饪研发中心等数字化实训中心。整个案例探索的5个体系，4个平台及4条路径阐述清晰。特别是师生共同探索的4条路径，所取得的成果，案例及各种实证截图也很客观，很实际，很生动。学校在智慧化建设中取得的各项成绩显著：①教学质量和效益明显提升。②专业发展显著进步。③教师教学能力，长足进步。以上所述都有实际数据和实证。2020年，该校已被认定为全国数字化校园样板校。建议：学校可在现有基础上，进一步尝试将智慧实训与智慧学习、智慧管理、智慧环境有机结合，更好地实现智慧服务！

高端模拟系统在高职助产专业正常分娩情景模拟演练教学中的应用

宁波卫生职业技术学院

一、背景与现状

助产学是一门理论与实践并重的学科,随着产科服务模式的转变,对助产士的职业素质提出了更高的要求。助产士在其工作领域应该具备相应的临床思维和决断力,具备良好的动手能力和团队配合意识。助产士的临床思维和决策能力直接影响产科质量,是保障分娩质量、提高分娩满意度的关键。如何有效提升助产专业学生的综合诊疗能力,是助产专业教育面临的重要课题。

在助产学的教学中,正常分娩接生技术历来都是重点,深刻理解枕先露分娩机制,熟练掌握头位接生技术是对助产士的基本要求,也是提高产科质量的基础。传统教学模式在这一授课环节主要通过教师讲授结合普通模型练习,由于缺乏直观体验,学生仅靠理解和想象,导致对这一教学重难点的掌握不够理想。将虚拟仿真技术结合高端模拟人应用在正常分娩接生技术教学中,可有效解决这一难题。高端模拟系统可模拟分娩过程,营造临床实境感。学生根据模拟系统的表现,结合案例,做出相应决策和操作,极大地锻炼了临床思维、应急能力、团队配合能力。高端模拟教学数据可控,操作可反复,无风险,避免了医患纠纷和伦理道德问题,并且设备支持录音录像,可及时记录演练过程,便于课后分析和反馈。虚拟仿真技术结合高端模拟人可清晰演示分娩过程,为助产专业学生提供了从理论知识、单项练习到综合应用、临床思维训练的良好过渡。

二、特色与创新

(一)虚拟仿真技术

正常分娩教学内容繁杂、知识体系庞大,其中最难理解的当属枕先露分娩机制。由于胎儿的大部分"适应性转动"在母体内完成,过程抽象、晦涩难懂,具有不可视性,学生很难直观地感知。但是,枕先露分娩机制却是学习正常分娩、异常分娩和处理产程的基础,是教学的绝对重点,不可忽视。传统的教学方法是教师结合文字、图片、模型等演示、讲解,学生理解起来较为困难。我校助产专业采用虚拟仿真技术结合高端模拟人进行教学,这一难题迎刃而解。良好的视觉与触觉体验深化了学生对这一知识点的理解,模拟演练强化了团队合作意识,极大地提高了学生的学习兴趣和学习效率。

（二）高端模拟人的使用

我校助产实训中心目前采用的是 CAE Fidelis Lucina 综合母婴模拟产妇设备，该模拟人能够对医学干预产生适当的生理反应，并且与教师工作站无线通信。教师可以在学生操作过程中对参数进行远程调控，从而使学生对操作所带来的结果形成感性认识，也可锻炼学生的应变能力和临床思维决策能力。Fidelis Lucina 综合母婴模拟产妇可提供产前护理、正常和复杂阴道分娩和产后护理所需全部模块。该产品可模拟头位和臀位分娩、胎盘娩出、肩难产、脐带绕颈、新生儿啼哭、产后出血、子宫内翻等情景。此外，还可以配合以下医疗干预变化相应参数：心电图检查和除颤、硬膜外给药、使用产钳、气管插管、Leopold 四段触诊、McRoberts 手法、药物和静脉输液、机械通气支持、新生儿吸气、旋肩法、模拟给药、子宫按摩、耻骨上加压、Zavanelli 手法等。

CAE Fidelis Lucina 综合母婴模拟产妇在正常分娩情景模拟演练中发挥了重要作用，与普通无动力分娩模型相比，它的模拟宫缩和流畅的分娩机制能给学生带来全真的接生体验。普通无动力分娩模型无法模拟胎儿俯屈、内旋转动作，胎头的下降、仰伸、复位和外旋转均由操作者完成，这样的练习常会使学生误以为分娩机制是接生者帮助完成的，而无法理解分娩机制实际是胎儿为了适应骨盆各平面而进行的自主旋转运动。应用该模拟产妇，学生配合宫缩和分娩机制进行接生练习，操作手法规范，并能深刻理解接生操作的要领，学生的理论水平和临床技能均得到了显著提高，效果优于普通无动力分娩模型练习。

（三）融入课程思政

习近平总书记在全国高校思想政治工作会议上曾提出"培养什么样的人、如何培养人以及为谁培养人"的问题，这是新形势下教育的根本问题。"课程思政"是指以构建全员、全程、全能课程育人格局的形式，将各类课程与思想政治理论课程同向同行，形成协同效应，把"立德树人"作为教育的根本任务的一种综合教育理念。课程思政应将有形的专业知识与无形的价值观教育有机结合起来，将思政内容自然地融入教学中，达到潜移默化的效果。正常分娩是助产学的核心内容，是助产学最为精华的部分，涉及社会、家庭、伦理众多方面，是课程思政的宝藏之地，值得深度挖掘。我们在正常分娩系列课程中会从爱的教育、关爱女性、感恩母亲、尊重生命、热爱生命、树立正确的亲子关系、提倡家庭和谐、提倡人文关怀、尊重患者、激发职业情怀和荣誉感、树立认真负责的工作态度等方面进行课程思政融入，引起共鸣，提升了课程内涵，也提高了学生对职业的认知水平，使教学更具人文气息，成为课程的点睛之笔。

（四）"超星学习通"贯穿课堂教学

在课堂教学前，教师通过"超星学习通"手机端发布案例和分组任务，学生提前熟悉案例并进行分组讨论。在课堂教学过程中，教师通过平台进行课堂签到、提问、随机抽取演示组等操作。在课堂教学完成后，教师通过"超星学习通"手机端发布课后评价和课后作业，演示组同学进行自我评价，其他同学对演示组同学的操作进行评价，教师点评。通过有效的评价机制，促进学生对专业知识进行反思，并及时反馈学习情况。教师根据学生的反馈和作业情况可以及时调整教学计划及方法，有效提高教学效果，不断促进教学改革。

三、成果与影响

（一）完成正常分娩情景模拟演练典型案例编写

编写适合高职助产专业学生使用的典型教学案例是完成正常分娩情景模拟演练的首要工作。我校助产专业教学团队征集宁波市内各大医院具有典型教学意义的临床案例，对其进行分析、加工和整理，形成适合教学的案例，内容包括孕妇基本信息、现病史、既往史、婚育史、入院体格检查、第一产程观察与处理、第二产程观察与处理、第三产程观察与处理、产后两小时观察与护理、新生儿体格检查、母乳喂养宣教。并邀请具有丰富临床和教学经验的行业专家，反复论证，突出临床特色和教学重点，将理论知识和实践操作有机结合，旨在培养学生临床思维和团队合作能力。编写教学案例不仅为我专业建立了丰富的教学资源库，还有助于加强我专业与产科临床的研究与讨论，及时了解产科临床新动向，掌握产科前沿进展，对实现教育职业化的发展目标具有积极的促进作用。

（二）构建高端模拟教学评价体系

目前高端模拟教学评价尚无统一标准，通过查阅文献、征求行业专家意见，我校助产专业教学团队最终制定了评价指标。

（1）学生模拟演练考核成绩。

（2）采取问卷调查形式了解学生对高端模拟教学的评价，以是或者否作答，起到了以下作用：

第一，加深了对专业知识的理解；第二，有助于理论与实践相结合；第三，有助于提高临床实践能力；第四，提高了应急处理能力；第五，增强了团队意识；第六，提高了学习效率；第七，激发了学习兴趣；第八，调动了学习积极性、主动性；第九，有助于学生喜欢高端模拟教学方法。

（三）为其他项目模拟教学奠定基础

总结虚拟仿真技术结合高端模拟人在正常分娩情景模拟演练教学中的成功经验，结合CAE Fidelis Lucina综合母婴模拟产妇设备自带案例模块，我专业将开发系列高端模拟教学项目，包括：①肩难产急救模拟演练；②产后出血急救模拟演练；③子痫急救模拟演练；④产钳术。教学模式将继续以案例为引导，突出情景性、综合性、团队性。高端模拟教学旨在营造临床实境氛围，促进教学发展，为现代医学教育提供借鉴。

四、经验与启示

我校助产专业将 CAE Fidelis Lucina 综合母婴模拟产妇用于高职助产专业"正常分娩情景模拟演练"教学中,采用情景教学结合案例教学法,通过模拟分娩机制,开展正常分娩接生训练,极大地缩小了课堂教学与临床实际的差距,弥补了传统教学的不足。CAE Fidelis Lucina 综合母婴模拟产妇体形大小与体重等同于真人,可模拟分娩体位,学生可观看、模拟分娩机制,并体验全真的接生过程,极大地提高了学习兴趣与学习效率,反响热烈。

但是也存在一些问题尚待解决:第一,设备价格昂贵、维护成本较高;第二,设备数量尚不能满足所有学生练习需要;第三,高端模拟教学研究尚处于初级阶段,并不能完全满足助产学深层次教学需要;第四,技术人员与师资配备不足;第五,缺乏标准教学案例;第六,模拟教学评价体系尚不健全。

综上所述,虚拟仿真技术结合高端模拟人教学能提升高职助产专业学生的临床思维能力和实践操作能力,培养学生团队合作、组织协调以及应变能力,与传统教学相比具有明显的优越性和创新性,其成功经验值得借鉴。但高端模拟人毕竟不是真实病人,高端模拟练习也不能完全取代临床实践教学。因此,既要不断探索发展高端模拟教学,也不能忽视临床实践教学的重要性,应合理地利用这一教学资源,切实提高教育教学质量。

专家点评

> 学校根据专业特点和学生特点,在助产专业实训教育中将 CAE Fidelis Lucina 综合母婴模拟产妇用于高职助产专业"正常分娩情景模拟演练"教学中,采用情景教学结合案例教学法,通过模拟分娩机制,开展正常分娩接生训练,缩小了课堂教学与临床实际的差距,弥补了传统教学的不足。
>
> 特别需要提出的是,学校在教学实训中主动融入课程思政内容,在助产教学实训中从爱的教育、关爱女性、感恩母亲、尊重生命、热爱生命、树立正确亲子关系、提倡家庭和谐、提倡人文关怀、尊重患者、激发职业情怀和荣誉感、树立认真负责的工作态度等方面进行思想教育,提升了课程内涵,贯彻了立德树人的根本任务。
>
> 学校助产专业教学团队注重典型教学意义的临床案例建设,对大量实际案例进行了分析、加工和整理,形成了适合教学的案例,并邀请具有丰富临床和教学经验的行业专家反复论证,建设了丰富的教学资源库,对实现教育职业化的发展目标具有积极的促进作用。
>
> 学校采用虚拟仿真技术结合高端模拟人教学,有助于提升高职助产专业学生的临床思维能力和实践操作能力,培养学生团队合作、组织协调以及应变能力,与传统教学相比具有明显的优越性和创新性,其成功经验值得借鉴。

基于虚拟仿真的城市轨道交通智能运维实训教学模式创新与实践

浙江机电职业技术学院

一、背景与现状

（一）产业技术快速发展促使教育模式进行变革

习近平总书记在 2021 年 10 月 18 日中央政治局集体学习时指出，互联网、大数据、云计算、人工智能、区块链技术加速创新，日益融入经济社会发展各领域全过程，产业结构、经济增长动力以及社会分工体系都因此而发生了深刻变化。工业革命以来所建立的教育体系正在急剧过时，依靠标准化教学来批量生产人才的模式难以为继，产业技术快速发展必然会对职业教育发展提出新的要求。国务院发布《新一代人工智能发展规划》明确提出，推动人工智能在教学、管理、资源建设等方面全流程应用，促进人才培养模式和教学方法改革，构建新型教育体系。

（二）第四次教育革命需要有效的人才培养新载体

随着第四次教育革命的到来，人工智能、脑科学技术实现了新突破，通过人工智能辅助设备，例如利用面部识别和预印识别技术，以全息图的方式实现学校管理和服务部门与学生和教师之间的互动，高效感知学生的身体状况以及学习中可能存在的问题，从而可有针对性地改善教学质量，由此倒逼职业教育必须创新人才培养新载体。

（三）职业教育自身实现高质量发展带来新挑战

实训实践环节是职业教育的重要保障条件，但也面临着"三高三难"（高投入、高损耗、高风险、难突破、难在线、难观摩）的问题，而采用以 VR/AR/MR 为手段的虚拟仿真技术可以有效解决上述难题，可以为职业教育自身实现高质量发展奠定良好的技术保障。

（四）学生学习方式的变化倒逼教学方法手段创新

目前高职院校的在校生大都是 2000 年前后出生的，是网络空间中的原住居民，喜欢沉浸在虚拟空间中挑战自己和掌握专业技能。为更好地体现以生为本，建设与之相适应的学习兴趣和空间显得尤为重要，采用创新的教学方法手段才能有效激发其学习积极性。

二、特色与创新

（一）培养模式创新：校企合作构建"三对接、两合作、五岗位"人才培养新模式

在培养模式上，以培养"一专多能"高素质技术技能人才为目标，通过"三对接"（与上游设计规划、生产制造等企业对接生产技术标准，与中游设备维保、工程监理等企业对接职业技能标准，与下游轨道运营企业对接岗位规范标准）和"两合作"（合作育人、合作科研与社会服务），培养学生胜任"五岗位"（信号、供配电、车辆、机电及运营五大岗位群）的职业综合能力（见图1）。培养重点上，将岗位能力、X职业证书及技能竞赛要求整合到教学体系中，强化课程思政建设。培养机制上，联合轨道交通运营、设备维保等产业链不同类型企业成立现代学徒制订单班，在培养方案、课程设计、教学组织、实训设施配置、考核评价等环节，加大多主体培养和考核力度，形成德技并修、产教融合、企业支撑的高素质技术技能人才培养新机制。这一机制有效解决了人才培养供给侧和产业岗位需求侧不匹配的难题，克服了以往专业群只服务单一类型产业的不足，满足学生多样化、个性化和差异化就业需求。

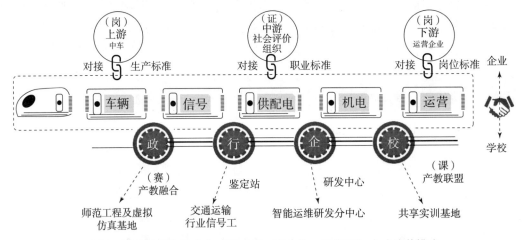

图1 城市轨道交通专业"三对接、两合作、五岗位"人才培养模式

（二）运行机制创新：多方联合创建"政行企校"虚拟仿真实训基地运行新机制

联合行业产教融合型龙头企业，运用云渲染技术、交互技术、数据采集及挖掘等智慧新技术，共建以"五真"（真实场景、真实岗位、真实设备、真实流程、真实案例）为特征的虚拟仿真实训基地，解决实训中"看不到、进不去、成本高、危险性大"的难题，为企业员工提升岗位能力提供较为完善的技能训练服务，消除了传统校企合作存在的"两张皮"现象。

我校以资源共建共享为宗旨，采用B/S架构，建设了虚拟仿真教学实训共享管控云平台，支持线上和线下两种实训模式，线上实训7×24小时开放，线下实训在工作日8:00—21:00期间开放。校企双方均可利用Web 3D技术构建轨道交通各类设备系统的三维模型以及虚拟仿真资源，依托云平台实现对各类系统的交互式认知、运维及虚拟检

修，利用大数据技术，采集系统及用户的使用数据，科学管理及调配教学资源，打通学校与企业、教师与培训师之间的界限，实现对教学资源和企业资源的积聚，全面实现轨道交通专业教学资源的大范围共建共享。

（三）教学方法创新：实现教学设计、课堂互动及授课方法的融会贯通

利用城市轨道交通典型地下站机电设备三维仿真教学系统、城轨 VR 虚拟仿真漫游系统、城市轨道交通车辆检修 VR 仿真实训系统、列车区间火灾灾害调度指挥联锁控制仿真演练系统等多种虚拟仿真实训系统，旨在以实带虚、以虚助实、虚实结合。除了进一步建设虚拟仿真教学资源，还要使诸多资源在师生间实现有序的设计、整合及互动，运用信息化手段和灵活有效的多种教学方法，支持多种学习对象、学习终端开展有组织、有计划的教与学的互动。通过仿真虚拟教学模块，模拟真实工作环境，激发学生的学习兴趣，提高学生的创新能力。

（四）技术手段创新：广泛应用 VR 等虚拟仿真技术改善学生学习新体验

广泛应用 VR、AR、MR、WebGL、360 全景、大数据等新技术，大幅度改善教学资源体验感，共同实现教学资源技术领先，通过教学资源的升级换代，实现教学模式由看（被动观看）到做（主动参与），进一步到玩（寓教于乐）的转变。

采用增强现实（AR）技术，扫描展品（实物/图像），如典型机电结构模型、城轨供电系统、变电所一次设备等轨道交通主题内容，可立即在移动教学端上呈现出对展品的多媒体解说，并可对展品的 3D 模型进行翻转、缩放、拆装等各种操作，使展品活起来、动起来，满足各类认知需要。

依托 VR、MR、多媒体、3D 技术、人机交互、数据库和网络通信技术等技术，构建高度仿真的虚拟环境，并通过音像图文等方式表现专业知识点。学生在虚拟场景中通过拖拽、缩放、输入、选择等交互手段，实现"理、虚、实"一体化教学，并且实现真实、多维度、交互的场景迭代升级，使学生完成从被动学习到主动学习的转变，有效地强化了理论教学与技能实训的融合，提高了教学质量与实训的效果。

（五）教学体系创新：构建"认知—演练—创新"全周期的实践教学层次

在充分考虑教学及企业员工培训需求的基础上，按照能力递进原则，以轨道交通 5 大核心岗位群、"1+X"职业证书规格及技能竞赛考核要求为基准，以劳模精神、工匠精神为价值导向，利用 5G 无线、数字孪生及城轨人工智能技术，大力开发数字化虚拟仿真资源，合理确定实训教学内容，研究开发实训教学资源，构建"认知""演练""创新"三层次实训教学体系，将我院打造并建设为下一代智慧地铁的高技能维检修人才的培训基地，为学校和企业搭建一个轨道交通多专业教学实训平台，有效保障开发的虚拟仿真模型真正符合工作实际，实现和工作岗位的无缝对接，让学生更好地提前掌握实践岗位所必需的技能要求。

（六）评价体系创新：构建"六维一体"全过程评价体系，实现面向职业生涯的增值评价

在以"校企双主体、育人双导师、学生学徒双身份、实习实训双场地"的教学过程中，必须建立学校和企业双向评价机制，构建具有双向针对性评价体系才能推进现代学徒制人才培养模式的可持续发展。在学生学徒自我评价和双导师跟踪评价的基础上，由学校和企业开展双向评价考核，评价考核以定量为主、定性为辅，过程和终结相辅相成来保障人才培养质量。运用大数据分析技术进行全场景、全流程、全空域、全价值的解析评价，构建集管评（教育主管部门综合评价）、云评（教学平台评价）、师评（教师点评）、生评（生生互评）、机评（实训系统评价）、企评（企业导师评价）"六维一体"的全过程评价新机制，实现面向在校生进行未来职业生涯发展轨迹预测的增值评价。

三、成果与影响

（一）实现了高质量就业

毕业生很多进入中国中车、上海铁路局、杭州地铁等龙头企业就业，留浙率100%，用人满意度超95%，离职率远低于全省平均数30%，毕业生工资水平为全校最高，且高出全省平均水平1 000元，实现了高质量就业。

（二）提升了专业竞争力

本专业先后获得国家级教学成果一等奖1项及省级教学成果奖二等奖1项，主持国家级精品资源共享课程及省级教学改革研究项目各1项，在全国中文核心期刊《教育与职业》《高等工程教育研究》等期刊发表论文28篇。2017年至今，学生先后获得全国轨道交通信号控制系统设计与应用大赛（高职组）二等奖、浙江省轨道交通信号控制系统设计与应用大赛一等奖、浙江省大学生物理科技创新竞赛一等奖（最高奖），连续4年蝉联浙江省内该专业的技能大赛最好成绩。轨道交通专业获批成为全省唯一的国家发展改革委"十三五"示范性产教融合实训基地、教育部职业教育示范性虚拟仿真实训基地培育项目及浙江省轨道交通产教联盟共享实训基地。根据"金平果2020—2021年轨道交通机电技术专业高职院校排名"，浙江机电职业技术学院该专业在全国104所同类院校中的竞争力排名第四、浙江省第一。

（三）扩大了对外知名度

"FAS系统典型故障维检修""现代智能交通机电技术专业群"等课程在中国职业教育学会组织的全国研讨会上做经验介绍。教育部职成司陈子季司长及浙江省教育厅陈根芳厅长高度肯定本专业产教融合育人成效，金华职业技术学院等院校纷纷来我校进行交流学习。

中央电视台新闻联播报道了本专业"三阶递进"的人才培养模式；《浙江教育报》报道了轨道交通智能运维虚拟仿真实训基地建设成就；中国教育在线、中国高职高专教育网报道了学生的创新创业实践案例。

四、经验与启示

（一）与时俱进精准把握产业升级中的发展机遇

习近平总书记在中共十九大报告中明确指出："我国经济已由高速增长阶段转向高质量发展阶段。"中央经济工作会议强调："中国特色社会主义进入了新时代，我国经济发展也进入了新时代，基本特征就是我国经济已由高速增长阶段转向高质量发展阶段。"这是以习近平同志为核心的中共中央根据国际国内环境变化，特别是我国发展条件和发展阶段变化做出的重大判断。《关于推动现代职业教育高质量发展的意见》中也明确指出："要坚持党的领导，坚持正确办学方向，坚持立德树人，优化类型定位，深入推进育人方式、办学模式、管理体制、保障机制改革，切实增强职业教育适应性，加快构建现代职业教育体系，建设技能型社会。"

在这样的宏观背景下，职业教育必须围绕国家重大战略，紧跟区域经济社会及产业发展变化，紧密对接产业升级和技术变革趋势，开设更多紧缺的、符合市场需求的专业，形成紧密对接产业链、创新链的专业体系。

（二）政行企校构建命运共同体的发展生态系统

在"政"方面，依托国家产教融合发展工程规划项目（浙发改设计〔2018〕43号）的示范作用，按照"单一岗位—交叉岗位—综合岗位"的人才三阶递进规律，围绕运营、车辆、信号、机电、供电等五大岗位群购置了相应的实训设备。在"行"方面，交通运输部将我院确定为行业研发分中心（交科技函〔2017〕832号），交通运输部职业资格中心批准我院为浙江省唯一的轨道交通信号工鉴定站，浙江省交通运输厅也立项了科研项目"城市轨道交通客流组织评价与策略优化研究"，浙江省交通工程管理中心指导我院参与制定了行业标准《浙江省市域（郊）铁路工程质量检验规范》，支持我院开展技术服务与科研反哺教学工作。在"企"方面，杭州地铁集团运营分公司、杭州杭港地铁有限公司、温州中铁通轨道运营有限公司纷纷和学院签订了现代学徒制人才培养协议，"1+X"证书的评价组织郑州捷安高科股份有限公司向学院赠送了价值600万元的最新轨道交通实训设备。在"校"方面，该专业为浙江省"十三五"特色专业，是全国列入"双高计划"建设的197所院校中唯一建设的专业，具有鲜明的办学特色。

（三）建立高效的"岗课赛证"融合式课程教学体系

根据城市轨道交通机电技术专业现有的分层次"3+5+5"（3个专业发展方向+5大核心岗位群+5门岗位核心课）课程体系设计思路，突出教书育人校内校外专兼结合"双师互补""技能竞赛与创业大赛双翼互助""学历证书和X职业资格证书双证互融"的"三双三互"内涵建设，优化了满足深度产教融合要求下的"岗课赛证"融合式课程教学新体系（见图2），进一步增强不同岗位人才的适应性。

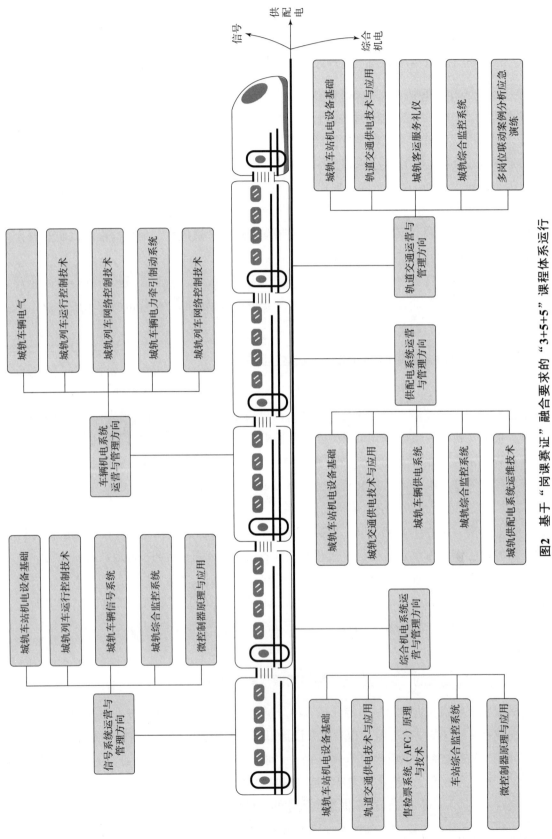

图2 基于"岗课赛证"融合要求的"3+5+5"课程体系运行

与中国中车、杭州地铁、杭港地铁等产教融合型企业合作建设模块课程及针对性教学方法，就专业基础课，采用启发式、探究式、讨论式等教学法；对专业方向课，运用案例教学法、项目驱动教学等方法，并结合实训设备实现理实一体化教学方法；对岗位核心课，依托校内实训基地采用角色扮演法、情境教学法、小组合作探究等方法。推进校企联合拓展训练，通过拓展基地社会培训、技能鉴定、创新创业等行为，让学生提前提升能力素质。同时，每学期均设立企业培训周，将企业培训项目提前引入日常教学中，使之发挥校内教学质量再巩固的效果。

专家点评

　　该校在基于虚拟仿真的城市轨道交通智能运维实训教学模式方面开展了比较深入的创新与实践。通过校企合作构建"三对接、两合作、五岗位"人才培养模式，实现了培养模式创新；通过多方联合创建"政行企校"虚拟仿真实训基地运行机制，实现了运行机制创新；通过教学设计、课堂互动及授课方法的融会贯通，实现了教学方法创新；通过广泛应用VR等虚拟仿真技术改善学生学习体验，实现了技术手段创新；通过构建"认知—演练—创新"全周期的实践教学，实现了教学体系创新；通过构建"六维一体"全过程评价体系，实现了面向职业生涯的评价体系创新。

　　通过一系列的信息化建设项目在教学和实训的实施，实现了高质量就业，毕业生获得用人单位高度认可，大批量进入大型龙头企业；提升了专业竞争力，获国家级教学成果一等奖1项的殊荣，主持国家级精品资源共享课程及省级教学改革研究项目各1项，学生连续4年蝉联浙江省内该专业的技能大赛最好成绩，轨道交通专业获批成为全省唯一的国家发展改革委"十三五"示范性产教融合实训基地、教育部职业教育示范性虚拟仿真实训基地培育项目，中央电视台新闻联播报道了城市轨道交通专业"三阶递进"的人才培养模式，取得了良好的社会声誉。

学习智慧岛：开展线上线下混合式技能实训

杭州市闲林职业高级中学

一、背景与现状

通过前期教学实践调查，发现中职机电设备线路维修实训设备功能单一，大部分是一个学生、一张桌子、一块安装板、一张图纸的单独学习场景，师生在一节课的时间里无法及时进行交流和实时点评，学生对电路的故障现象的理解是粗浅的，对电路功能故障的排除方法是一知半解的，课堂技能实训的效率与效果是不理想的。

二、特色与创新

（一）创新点

针对以上存在的教学问题，师生合作创新设计了"学习智慧岛"平台开展线上线下混合式技能实训，"学习智慧岛"的创新点如下：

（1）独创设计成12面的可移动式的"学习智慧岛"组合体，集一体机电脑、高清摄像头、校企合作企业车间联网设备于一体，有利于开展在线教学和传统教学的优势结合起来的一种线上＋线下混合式教与学，有利于师生进行技能教学过程与结果信息化互动评价。

（2）独创将元器件独立封装，方便对电路设置故障，接线板实现了一板两用，通过快速搭建电路，既可探究电路原理，又可用来实训接线技能，提高了学生学习的趣味性，同时又节省了大量安装导线耗材。

（3）"学习智慧岛"平台适合开展个性化的专业技能学习。小组之间轮岗交流学习不同难度等级的专业技能知识，通过创设技能实训区"舞台"展示技能操作方法。"看台"是小组学习交流空间，配备有可移动式黑板及隐藏式硬件学习设备。学生可到"看台"黑板上画线路图，分析电路工作原理，分享电路故障排除技巧，让学生尝试充当小助教的角色，从而激发学生技能实训的乐趣。

（二）核心概念

创设"学习智慧岛"开展线上线下混合式技能实训的最终目的是使师生在一种快乐的氛围中开展有效的教与学。通过"混合式"及"2教1学"的教学模式来培养具有4C核心能力的高技能人才。

1. "学习智慧岛"

"学习智慧岛"的核心区共由 12 个操作面组成,每一个操作面就是一个工位,3 个工位组成一个单元开展团队技能操作训练。学生通过电脑显示屏进行实时信息互联学习。教师通过每一个工位的摄像头实时查看学生学习进度和指导操作过程中存在的问题。"学习智慧岛"顶端的电脑可以实现上下升降以及 360 度旋转,有利于学生查看教师的教学指导方法以及连线工厂工程师开展现场指导。学生也可通过"学习智慧岛"网络平台查看自己做过的录像视频,找出自己存在的问题,也可参考"学习智慧岛"网络平台大量的专家和技能大赛参赛选手的技能训练方法技巧,从而提高技能操作水平。

2. 混合式教学

利用"学习智慧岛"开展线上线下混合式的技能教学,充分利用平台硬件创新设计与软件的直播、录播、数据分析诊断、实时过程评价等功能实现教师专业技能教学的有效性和学生专业学习的深层次性,从而提高学生的 4C 核心能力。

3. "2 教 1 学"微模式

"学习智慧岛"融合了"2 教 1 学"的教学模拟,即为"教师、教材、学法",具体讲为教师采用多师共导混合式教学模式,教材采用适合学校专业教学的校本教材,学习方法采用学生喜欢的角色互换及岗位轮换的模式开展教与学。

4. 4C 核心能力

"学习智慧岛"开展线上线下混合式教学的目标是培养具备 4C 核心能力的高技能人才,即创新能力(Creativity)、合作能力(Collaboration)、沟通能力(Communication)、批判性思维能力(Critical Thinking)。创新能力包括学习方法的创新和硬件的创新,合作能力包括合作学习和合作解决问题的能力,沟通能力包括演讲能力和答辩能力,批判性思维能力包括自我价值观、人生观的培养。

四、成果与影响

"学习智慧岛"技能教学现场,以三相异步电动机正反转控制线路的安装与调试技能教学为例,"学习智慧岛"平台 A 面操作区域同时容纳 3 位同学操作,看台上可以同时容纳 4~6 位同学观摩学习,一个平台 A、B、C 三面操作区域可容纳 36 位同学参与学习。看台是一个独立的学习空间,配备有可移动式黑板及隐藏式凳子等设备提供小组交流学习使用,4 个看台的同学可以相互之间开展组间轮岗交流学习。三相异步电动机正反转控制线路的安装过程由摄像机拍摄并实时展示,看台的学生可以操作电脑设备实时回放并对其进行评价,"学习智慧岛"平台中心的电脑利用互联网连接校企合作企业的生产车间,与企业的师傅进行实时在线互动交流学习及评价,也可以对大师工作室进行在线互动评价。学生学习过程通过"学习智慧岛"平台的钉钉软件在线直播形式、直播回放、家校本等功能开展有效的线上教学,使线上与线下的教学模式在"学习智慧岛"平台上有效融合。

由于中职生专业基础知识掌握得不够系统全面,导致专业技能实训操作没有信心,部分学生对专业技能实训缺乏学习的动力,由于"学习智慧岛"平台可玩性非常强,可以极大激发学生的学习兴趣,通过硬件的创新来提高专业教师"教"和学生"学"的效率。

"学习智慧岛"线上线下混合式技能实训平台经过近 1 年多时间的试用,从 30 名专业教师和 135 名学生的使用调查(见表 1)发现,本产品在创新性、实用性、有效性、推广性方面的调查统计表明其教学效果十分理想。

表 1 学生学习效果的调查统计表

班级	效果			
	具有创新性	具有实用性	具有有效性	具有推广性
18 机电班(45 人)	96.7%	94.6%	95.9%	95.9%
19 电梯大专班(45 人)	94.6%	92.7%	95.3%	93.4%
20 电子大专班(45 人)	93.1%	98.8%	96.8%	96.9%

1. 多项国家专利推动项目纵深发展

通过"学习智慧岛"团队的不懈努力,目前已获得 4 项国家专利。部分设备已与浙江亚龙、上海中新等科技公司开展生产合作,近期将逐步推向国内市场。

2. 整合多维度教学资源提高产教融合

实现学校、企业、高校教育资源共享,学校分别与浙江亚龙、西奥电梯等知名企业开展产教融合工作,分别与杭职院等知名高校开展中高一体化办学,根据市场对技能人才的需求对电类人才培养方案实时更新,并落实到课堂教学各个环节上,实现产教融合。

电梯维修与保养技能考核手册及相关题库的汇编成果。将电梯 TSG T5002—2017、TSG T7001—2009 等标准融入"学习智慧岛"资源库中,动态生成对接行业标准的教学资源。配套开发了 MOCC 课程、师生经典操作微视频、企业技师的绝技网络资源库。微信扫码进入了"学习智慧岛"学习资源库,开展信息化教学评价和反馈,从而辅助提高技能教学的效果和效率。

3. 摘金夺银彰显实训平台教学优势

团队教师参加全国行业技能大赛获金牌 4 人次、银牌 2 人次、铜牌 2 人次,学生参加全国技能大赛获银牌 2 人次、铜牌 4 人次,省级技能大赛获铜牌 4 人次,参加全国"挑战杯"大赛获金牌 2 人次,在 2020 年的杭州市优秀职业教育教学成果奖评比中获二等奖。

四、经验与启示

(一)经验反思

1. 专利的生产力转化

"学习智慧岛"实训平台项目已经取得 4 项专利,目前还未有效地转化为生产力,这在一定程度上影响了项目成果服务社会功能，后期需要加快此项工作推进速度。

2. 校本教材及专著有待出版

"学习智慧岛"平台研制过程中，已经形成了大量案例集、校本教材等资料，但没有完成相关书籍的出版工作。这也在一定程度上影响了"学习智慧岛"社会推广价值，因此需要加快教材及专著出版。

3. 开放是发展的变速器

开放对于持续发展而言也至关重要，项目在研究过程中开展了多次的公开研讨活动，邀请了许多行业专家对项目进行论证、研讨，由此才找到了解决问题的策略，也正是在许多开放活动中才产生了大量"学习智慧岛"的成果。

（二）推广启示

1. 学习岛平台与企业合作紧密

团队与知名企业合作开展了一系列教学设备的批量生产，向全国相关专业的职业院校推广应用。同时借助 2018 年浙江省中职创新实训室建设项目立项的机会，将"学习智慧岛"和"中职电梯"深度融合推广应用。

2. 学习岛平台知名度提升

通过 3 年的项目建设，学校的电梯专业在全省有一定知名度，该专业毕业生受到用人企业的欢迎，学校与杭州西奥电梯达成了战略合作关系，与杭职院建立了师资培训合作关系。杭州电视台的综合频道、浙江教育频道、腾讯视频、省市级报刊等分别对学校电梯专业和优秀师生进行了报道，学校专业的知名度正逐年提升。

3. 学习岛平台的社会服务

"学习智慧岛"平台不仅对全校 600 多名电类专业学生开放，也对本地区同类专业学校学生开放，网络资源库对全国注册用户开放共享，同时也汲取全社会各行各业的精华，不断优化与完善"学习智慧岛"平台。

"学习智慧岛"平台打破传统的技能实训模式，独创将单个实训电路板设计成 12 面的可移动式的"学习智慧岛"组合体，一个教室只需要放置一套设备，即可解决一个班级技能教学需求，一方面大大节省了教学设备资金的投入，另一方面大大提高了提高教学效率和效果。通过大量的线上搜索、线下调查和实地走访，市场上没有同类产品在销售，说明本产品具有非常大的潜在市场开发价值。目前"学习智慧岛"平台已经获得国家实用新型专利，专利号：ZL201921761037.0，"学习智慧岛"平台获得企业的青睐，团队已经与杭州初享网络科技有限公司签订投资意向书，投资金额达 30 万元，下一步将对本产品进行试生产销售并推向市场。

专家点评

  针对中职机电设备线路维修实训设备功能单一的教学问题，在信息化建设中创新性地设计了"学习智慧岛"平台，开展线上线下混合式技能实训。独创设计了12面可移动式的组合体实训装置，依靠具有自主产权的多项国家专利，独创元器件独立封装方法，方便电路设置测试故障，接线板实现了一板两用。平台实现快速搭建电路，既可探究电路原理，又可实训接线技能，线上教学和传统教学的优势互补，有利于师生进行技能教学过程与结果信息化互动评价。

  实践证明"学习智慧岛"平台既提高了学生学习的趣味性，又节省了大量安装导线耗材。同时，在教学中整合多维度教学资源促进产教融合，实现了学生可到"看台"黑板上设计线路图，分析电路工作原理，分享电路故障排除技巧，从而激发技能实训乐趣。教学实训过程融合了"教师、教材、学法"教学模拟，充分利用平台硬件创新设计与软件的直播、录播、数据分析诊断、实时过程评价等功能，实现教师专业技能教学的有效性和学生专业学习的深入性，从而提高学生的4C核心能力，教师团队在全国行业技能大赛中获金牌。

  "学习智慧岛"线上线下混合式技能实训平台经过一年多时间和几个轮替的试用，在创新性、实用性、有效性、推广性方面取得了可复制和推广的教学效果。

测绘地理信息智慧型开放实训平台改革与建设

浙江同济科技职业学院

一、背景与现状

（一）建设背景

中共中央、国务院印发的《中国教育现代化2035》对职业教育提出要"加强创新人才特别是拔尖创新人才的培养，加大应用型、复合型、技术技能型人才培养比重"。教育部在2019年印发的《教育部办公厅关于全面推进现代学徒制工作的通知》也着重提出，校企要共同研制高水平的实训条件建设标准和利用生产性实习实训基地开展实训教学。实训教学是推进我国职业教育改革发展与创新培养高技术技能人才的重要途径，也是在职业教育领域实现"教育现代化2035"的重要实践方式。特别是在当前的智能时代，以"大智移云物区"为代表的新技术为开展实训教学和实现以上目标提供了关键的技术支撑。

近年来，测绘地理信息技术服务领域不断扩大，服务工程点多、面广、量大，且工程空间体量巨大、结构类型多样、施工周期漫长、管理关系复杂，传统的校内实训受设备与技术的限制，实际工程无法搬进课堂，实训形式比较单一，内容受到时空的限制，难以将知识点系统化，容易产生"管中窥豹"的弊病。同时，自动、智能、实时的新型测量仪器与手段陆续涌现，受教育经费限制，难以跟上学科前沿的步伐，致使实验教学的内容、方法和手段等与时代脱节，严重影响实训教学的效果，不利于学生创新能力和工程实践能力的培养。

针对上述情况，浙江同济科技职业学院组织开展测绘地理信息智慧型开放实训平台改革与建设，分别进行"云端同育、校企共赢"的目标体系改革、"宏观架构、系统设计"的内容体系改革、"虚实相生、层级开放"的条件体系改革、"立体互联、多级协同"的管理体系改革以及基于大数据的伴随式评价体系改革，从目标、内容、条件、管理、评价等5方面实现测绘地理信息实训内涵的全面升级，充分引领教学教育信息化进程，锤炼师生专业技术技能水平，培养创新意识。

（二）思路和做法

1. 改革思路

根据实践教学规律和技术技能型人才成长规律，紧密结合行业发展趋势，培养适应社会信息科技进步的工程测量＋信息技术复合型人才。以"云端架构、虚实相生、层级开放"为体系架构理念，从目标体系、内容体系、条件体系、管理体系、评价体系5方面"全维度、零孤岛、成体系"地开展改革与建设，多维度打造技术技能人才培养高地，如图1所示。

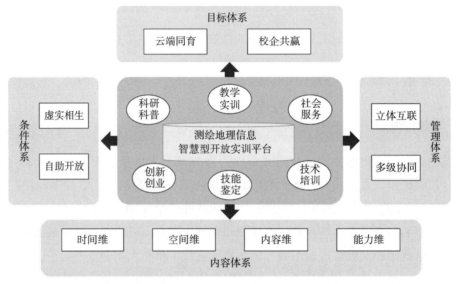

图1　测绘地理信息智慧型开放实训平台改革思路

2. 具体做法

（1）"云端同育、校企共赢"的目标体系改革。

以校企"双主体"合作育人为导向，引进行业龙头企业，以云服务器为支点，建设满足教学、实训功能为主，兼顾技能鉴定、技术培训、社会服务、创新创业、科研科普等其他功能的校企共建共管共享测绘地理信息实训中心。在多功能主次分明的基础上，达到不同功能之间的有机融合及同向同行，确保多功能之间的同频共振，为校企双方持续性共赢奠定基础。

（2）"宏观架构、系统设计"的内容体系改革。

基于校企协同育人的目标体系视角，依托学校特色和优势的专业群——水利工程专业群，系统设计实训教学内容体系，将内容体系划分成时间维、空间维、内容维、能力维4个维度。空间维包括学校和企业；内容维包括5种螺旋递进的类型：认识实习、课程实训、X职业技能实训、专业综合实训、毕业实习；能力维包括"测"能力、"绘"能力、"读"能力、"算"能力和综合应"用"能力。以内容体系的能力维为依托，宏观架构典型工作任务，聚焦能力维的"三高三难"问题，设计虚拟仿真模块，开发测绘仪器虚拟仿真机、3D动态地形模拟电子沙盘、数字测图虚拟仿真实训系统、GNSS虚拟仿真实训系统、无人机虚拟仿真实训系统、无人机室内模拟飞行场、4D产品3D曲屏。如图2所示。

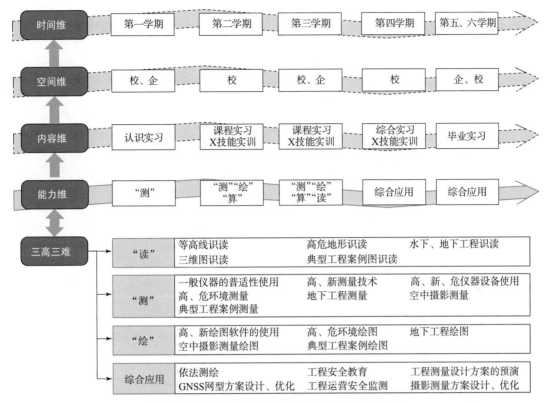

图 2　测绘地理信息智慧型开放实训平台内容体系

（3）"虚实相生、层级开放"的条件体系改革。

紧紧围绕工程测量技术人才培养需求，以内容体系的空间维为依托，校企共建虚实结合的测绘地理信息综合实训中心，建设互联网与云计算实训室、一体化仿真实训室、产教融合实训室、隧洞智慧监测实训长廊、测绘智慧教室 3 间、虚拟仿真双创空间。根据实训条件的特点，分成全开放条件、半开放条件、云开放条件和不开放条件，对于半开放和云开放条件，使用者可根据实训条件管理办法自助申报使用。实训平台条件体系既满足了高职教学需求，又与实际工程问题高度对接，有效破解了实体实训时空受限问题，如图 3 所示。

（4）"立体互联、多级协同"的管理体系改革。

自主设计并定制测绘地理信息实训中心信息化管理系统，通过"六类角色、七个接口、八大功能"的一体化建设，建成覆盖教学内容实训基地、实训室、实训设备以及计划外实训内容的"立体互联、多级协同"的管理服务体系。通过数据可视化，构建面向不同级别、不同权限、不同角色的实训资源一张图、数据支撑平台及开放式应用服务集群。实现跨单位、跨部门、跨业务的业务协同，实现业务线上化、应用轻量化、服务一体化、运行管理可视化，实现校企实时数据更新、实时线上管控，提升业务部门管理效率化、领导决策数据支撑化、绩效数据公平化。测绘地理信息智慧型开放实训平台管理体系如图 4 所示。

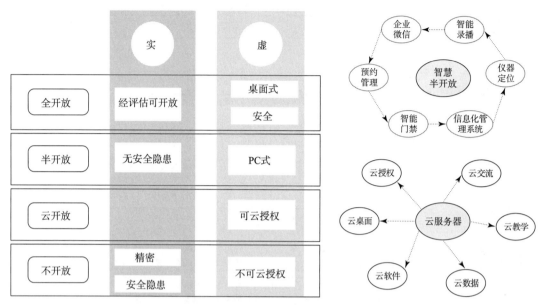

图 3　测绘地理信息智慧型开放实训平台条件体系

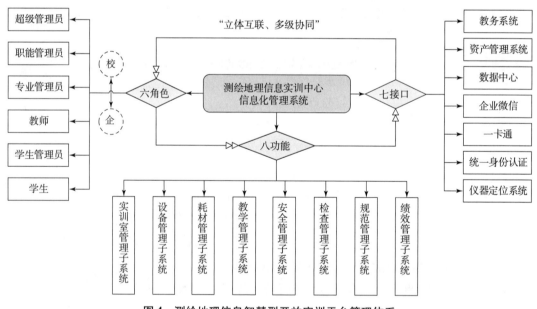

图 4　测绘地理信息智慧型开放实训平台管理体系

（5）基于大数据的伴随式评价体系改革。

实时获取场景、功能、资源、数据、师生聚合、实训操作痕迹和教学实施轨迹等大数据，根据权限实时反馈至相关角色。通过周期内对大数据的多维度、多层次数据统计分析，获取实训室、设备、课程、角色、部门的绩效评价，实现基于大数据的全过程伴随式评价。这一评价体系不仅能精准评估学生个体、班级整体学习效果，助力教学反思与改进，还有助于其余教学及管理角色个体、角色群组的评价与反思。

二、特色与创新

（1）"云端架构、虚实相生、层级开放"的体系架构理念。

校企对测绘地理信息人才培养方案进行科学论证、综合梳理，充分考虑人才培养方案中实训课程体系各知识节点的联系，以基于岗位技能的系统知识为主线，根据实训技能特点设计虚实结合、相生相长的完整学习链，对学习链中的各项实训任务在云端整合架构，并根据安全性、精密性、可操作性评估后按权限进行"全开放、半开放、云开放、不开放"的层级开放。

（2）"全维度、零孤岛、成体系"孵化育成实训平台。

从目标、内容、条件、管理、评价5个方面，层层剥离，全维度覆盖实训平台的各个层面；以体及面、以面及点，精准定位"三高三难"点及其解决方案，以点击面，各个击破，消除孤岛；由纵深横，成体系孵化实训平台，避免实训平台各层面发展不均衡、不同步。

（3）自主研发基于大数据的管理系统，精准匹配实训平台。

以实训平台体系为依托，个性化定制"六类角色、七个接口、八大功能"，自主研发基于 B/S 架构和三层结构框架，符合相关协议的管理信息系统，通过对场景、功能、资源、数据、安全管理及安全检查、师生聚合、实训操作痕迹和教学实施轨迹进行大数据采集，形成不同级别、不同权限、不同角色的实训资源一张图，精准匹配实训体系。同时，开放二次开发整合接口，提高系统功能的可扩展性。

三、成果与影响

（一）建成虚实结合的测绘地理信息实训中心

建成集课程教学、生产实训、技能鉴定、技术培训、社会服务、创新创业、科普教育等功能于一体的测绘地理信息实训中心。实训中心包括互联网与云计算实训室、一体化仿真实训室、产教融合实训室、隧洞智慧监测实训长廊、测绘智慧教室3间、虚拟仿真双创空间；拥有无人机室内模拟飞行场、3D 动态地形模拟电子沙盘、3D 曲面立体投影、海陆空天一体化测量仿真模型、北斗卫星系统模型、3 套 VR 设备、5 台纳米智能触控黑板、70 台 3D 图形工作站、1 台多功能打印设备、1 台绘图仪；配备有云服务器、摄影测量云桌面教学系统 70 套、水准测量仿真实训系统 50 套、数字测图虚拟仿真实训系统 50 套、GNSS 虚拟仿真实训系统 50 套、无人机虚拟仿真实训系统 50 套；同时，配有全高清智能互动录播网络中控、人像自动跟踪摄像机和录播主机等多媒体设备，可满足 300 人同时进行线下智慧教学，70 人同时进行线下虚拟仿真实训教学，50 人同时进行校企云端异地协作实训，270 人同时进行自助开放学习。

（二）设计并建成智慧开放的信息化管理系统

信息化管理平台的构建解决了传统人工管理模式管理上存在的问题，提高了实训室资源的利用率；让实训室管理更加规范化和流程化，解放了实验教辅人员，提高了实训室管理水平和服务水平；实现了实训室数据共享，为实训室管理部门的宏观管理和科学决策提供了依据，为实训室评估提供了详细而真实的数据，为实训室开放教学提供了技术支持。

2020 年度完成 9 个大类 85 项小类共 600 余套设备、8 类 23 个实训室的智能化管理；约完成 49 个计划内课程、11 个计划外课程、300 个培训课程的智能化管理；收到反馈 27 条，精准定位责任对象与维修信息；学生课上借还仪器的时间较未实施信息化管理系统时，平均每班减少 35%；完成教学报表、利用率报表、设备报表等统计报表，助力教师完成课程考核评价，同时协助职能部门完成 2020 年度绩效评价，报表统计结果与绩效评价结果大体成正相关。

（三）教学成果显著提高，师生共创赛证佳绩

彻底厘清人才培养方案中的"三高三难"问题，4 个维度上的无缝衔接，破除知识碎片化、消除信息孤岛，同时，组织教师参加信息化开发、应用技能培训，借力产学研合作赴企业交流学习、协同开发信息化管理系统、虚拟仿真系统。测绘地理信息智慧型开放实训平台建成后，教学成果显著提高。学生参加测绘地理信息各类技能竞赛，获得省部级一等奖 7 项，获奖率高达 89%，获奖率和奖项质量均创历史新高；学生参加创新创业大赛，获省级奖项 8 项，首次参加"一带一路"暨金砖国家技能发展与技术创新大赛"虚拟现实（VR）产品设计与开发"赛项，即获得团体三等奖的好成绩；学生连续两年参加"1 + X"考证，通过率分别达到 93.5% 和 100%，获评优秀师资团队和优秀试点院校；教师团队连续三年在浙江省教学能力比赛中获奖。

（四）打破时空限制，有效助力抗疫远程在线教学

2020 年春，为尽可能减少新冠肺炎疫情的影响，按照教育部"停课不停学"的要求，水利工程系共计 128 个教学班依托水利工程技术虚拟仿真实训平台及其他教学平台实施线上教学；5 月返校后，继续为因疫情防控无法返校的学生开设线上同步实训教学，确保了 2020 年春季学期教学任务的圆满完成。相信随着我校虚拟仿真实训教学平台的不断改进和普及，将会有越来越多的学生从中受益。

四、经验与启示

随着与人工智能和大数据技术的融合，推动智能时代的实训教学走向开放式、智慧化。通过智慧型开放实训平台的建设，推动学校和企业共同参与人才培养，一站式打通基于专业的教学、学习、实训、技能鉴定、技术培训、社会服务、科研科普及创新创业孵

化。我校以"云端同育、校企共赢"为目标，通过"宏观架构、系统设计"的四维实训内容体系，打造"虚实结合、自助开放"的实训条件，通过"立体互联、多级协同"的信息化管理系统，形成基于大数据的伴随式评价体系，获取基于差异化工作流程的精准化考核。从"目标、内容、条件、管理、评价"全维度立体打造技术技能人才培养高地，形成智能时代的实训学习新生态系统，取得了一定成效，可供兄弟院校推进"三教"改革攻坚行动、信息化2.0建设行动参考借鉴。

专家点评

> 浙江同济科技职业学院精心组织开展了测绘地理信息智慧型开放实训平台改革与建设，从目标、内容、条件、管理、评价5方面开展了测绘地理信息实训信息化建设与应用内涵建设。建设成果分别体现在"云端同育、校企共赢"的目标体系改革、"宏观架构、系统设计"的内容体系改革、"虚实相生、层级开放"的条件体系改革、"立体互联、多级协同"的管理体系改革、基于大数据的伴随式评价体系改革。
>
> 学校在信息化建设过程中提出了"云端架构、虚实相生、层级开放"的体系架构，研发了"全维度、零孤岛、成体系"孵化育成实训平台和基于大数据的管理系统，实现了精准匹配实训平台，创新性突出。
>
> 学校建成了虚实结合的测绘地理信息实训中心，设计并建成了智慧开放的信息化管理系统，在助力抗疫远程在线教学中发挥了重要作用。该成果促使教学效果显著提高，师生在重要赛事中获得优秀成绩。
>
> 项目建设成果紧扣学校教育教学内容，引领了教学教育信息化的提升，锤炼了师生专业技术技能水平，在教育教学过程中着力培养了学生和教师的创新意识；全维度立体打造技术技能人才培养高地，形成了智能时代的实训学习新生态系统，取得了一定成效，可供兄弟院校推进"三教"改革攻坚行动和信息化2.0建设行动参考借鉴。

工业机器人系统集成与应用虚拟仿真实训

新乡职业技术学院

一、背景与现状

教育部《教育信息化十年发展规划 2011—2020》"2020 年职业教育信息化发展水平框架"中提出，全面提升职业院校信息化水平。《教育部办公厅关于开展 2015 年国家级虚拟仿真实验教学中心建设工作的通知》中的重点任务指出：虚拟仿真实验教学依托虚拟现实、多媒体、人机交互、数据库和网络通信等技术，构建高度仿真的虚拟实验环境和实验对象，学生在虚拟环境中开展实验，达到教学大纲所要求的教学目的。

在学校教学中，由于经费投入、设备更新换代、场地限制和扩招的原因，存在实训资源紧张，学生操作技能练习不足等问题，大大降低了学生的动手能力和就业的竞争力。在企业从事实际生产活动中，采取虚拟仿真演示验证过程验证设备生产工艺和装备性能，降低了成本，提高了生产效率，企业急需大批具有虚拟仿真技术开发与应用的高技能人才。因此在校生必须先具备扎实的理论基础，练好娴熟的专业技能，才能找到理想的就业岗位。

为了解决上述瓶颈问题，新乡职业技术学院依托学校建设的 2 个省级研发平台和 4 个市级工程技术研究中心通过校企共建模式，与上海新南洋合鸣教育有限公司共建工业 4.0 汽车离合器智能生产示范线等智能装备实验室；与施耐德公司合作共建实验室目，用于低压电器控制系统研究的碧波实验室；加上已有的教学科研设备，价值近 3 000 万元，涵盖机电一体化、智能控制技术、电气自动化、工业机器人等专业，共同建设河南省工业机器人系统集成与应用虚拟仿真实训基地（以下简称"基地"）。新乡职业技术学院智能制造学院于 2013 年开始在机电一体化专业和电气自动化专业开设工业机器人技术课程，2015 年开设机电一体化专业（工业机器人技术方向），2016 年获得教育部门批准开设工业机器人技术应用专业，是河南省省内最早开设工业机器人专业的高职院校之一。2015 年年底与长春合心机械制造有限公司合作，由企业投资 1 450 余万元，建立中德合心国际交流学院，用以培养高端工业机器人与智能制造专业的应用型人才。2017 年被河南省人社厅确定为智能制造河南省公共实训基地。2020 年被确定为河南省工业机器人系统集成与应用虚拟仿真实训基地。目前基地拥有重点设备工业 4.0 汽车离合器生产线，工业机器人技术应用系统 HR20－1700－C10、DLDS－1508 工业机器人技术应用实训平台，ABB 机器人实训平台，三向系统集成（工业机器人）工作站 SX－CSET－JD08－05，费斯托机电一体化系统集成装备，数控系统装调实验室和工业机器人仿真实验室。实训设备先进、功能齐全。已培养和在培养学生超过 1.2 万人，师生参加全国职业技能大赛共获得一等奖 1 个，二等奖 7 个，三等奖 4 个，共 30 余人次获奖。

目前使用 RobotStudio 仿真软件开展虚拟仿真教学，实践教学项目有工业机器人虚拟实操、工业机器人离线编程、工业机器人模型创建、工业机器人系统集成虚拟仿真。教师申请计算机软件著作权 8 项，在做毕业设计环节，工业机器人技术专业学生在指导教师的引导下，开展工业机器人系统集成仿真课题，并申请计算机软件著作权 2 项。教师在与合作企业交流学习中，构建真实生产场景的虚拟仿真场景，并验证工艺流程，成功申请计算机软件著作权 1 项。编写含虚拟仿真元素教材一部，录制有工业机器人技术专业"工业机器人现场操作与编程"和"工业机器人离线编程与仿真"微课，新建在线课程 2 门。

二、特色与创新

（一）建设混合式教学资源，改革教学实施过程

工业机器人系统集成虚拟仿真实训基地现有 RobotStudio、智能制造虚拟仿真软件和 ER_Factory 3 个仿真软件，可以培养学生的工业机器人操作与维护能力，将工业机器人与自动化生产线集成、工艺方案验证纳入"工业机器人基础""工业机器人离线编程与仿真""工业机器人应用与维护""工业机器人系统集成"等课程的实训教学，从实训操作易用程度、理论与实际结合密切度、学生课后满意度等作为评价指标，制定相关教学效果评价办法，提高虚拟实训的教学质量。所开展的实训项目均采用任务驱动、虚拟仿真以及案例探究相结合的教学方法，使学生通过观察、感知、动手操作，全方位调动了学生的学习积极性。采用案例探究方法，以新乡本地企业实际生产线的数字化模型为案例蓝本，将虚拟实习课程与传统课程相结合，在虚拟仿真实训过程中通过演示的方法教授工业机器人系统集成与应用虚拟仿真实训中的操作过程、编程思维和技能，学生在学习后可以进行自主练习，做到以学生为主体的教学方式，培养学生的自主学习能力。通过构建多目标、多层次的实训课程体系，培养学生学习能力、专业基础能力、专业分析判断能力。

课程实施过程由线上和线下两部分，课前、课中、课后 3 个阶段组成。课前线上任务引入阶段：学生登录在线课程，利用课程资源工业机器人离线工作站真实案例视频，虚拟工作站操作视频等相关任务信息，熟悉信息化教学环境，下载自建模型。课中线上+线下，跟学+自学：教师操作演示，提供支撑信息如概念、原理等，实现学生知道怎么做、是什么和为什么的教学目标，学生跟着教师示范的每一步完成训练载体任务，操作过程中学生可以观看操作微课自学巩固技能。课后：学生可在课程知识学习后登录在线课程，完成由教师发布的课后作业与测试题进行自我测试，并上传学习笔记，达到帮助学生了解知识、掌握技能、巩固所学的目标；利用平台的讨论功能或钉钉、微信由教师进行在线答

疑；对学有余力的同学可以进行拓展练习，实现知识迁移能力、问题解决能力的培养，也实现了分层教学。

（二）校企共建，多渠道、深层次挖掘虚拟仿真资源，丰富教学资源库

工业机器人系统集成虚拟仿真实训基地由学校、企业、软件公司三方合作建设，各自发挥主体优势，充分协作，共同推进基地建设。

（三）教学成果转化，延伸与拓展传统教学

依托优势学科资源，将科研成果转化为教学实训项目，丰富实训资源；虚拟仿真项目通过教师与企业产学研合作取得的科研成果运用到虚拟仿真实训平台上，将其转化为具有鲜明特色的虚拟仿真教学资源，应用在本专业教学上，提升了学生的创新思维能力与实践动手能力。

（四）改善实训环境，解决设备短缺和落后问题

虚拟仿真实训室使用软件创建虚拟仿真环境，其提供的设备型号齐全，软件功能也随着软件系统的升级而增强，使实训室设备处于领先水平。构建工业机器人系统集成与应用虚拟仿真系统进行技能操作，可以大大降低训练的消耗。由于学生操作的是虚拟设备，所以不存在由于操作失误所引起的实训损耗，节省了实训室设备的维修、保养费用。

三、成果与影响

（一）强化实践教学实力，提升实践实训效果

工业机器人系统集成与应用虚拟仿真实训基地向全院制造大类全天候开放，通过搭建真实的虚拟环境，分步骤、分岗位、分任务模块完成实际操作理论学习，并最终在实训场地实践验证，有效激发了学生实践的自主性、主动性和创新性，改善了当前学生的学习效果。开放至今，基地年校内使用频率已达 283 758 人时，接纳校内学生 1.2 万余人次，85% 科目的培训考试通过率超过 90%，为提升毕业生就业能力奠定了坚实基础。基地还多次有力地承担了河南省金蓝领培训、河南省职业院校机电一体化专业（工业机器人方向）师资培训、河南省职业院校"1+X"证书制度试点工业机器人应用编程省级师资培训。

（二）教师信息化能力提升，"三教"改革卓有成效

通过工业机器人系统集成和应用虚拟仿真实训基地建设，学校教师队伍建设持续性加强，特别是信息技术应用能力和实训教学改革能力有了飞跃式发展，多名教师获得河南省教学能力大赛二等奖，全国技能大赛河南省教师组一等奖 4 人、二等奖 4 人，全国人工智能大赛河南省教师组一等奖 2 人，全国智能制造应用技术大赛教师组三等奖，全国职业院

校信息化教学大赛一等奖等奖项。

（三）学生技能训练效果明显，人才培养质量持续向好

学校稳定招生数量，重视人才培养质量，积极投入建设工业机器人系统集成与应用虚拟仿真实训基地。通过在工业机器人系统集成与应用虚拟仿真实训基地的实训学习，学生的知识掌握程度和实践动手能力获得提高，参加各类技能大赛屡屡获奖。

2019 年至 2021 年获得国家级技能大赛三等奖 3 项、二等奖 4 项、一等奖 1 项、河南省选拔赛第二名 2 项，第三名 1 项；第 46 届世界技术大赛河南省选拔赛三等奖 2 项、一等奖 1 项；河南省高等职业教育技能大赛三等奖 1 项、二等奖 1 项；第一届全国技能大赛世赛项目全国选拔赛第七名；新一代信息技术融合创新应用（智能制造）职业技能大赛学生组一等奖；全国行业职业技能竞赛河南省选拔赛二等奖。

四、经验与启示

（一）线上线下混合教学，虚拟仿真实训因地制宜

依托超星学习通、云班课、中国大学慕课等数字化平台，大力建设混合式教学资源库，线上线下双向同时建设，资源互通有无，互有补充，收集课程微课、PPT、视频动画、扩展资料等，使课堂教学实现"课中线上 + 线下，跟学 + 自学"。虚拟仿真实训基地建设要符合时代技术特点，其所选择的仿真软件具有开放性和增容性，能够根据当地企业生产环境开发相适应的生产场景，解决实训场地不足和岗位不足，完全模拟真实的生产场景进行实践操作训练，提升技能水平。

（二）项目导向，实现自主、合作、探究式学习

基于项目导向实训理念，学习的主体是学生，教师起到指导与提示的主导作用。在学习过程中，教师要注重理实一体、学以致用，关注学生自主、合作、探究学习能力的养成，核心目标在于培养学生独立工作的能力、团队工作的能力、创新工作的能力。项目导向的价值在于能够促进学生直接就业的能力和学生综合能力的养成，培养学生的主动学习精神、独立工作能力及创新能力。

（三）虚拟仿真实训资源，助力线上教学，提升教学信息化能力

学校进行工业机器人系统集成与应用虚拟仿真实训基地建设，对教师团队进行虚拟仿真技术培训，大力推进虚拟资源库线上线下资源建设；通过虚拟仿真实验教学的手段促进教与学的双向转变，提高教师信息技术应用能力。

2020 年新冠肺炎疫情期间，响应国家"延迟开学不停教不停学"号召，利用钉钉、微信、学习通、云班课等平台，开展网络线上教学。工业机器人系统集成与应用虚拟仿真

实训资源库，有力地支持了我校线上教学工作，辅助教学，丰富了课堂内容，实现"理、虚、实一体"化教学，圆满完成教学任务，在学生群体中反应良好。

（四）加强与校外实训基地的衔接

继续深化校企融合，加强虚拟仿真实训基地与校外实训基地、就业基地、师资实践基地的技术衔接，力争实现校内虚拟仿真与校外真实工作场景的无缝对接。

专家点评

新乡职业技术学院突出工业机器人系统集成与应用虚拟仿真实训的目标，加强校企合作，细化教学流程，推进混合式教学改革，取得了可喜的教学成果，提升了办学水平。主要做法与成效如下：

一是强化校企合作，不断改善育人环境。该校依托两个省级研发平台和四个市级工程技术研究中心，与上海新南洋合鸣教育有限公司共建工业4.0汽车离合器智能生产示范线等智能装备实验室；与施耐德公司共建低压电器控制系统研究实验室；机电一体化、智能控制技术、电气自动化、工业机器人等专业共同建设了河南省工业机器人系统集成与应用虚拟仿真实训基地，大大改善了育人环境、提升了办学能力。

二是细化教学流程，推进混合式教学改革。教学中，学校充分利用工业机器人系统集成与应用虚拟仿真实训基地ABB机器人公司RobotStudio等系列仿真软件，教学目标传达到位，线上线下衔接紧密，自学与导学相互补充，理论与实践相互印证，课前、课中、课后循序渐进，特别是细化了虚拟仿真实训流程，取得了良好教学效果。

三是持续推进教改，取得可喜成果。学校利用工业机器人系统集成与应用虚拟仿真实训基地，持续加强课程资源建设与教师培训工作，办学水平不断提高，培养学生1.2万人，30多人次在全国技能大赛获奖。

"3D智能工厂实训基地"助力智能制造专业群教育教学模式改革创新

湖北科技职业学院

一、背景与现状

湖北科技职业学院是由湖北省人民政府举办的全日制普通高等职业学校。学校首批通过了教育部高等职业院校人才培养工作评估新指标体系评估,是全国职业院校数字校园建设实验校、全国现代学徒制试点单位、首批教育部"1+X"证书试点院校,通过了湖北省高等职业院校内部质量保证体系诊断与改进复核,是湖北省优质高等职业院校。

学校位于武汉市中心城区、光谷核心区域,与武汉光谷软件园园校一体,相融于众多高新技术企业,所设专业"科技"特色明显。学校立足光谷、服务湖北、面向全国,主动对接智能制造业和现代服务业、信息技术产业,不断调整和优化专业布局,设36个专科专业,在校生9 700余人。

学校深入推进产教融合、工学结合,与华为、中兴通讯、烽火科技、汇博机器人、越疆科技、东风本田等140多家国内外知名企业开展校企合作,建有校内实训室113个,校外实习实训基地138个。

2016年以来,我校在教育部《国家职业教育改革实施方案》《教育信息化2.0行动计划》《职业院校数字校园规范》等政策文件指引下,对标《高等职业教育创新发展行动计划》优质校建设要求,科学制定了《湖北科技职业学院"十三五"规划——信息化建设子规划》,并按照规划严格、规范实施,数字校园建设取得了长足进步。

我校3D智能工厂项目总投资超过3 000万元,通过建设,基本建成功能完善、布局合理、国内领先的3D智能制造技术实训系统,支持智能制造专业群中工业机器人和智能制造技术专业实践教学,实现资源共享和高效利用。该系统既可用于工业机器人和智能制造技术应用理论教学,又能用于相关技术实践教学和真实产品研发、生产,使学生对智能制造技术有更深入的掌握;通过开放式教学系统学习,从强化基本技能、培养综合实践能力和参与创新实践3个层面丰富实践教学的内容,增强实践动手训练,最终使学生在动手能力、基本技能、表达能力和工程综合能力等方面得到全面提升。

二、特色与创新

(一) 人才培养模式创新

我校与江苏汇博机器人技术股份有限公司、武汉裕展精密科技有限公司、富士康（武汉）科技工业园、武汉海默机器人等业内知名企业开展深度校企合作，联合成立专业建设委员会，共建校内 3D 智能工厂实训基地，开展教育部现代学徒制试点，联合培养智能制造类专业人才。我校不断深化"两结合一递进"人才培养模式（见图 1），即校企结合、做学结合、能力递进，引导学生完成从"岗位基本能力形成→岗位专项技能强化→岗位综合能力提升"的递进性能力培养过程，一步一步夯实学生的职业能力。

对接职业标准和岗位需要，分阶段组织教学，突出职业能力培养。具体实施措施如图 1 所示。

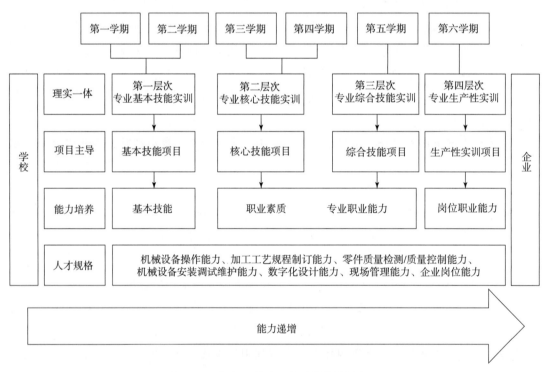

图 1 "两结合一递进"人才培养模式框架

第一阶段（第一、二学期）：认识岗位与基础理论教学，培养学生适应岗位的基本能力。

第二阶段（第三、四学期）：以校内 3D 智能工厂实训基地为学习环境，通过虚实结合和学做结合，培养学生数字化设计、数字化制造及工艺实施等专业核心专项技能。重点训练学生掌握机械制图、计算机辅助设计、零件工艺设计、计算机辅助编程、机床操作等专业技能，强化机械设计基础、数控加工工艺编程、零件加工工艺编制及夹具设计等方面的专业理论知识，配合实训环节提高设计、机床加工技能。

第三阶段（第五学期前 12 周）：以校内生产性实训基地为学习环境，以项目为载体，通过完成综合项目任务，实现学生专业综合技术技能培养。

第四阶段（第五学期后 6 周及第六学期）：通过顶岗实习，体验企业文化，培养学生综合职业能力。

（二）教学模式改革

通过智能工厂项目建设，利用 3D 虚拟仿真实训平台，学生借助 VR 设备进入实际的制造环节，了解设备的工作原理和制造过程。老师在讲解课程知识点的过程中，通过将课程与实训平台结合，把复杂的机械构造、设备操作步骤等在虚拟仿真实训平台上进行模拟。学生通过实训平台动手实操，对制造过程进行巩固。在以工作过程为导向的模块化课程体系中，依照理论、实践一体化思路对多门核心课程进行教学模式改革，采用"做学教"合一的教学方法，以学生为中心，模拟企业工作情境，构建理实一体化课堂，学生在做中学、老师在做中教，使理论知识、实践技能、职业素养与实际应用环境结合在一起，从而达到工作过程与教学过程的融合。在制造技术中，减少了普通机床加工实训课时，增加了 3D 打印制造技术实训内容，增加了四轴、五轴、加工中心等端数控制造技术实训内容，和 Vericut 虚拟仿真课程；与此相关的"数控加工工艺与编程"课程，通过对数控编程加工岗位的工作过程进行分析，得到该岗位最典型的工作任务，学院专业教师与企业具有较强实践经验的一线技术人员共同选取教学内容、设计教学项目，以项目为载体，将相关知识点分解到实际项目中，并按照企业零件加工工艺过程组织教学。课堂搬到智能制造工厂，先进行仿真加工，再进行实操教学，虚实结合，采用"任务驱动、项目导向"的一体化教学方法，实现"做中学、学中做、做学结合、以做为主"。"数控车削编程与加工"课程在教学过程中，3D 虚拟仿真实训教学与生产性实训装置操作训练相结合、线上信息化课堂教学与线下小组讨论式教学相结合，理论—仿真—实操三者相互融合，直观和抽象交错出现，理中有实、实中有理。既保证了实操的安全性，也突出对学生动手能力和专业技能的培养，充分调动和激发学生的学习兴趣。学生在完成任务的过程中（主要是以各类典型零部件为项目载体）掌握所需的知识和技能。"计算机辅助制造"课程由传统的在机房进行编程软件教学授课，改为将课程搬至智能工厂，选择经典项目案例进行教学，融合多轴编程内容，实现软件操作编程，以 Vericut 虚拟仿真验证，然后上机床操作，让教学模式更贴近工作过程。在数字化设计领域，开设"三维扫描逆向与逆向工程"课程，引用先进设计方法，并在综合实训项目中充分运用正向、逆向数字化设计完成产品功能实现与创新。

（三）利用信息化教学平台，突出学生在实训过程中的主体地位

遵循互动式教学、学生为主体的理念进行实训室设计和建设。一是在实训区域扩大学

生的训练操作区域和工位,形成学生训练操作中的"比、学、赶、超"环境氛围,注重模拟企业实际工作岗位的情景再现,体现以学生为主体的新实训教学模式。二是通过教学网络平台,让学生在进入实训室前就对实训项目和实训内容有所了解,并通过互动平台向教师提出问题。三是实训现场可以通过 Wi-Fi 和网络平台及时对学生实训状况进行跟踪和评判,通过信息化手段及时对学生进行实训过程考核,学生也进行在线作业、讨论、头脑风暴、提问、测验、投票、答疑、问卷调查等多种形式互动的授课。学生的课前预习、课中讨论和课后作业都可以转化为学生的分数。对学生的课堂学习行为也可以随时跟踪、随时记分。

(四)开发和引进信息化教学资源

依托 3D 智能工厂实训基地现有环境条件,以我校承担的自动化生产设备应用专业国家资源库建设子项目为载体,组建核心课程建设团队,完成"自动线设备安装与调试""气液动系统的构建与维护""工业机器人系统集成技术"等 7 门专业核心课程的资源库建设,包括课程标准、授课计划、教案等教学文件,完善课件、试题库、实习实训指导书、视频、动画、制作系列慕课等信息化教学资源。在未来的课程里将积极引入数字孪生、虚拟调试、工业物联网、工业大数据、人工智能技术等新技术、新专业的信息化教学资源,培养学生的综合技术应用能力,推动自动化类专业智能和制造类专业转型升级。

三、成果与影响

(一)专业建设水平不断提升,为高水平专业群建设奠定了坚实基础

自开展此项目以来,机械设计与制造专业和工业机器人专业先后获批湖北省高职教育品牌专业和特色专业立项建设。同时,工业机器人专业 2018 年获批教育部现代学徒制试点,2019 年被教育部认定为创新发展行动计划国家骨干专业。这些成绩的取得为下一阶段学校围绕机械设计与制造专业作为智能制造专业群(机械设计与制造、数控技术、模具设计与制造、机电一体化技术、工业机器人技术)进行高水平专业群建设奠定了坚实的基础。

(二)打造了一支高学历、高职称、高技能,专兼结合,具有国际化视野的双师型国家级职业教育教师教学创新团队

专业群现有专任教师 21 名,兼职教师 12 名,年龄、学历、学缘及职称结构合理。三年来选派骨干教师赴境外进修访问,参加各类学术交流、培训等超过 80 人次。2018 年於红梅教授主持的"工业机器人技术专业於红梅工作室"成功获批湖北省教育厅"职业教育名师工作室"建设项目。获批楚天技能名师 2 名,聘请企业兼职教授 3 名。2018 年团队研究成果"高职机械设计与制造专业'两融合一平台'创新创业人才培养的研究与实践"

项目获湖北省高等学校教学成果奖二等奖。2021年8月，工业机器人技术专业教学团队成功入选第二批国家级职业教育教师教学创新团队立项建设单位。

（三）教育教学水平大幅提升，人才培养质量显著提高，学生参加各类职业技能大赛成绩斐然，社会反响极好

近几年，专业群在人才培养上紧密对接产业发展布局和企业生产实际需求，紧密结合岗位练兵和技术比武，积极组织学生参加各类职业技能大赛，成绩不断取得突破，共有100余人次在全国和全省各类职业技能竞赛中获奖，成绩斐然。其中国际赛获奖1项、国赛获奖2项、省赛获奖9项，在全省名列第一位。特别是2018年，分别获得了世界级、国家级、省级等各类型职业院校大赛（高职组）的各种奖项，充分体现出机械设计与制造品牌专业教师团队的专业水平和执教能力，展示出学生过硬的专业技能和职业综合素养，也赢得了社会、同行的尊重和认可。

四、经验与启示

（1）加大信息化建设投入力度，完善支撑条件建设，创新人才培养模式，引领专业建设水平不断提升。

（2）搭建了高效的信息化教学平台，建设了丰富、优质的数字化教学资源，推动教育教学改革，师生参加各类技能大赛成绩突出，在全省高职院校中起到示范作用。

专家点评

> 湖北科技职业学院建设了功能完善、布局合理、国内领先的3D智能制造技术实训系统，丰富了实践教学的内容，实现了人才培养模式的创新和教学模式的改革，增强了学生动手能力、基本技能和工程综合能力的提升。
>
> 人才培养模式创新。与知名企业联合成立专业建设委员会，共建校内3D智能工厂实训基地，在第三、四学期通过虚实结合和学做结合，培养了学生数字化设计、数字化制造及工艺实施等专业核心专项技能。
>
> 教学模式改革。利用3D虚拟仿真实训平台，采用"教学做"合一的教学方法，使理论知识、实践技能、职业素养与实际应用环境结合在一起，达到了工作过程与教学过程的融合，突出了学生在实训过程中的主体地位。

虚拟仿真实训助力"智能建造"

——以广州番禺职业技术学院建筑工程虚拟仿真实训中心为例

广州番禺职业技术学院

广州番禺职业技术学院建筑工程虚拟仿真实训中心聚焦建筑业"绿色化、工业化、数字化、智能化"高端融合转型发展，立足建筑信息模型（BIM）、智能化施工、装配式建筑构件制作与安装等重点领域，积极参与组建了国家级教学团队，引入职业资格标准开发课程体系，开发"互联网+"教材、课程资源库，建成多个实训室。与知名企业开展长期稳定合作共建，共同打造"智能建造"，形成了综合性院校的建筑类专业特色。

一、背景与概况

广州番禺职业技术学院（以下行文中简称"我校"）于1993年筹建，被广州市政府确定为市属高等职业教育龙头院校，是首批国家示范性高等职业院校、全国"优质专科高等职业院校"、"中国特色高水平高职学校建设单位30强"。学校的建筑工程学院建筑工程技术专业群，对接专业群"平台课+专业模块课"的课程模式，构建了虚实结合的建筑工程虚拟仿真实训中心（以下简称"实训中心"），将实操项目虚拟化、情景化、个性化，形成数字化虚拟仿真呈现、信息化实训、交互式教学，与实境教学实训基地结合，在虚拟工厂内开展虚拟教学，采用新技术、立体化教材，以最新技术、最新工艺、最新互动方式培养优秀技术技能人才。其中装配式施工虚拟仿真实训基地，建有VR体验区、AR台、VR台和全体投影体验区。与实体的装配式实体工法楼相配合，实现了虚实结合，将"装配式"这一先进的施工技术引入实际教学中，取得了良好教学效果。

二、特色与创新

（一）虚实结合、课程先行

根据人才需求制定专业人才培养方案，设置相关课程和实训项目。已经开展相关的"1+X"证书包括建筑信息模型（BIM）、建筑工程识图、装配式建筑构件制作与安装职业技能等级证书。开设"土木工程材料""建筑构造与识图制图""建筑信息模型技术""建筑施工技术""工程招投标与合同管理""建筑工程项目管理""建筑工程计量与计价"等共享课。其中我校主编的《建筑信息模型》是全国"1+X"建筑信息模型（BIM）

职业技能等级证书考证培训用书。

实训中心采取以实带虚、以虚助实、虚实结合，建设虚拟仿真教学场地，搭建虚拟仿真实训平台，实现建筑工程技术、市政工程技术、工程造价和建筑设计四大专业模块教学软件的共享。通过数据库中的案例进行系统学习和综合训练，有效培养学生的系统思维能力和动手能力、创新能力。实训中心虚拟仿真实训项目如图1所示。

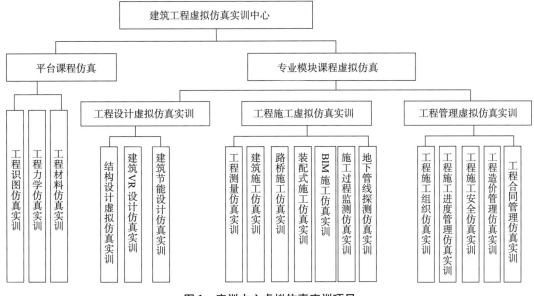

图1　实训中心虚拟仿真实训项目

（二）典型系统应用

建筑施工技术实训具有周期长、损耗高、不可逆、存在安全隐患等特点。"施工虚拟仿真"实训系统引入真实工程案例场景，以建筑全生命过程单个节点为实训操作任务的核心导向，结合设计、生产、运输、施工技术、施工组织、施工现场管理等几门课程的理论基础，通过虚拟建造虚拟人物，用游戏闯关的模式，实现在虚拟施工场景中的人机交互教学和真实场景模拟。实训系统涵盖建筑工程6大分部工程，72个实训项目。实训系统介绍见表1。

表1　实训系统介绍

实训项目		对应的课程	虚拟仿真软件	对应X证书
建筑工程施工虚拟仿真实训	包括土方开挖、桩基础施工、钢筋砼主体结构工程施工、脚手架与砌筑工程施工、屋面防水工程施工、装饰工程施工等6个分部工程72个虚拟仿真实训项目	建筑施工技术、建筑工程施工组织管理	建筑工程施工工艺虚拟仿真实训软件	"1+X"建筑信息模型中级职业技能等级证书（建筑工程管理BIM应用方向）

续表

实训项目		对应的课程	虚拟仿真软件	对应 X 证书
建筑工程施工虚拟仿真实训	建筑工程进度控制实训	建筑工程施工组织管理	施工进度控制虚拟仿真实训软件	
	立杆式钢管脚手架设计虚拟仿真实训	建筑施工技术	BIM 脚手架设计虚拟仿真实训软件	
	柱模板设计虚拟仿真实训、梁板模板设计虚拟仿真实训	建筑施工技术	BIM 模板设计虚拟仿真实训软件	
装配式建筑施工虚拟仿真实训	剪力墙制作、预制柱制作、叠合梁制作、剪力墙吊装施工、预制柱吊装施工、叠合梁吊装施工、叠合板吊装施工、预制楼梯吊装施工、外挂墙板吊装施工、剪力墙封仓法灌浆、预制柱座浆法、接缝打胶等虚拟仿真实训	装配式建筑施工	装配式建筑施工工艺仿真实训软件	
工程招投标虚拟仿真实训	工程招标、工程投标、开标、定标、合同签订虚拟仿真实训	工程招投标与合同管理	工程招投标虚拟仿真实训软件	

该实训系统有教学模式和考核模式，可通过模拟拾取工具、设备和材料，进行施工实践操作。过程中穿插施工动画、问题解答等环节，可根据提供的工程图纸等资料比对虚拟施工模型进行构件识读。考核模式中可跟踪学生的学习轨迹，通过统计和分析学生对知识技能点掌握情况和理解程度数据，提高教学评价的科学性。

课程将主要施工环节的施工工艺和技术通过实训系统在课堂展现，与学院现有的砌筑工实训场、混凝土实训场、钢筋工实训场、砌筑工程施工实训场、装饰装修实训场同步结合进行教学。

（三）实训中心实施项目化运作

实训中心实行建筑工程学院主管院长领导下的主任负责制，设主任 1 名，副主任 1 名。办公室负责日常事务的处理，包括经费管理、成果与知识产权管理、资料管理、会议管理以及技术交流等事务。除了正常的教学实训，其余教师科研活动、学生创新创业活动、师资与人才培训、企业创新需求等均实行项目负责制，由项目负责人对项目立项、项目预算、项目进度与成果验收负责。实训中心管理运作如图 2 所示。

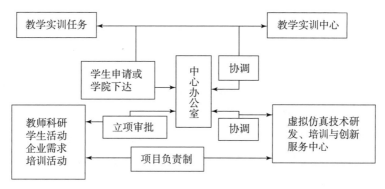

图 2　实训中心管理运作

三、成果及影响

（一）学生完成校内虚拟仿真实训，设备利用率高

实训中心累计投入 1 457 万元，建成 10 间专业实训室，总建筑面积 1 800 多平方米。拥有 472 个工位，自 2016 年 9 月投入使用，每学年实训中心使用频率达到 400 000 人时，满足 1 200 余名在校生虚拟仿真实训的需要。其中 2019—2020 学年学生使用 408 800 人次，启用至今累计学生使用高达 1 557 206 人次。

（二）学生协同完成 BIM 项目，校企合作成果多

实训中心组织学生参与，依托谷雨时代 BIM 创研室、青山湖 BIM 工作室和绿色建筑设计工作室，和中铁建集团合作共建广州番禺职业技术学院铁建培训中心，开展岗位技能培训、安全教育、BIM 师资培训、现代学徒制培训和横向科技服务。2015—2020 年 5 年间，开展对外培训服务 40 项，平均每年培训达 4 525 人天；对外提供技术服务，完成了如"珠三角地区地下空间变形研究""清远市人民医院二期工程施工总承包项目 BIM 技术应用""广州地铁 4、7、9、13 号线（含 4 条线路）屏蔽门 BIM 模型工程"等多项横向课题研究。自主开发的"基于 BIM 技术的房屋结构安全监测预警云平台"被广州机施建设集团有限公司等 9 家公司采用，产生了 174 万元经济效益；"基于 BIM 技术的建设工程自动化监测平台"被中铁港航局集团第二工程有限公司等 13 家公司采用，产生了 442 万元经济效益。近三年开展横向课题研究 21 项，总金额 1 097.42 万元，平均每年横向课题收入为 365.8 万元。

（三）学生参与各类软件大赛并获奖

实训中心指导学生开展大学生科技创新，提升学生的创新能力。如"基于 Niagara 技术开发云边协同智慧城市管控平台"等项目，获省级以上奖 7 项。组织学生参加校内、外各种虚拟仿真实训技能竞赛，如斯维尔杯 BIM 软件建模大赛、广联达工程算量大赛、装配式建筑虚拟仿真实训大赛、CAD 绘图大赛、BIM 建模大赛等，获得了多个奖项。

（四）入选国家级职业教育教师教学创新团队

实训中心按照"1+X"证书试点要求，打造满足职业教育教学和培训实际需要、专兼结合、结构合理的高水平国家级教师教学创新团队，由全国优秀教育工作者、全国技术能手、广东省"特支计划"教学名师等领衔，专业结构涵盖结构、岩土、施工、造价等土木建筑领域。2021年入选第二批国家级职业教育教师教学创新团队立项建设单位名单：广州番禺职业技术学院土木建筑领域，智能建造技术专业，为全面提高复合型技术技能人才培养质量提供强有力的师资支撑。

四、经验与启示

实训中心对土木工程各类项目系统进行抽象和简化，建立仿真模型，实现数值仿真、可视化仿真和虚拟现实（VR）仿真，实现实时动态演示、专业全面综合、过程协同建设的土木工程实验教学过程，帮助学生实现了在校内实验室就可以体验各专业工程的生产建设、技术工艺、管理工作，通过全过程的综合仿真训练，加强学生的专业技能和专业思维，培养实践交流与合作意识，达到锻炼学生的实践能力、自学能力、研究能力、创造能力、表达能力与组织管理能力的目的。

专家点评

> 广州番禺职业技术学院是广州市政府确定为市属高等职业教育龙头院校，是首批国家示范性高等职业院校和全国"优质专科高等职业院校"，入选中国特色高水平高职学校建设单位"30强"。学校将数字技术引入建筑工程技术专业群教学，根据用人单位对人才的需求分析，制定专业人才培养方案，设置相关课程。为满足课程教学所需，开设相关实训项目、相关的"1+X"证书课程；应用"施工虚拟仿真"系统，解决实训难题，对相关教学科研活动实施项目化运作。将学生实训、创新创业等活动作为载体，对接专业群"平台课+专业模块课"的课程模式，构建了虚实结合的实训中心，将虚拟技术与实体的装配式实体工法楼相配合，实现了虚实结合，将装配式这一先进的施工技术引入实际教学中，服务于1 200余名学生的技能训练和技术培训，取得了良好教学效果。
>
> 依托谷雨时代BIM创研室、青山湖BIM工作室和绿色建筑设计工作室，积极开展对外培训服务和横向科技服务，3年来，开展对外培训服务40项，平均每年培训达4 500余人天。实训中心的专业教师利用自身专长积极开展对外技术服务，产生了600余万元经济效益；联合开展的横向课题，总金额达到1 500余万元。指导学生开展大学生科技创新，获得成果奖励10余项。组建教学团队于2021年入选第二批国家级职业教育教师教学创新团队立项建设单位名单。

信息化校企合作篇

深化校企合作、共创"云中高职"
——高职院校数字化转型的研究与探索

广东科学技术职业学院

一、背景与现状

(一)背景介绍

广东科学技术职业学院(以下简称"广科院")是国家示范性骨干高职院校、国家优质专科高等职业院校、中国特色高水平高职专业群建设单位。现有教职工1 400余人,全日制在校生29 000多名。设有计算机工程技术学院(人工智能学院)等17个二级学院。

在追求"数字"特色、实现高质量发展的进程中,广科院深刻认识到,数字化转型是世界从工业时代向信息时代加速转型的大变革中,社会和组织在发展模式、价值体系和治理体系方面的系统性、全局性和根本性的变革,是信息化发展的高级阶段。作为全社会高素质人才输出的基地,高等院校——尤其是与行业企业深度产教融合的高职院校——需要深刻的数字化转型,才能满足新时代对高等教育的价值要求。

目前,我国数字化转型已进入政府引导构建联合推进机制,社会各界共同参与,在更大范围、更深程度上构建数字化生态共同体的新阶段。对于高职院校而言,如何充分利用"校企合作、产教融合"这个关键抓手构建合作生态、开展数字化转型,从而提升学校治理水平、推进学校创新发展,已成为广科院深入研究和探索的问题。

(二)现状问题分析

经过多年发展,广科院的信息化建设和应用已达到一定水平,但与教育信息化、教育现代化的要求,和学院自身创新发展的要求相比,还存在较大的差距。主要面临技术、管理、战略三个方面的"孤岛"问题。

1. 信息孤岛问题

由于之前信息化建设缺少顶层设计,各业务系统烟囱式建设,对校本数据和软件平台类基础设施关注不足,学校尚未形成统一的能力支撑平台,数据标准的执行还不理想,造成信息孤岛较多,数据价值难以体现。

2. 管理孤岛问题

学校层面统筹和多部门协同已成为当前信息化建设能否顺利实施、信息化成果能否充分发挥效益的关键问题。信息化公共平台、业务系统和校园应用建设需要跨部门、跨职能的数据共享、流程拉通和功能对齐；数据资产的生成和使用需要形成规范高效的协同机制来严格保证数据的准确性、完备性、一致性和合规性；信息化系统的使用和推广工作，需要各业务部门来达成。随着信息化建设的深入，管理孤岛问题已对信息化水平提升产生了较大影响。

3. 战略孤岛问题

当前，学院对信息化工作高度重视，信息化战略规划、资金和人力投入都得到了大大加强，但从战略层面还存在一些"孤岛"问题，主要表现在：信息化发展战略对学院总体发展战略的支撑不强、与其他发展子战略的协同不够，使得通过教育信息化来促进探索教育新模式、开发教育新产品、推进教育教学创新的目标不明确、路径不清晰、效果不显著。

基于以上问题，广科院认为高职信息化发展已经走到了"深水区"，孤立地解决信息化建设问题、简单地增加信息化投入、局部的突破重点已经难以满足教育信息化、教育现代化的要求。只有深入思考高职教育价值体系的优化、创新和重构，以高职院校数字校园、智慧校园建设为基础，依托校企战略合作和生态圈构建，开展数字化转型，由信息化的转段升级带动高职教育的转段升级，才能深度应用新一代信息技术构建高职教育新型能力体系，实现高职教育的创新发展。

二、特色与创新

（一）发展理念创新

秉承"开放、共创、共享"的理念，广科院与华为技术有限公司（以下简称"华为"）于2020年4月签订战略合作协议，提出"云中高职"的发展理念，开展高职数字化转型的研究和探索。

云中高职以"打造数字化产教融合新平台，探索智慧化高职教育新形态"为愿景，是利用新一代信息技术对传统高职院校的系统性重塑。

云中高职的新形态，从价值供给的角度，所有相关方都能从云中随时随地获取到与本地获取相同的产品与服务；从技术应用的角度，它是云计算、5G、物联网、人工智能、大数据、区块链等新一代信息技术的高度融合和创新发展；从实现路径的角度，它要对学校教学、科研、管理、服务和环境等要素实施资源全面数字化、流程云端镜像化和校园应用智慧化；从治理体系的角度，它要形成多元主体的共治机制、开放共享的治理网络、匹配数字化转型的组织架构和制度体系。

云中高职的发展，将紧紧抓住以新一代信息技术为载体的新型能力建设这一核心路径，以构建基于开放生态的高职教育体系和治理体系为目标，循序渐进、持续迭代地推进高职院校数字化转型。

（二）发展机制创新

1. 校企合作生态圈建设机制创新

2020年7月，广科院与华为公司联合业内9家优秀企业成立"云中高职研究院"，致力于高职院校信息化供需关系的重构，通过实体化运作构建"1+1+N"（广科+华为+企业合作伙伴）的智慧化高职教育新生态，驱动高职院校的全面数字化转型。

（1）研究院的性质。

根据《云中高职研究院章程》，研究院是由广科院、华为联合发起，国内相关领域企业、高职院校、行业协会、科研院所等自愿参加而组成的非营利性研究机构。研究院设立在广科院，属于学院直属科研单位。

（2）研究院的职责。

研究院针对云中高职近期任务、高职院校实际建设需求，致力于开展云中高职相关理论研究，探索高职院校未来形态，引领高职院校数字化转型；围绕鲲鹏数字生态人才培养、智慧校园建设、职教大数据研究等方向发布科研任务，提供资金和技术支持，解决云中高职建设中的问题；组织研究院成员单位，对外承接纵向科研项目和横向科研项目；提供对外交流和服务平台，支持研究院成员单位联合开展课题研究和市场拓展。

（3）研究院的多元实体化运作机制。

研究院实行理事会负责制，设理事会、秘书处及若干实体化研究机构；并由学院给予人员编制、科研政策等方面的支持。研究院下设办公室、智慧校园创新中心、鲲鹏数字学院、职业教育大数据研究院等机构，分别负责研究院日常事务、智慧校园建设、鲲鹏数字生态人才培养、职教大数据研究等工作。云中高职研究院组织架构如图1所示。

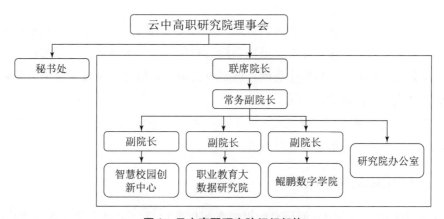

图1　云中高职研究院组织架构

理事会由研究院成员单位代表组成，理事长由广科院校长和华为公司代表联席担任。研究院院长、副院长和各机构负责人由广科院和华为公司分别指派代表担任。

2. 学院信息化建设机制创新

基于"云中高职"发展战略，广科院创新"校企合作、科研引领、目标导向、需求驱动"的信息化可持续发展机制。建立"校长为组长的智慧校园领导小组负责顶层设计、校企信息化专家组负责决策支撑、信息中心具体统筹全校信息化建设、云中高职研究院负责理论与应用研究"的一体化协同、可持续改进的工作机制，形成年度滚动的"课题研究—顶层设计—项目建设"信息化建设闭环（见图2）。

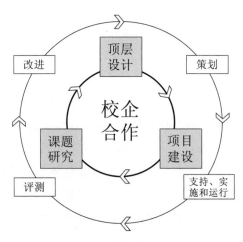

图 2　信息化建设闭环

广科院联合华为共同开展云中广科顶层设计，确定发展目标、实施路径，制定滚动发展规划。以顶层设计为导向，以"双高"建设任务和学院业务需求驱动信息化项目建设。依托云中高职研究院，针对广科院信息化发展、建设和应用中的实际问题，校企合作开展解决方案和标准研究，将研究成果作为顶层设计的输入，开始新一轮的信息化建设。

建设闭环各阶段充分利用校企合作优势。顶层设计阶段利用行业顶尖企业的研发实力和整体解决方案能力，确保目标的先进性和路径的合理性；项目建设阶段与中标厂家建立良好的合作关系，扩大云中高职生态圈；课题研究阶段利用研究院成员在细分领域的专业能力，精准解决智慧校园建设问题。

通过信息化建设闭环，实现 PDCA（计划—执行—检查—处理）的过程管控机制，推动信息化新型能力体系的构建与持续优化。

（三）信息化解决方案创新

2020—2021年度，云中高职研究院根据高职信息化建设和数字化人才培养中的痛点、难点问题，在3个方向提出科研项目10项，校企合作开展创新解决方案研究。具体包括以下几点：

1. 智慧校园建设

以"消除信息孤岛、推进融合应用、辅助科学决策、实现可管可控"为主题，开展了学生安全综合预警、校园综合指挥调度、WeLink 移动端融合门户、云中智慧教学环境建设等研究工作。

2. 鲲鹏数字生态人才培养

以"产业牵引、云中实训、协同育人,聚焦华为产业链人才培养"为主题、以信息化教学实训为载体,开展了华为技术体系的特色人才培养体系构建、课程资源建设、ICT 行业项目实战案例建设、软件技术专业群云中实训等研究工作。

3. 职教大数据研究

以"立足状态平台,挖掘数据价值,聚焦评价标准,助力职教发展"为主题,开展了国家高职状态数据采集分析系统研发、职教数据成果应用等研究工作。

(四) 智慧校园建设

"云中广科"是云中高职愿景在广科院的落地,是云中高职研究院科研成果在广科院的实践。2020—2021 年度,广科院启动"云中广科"智慧校园建设,探索先进可靠、经济适用、可持续演进、可复制推广的智慧校园建设方案。"云中广科"智慧校园按照顶层设计,采取"打基础、消孤岛、强创新"的三步走战略稳步推进。"云中广科"智慧校园顶层设计总体架构如图 3 所示。

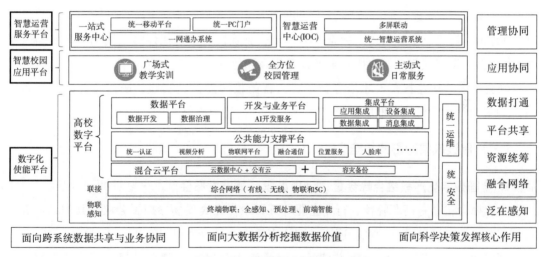

图 3 "云中广科"智慧校园顶层设计总体架构

2020 年,围绕"打基础"的核心任务,按照适度超前、注重融合、强化统筹、讲求实效、夯实基础的原则,启动一期项目建设,构建"云中广科"一体化智慧校园公共平台。

2021 年,围绕"消孤岛"的核心任务,着力构建公共能力平台和智慧校园统一开发框架,并从打通微循环、积累微数据、创新微应用 3 个维度开展校园智慧应用建设,提升师生用户体验。

三、成果与影响

（一）校企合作探索高职数字化转型的成果

2021年5月28日，华为联合广科院，在珠海成功举办了全国数字化产教融合峰会暨"云中高职"战略发布会，集中体现了广科院与华为深化校企合作，开展高职院校数字化转型的成果。

峰会以"打造数字化产教融合新平台，探索智慧化高职教育新形态"为主题，邀请了教育部门主管单位领导、行业专家、生态伙伴以及多所职业院校主管领导等五百余位嘉宾，围绕探索高职数字化发展新战略、产教融合人才培养新模式、智慧校园建设新方案等话题展开深入交流与探讨。

会上发布了《云中高职研究与实践报告》，从职业教育现状、职业教育未来发展方向、"云中高职"建设方案和"云中广科"建设成果4个方向，展示了华为与广科院的合作模式与合作成果。报告主要围绕"云中高职"理念在广科院的落地成果，以华为携手广科院在人才培养和智慧校园建设中取得的实践案例作为全国各地职业学院信息化建设的标杆和示范，引领职业院校完成数字化转型。

广科院携手10家高职院校签署了《鲲鹏人才培养联盟意向书》，与华为共同举行了"云中高职"样板点揭牌仪式。标志着华为与职业院校和生态伙伴将共同携手，不断落实"云中高职"发展战略，努力探索未来智慧化高职教育新形态。

峰会还以"职业教育人才培养新范式、智慧校园建设新实践、职业教育大数据新价值"为主题，在广科院实地展示了"云中高职"的建设成果。

（二）建设成果的影响与推广

1. 全国数字化产教融合峰会暨"云中高职"战略发布会

本次峰会，共有高职院校、行业企业等五百余位嘉宾现场参加了会议，其中，近五十位高职院校校级领导参会。峰会还通过网络直播向全社会实时发布。

新华网、《光明日报》、《南方日报》、《香港大公报》、《澳门商报》等近二十家权威媒体进行了报道。

2. 第三届华为全球智慧教育峰会

2021年7月7日，以"加速教育数字化之旅，共创行业新价值"为主题的第三届华为全球智慧教育峰会在线召开。

广科院作为华为高职领域的深度合作伙伴，在本次全球智慧教育峰会（线上）做了"探索高职发展之道，谱写云中广科新章"的主旨演讲，向华为的全球客户介绍了广科院与华为共同推进高职院校数字化转型的新挑战、新探索和新展望。

3. 兄弟院校参观交流

"云中高职"建设以来，省内外超过 50 所兄弟院校来校参观交流，借鉴信息化校企合作和创新应用成果。

四、经验与启示

在广科院开展"云中高职"数字化转型和"云中广科"智慧校园建设中，主要的经验有以下三点：

一是抓牢"校企合作"这个法宝。当前，高职院校信息化工作已经得到学校和社会各界前所未有的关注和重视，在教育领域"打造生态圈、探索新形态"逐步成为业内共识，以华为公司为代表的一批顶尖 ICT 企业也投身到高职教育行业。广科院抓住这一重大机遇，深化校企合作，获得了华为和一大批生态企业的强力赋能，为学院的数字化转型提供了关键支撑。

二是深入落实"将教育信息化作为教育系统性变革的内生变量"这一要求。广科院充分发挥信息化的支撑引领作用，以推动教育理念更新、模式变革、体系重构为目标，紧扣构建人才培养新模式、打造数字校园新形态这两个核心需求，从学院发展战略高度进行整体规划和长远规划，努力将信息化水平的提升融入教育教学和管理服务全过程当中。

三是建立"课题研究—顶层设计—项目建设"信息化建设闭环。信息化水平的可持续提升和优化是困扰信息化建设的痛点问题。广科院充分发挥科研的引领作用，构建 PDCA 的信息化持续发展和改进机制，并在各阶段充分利用校企合作优势，取得了良好的效果。

专家点评

> 广东科学技术职业学院是国家示范性骨干高职院校、国家优质专科高等职业院校、中国特色高水平高职专业群建设单位。在国家数字化转型进入"政府引导构建联合推进"的机制下，学校充分利用"校企合作，产教融合"这个关键抓手构建合作生态，开展数字化转型，提升学校智力水平，推进学校创新发展。
>
> 该校有以下值得借鉴的经验：
>
> （1）创新地抓住了"校企合作"这个法宝。与华为公司联合业内 9 家优秀企业成立"云中高职研究院"，实体化构建"1+1+N"（学校+华为+企业合作伙伴）的智慧化高职教育新生态，实行理事会负责制，围绕人才培养、智慧校园建设、职教大数据研究等方向发布科研任务，提供资金和技术支持，并对外承接纵向、横向科研项目，提供交流服务平台，推动高职院校的全面数字化转型。

（2）创新地建立了"课题研究—顶层设计—项目建设"的信息化建设闭环。针对学校信息化建设的痛点问题，学校充分发挥科研的引领作用，构建 PDCA 的信息化发展和改进机制，利用项目的方式为信息化建设提供解决方案，并充分利用校企合作的优势，取得了良好的效果。

（3）根据高职信息化建设和数字化人才培养中的痛点、难点问题，从"智慧校园建设""鲲鹏数字生态人才培养""职教大数据研究"3个方面提出10项科研项目，通过校企合作开展创新，提出解决方案，实现了问题项目化、方式多样化、方案可行化。

校企融合共建"资源工厂"创新教学资源建设模式

广东女子职业技术学院

一、背景与现状

广东女子职业技术学院是广东省教育厅直属的华南地区唯一一所公办女子高职院校，创办于1981年。2020年4月，学校被确定为省示范性高等职业院校。2015年以来，学校被认定为省依法治校示范校、省大学生创新创业教育示范学校、教育部首批教育信息化试点单位、全国职业院校数字校园建设样板校、省职业院校"双师型"教师培训基地、全国家庭教育学会广州培训基地等。

学校全力推进"三维一体"工学结合人才培养模式改革，联合政府、行业、企业，打造广东女性创新创业基地。学校历来十分重视数字校园建设，促进信息技术与职业教育的深度融合，提升师生的信息技术职业素养，创新数字化教学资源建设及教育教学模式，在女性教育等方面做出了积极贡献。

学校在信息化资源建设方面取得了一定成效，但不容忽视的是，在信息化教学中仍然未能充分体现信息技术和教育教学的深度融合，主要体现在以下两方面：

一是缺乏数字化教学资源快速建设和应用的机制，课程资源建设滞后。由于项目立项、论证、招投标等环节需要较长的周期，教师拍摄制作课程资源的需求不能得到及时有效响应，导致课程资源建设滞后严重，延误了课程项目的建设进度，打击了教师的积极性。

二是信息化资源建设未能与专业实践教学有效融合。在数字化教学资源建设的过程中，以往主要由中标公司主导建设，师生参与度低，无法充分体现职业教育工学结合的特征，满足不了学生的专业实践需求。如学校2018级数字媒体应用技术专业黎铭琪同学反映："我们平时上课学的都是很基础的课本知识，企业觉得我们实际动手能力比较差。我们希望在校期间能做一些真实的企业项目，提高自己的专业技能。"

如何以数字化资源建设为切入口，通过机制创新、校企协同和工学结合等方式，及时满足信息化教学资源建设需求，实现引企入校、产教深度融合，是学校急需解决的问题。

二、特色与创新

以《国家职业教育改革实施方案》《教育信息化2.0行动计划》《关于推动现代职业教育高质量发展的意见》等文件为纲领，坚持信息技术与教育教学深度融合的核心理念，探索产教融合发展，拓展校企合作形式内容，创新教学模式与方法，学校探索并建立校企协同"资源工厂"。依托"资源工厂"，创新数字化资源建设机制，快速响应数字化教学资源建设需求，并引导相关专业的师生充分参与资源建设，实现产教融合。

（一）构建校企协同"资源工厂"，创新资源建设模式

以"四个坚持"作为数字化教学资源建设顶层设计的基本原则：坚持服务为本，坚持融合创新，坚持系统推进，坚持引领发展。以《职业院校数字校园建设规范》为纲领，大力建设教学硬件基础设施，构建教学支撑平台，建设虚拟演播室等资源制作环境，为信息化教学、课程建设等提供资源制作环境支持。学校整合资源制作环境和教师工作室，创新性提出建设校企合作"资源工厂"，以此为推手，制定资源建设机制，创新服务专业教学及数字化教学资源建设的模式（见图1）。

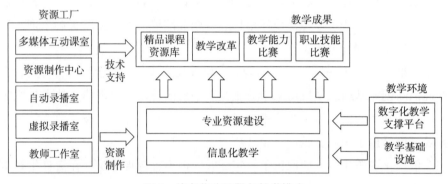

图1 信息化建设服务教学模式

1. 升级改造教学软硬件基础设施

学校对现有信息化教学基础设施进行升级改造。一方面，学校全面应用云桌面虚拟化技术和物联网技术实现全校多媒体教室和公共机房实训室升级改造，方便灵活开展讨论式分组教学。另一方面，多媒体教室及公共机房逐步升级为触控一体机和纳米黑板，辅以活动化座椅，实现富媒体内容呈现、即时师生互动、学习情境感知、交互式教学、讨论式分组教学等功能。除此之外，还部署了49间多媒体教室教学质量监控系统，同时实现课堂教学常态化录播，并与教学平台无缝整合。

学校实现校园无线网络全覆盖，无线网络带宽突破千兆，人均接入速率达到20 Mbps以上，出口带宽达到4.18 G。在此基础上，学校打造快捷高效的数字化教学资源制作环境，先后建设了2间自助式录播课室、1间绿幕拍摄和录音的专业虚拟演播室、1间新一代智慧互动教学课室、1间资源制作中心实训室、多套背包课移动微课录制系统等，打造良好的资源开发建设基础环境。学校还升级优化数字化教学支撑平台、专业资源库平台、质量工程平台等系统，并实现平台间整合，为信息化教学提供稳定可靠的教学平台环境。

2. 创新性构建校企合作"资源工厂"

按照《关于推动现代职业教育高质量发展的意见》等文件精神，学校认真落实任务要求，积极探索引企入校、校企协同、产教融合，推进数字化教学资源建设，服务专业教学的创新机制——"资源工厂"模式，以此为切入点解决数字化教学资源建设滞后痼疾。2017 年 9 月，学校和广州恒峰信息技术有限公司、广东三盟科技股份有限公司联合挂牌组建校企协同数字化教学资源建设平台——"资源工厂"（见图 2）。

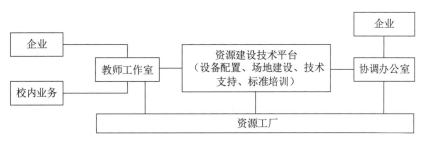

图 2　资源工厂组织架构

"资源工厂"依据教育部、国家发展改革委等六部门印发的《职业学校校企合作促进办法》，通过搭建资源建设技术平台，引入合作企业，入驻教师工作室，以教师工作室联合承接校内外项目的方式，驱动"资源工厂"运作。其中，技术平台提供基础设施服务，协调办公室、学校其他部门以及企业资源为资源工厂提供支持。教师工作室是核心，通过实施"项目导向工作室制"人才培养模式，承接学校和企业数字化资源建设项目，涵盖资源策划、拍摄、后期制作处理等生产环节，实现与企业深度合作，协同推进生产性实训教学，强化学生的职业能力，提高职业素养。"资源工厂"校企双方共同担任实践指导教师，根据业务及项目生产需求制定专业人才培养方案，根据一线生产反馈情况调整优化教学计划，灵活组织实践教学方式，在项目化实战中提升学生的综合职业能力，创新职业教育高素质技能人才培养模式。

"资源工厂"为校内外及时提供课程等资源的拍摄及制作服务，第一时间满足专业教学需求。在"资源工厂"模式下，学生深度参与实践，培养市场意识与职业工匠精神等，最终实现校企共赢、产教融合。

（二）以学生为中心，信息化资源建设融合专业实践教学

"资源工厂"依托学校数字媒体应用技术等相关专业，探索以学生为中心，进行数字化教学资源的制作。"资源工厂"的学生团队依据个人的兴趣特长，分为拍摄组、后期制作组等。拍摄组负责与用户方进行需求确定、拍摄前准备、拍摄、收音等工作，后期制作组根据用户方的要求，对拍摄成品进行后期剪辑及特效加工。学生利用各种资源制作手段与工具，按照企业生产规范，在学校和企业教师指导下自主完成。

例如对拍摄场地灯光、摄像机参数、录音或录屏效果的调试等生产流程，都由学生分工合作，有条不紊完成。在生产任务之外，企业指导老师也会定期给资源工厂带来企业当前最新的拍摄及制作技术。

"资源工厂"对学生实践能力的提升是行之有效的。例如一个 10 分钟知识点的微课视频项目，学生需要深度参与前期策划、脚本编写、绿幕拍摄、后期剪辑、片头片尾制作、PPT 美化、字幕制作、特效制作等多个生产环节（见图 3），职业技能得到很好锻炼。

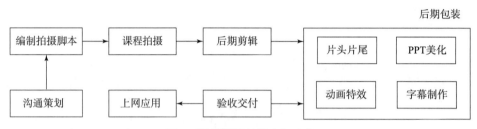

图 3　课程资源制作流程示意

"资源工厂"根据学生的兴趣、特长来分配工作岗位，保证了每个学生都能以极高的热情投入"资源工厂"的资源制作工作中。学生学以致用，既提升了职业技能，也收获了满满的成就感，激发出对职业的热爱，并对自己的能力与潜力进行审视，为择业、就业打下良好的基础。

"资源工厂"通过承接数字化教学资源建设，为学生创造了生产性实训的机会，充分体现工学结合、产教融合的理念。"资源工厂"每年定期招新，通过以老带新，实现新老交替良性循环，形成可持续的发展，在校企融合共建数字化资源方面做出创新探索。"资源工厂"完成的教学资源（部分）见表 1。

表 1　"资源工厂"完成的教学资源（部分）

序号	内容	类型
1	中青年女干部培训班毕业汇演拍摄制作	汇演
2	学校抗疫第一课讲座拍摄及制作	讲座
3	教师教学能力比赛、青年教师比赛拍摄及制作	比赛
4	省心理健康课程教学基本功参赛作品拍摄及制作	比赛
5	省大学生宪法知识演讲比赛、大学生讲党史公开课、教师党课拍摄及制作	比赛
6	体育舞蹈、客户关系管理、实用日语翻译等校级和省级精品在线开放课程拍摄及制作	课程
7	学校军训系列讲座拍摄及制作	讲座
8	美肌波特产品商业宣传片拍摄及特效制作	广告

三、成果与影响

（一）提升数字化教学资源生产效率，促进教学资源网络化应用

应用虚拟演播室等完成 1 000 多课时（知识点微视频）的课程资源拍摄，完成虚拟抠像、情景设计、比赛及课堂教学实拍、日语翻译、录屏等共计 600 多课时的数字化教学资源后期制作，完成设计类、管理类、旅游类、语言类、电商类网络课程及省级课程建设，孵化了一批创新创业、"互联网+"大学生创新创业大赛、攀登计划等创新创业项目。

得益于资源工厂的快速资源建设机制，教师可以把教学资源快速部署到教学平台，开展信息化教学。师生线上学习氛围活跃，近 5 年的访问量持续增加，移动学习呈加速上升趋势。在学校资源工厂的配套设施和教学服务支持下，超星教学平台活跃课程 560 多门，专业核心课程实现 100% 开展线上线下混合教学。

（二）促进信息化教学改革，师生信息化素养提升明显

在资源工厂的配套设施和技术支持下，近年来学校教师参加全省乃至全国信息化教学能力比赛成绩整体水平跃居全省高校前列。在 2018 年广东省信息化教学比赛中，学校王舒、李红杰老师基于互动课室和 3D 虚拟技术拍摄的信息化教学作品分别获得一等奖和三等奖，毛尔佳老师通过虚拟演播室拍摄的教学作品获得一等奖。2015—2020 年，学校获得广东省信息化教学比赛共计 56 个奖项，获全国信息化教学比赛二等奖 1 项，三等奖 2 项；2017 年获最佳组织奖，2018 年获特殊贡献奖。2018 年，学校参赛成绩优异，在全省 52 所参赛院校中居于前列。2020 年，学校共推荐 7 个作品，6 个进入现场决赛，7 个作品全部获奖。

（三）协同育人成效显著，学生获社会认可度高

"资源工厂"通过市场化运营，面向校内外承接数字化资源建设业务，并根据生产需求按照企业化方式进行管理。一方面使学生在策划、拍摄、后期处理实战中提升了职业能力，另一方面学生参与"资源工厂"生产实践的同时，拓宽了专业知识面。"资源工厂"成立以来，在校企双方教师指导下，拍摄制作的短片在万峰林国际电影盛典短片类、中国梦·青年影像盛典、日照市"东夷小镇杯"等比赛中获得一、二、三等奖若干项。广东沃土科技有限公司作为"资源工厂"的合作企业之一，对"资源工厂"的运作模式表示肯定，对学生的职业能力表示认可。"资源工厂"学生就业率达 95%。毕业后，直接到合作企业上岗，工作满意度达 97%。

（四）社会评价积极良好

学校智慧校园建设实践相继被《中国教育报》《中国教育网络》等多家国家级、省级

媒体进行宣传报道。2019 年，学校《创新校企协同资源工厂 推进数字化资源建设》案例入选中央电教馆《职业教育信息化发展案例报告（2019）》及《广东省教育信息化融合创新优秀案例集》。2018 年 5 月，《中国教育报》刊登《融合创新构建职业教育特色智慧校园——广东女子职业技术学院教育信息化改革发展纪实》。《教育信息技术》2016 年第 10 期为学校专门开辟高职院校数字化校园建设专栏，刊登《协同创新理念下的数字化教学资源建设模式研究——以广东女子职业技术学院为数字化教学资源工厂为例》等系列文章。《中国教育网络》2014 年 6 月刊登了《广东女子职业技术学院——建设一个高职特色院校智慧校园》文章。

学校四次获广东省教育厅邀请在全省网络中心主任工作会议做专题交流报告，汇报智慧校园整体建设经验。学校先后承接全省职业院校智慧校园建设交流研讨会等重大活动。近年来，共接待福州职业技术学院等近 20 所国内本科和高职院校到学校参观交流智慧校园建设与应用。

四、经验与启示

学校通过构建校企合作"资源工厂"，创新资源建设机制，快速响应并解决教师的课程资源建设需求，提高课程资源建设效率。一方面，教师可以更快速地进行课程建设和开展信息化教学；另一方面，"资源工厂"通过真实资源制作项目，学生全程参与项目实施过程，工学结合，提高学生的职业技能，提升人才培养质量。实践证明，"资源工厂"模式是行之有效的，可推广至其他高校。

"资源工厂"模式经过了几年的运作，虽然取得了一定的成效，但也存在一些不足。比较突出的是，学生的课外实践时间有限，项目生产实践与专业课程教学存在一定的时间冲突。另外，"资源工厂"成功承接一个真实业务，往往需要协调用户、师生、企业、场地等多方，难度较大。下一步，将探索把"资源工厂"和专业人才培养方案进一步深度融合，优化专业课程教学，探索灵活学分制模式，实现更灵活、更弹性的专业课程教学，提高学生参与"资源工厂"工作的学分权重，探索更好的激励机制，引导学生更好地自我学习，形成更加可持续发展的良性循环。

专家点评

广东女子职业技术学院是广东省教育厅直属的华南地区唯一一所公办女子高职院校，教育部首批教育信息化试点单位，全国职业院校数字校园建设样板校，省职业院校"双师型"教师培训基地等。

特色：

（1）构建校企协同"资源工厂"，创新资源建设模式，坚持服务为本，坚持融合创新，坚持系统推进，坚持引领发展，学生深度参与实践，培养市场意识与职业工匠精神。

（2）以学生为中心，为学生创造生产性实训的机会，充分体现工学结合、产教融合的理念。

效果：提升了数字化资源生产效率，线上课程丰富多样，信息素养明显提升，协同育人效果显著，得到了社会的广泛赞誉。

基于产教融合的"三元联动、双向反哺"云网融合实训基地

广东邮电职业技术学院

一、背景与现状

新一代信息技术产业是国务院确定的七大战略性新型产业之一,《中共中央关于制定国民经济和社会发展第十四个五年规划和2035年远景目标纲要》建议进一步发展战略性新兴产业,加快壮大新一代信息技术,推动互联网、云计算、大数据、人工智能,并同各产业深度融合。

本案例面向新一代信息技术云网融合产业,紧抓粤港澳大湾区新型智慧城市试点示范和珠三角国家综合试验区建设带来的云网融合技术技能人才的巨大需求。统筹多种资源,建成了集"实践教学、社会培训、企业真实生产和社会技术服务"于一体的高水平职业教育实训基地。

2013年6月,学校启动广东省高等职业教育教学质量与教学改革工程实训基地建设项目,开始着手建设学校首个网络与云计算实训室,标志着云网融合实训基地建设的起步。

2014—2015年,由校企共同出资,企业专家参与规划和建设的云计算虚拟化实训室、大数据实训室、云计算OpenStack实训室逐步建设完成。学校参与企业真实项目开发,面向学生开设云计算相关课程,面向中国电信、广通服等企业开展云网融合技术培训。

2016—2017年,依托于云网融合实训基地,启动云计算技术应用新专业建设,校企共同制定专业人才培养方案,将产教融合作为人才培养的重要方针,将企业真实项目带入专业课程教学。同时,依托实训基地为企业提供多方面的社会服务。

2018—2020年,学校以云网融合实训基地为基础,成立了华为ICT产业学院实训基地、中国电信新业务技术支撑人才(云网融合)实训基地两个具有示范性的产教融合实训基地。

截至2021年,学校已建成了广东省高等职业教育实训基地网络与云计算实训室、云计算虚拟化实训室、云计算OpenStack实训室、大数据实训室、计算机网络及安全实训室、华为云计算实训室、云计算中心运维服务"1+X"等级证书实训室,共7个云网融合实训室。成立了华为ICT产业学院实训基地、中国电信新业务技术支撑人才(云网融合)实训基地两个具有示范性的产教融合实训基地。围绕着云网融合实训基地,学校在教科研项目、企业培训、社会服务、举办劳动技能大赛、教师能力提升、人才培养等方面取得了显著成效,探索形成了"三元联动、双向反哺"的创新实训基地运营模式。

二、特色与创新

云网融合实训基地围绕"基地融合、学培融合、赛教融合、课证融合"四项融合的理念建设,打造了既有邮电学校和通信行业特色,又在多个领域进行创新发展的新一代信息技术实训基地。

(1) 基地融合:云网融合全产业链实训基地集群实现产教融合"三元联动"。

2013年实训基地建设之初,由校企共同出资,企业专家参与,规划设计了面向云网融合全产业链的实训基地集群。经过分批分期建设,目前已形成了支撑"实践教学、企业真实项目开发、社会培训与技术服务"三元联动的实训基地集群,达成了产教融合实训基地的规划目标。

(2) 学培融合:以真实项目为载体实现学生实训与企业培训的"双向反哺"。

学校教师和学生参与企业真实项目开发,从项目中获取实践教学资源,将项目经过深入加工和组织编排,转换为实践教学内容,同时用于学生实训和企业培训。保证了学生实训与企业工作场景的衔接,企业培训的知识体系形成,促进了实践教学成效提升。通过学生实训与企业实操培训的"双向反哺",践行了职业教育是面向人人的终身教育理念。

(3) 赛教融合:从学生竞赛到企业生产技能竞赛的逐步递进。

以实训基地为载体,促进产教融合职业技能大赛的推广。从学生技能竞赛拓展到企业劳动能手竞赛,主办了"中国电信云网融合技能竞赛"和"广通服云网杯技能竞赛"两个大型企业劳动技能竞赛,通过赛教融合助力学生和企业员工云网融合技术能力提升。

(4) 课证融合:支撑华为认证、"1+X"认证实操训练,助力学生和员工考取职业技能证书。

实训基地支撑华为认证、"1+X"职业技能等级认证的实操训练,通过课证融合将职业技能认证融入了课程教学,同时面向学生和企业提供考证实操训练环境,助力学生和员工考取具有含金量的职业技能证书。

三、成果与影响

(1) 以产教融合实训基地为基础,孵化了多个省级以上标志性成果。

以云网融合实训基地为基础,成立了华为ICT产业学院实训基地、中国电信新业务技术支撑人才(云网融合)实训基地两个具有示范性的产教融合实训基地。以实训基地为载体,孵化了3个国家级、省级产学合作协同育人项目,4个省级科研项目,4个省级教改项目。

(2) 实践教学效果好,人才培养质量高,教学质量评价优。

2017年建立的云计算新专业,2017级毕业生88人中3人取得华为HCIE证书、36人取得HCIP证书、61人取得HCIA证书(含重复取得)。目前已升学22人,升学率25%,已就业59人,就业率92%,专业对口率81%,学生平均薪酬居全校专业前三名。学生10

次省级职业技能大赛获奖，2次"挑战杯"获奖，9次华为ICT大赛获奖。麦可思教学质量评价连年优秀，综合95分，居学校前列。

(3) 培养了贴近企业一线，实践能力强的"双师型、双讲台"教师队伍。

结合云网融合实训基地承接企业项目和培训，锻炼教师成为"一专多能"型人才，既是学校教师，又是技术工程师，还是企业培训师。项目开展以来，团队成员成长迅速，4次获得省级教学能力大赛奖项，晋升教授1人，副教授1人，高级工程师1人，获得了广通服劳动模范、技术能手、中通服CCS顶级专家等荣誉。项目组成员编写"1+X"职业技能证书等教材5本，获得软件著作权2项，发表论文27篇。

(4) 社会服务广泛开展，服务成效受到高度认可。

云网融合实训基地开始建设以来，项目组支撑各类培训、技术服务等项目84个，社会服务横向项目6个，已开展企业培训授课，培训40 373人天，培训质量平均4.93分（接近满分），大幅高于腾讯、华为公司等专业培训团队。承办了"中国电信云网融合技能竞赛"和"广通服云网杯技能竞赛"2个大规模企业劳动技能竞赛。项目组成员技术实战能力受到国内同行认可，受邀担任黑龙江和重庆2个省级高等职业院校学生职业技能大赛"裁判长"。

四、经验与启示

产教融合实训基地建设服务于学生的准员工能力素质教育和企业员工的终身教育，带动了"双师型"教师能力发展，学生实践能力和素质提升，推进了企业员工向云网融合技术岗位的转型。其建设理念契合国家战略和地区经济发展方向，符合国家职业教育改革实施方案，遵循职业教育基本规律，创新性地提出了实践方法和途径，并经过实践检验，取得了显著成效。

本案例是广东邮电职业技术学院通信行业特色、企业办学特色、社会服务培训特色经过多年沉淀积累后，在新一代信息技术领域人才培养中的集中展现。

(1) 实训基地"产教融合"特色符合本学校在主管单位中国通信服务广东公司领导下的校企一体化办学模式和校企融合、特色强校的发展道路。

(2) 实训基地"云网融合"技术领域符合国家进一步发展战略型新产业，加快壮大新一代信息技术发展的人才需求，符合学校的通信背景、专业特色和发展方向。

(3) 案例中提出的"三元联动、双向反哺"理念符合学校学历教育、在职培训双轮驱动的特色办学模式，创新性地提出并实践了学历教育和在职培训两者之间的深度融合和相互促进。

未来计划拓展云网融合实训基地规模，建设云安全实训室、人工智能实训室等，增加"1+X"职业技能认证元素。以实训基地和学校培训业务为依托，引入更多企业真实项目开发，进一步推广企业培训、竞赛支撑等社会服务形态，践行职业教育是面向人人的终身教育理念。

专家点评

2021年，广东邮电职业技术学院建成了广东省高等职业教育实训基地网络与云计算实训室、云计算虚拟化实训室、云计算OpenStack实训室、大数据实训室、计算机网络及安全实训室、华为云计算实训室、云计算中心运维服务"1+X"等级证书实训室等7个云网融合实训室。

依托陆续建成的云网实训室，开展校企合作，成立了华为ICT产业学院实训基地、中国电信新业务技术支撑人才时序基地等两个具有示范性的产教融合实训基地。并且，围绕着云网融合实训基地，学校着力提升了科研项目、企业培训、社会服务、劳动技能大赛、人才培养等多方面的水平，探索形成了云网融合全产业链实训基地集群实现产教融合"三元联动""以真实项目为载体"实现学生实训与企业培训的"双向反哺"的创新实训基地运营模式；通过学生竞赛和企业生产技能竞赛促进"赛教融合"，提升了学生和企业员工职业技能证书考取率。

以云网融合实训基地为基础，成立了华为ICT产业学院等实训基地，孵化了11个国家级、省级标志性成果。建立了云计算新专业，人才培养质量高，教学质量评价优，实践教学效果好。培养了一批贴近企业一线、实践能力强的"双师型、双讲台"教师队伍。广泛开展社会服务，开展企业培训授课，培训40 373人天，培训质量平均4.93分（满分5分）。承办多项劳动技能竞赛，团队的社会服务能力受到了社会各界的广泛认可和好评。

电子商务信息化校企合作：
一个案例折射出的职教新方向

遵义市播州区中等职业学校

一、背景与现状

当前，伴随着我国国民经济的快速增长，"互联网＋"、移动互联网、云计算、大数据、物联网等技术的飞速发展，我国电子商务正在进入密集创新和快速扩张的新阶段，日益成为拉动我国消费需求、促进传统产业升级、发展现代服务业的重要引擎。2021年3月5日十二届全国人大三次会议政府工作报告中首次提出"互联网＋"行动计划。该计划推动移动互联网、云计算、大数据、物联网等技术与现代制造业、服务业结合，促进电子商务、工业互联网和互联网金融ITFIN的健康发展，引导互联网企业开拓国际市场。由此可见，"互联网＋"行动已经提升至我国国家战略计划，在电子商务的校企合作信息化建设方面，可以进一步深挖学校与企业的信息资源，提升双方合作效率，同时也对新形势和新需求下对电子商务人才的培养提出了新的要求、探寻新的方向。

通过对全市电子商务专业学生、教师进行调研，了解到我校电子商务专业学生及培养方式主要存在以下状况：

（1）学生对电子商务整体认知模糊，自卑心理强，对电子商务所从事的岗位所必须掌握的技能缺乏了解，且实践能力弱。

（2）学生自身配置电脑的人数很少，二年级学生手机拥有率80%左右，学生自身购买电脑的可能性较小。

（3）缺乏以项目为导向的相关电商技能培养：企业电子商务项目的操盘是由美工、文案、网络营销、网站建设、客服、电商平台运营等相关技能人才组成的团队共同协作完成的，这里面涉及的图片处理、文案策划、产品定位、人群定位、营销流程设计、目标规划分解、客户引流、淘宝/阿里巴巴/京东详情页成交率优化、数据分析等，不是单单某一个人能够胜任和完成的，这就要求团队的每个成员必须掌握相关岗位技能，才能出色地完成目标。

（4）企业需求与学生所学相差较大：根据电商招聘情况反馈来看，既懂电商操作理论又具备实战能力的电商人才往往是企业最渴望获得的人才，特别是电商运营、网络营销、美工、文案等要求实战能力非常强的人才，缺口非常大，而中职学校电子商务专业学生对于电子商务岗位技能相关理论知识知之甚少，实战技能更是严重缺乏。

鉴于以上现状，2020年3月，在我校党委书记、校长吴晓延等相关领导的高度重视和领导下，在区教育局等部门的大力支持和指导下，遵义市播州区中等职业学校与广西风腾文化有限公司达成合作，共同投建电子商务校企合作平台，努力携手将我校电子商务专业打造成省级电商示范校，该平台于2020年12月完成建设并投入实训使用。

二、特色与创新

（一）云课堂共享新方向

企业提供软件和技术支持，借助互联网平台建设了全新的网络化、信息化的云课堂，实现了用网络数字课堂代替传统实体课堂开展教学。通过网络虚拟云课堂，改变了以往课堂时间和空间的限制，随时随地为学生提供非面授教学场景，在线提供线上课程学习。利用云课堂在线交流平台，学生可以及时开展各种学习经验信息的交流与互动；网络化作业与考试，可以让学生及时了解自己学习中存在的问题。

借助网络云课堂开展学习信息数据的整理，可以帮助教师制定更加细致可行的后续教学策略等。通过了解学生专业的现状，使教材内容与社会现实、专业需求实时衔接，用视频、声音、图片等素材丰富名企课程、精品课程、双师课堂、就业指导、乡村振兴等课堂内容，支持录播课、直播课等学习及授课模式。教师还可以设计特定教学情境，让学生在情境中体验理论知识，帮助学生有效地形成概念、突破重难点。通过云课堂，在线实现了过程性考核，及时汇总学生培养过程中各种学习数据，真正建立终结性考核与过程性考核结合的新型人才考核新方式。同时，云课堂还为学生学习就业、产教融合、职校精品课程共享、乡村振兴人才培养等提供强有力的基础支撑。

（二）"线上+线下"教学新方向

利用网络在线教学平台和电商实训平台"集校优品"手机App，将网络教学和传统教学结合起来，实现"线上+线下"的教学模式。通过两种教学组织形式的有机结合，把学生的学习由浅入深地引向深层学习。这种"线上+线下"的信息化教学模式，打破了传统教学的课前、课中和课后，采用"线上"和"线下"两种教学途径，实现了以下目标：线上有资源，课堂之外学生可以预习、自学、完成教师下达的学习任务以及与教师交流；线下有活动，课前、课中和课后，教师都可以给学生设计活动，来帮助学生检验、巩固、转化线上学习的知识；过程有评价，实现课程考核的全程化、全面化、系统化。这种"线上+线下"信息化教学模式可以极大地刺激学生学习的主动性和积极性，有效提升学生的学习深度。

电商实训平台"集校优品"App，是学生综合素养培育和社会需求之间的桥梁，实现了信息化教学的实践性、开放性、自主性和创造性，实现了学校教育教学资源和企业实践资源两部分整合。在该平台上，各种信息数据能及时上传、共享，帮助校企合作双方尽快获取自己所急需的信息数据，实现了信息资源的优化利用。学生在信息化教学的过程里，探索、实践并逐步提高自身的综合素养，满足社会对高素质技能型人才的要求。通过对信息技术的熟练运用，影响学生的信息技术能力培养，可以激励学生自主学习，培养学生独立思考问题、分析问题和解决问题的能力。

（三）"前店后校"实训新方向

电商实训中心是校企双方共同建设的一个资源共享平台，该中心是校企双方本着互利互惠、资源共享、优势互补的原则，为培养专业性更高、实践能力更强的复合型电商人才而共同设立。由学校提供场地，校企共同建设集"教学、培训、生产"于一体的实训基地，体现了前店后校的格局，充分彰显了现代职业教育特色。根据学生的认知规律，学校通过电商实训中心的建立，积极探索实施"基础学习—集中培训—真实上岗"培养模式，让学生树立良好的职业意识，培养学生的专业兴趣，强化技能培训，提高学生对岗位的适应能力。

该实训中心为学生创设了实训岗位，带动多专业协同发展，打造"工学一体"的运营平台，是整合"学校、学生、企业"三方资源，实现多方共赢的平台，能够让电商专业的学生有一个真实的实操项目及环境，提前接受市场检验。真实的电商环境，让参加实训的老师和学生能够通过"集校优品"这一真实的电商平台，面对真实的市场环境，从销售业绩上了解真实的市场和消费者的真实反馈。真实电商岗位，学生在真实的岗位上获得真实的职场经验。学生可全程参与店铺装修（美工制作、产品拍摄等）、营销策划、网店客服等环节。真实电商商品，"集校优品"电商实训平台 App 上面的实训商品采用的是真实的"播州优品""校企优品""校园优品"，参训学生在老师的带领下通过"集校优品"进行真实的推广和销售，为学生进入企业做了"热身运动"，增强了学生入企的适应力。

同时，立足职业教育与生产实践紧密结合的本质特征，切实让职业教育"长入"经济，成为经济活动的内生动量，实现产业—专业—企业—职业"四业融合"，形成区域中职校特色，并以信息化软件开发项目为载体，有效整合了各个合作主体的职业教育资源。在信息化教学改革中，学校充分借力，借助企业力量，培养"双师型"教师队伍。抓住国家以教育信息化促进教育现代化的契机，始终立足学校的发展现状和需求，主动联系行业企业，建立多维的合作关系，并设身处地为企业介入职业教育创造条件。

三、成果与影响

（一）实现育人"双主体"

校企共建"双方共建，利益共享"的校企合作共同体，成立由企业专家和学校领导组成的校企合作领导小组，保障校企合作落到实处。校企深入合作，组织召开校企合作专业建设研讨会，共同制定多个项目管理办法。按照遵义集校优品供应链管理有限公司实际工作流程组织实训教学，形成了项目化、模块化的教学培训标准，校企合作制定并实施电子商务项目化实训制度。由合作公司专业技术人员现场进行实训教学，校企共同评定教学质量，实现了校企深度联动、合作育人。

（二）实现团队"双师型"

专业教师融入电商企业进行顶岗实践，与企业专家一同开展培训、研讨、交流等活动，提高教师专业技能和信息化职业素养，提升兼职教师的教学水平。同时引进了行业专家作为电商专业教师，优化指导教师团队结构。设立专项经费，制订教师培训计划，打造"双师型"指导教师团队，同时积极探索信息化教学、推动教学模式改革，提高了基地实习实训指导教师队伍的整体职业素养、信息化教学水平和实践指导能力。

（三）实现教学信息化

依托实训基地项目，建设了一批校企共建、共享的在线学习资源并投入实际应用。"美工设计""物流管理""网店运营与管理"等专业核心课程实现网络教学。电商专业课程教学采用云课堂信息化教学模式，教师信息化教学水平明显提升。

（四）实现社会服务化

电商实训中心联合学校成人培训中心，对外提供培训、会议、住宿、餐饮等一体化配套服务，满足企业员工培训和异地异校学生食宿的需要，服务"三农"，为当地企业、社会人员等进行电子商务创新创业教育及咨询、农产品包装策划、营销推广服务等，提升电子商务技术应用能力，提升了社会服务和辐射带动能力，为区域经济发展服务。

四、经验与启示

校企合作教育是学生将所学知识融会贯通、学以致用的重要途径，通过电子商务实训平台能够让学生在校内感受企业的工作氛围，实现在校"顶岗实习"，零距离地体验电子商务，掌握跨入电子商务产业所需的各项技能，成为"一专多能"的应用型人才。现结合我校经验总结如下：

1. 实训平台的搭建是中职学生技能提升的保障

有助于培养学生创业精神，提升学生的创业能力，使学生尽早地认识企业文化，实现与产业所需人才的无缝对接，有助于增强学生的相关专业技能和职业素养，增加从业经验，增长管理才干。加深学生对电子商务企业的运营环境以及运作模式的了解，实际地参与电子商务相关工作的流程与操作。提高学生的就业竞争力，使学生创业成功。

2. 校企合作，挖掘和培养电商专业人才

利用电子商务实训平台，可以不断地把专业发展中的新信息、新知识、新技术、新工艺和新产品传授给学生，教师可以与企业人员一起研发新产品，提升教师自身的能力，同时解决企业对电子商务类相关人才的需求问题，挖掘和培养相关人才，为企业发展提供充足人才保障和智力支持，为企业提供人才培训支持，切实推动企业的发展。与此同时，提高企业在学校学生中的口碑，打响企业品牌与知名度。

3. 发挥实训基地作用，全面提升学校办学水平

校企深度合作，加强专业建设和课程建设，中职教育课程建设完全不同于传统教育的课程建设，它要基于企业实际的工作岗位、工作项目和工作过程，具有"工学结合"的鲜明特色。为此，我校充分利用电子商务实训平台，与企业合作共同开发专业课程，共同培育理论与实践相结合的创新型人才。

校企深度合作，着力于为我校学生的就业和创业服务，提高学生的就业竞争力，促进学生的成功就业和创业，成功拓展社会实践渠道，发掘学生潜能。同时以电子商务的发展带动我校其他专业（如农艺专业、平面专业）的发展，活跃校园创业文化，加强创新意识建设，增强学生的自主创新创业能力和实践能力。电子商务实训平台为学生提供电子商务的实践环境，为培养创业型人才创造条件，特别是为学生进行电子商务创业的培育和发展，提供一站式人性化的创业环境，对学校创新创业型人才培养及创业就业工作的开展具有重要意义，探索出了职业教育的新方向。

专家点评

遵义市播州区中等职业学校与广西凤腾文化有限公司深度合作，积极拓展投资渠道，校企双元共同投建电子商务平台，解决了学校硬件不足、技能失准等问题，同时开启了学校"混合教学""云端实训""虚拟实训"等教学改革新局面，将学校的电子商务专业打造成了省级电商示范专业。该案例有以下亮点：

（1）学校得到了企业的资金和技术支持，通过电子商务校企合作平台，建成网络化、信息化的云课堂，实施"线上+线下"的教学模式，实现了由传统实体课堂向网络数字课堂的转变。

（2）学校与企业共同建设了资源共享的电商实训中心，创新了"前店后校"的实训模式，"基础学习—集中实训—真实上岗"的培养模式提升了学生的学习积极性、提高了学生的岗位适应能力。

基于校企协同数字校园"五引五新"建设模式探索与实践

辽宁建筑职业学院

一、实施背景与现状

辽宁建筑职业学院"校企协同数字校园'五引五新'建设"是学校充分落实辽宁省高水平现代化高职院校和高水平特色专业群建设要求，结合我校"十三五"发展规划和职业院校数字校园实验校建设项目，在深入行业、企业调研和借鉴先进高职院校办学经验的基础上，对我校教育信息化建设进行理念重塑、模式重组、路径重造、评价重订、质量重调，依据职业院校《数字校园规范》进行了全方位建设。我校教育信息化建设过程中，以标杆校、样板校为建设目标，充分解读教育信息化2.0行动计划，深挖教育信息化建设方略，针对建设主体单一、资金投入不足，教学评价模式单一、专业技术支撑不到位，教育教学模式单一、学生主动学习能力欠缺，教育教学过程中涵盖的管理、教学、学习、督导、线上线下的教与学不贯通，教育教学业务系统信息联系不紧密等一系列问题，查摆清单、分解任务，挂图推进，即时监督，定期验收，测验成效。截至当下，现已形成了"校企协同数字校园'五引五新'建设模式，有效地解决了我校教育信息化建设过程中的难点和痛点问题，走出了一条高职院校教育信息化建设和发展的创新之路。

二、特色与创新

以"五引五新"建设模式推进校企协同数字校园建设，有效促进了现代信息技术与职业教育教学的融合发展。通过"五引"的校企合作形式，构建"五新"的教育教学模式，强劲地推动了人才培养和教学模式的改革。

（一）引网入校，构建数字校园建设新模式

学校与中国移动辽阳分公司合作，开展校企深度融合，深入推进信息化发展，共同建设校园基础网络环境，促进现代化办学环境建设。自本项目启动以来，中国移动辽阳分公司累计投资1 320余万元。在辽宁省高水平现代化高职院校和高水平特色专业群建设过程中，利用合作企业的专业和技术优势，共同研究制定了《校企共建服务型数字校园实施方案》，在多轮竞争性谈判中挑选具有开发实力的企业入围，充分利用数字校园轻应用开放平台，建设服务型数字校园应用系统。现在我校的移动App用户16 608人，激活率在

99.7%，日活动用户在 5 000 多人，真正实现"互联网+"职业教育在学校落地生根，服务型数字校园让办公随时随地、学习无处不在、生活无限便利、资源时时共享，数字校园真正地成为辽宁建筑职业学院人的一种生活。辽宁建筑职业学院有线网络、无线网络拓扑结构如图 1、图 2 所示。

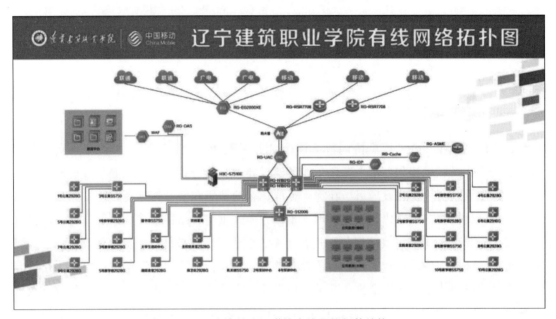

图 1 辽宁建筑职业学院有线网络拓扑结构

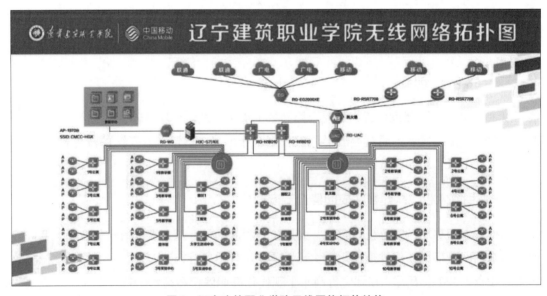

图 2 辽宁建筑职业学院无线网络拓扑结构

（二）引企入网，构建人才培养和服务新模式

通过辽宁省高水平现代化高职院校和高水平特色专业群建设，学校建设功能完备的网络教学平台。同时学校与苏州中意丰建设集团达成协议，将企业施工现场通过网络直接传输至校园网资源管理平台，构建了施工现场远程教学互动平台。学生在校内通过施工现场传来的视频直接学习施工组织、施工技能和施工管理技能，教师通过对施工现场的技术、管理等内容的指导开展教学工作，有效解决了施工工期长、季节性差异大、现场风险大等建筑类校外实践教学的问题。

（三）引课入网，构建"混合式教学"新模式

校企共建网络教学平台，以混合云的模式部署系统平台，与企业共同开发教学系统和网络课程。并且利用智慧教室建设加大了对教学资源整合开发的力度，目前平台系统总访问量已达 229 万人次，其中学生用户 40 046 人，教师用户 997 人。

学校先后通过课程改革工程、信息化大赛以及购买等方式开发建设了集 PPT 课件、微课程、动画、视频课程、虚拟仿真实训基地等在内的教学资源。目前拥有总课程量为 6 344 门，比较活跃的课程有 2 390 门，学校还拥有 379 门课程的 PPT 课件，120 门微课程，5 200 个动画，服务器运行情况良好。另外还有两个虚拟仿真实训基地，并与专业人才培养方案、课程教学大纲、电子教案等基本资源一起构成了完整的网络课程，推进了"混合式教学"。在"互联网＋"新思维下，利用智慧教室选取 374 门课程作为"混合式教学"模式改革的首批试点课程，现在"混合式教学"已经成为我校的教学常态。

（四）引评入网，构建"智慧评价"新模式

随着"特高计划"及"1＋X"证书改革的启动，在"云物大智"时代，学校正在积极梳理、完善各类质量标准，构建评价主体、评价方式、评价过程多元的教学质量评价机制，逐步形成以外部评估、认证、调查促内部诊改的质量提升工作循环。

学校积极引入第三方客观、公允地评价人才培养质量绩效，如委托麦克斯作为第三方开展各类满意度调研、质量调研，以调研数据为基础形成专业教学质量评价结果和评价报告、毕业生就业质量评价结果和评价报告、毕业生中长期培养质量评价结果和评价报告等，学校接受监督并及时反馈问题，指导教学改进，不断深化内涵质量建设。同时，充分利用大数据进行教育教学跟踪服务，提升内部管理水平和人才培养质量，推动办学质量和办学水平同步发展。

（五）引智入校，构建基于在线服务与培育新模式

引智入校，就是要把企业的"智慧大脑"引进学校，人才是智慧大脑的主体，信息化人才队伍建设是校企合作共同开展校园信息化建设的重要内容。在学校、企业遴选一批有

丰富信息化经验的教师、企业专家、社会知名学者等，共同组成学校信息化建设队伍。

我校与广联达科技股份有限公司、海南启程德瑞集团、科大讯飞股份有限公司等国内知名企业深度合作，聘请企业的优秀科技人作为我校的客座教授，通过面授、线上专家讲堂等方式，走进校园参与制定教学方案、人才培养模式等教育教学环节，共同培养学生。

对于校企共建的实习实训场所由企业和学校共同管理，企业有专门的维修维护和技术保障人员，学校负责日常运维、管理和监督。做好队伍的培训工作，通过大量有效的技术培训、技能实践、一线实训提升信息化队伍的整体水平。

三、成果与影响

（一）项目建设成果

通过辽宁省高水平现代化高职院校和高水平特色专业群建设，2018年学校被选为中央电教馆组织的职业院校数字校园实验校建设项目建设单位；2019年12月，学校被评为全国职业院校数字校园实验校并授牌；2021年4月学校被中央电化教育馆评为全国职业院校数字校园建设样板校并授牌。2021年2月，我校"信息化2.0背景下'4311'助推高职'课堂革命'创新与实践"获2020年辽宁省教育厅教学成果一等奖，"基于校企协同的数字校园'五引五新'建设模式探索与实践"获2020年辽宁省教育厅教学成果二等奖。

基于校企协同的数字校园"五引五新"建设模式在师资队伍、课程、教材、教学管理等方面的应用成效显著，主要包括国际三等奖1项，全国职业院校技能竞赛一等奖2项、二等奖2项、三等奖1项，省级教学成果奖2项，省级职业院校技能竞赛特等奖1项、一等奖1项、二等奖1项、三等奖2项，校级数字校园建设一等奖1项。发表信息化教学论文30余篇，其中核心期刊2篇、被EI收录1篇，校内外各类科研教研课题中设计信息化方面的研究结题65项，教研科研获奖累计57项。

2020年8月28日，《辽宁建筑职业学院：科技驱动校园智慧化生活》由中国网发表，被环球网转载；辽宁省教育厅官网专题报道我校信息化建设；2019年9月，辽宁省教育厅官网报道辽宁建筑职业学院建设共融式、服务型数字校园；2019年5月30日，在山东建筑大学召开的第二届全国建筑类院校信息化协作组年会上，我校的信息化建设案例"智慧教学环境建设的探索与实践"受到大会一致好评，得到了与会建筑类高校信息化专家及领导的认可。

2018年11月23日，来自辽宁省十余所高校和信息技术企业专家，在我校召开了"高教行业新未来——高校智慧网络与创新应用建设"研讨会。与会专家对我校信息化建设给予了高度的评价。2019年9月24日，捷网络自媒体播报了"辽宁建院打造大数据时代下的数字校园！"

目前，学校"校企协同现代化办学环境'五引五新'建设"已见成效。截至目前，德国BSK国际教育机构、韩国釜山科技大学、马来西亚新纪元大学、宁夏建设职业技术学院、辽宁城市建设职业技术学院、辽宁金融职业学院、辽宁机电职业技术学院、沈阳建筑大学等 37 家国内外高职院校和省、市领导、专家、教师及本科生、研究生 800 余人来学校参观学习，对我校的信息化建设给予了一致好评。

（二）项目建设影响

1. 建管合一，打造校企共建共享教育信息化合力

秉承数字校园建设发展战略，构建校企协同"五引五新"建设新模式，借助企业的强大技术力量和可持续投入资金的优势，企业建设的软硬件系统均能得到强有力的维护、维修、更新、升级等技术保障，企业建、企业管、学校用、学校监管、理清责任、明确分工，协同合作形成合力，为学校信息化建设奠定基础。

2. 拓宽服务面向，构建适宜于人的全面成长的数字校园

学校引入现代企业经营理念、大力推进深度校企合作，积极与中国移动公司辽阳分公司等其他企业展开多领域合作与交流，签署了《战略框架协议》，借助移动通信技术的进步和移动设备的广泛普及，不断修正教育信息化建设盲点，不断提升服务教育教学和科学研究能力，把信息服务的碎片化、即时化、交互化、协同化和个性化融会贯通，形成一个可以不断拓宽教育资源共享的移动数字校园，实现线上线下互动，把学校优质教育资源不断地推到更加宽泛的社会领域之中，使更多的人和群体得到最好的教育。

3. 激发内生动力，构建满足多方利益需求的数字校园

学校基于辽宁省示范性高职院校建设工作，不断激发内生动力，挖掘信息化建设潜力，拓展数字校园涵盖领域，优化业务流程，实施卓越管理，全面提升管理服务品质，把打造智慧辽宁建筑职业学院作为推动教育现代化的坚强堡垒，促进管理服务规范化、流程化，实现各项业务流程的便捷高效运行，满足多方利益需求，切实提高管理服务效能，为建设智慧辽宁建筑职业学院绘就美好蓝图。

4. 师生受益面广，成效显著

基于校企协同的数字校园"五引五新"建设模式在本校已应用近 3 年，每年面向全校 38 个专业 15 000 余名学生提供优质的网络服务、在线课程学习、课程设计、实习、毕业设计和网络课程 386 门。3 年来，还指导大学生科技创新、自由探索项目 20 余项，并每年组织、承办、协办各类学科、行业竞赛 9 个，学生整体实践创新能力显著提高。

四、经验与启示

基于校企协同的数字校园"五引五新"建设模式创新了高职院校信息化建设的新思路、教学新理念，建立了校企合作建设教育现代化办学环境、协同育人新模式，以多维度实施路径推动了信息化建设持续发展，服务校企协同育人体系，达到国内领先水平，已经成为全国 116 所职业院校数字校园建设样板校之一。

1. "校企协同现代化办学环境'五引五新'建设"发展战略研究开辟了信息化建设的新视角

基于校企协同的数字校园"五引五新"建设模式从信息化建设服务教育教学这一主线出发,利用企业和学校两个主体合作投资共建共赢模式,分阶段、有原则地从点、线、面、空间、时间五个方面推动信息化建设的新战略。这是一个信息化建设新思路的突破。这一突破有效规避了信息化建设发展不持续、内容单一、推广困难等问题,有效促进教育教学发展,为职业教育奠定了物联网基础,为信息化建设研究开辟了新视角,丰富了教育信息化理论。

2. "校企协同现代化办学环境'五引五新'建设"应用系统科学统一、成效显著

基于校企协同的数字校园"五引五新"建设模式构建的服务型数字校园应用系统,明确了系统之间的联系,实现统一信息标准、统一信息门户、统一数据交换、统一身份认证,建立一站式网上办事大厅,校企共建服务型数字校园建设为职业教育的创新性发展提供了一条可以借鉴和参考的新的思维路径。

3. 构建全新教学模式和质量评测系统,操作性强、运行有效

基于校企协同的数字校园"五引五新"建设模式以"混合式教学"为基本模式,构建了基于网络的"线上线下"实时学习的泛在教学模式;以"四在线(在线评教、在线督导、在线测试、在线评估)"为基础,构建了基于网络的教育教学质量评价体系,在学校教育教学中进行了全方位推行;构建了可教、可学、可考、可评、可查的现代化教育管理体系,为职业教育教学发展找到了一条可持续运行的道路,运行效果良好。

数字校园建设工作任重而道远,不是一蹴而就的事情,需要树牢"向数字要效率,向数字要质量,向数字要发展"的理念,明确目标、统筹规划、完善体系、重视实效、创新发展,协调好政策导向与实际运行之间的有效衔接,聚焦问题,有序推动进程。聚焦数字综合应用开发,把智慧化、数字化、一体化、现代化贯穿到数字校园建设发展的方方面面,推动教学、科研、管理和服务等工作综合集成、整体智治,全面推动学校专业智慧化、数字化改革事项落地见效。同时,数字校园建设工作还应有序推进,有针对性地展开,要在完善机制、明确责任、进度把控、主动担当、强化激励等方面下功夫,使数字校园建设成为推动学校高质量内涵发展的"动力源""驱动器"。

专家点评

> 辽宁建筑职业学院在数字校园建设与应用的过程中,构建了"五引五新"模式,通过"五引"实现校企合作建设,借助"五新"推动人才培养和教学模式的改革。
>
> (1) 引网入校,构建数字校园建设新模式。学校与通信运营商深度合作,共同建设校园基础网络环境。

（2）引企入网，构建人才培养和服务新模式。借助数字校园，将企业施工现场通过网络直接传输至校园网资源管理平台，构建了施工现场远程教学互动平台。有效解决了施工工期长、季节性差异大、现场风险大等建筑类专业校外实践教学的问题。

（3）引课入网，构建"混合式教学"新模式。校企共建混合云模式的网络教学平台，与企业共同开发教学系统和网络课程，有效推进了"混合式教学"。

（4）引评入网，构建"智慧评价"新模式。学校积极梳理、完善各类质量标准，构建信息技术支持的多元教学质量评价机制。

（5）引智入校，构建师资用聘新模式。校企共建实习实训场所，聘请企业的优秀科技人作为客座教授，通过面授、线上专家讲堂以及参与制定教学方案、人才培养模式等方式，实现校企共育人才。

学校注重校企合作，在数字校园建设、人才培养、课程建设等方面与企业深度合作，建设与应用效果逐渐显现。

创新"互联网+N平台"校企协同创新模式，促进产教深度融合

山东工业职业学院

一、背景与概况

山东工业职业学院始建于1959年，是山东省优质高职院校立项建设单位、首批山东省技能型特色名校、教育部国家级数字化校园实验校、教育部国家级现代学徒制试点单位、全国冶金行业专门人才继续教育基地，省级骨干职教集团冶金职业教育集团理事长单位，是山东省高职院校中唯一一所具有钢铁冶金特色的高职学院。

多年来，为破解校企利益契合度不高、企业信息化匹配条件不够、企业职工在岗培训滞后、学院优质信息化资源和人才资源不能很好地服务社会等难题，山东工业职业学院提出了"利用信息化技术整合校企优质教育资源，为合作企业提供在线职工培训和开展协同创新科技服务，助力企业生产与经营"的思路。"数字化校园试点校"建设项目实施以来，学校注重发挥"全国冶金行业职工和职业培训联盟"和"山东省冶金职教集团"理事长单位辐射带动作用，依托"山东冶金职教集团管理与服务平台"调研、收集企业的培训需求，组织校内教师与企业联合精准开发教学资源和培训项目，开展职工线上培训，收到了良好效果。信息技术支撑的职工培训和协同创新校企深度融合模式如图1所示。

二、特色与创新

（一）搭建了"互联网+"全国冶金行业教育培训及资源共享平台

依托行业办学的先天优势，借力"数字化校园示范校"建设项目，学校与中国钢铁工业协会、山东钢铁集团有限公司合作搭建了具有远程教育、实景传输和资源共享等功能的网络平台，实现了跨行业、跨区域的教育培训资源共享。按照"校企合作、校校协同、共建共享、边建边用"的原则，建成黑色冶金技术、机电一体化技术和机械制造与自动化等专业面向社会开放的企业信息库、岗位技能标准库、人才需求信息库、创新创业案例库等资源库，并通过在线传输系统，将教师授课实况实时传输到企业，实现企业员工培训不脱产，扩大了培训覆盖面，实现了处处能学、时时可学，创立了行业示范引领的金蓝领培训品牌资源。

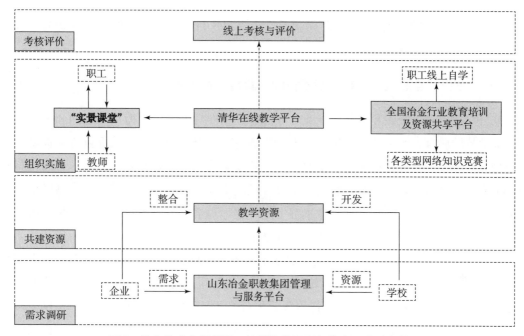

图1 信息技术支撑的职工培训和协同创新校企深度融合模式

(二) 创新"互联网+"环境下"工作站式"职工在线培训新模式

依托行业办学优势,学校牵头组建了"全国冶金行业职工和职业培训联盟",在山东钢铁集团日照公司等30余家联盟成员中建立了资源共享型、个性定制型的企业职工在线培训工作站,有针对性地定制培训项目,开发教学资源,开展职工线上培训;主动对接区域社会培训需求,与淄博市桓台县道路运输管理局合作开发了"桓台县道路运输驾驶员继续教育平台",累计培训学员5万余人次。

在不断深化校企合作开发数字化教学资源的同时,学校还注重内部现有零散、碎片化资源的组合与重构,开发了山东工业职业学院虚拟仿真实训平台,将原有的仿真模拟软件按工种有序衔接,并与实际生产线精准对接,整合为"板带中宽带生产线""高炉炼铁生产线""转炉炼钢生产线"等7个模拟仿真车间,整合后的仿真实训平台既面向校内学生教学使用,又为企业员工提供入职培训与技能鉴定服务。截至目前,山东钢铁集团有限公司及权属企业90%以上的新入职员工均通过学院虚拟仿真实训平台进行生产实训,每年为企业员工开展技能鉴定服务5万余人次,其中莱芜钢铁集团、山东钢铁集团日照公司等企业直接将仿真平台引入企业内网,便于职工移动、泛在学习。

依托"互联网+"冶金行业教育培训及资源共享平台优势,发挥学院全国冶金专门人才继续教育示范基地的功能,受中国钢铁工业协会委托,自主开发了"全国钢铁行业技能知识网络竞赛"网络平台和竞赛试题库,连年承办"全国钢铁行业技能知识网络竞赛",全国80%以上的钢铁企业参与网络竞赛,36万人次参与线上培训,共有4万余人参赛。

承办全国冶金行指委组织的"全国冶金职业院校模拟炼钢大赛",学院多次获得中国钢铁工业协会授予的"特别贡献奖",并成立了"全国钢铁行业技术技能网络教育研究开发中心"。

(三) 建设"互联网+"校城融合协同创新科技服务平台

充分发挥信息化资源和教科研专业人才优势,精准对接服务淄博市互联网和大数据项目,推动校城融合,实现共赢发展。一方面为淄博市政府、淄博市区域行业企业提供大数据与物联网等技术服务,提高了学院对区域经济发展的贡献度和知名度;另一方面将科技服务平台融入日常教学过程中,组建了由计算机应用技术、计算机网络技术、物联网应用技术、应用化工技术、电气自动化技术等专业的教师和学生组成的平台运维和技术研发团队,极大地提高了教师的信息化服务能力和学生的实践动手能力。

2018年以来学院受淄博市环保局、淄博市水务局等政府部门委托,先后与山东天利和软件股份有限公司(淄博)、山东朗峰信息技术有限公司(淄博)等企业合作开发了"淄博区域大气环境(VOCs)监测与管控服务云平台""'淄水在线'智能水务物联网云服务平台"等协同创新科技服务平台,并分别入选了2018年度和2019年度"淄博市校城融合发展计划项目",获得市财政专项资金支持400余万元。除此之外,学院还先后与山东科汇电力自动化股份有限公司等企业合作开发了"工业自动化工程技术城校共享平台",与山东钢铁集团永锋淄博有限公司合作开发了"绿色冶金技术开发与应用联合创新平台"等协同创新科技服务平台8个,学校的信息化技术成果和应用推广,得到了淄博市政府和行业企业的高度认可。"淄水在线"架构如图2所示。

(四) 建设"互联网+"云端产业学院

学校充分发挥信息化技术在职业教育改革中的引领与驱动作用,在线下产业学院的建设经验和"山东冶金职教集团管理与服务平台"的基础上,与山东钢铁集团有限公司紧密合作,在全国冶金类高职院校中率先组建了集人才培养、技术研发、社会服务及培训为一体的"山工职院·山钢集团"云端产业学院。目前"山工职院·山钢集团"云端产业学院已具备"企业知识库""岗位能力模型""混合式学习""游戏化学习""面授培训""直播教学"等十余个功能模块,建成了覆盖绿色钢铁生产技术领域前端、中端、后端全产业链的"流程工业数字孪生"仿真生产线,自主研发了"板带中宽带生产线""高炉炼铁生产线""转炉炼钢生产线"等7个模拟仿真车间。"山工职院·山钢集团"云端产业学院通过深化人才培养供给侧改革,将人才培养与行业企业要求相融合,专业教师与能工巧匠相融合,教学内容与工作任务相融合,真正实现教育链、人才链、创新链有机对接,为山东省新旧动能转换重大工程及钢铁产业转型升级提供长期人才支撑。

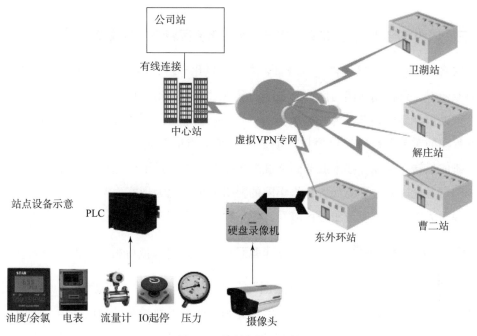

图 2 "淄水在线"架构

三、成果及影响

（一）以平台建设为纽带，强化了校企间相互服务的能力

截至目前，已有包括山东钢铁集团有限公司、日照钢铁集团、青岛钢铁控股有限公司等 10 余家全国及区域性企业接入山东钢铁集团教育培训与资源共享平台，学院在各企业生产一线设置远程网络教学视频采集点 60 余处，专任教师与企业工程技术人员合作编写活页式/工作单式教材 6 部，建设并发布精品资源共享课 40 余门，其中 12 门获批山东省精品资源共享课，校内外同时在线学习人数最多时超过 1 500 人。山东钢铁集团教育培训与资源共享平台已成为学院与企业合作效能的新的增长点，校企合作的内涵与质量得到进一步提升。

（二）以共享理念为指引，成为服务冶金行业继续教育的排头兵

2016 年以来，学院与企业合作通过"互联网＋"冶金行业教育培训及资源共享平台发布各类教学资源累计超过 300 GB，覆盖冶金、轧钢、化工、机械、电气等多个职业领域，先后为山东钢铁集团等企业量身打造各类线上培训项目、手册 20 余项，开发教学标准 20 余项，通过"互联网＋"冶金行业教育培训及资源共享平台累计开展职工线上培训 2 000 余课时，参培职工达 2 万余人次。全国通过"互联网＋"冶金行业教育培训及资源共享平台参加竞赛训练的冶金企业职工超过 36 万人次，成为全国冶金系统最具影响力的

职工培训平台，成为全国冶金行业专门人才继续教育示范基地。

（三）以校城融合项目为带动，提升了学院服务区域经济贡献度

2018年以来，学院通过搭建校城融合发展信息化平台，不断推动与地方产业对接，实现优势专业群、科技创新链与区域产业链的紧密对接，驱动科技创新步伐，加速科研成果转化，增强了学院的办学实力和创新活力，进一步加快了省优质高等职业院校建设进程。先后获得淄博市重大科研立项项目6项，与淄博市当地企业开展横向课题研究20余项，实现科研成果转化8项，技术服务到款额超800万元。通过平台建设和专业产业对接，优化了淄博市各地区人才资源配置，将学院的科研成果转化为现实生产力，为淄博市注入了新的发展活力，为高职院校服务区域经济发展树立了良好典范、提供了宝贵经验。

（四）以线上产业学院亮点，树立了高职院校校企合作新标杆

2017年至今，"山工职院·山钢集团"云端产业学院通过"直播教学""视频会议"等方式助力校内专任教师为在企业实习的学徒和企业员工教授基础理论知识，企业技术工程师或者技术能手通过"面授培训"模块对在校生进行实践指导，实现人才培养与行业企业要求相融合；通过实景传输和5G通信功能，使产业管理人员、企业技能大师、一线企业师傅、学校教学名师、技术研发人员和一线教学骨干组成若干"线上教学工作站"，帮助他们跨时空、跨地域开展"1+X"证书在线研讨和协同教学，构建基于新一代信息技术的"互联网+"新型教师协作共同体，实现专业教师与能工巧匠相融合；通过仿真实训系统，将工作任务转换为教学内容，学生在项目中学习，在学习中完成项目；教师在教学中服务，在服务中教学；企业师傅在工作中育人，在育人中完成工作任务，实现教学内容与工作任务相融合。目前，"山工职院·山钢集团"云端产业学院已开设在线课程160门，80%以上的教师应用手机和互联网进行日常教学工作。通过"清华在线""超星""蓝墨云班课"等信息化教学平台，采用微课、MOOC、翻转课堂等教学方式，激发了学生的学习兴趣，提高了教学质量。

四、经验与启示

（一）"互联网+N平台"是校企资源的整合与优化的加速器

"互联网+"提出要发挥互联网在资源整合与优化中的协调作用。推动高职院校信息化建设工作，也需要借助"互联网+"在资源整合与优化方面的巨大优势。"互联网+N平台"能够有效实现学校优质教育资源和企业实践资源整合优化，可以实现各种信息数据的及时上传、共享，能够帮助校企合作双方尽快获取自己所急需的信息和资源，找到校企利益契合点，实现校企共赢。

（二）"互联网＋N平台"是校企合作工作模式的锻造器

"互联网＋N平台"可以重塑高职院校的校企合作工作模式，建立全新的信息化工作模式。借助互联网平台建立全新的网络化、信息化人才培训方式，如建立网络课堂方式，可以打破以往校企合作时间与空间的限制，提升人才培养效率。借助互联网技术，建立在线考核方式，可以减少人力资本的投入，考核效率也获得明显提升。在线考核还可以实现过程性考核，及时汇总职工培训过程中各种数据，真正建立终结性考核与过程性考核结合的新型考核方式。

专家点评

该案例聚焦新一代信息技术赋能职业教育产教融合、校企合作育人模式探索，依托行业办学优势，借力"职业院校数字校园实验校"项目，开展"互联网＋N平台"规划设计和建设，精准对接企业需求，为合作企业提供在线职工培训和协同创新服务，有效提升了企业参与产教融合、校企合作的收益和积极性，为职业教育产教融合、校企合作育人提供了新思路和实证案例，具有很好的借鉴和推广价值。

该案例的创新在于：一是利用信息技术有效整合了行业企业和学校优质教育教学资源，搭建了"互联网＋"全国冶金行业教育培训及资源共享平台，实现了与企业跨行业、跨区域的教育培训资源共享。二是在合作企业建立了资源共享型、个性定制型的企业职工在线培训工作站，有针对性地定制培训项目，开发新型教学资源，开展职工线上培训，创新了"互联网＋"环境下"工作站式"职工在线培训新模式。三是建成了"互联网＋"校城融合协同创新科技服务平台，与地方产业对接，为推动产教融合，实现共赢发展探索了新路径。四是校企共建了"互联网＋"云端产业学院，将人才培养与行业企业要求相融合、专业教师与能工巧匠相融合、教学内容与工作任务相融合，开展了产教融合、校企合作育人的模式探索和创新实践。

信息化引领"六位一体""三结合""五化"跨境电商产教融合创新与实践

山东外贸职业学院

自立项建设全国数字校园实验校以来,山东外贸职业学院(以下行文中简称"我院")实施信息化发展战略,紧密对接山东省、青岛市开放型经济和涉外高端服务业,主动适应外贸转型升级对跨境电子商务人才的迫切需求,以信息化引领,打造形成了政校行企协同"六位一体"育人平台,在"校企合作""产教融合"培养跨境电商人才方面进行了卓有成效的创新与实践。

一、背景与现状

为深入贯彻《教育现代化2035》《关于深化产教融合的若干意见》《教育信息化2.0行动计划》等政策文件精神,我院制定了《关于深化产教融合的实施方案》,明确以信息化引领产教融合、校企合作,围绕教育供给侧改革,培养高素质技术技能型和应用型人才,促进学校与山东及青岛地方经济社会协同发展。

我院充分利用全国数字校园实验校的建设成果,在原有智慧校园的基础上,拓展搭建产教融合信息平台,突破原有学校教育的范畴,突破传统政校行企合作模式的局限,在理念、内容、方法、环境资源、体系制度、实施过程等方面进行全方位的创新,系统打造集"学校+孵化基地+云学堂+研发中心+产教联盟+'一带一路'职教联盟""六位一体"的协同育人新生态,并建立起"线上与线下结合""教育培训与孵化结合""在校教育与短期教育培训结合"跨境电商人才培养培训体系,实现人才培养的"多样化、个性化、专业化、职业化、终身化",建立起了一整套基于信息化的产教融合跨境电商职业教育和培训体系,助推了山东省跨境电商产业的快速发展和外贸新旧动能的转换。

(一)构建"六位一体"多元协同育人新生态

"六位一体"是指以"互联网+"为支撑,我院与孵化基地、云学堂、研发中心、产教联盟和"一带一路"职教联盟六个从不同层面、各有侧重、协同一体化育人的新生态,如图1所示。

六个主体的具体情况如下:

(1)山东外贸职业学院。我院深刻认识到实体经济与网络经济融合创新是"互联网+"时代产业转型升级的发展趋势,经过对跨境电商产业需求进行精准调研,进行了顶

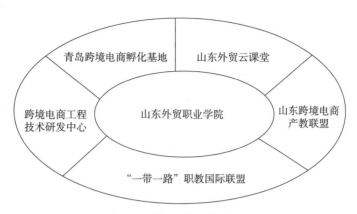

图 1 "六位一体"协同育人

层设计,确定了以"互联网+"为强力支撑,推动产教深度融合、政校行企多元育人的实施路径,发起并牵头设立了其他五个主体。我院主导,六个主体全方位协同,重新规划构建"互联网+"背景下的跨境电商人才培养方案,明确了培养复合型、创新型、发展型高素质技术技能人才的目标定位,形成了"多样化、终身化、专业化、职业化、个性化"的人才培养和评价体系。

(2)青岛市跨境电商孵化基地。2016 年,我院与青岛市李沧区政府、校友企业合作建成 5 000 平方米实体化运营的青岛市跨境电商孵化基地。基地采用线上线下结合的项目(企业)孵化模式培养跨境电商人才,即为企业入驻基地提供产品,从我院选拔学生,进行一段时间的培养培训后,参与企业实际运营项目,培养学生的跨境电商业务运营能力,并帮助传统外贸企业孵化跨境电商业务。项目孵化成功后企业回收跨境电商业务,学生到企业就业或自主创业。"孵化基地"解决了跨境电商人才培养中校企合作、产教融合不深入的问题,行业、企业力量的加入优化了专业师资的配置,开展企业真实项目运营激发了学生的学习积极性,提高了学生的岗位工作能力。

(3)山东外贸云学堂。2016 年,为了建立起"身边的外贸网络课堂",我院建设运营"山东外贸云学堂",打造跨境电商人才培养云端虚拟化培训高地,以线上多样化学习、实践为主参与育人,可满足学习者个性化、碎片化的学习需要。由山东省跨境电商百人专家库成员、创新创业人士、企业高级管理与技术人员、行业知名人士等联合打造涵盖跨境电商发展趋势、平台运营等内容的线上课程,已上线外贸转型升级、Amazon 基础实操、eBay 基础实操、跨境电商运营基本技能、新外贸营销实战等系列课程。

(4)跨境电商工程技术研发中心。2016 年,我院联合中国海洋大学、烟台大学等高校成立跨境电商工程技术研发中心,集聚了 30 多名电子商务、国际贸易、物流管理、国际金融等专业研发能力强的骨干教师,通过线上线下结合的方式积极提供跨境电商领域的社会服务和创新研究,提供跨境业务培训、外贸建站、多媒体开发以及跨境营销方案、物流、金融方案等服务,促进成果转化,强化社会服务职能。

(5) 山东省跨境电商产教联盟。2017年3月，我院牵头成立了由1 500多家行业、企业、学校等成员单位组成的山东省跨境电商产教联盟，多元主体交流、合作，共享全省跨境电商资源，成为引领山东省跨境电商人才培养和产业发展的"航母"。

(6) 山东省"一带一路"职业教育国际联盟。2018年11月，我院发起并牵头成立了山东省"一带一路"职业教育国际联盟。2019年11月，教育部第一个职业教育服务"一带一路"实验基地落户我院，建成产教融合于一体的首个示范性实验基地，以线上线下结合承办援外培训项目，为企业"走出去"牵线搭桥。

（二）实施"三结合""五化"人才培养

"三结合"是指基于"互联网＋"技术实现线与上线下结合、教育培训与孵化结合、在校教育与短期教育培训结合的形式，推进跨境电商产业与人才培养、科学研究、技术研发、社会服务等深度融合，产学研用各个环节政校行企都作为主体参与，形成利益共同体，如图2所示。

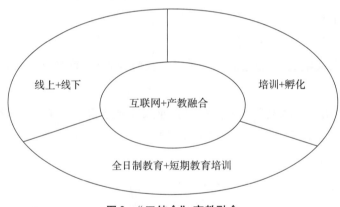

图2 "三结合"产教融合

"五化"是指学习形式多样化、学习内容专业化、学生学习需要个性化、教学实施职业化、人才培养终身化。

(1) 线上与线下结合。利用"山东外贸云学堂""优慕课""智能课堂"等进行线上学习、讨论答疑及虚拟实训；利用我院教学面授＋辅导、青岛市跨境电商孵化基地面授＋实操，开展线下学习与实践。线上线下相互融合，政府、学校、行业、企业多方师资参与，企业真实项目运营，学习形式多样化、学习内容专业化，满足学生个性化学习需要，提高职业岗位工作能力。

(2) 教育培训与孵化结合。入驻青岛市跨境电商孵化基地的企业从我院相关专业选拔学生，培训一段时间后，参与企业实际运营项目，培养学生的跨境电商业务运营能力，并帮助传统外贸企业孵化跨境电商业务。项目孵化成功后企业回收跨境电商业务，学生到企业就业或自主创业。同时，将跨境电商专项培训与帮助企业孵化电商项目相结合，真正实现了做中学、学中做，人才培养专业化与职业化一体。

（3）在校教育与短期教育培训结合。我院协调政校行企各方，修订完善"互联网+"背景下的跨境电商人才培养方案、课程体系和课程内容，制定新的教学评价和学习评价体系，满足个性化的职业发展需求；学生就业或自主创业后，可继续借助"外贸云学堂"等参加多样化教育和培训进行学习，提升终身可持续发展能力；积极开展线上线下结合的"跨境电商进万企"等职业技能培训，服务全民终身学习，实现人才培养的终身化；依托"一带一路"职业教育国际联盟开展多样化援外培训。

二、特色与创新

（一）信息化推动产教双向动态融合，有效提高育人质量

一是以"互联网+"为纽带，系统构建了"六位一体"的跨境电商协同育人新生态，探索出一条校企深度合作、服务区域经济产业发展的新路径。

二是借助信息化技术，着眼"三结合"，与跨境电商产业在人才培养、科学研究、技术研发、社会服务等方面深度融合，尤其是在教学资源、教学平台、教学方式等方面突破了原有学校教育的范畴，突破了传统政校行企合作模式的局限，突破了原有专业人才培养的限制。

三是强调行动导向和职业情境的真实性，实施了基于互联网的"五化"人才培养，即"多样化、个性化、专业化、职业化、终身化"的人才培养，有效提高了人才培育质量。

（二）信息化有效推动政校行企合作共赢体制机制形成

一是建立了学校、行业企业、研究机构之间基于产教融合信息平台的资源共建共享机制，实现了多方主体共同建设跨境电商行业数字化信息资源库、行业数字化资源开发基地，共同进行资源整合与协同发展，建成开放的职教公共服务平台。

二是建立了较为完善的协同育人平台和线上线下结合的终身教育培训机制，为学校教育与职业需求之间构架了畅通交流的桥梁，产教各方良性互动，共同发展、各取所需，最终实现共赢。

三、成果与影响

（一）信息化建设成效获得肯定

学院被评为山东省第一批信息化试点单位、山东省信息化示范单位，入选"全国职业院校数字校园建设样板校"，被全国外经贸职业教育教学指导委员会授予首批全国跨境电商专业人才培养示范校。

(二）相关成果获得国家、山东省、青岛市奖励

学院被评为山东省第一批信息化试点单位、山东省信息化示范单位，入选"全国职业院校数字校园建设样板校"。"基于产教深度融合的跨境电商人才培养模式探索与实践"项目获山东省教学成果奖特等奖、国家教学成果奖二等奖。"产教深度融合的跨境电商人才培养模式创新与实践"项目获青岛市教育改革创新奖。

（三）为区域跨境电商产业快速发展赋能

完成青岛市"十三五"重大招标课题"青岛电子商务发展趋势和路径选择研究"；为青岛市李沧区、青海海北州等制订了电子商务发展专项规划；牵头制定了跨境电商公共海外仓等山东省外贸新业态评审标准；连续主办第三、第四、第五届山东省跨境电商生态峰会，为推进产教深度融合、打造山东省跨境电商产业链和生态圈做出了贡献。

（四）输送了大量跨境电商人才

近年来，累计培养本校跨境电商人才 2 000 余人，孵化学生跨境电商创业项目近 60 个，其中 10 余个注册成立公司；培训省内企业 7 000 余家、员工 2 万多人次；承担政府项目 10 余项，提供社会服务研发项目 20 余项；成功帮助企业孵化电商项目 100 多个；举办了"跨境电商进万企"专项培训、发展中国家电子商务研修班等培训活动，为全省 1.2 万家外贸企业培训企业职工 2.7 万人次；"云学堂"平台注册人数超 6 000 人，课程点播超 150 000 人次；发挥跨境电商等专业优势和互联网平台优势，承办援外培训项目 200 余期，共有来自 124 个发展中国家的 5 407 名学员参加培训。

（五）信息化赋能产教融合人才培养模式具有示范推广价值

"互联网+产教融合"培养模式成为解决山东省跨境电商人才供给不足、从事跨境电商业务的企业数量少、规模小等问题的重要因素，吸引众多地方政府、高等院校来学习交流。在全国外经贸行指委工作会议、全省职教会议、山东省跨境电商生态峰会、青烟威三地信息化建设工作会议、驻青高校信息化建设研讨会、"2017 国际互联网教育高峰论坛"上，我院先后做了《深化产教融合，力促山东跨境电商人才培养和产业发展》《服务引领跨境电商人才培养和产业发展》《跨境电商人才培养的"山东模式"》《全局性视角下利用新思维开创信息化育人新格局》《信息化赋能产教融合探索实践》的经验交流报告。

四、经验与启示

（一）信息化赋能是推进职业教育现代化的必然选择

我院以信息化赋能产教融合，打造"六位一体"跨境电商协同育人平台，符合国家关

于产教融合是职业教育和高等教育的办学模式之一的倡导,是对如何推进校企深入合作、产教深入融合的有益探索,达到了政校行企多方共赢的效果。项目实践证明,推进信息技术创新应用,实施"互联网+教育"是实现职业教育现代化,为经济社会发展提供有力技术技能人才支撑的必然选择和战略举措。

(二)信息化赋能是深化校企合作产教融合的有效手段

我院将教育信息化作为教育教学改革的内生变量,运用物联网、大数据、云服务、人工智能等信息技术,以数字校园实验校的建设成果为基础,利用现有的数据资产、数据中心、网络设备、统一通信平台等智慧校园条件,搭建线上线下一体化、虚实结合、多样化、终身化、专业化、职业化、个性化的协同育人新生态,对产教融合业务、流程、数据、评价、成效等进行统一信息化管理,是新形势下推进校企深度合作、产教深度融合的有效手段。

(三)信息化赋能是推进人才培养水平提升的有效举措

我院以信息化赋能,探索形成了职业教育和培训供给新模式,政校行企各方成为利益共同体,共建、共管、共享、共赢,真正实现了跨境电商产业与人才培养、科学研究、技术研发、社会服务等深度融合;同时,以需求导向、应用驱动带动环境营造,顺应个性化的职业发展需求,有效提高了学生的岗位职业能力、缩短了就业的适应期。

(四)信息化赋能有力推进了职业教育与终身教育的结合

我院建立了较完善的针对在校学生的教育培养体系,政校行企多方协同,多元主体开展"课堂教学+线上自学+基地实训+创业团队孵化";建设了面向社会开放的职业教育公共服务平台,建立了针对企业从业人员的"线上学习+线下培训+项目孵化"培训体系,是人才培养的"学习—工作—再学习—再工作"终身化培养模式的成功尝试,具有较强的现实推广意义。

专家点评

> 该案例适应跨境电子商务人才需求变化,通过信息化赋能,在理念、方法、资源、环境、制度、实施等方面进行探索实践。一是打造了集"学校+孵化基地+云学堂+研发中心+产教联盟+'一带一路'职教联盟""六位一体"的协同育人平台,实现了政校行企合作育人,探索出一条校企深度合作、服务区域经济发展的新路径。二是由学校主导,六个主体协同,规划构建"互联网+"跨境电商人才培养方案,建立起"线上与线下结合""教育培训与孵化结合""在校教育与短期培训结合"三结合的跨境电商人才培养培训体系,通过实施"技能培训+店铺实操+岗位证书",实现了学历

教育与职业培训相结合,促进了"1+X"书证有效融通。三是实现了学习形式多样化、学习内容专业化、学生学习需要个性化、教学实施职业化和人才培养终身化。

  本案例以信息化赋能推进校企合作、产教融合,突出行动导向和真实职业情境,搭建真实工作平台,通过半职业化的训练,实现了跨境电商人才能力培养与企业需求"无缝对接"、精确定位,实现了人才培养模式创新,推进了资源共享、校企融合发展,提升了社会服务能力。

"互联网+保险"校企协同育人模式

台州科技职业学院

一、背景与现状

台州是民营经济重要发祥地和聚集地之一，也是全国小微企业金融服务改革创新试验区。台州保险业不断创新、积极探索，丰富小微金融的"台州模式"。以银保监分局搭建"小微金改实验室"为例，拟建设全市各银行保险机构金融创新的孵化培育和联动运行平台，保险公司跃跃欲试，推动产品创新。但是，保险行业各路人才严重短缺，培养专业人才的机构极少。在浙江省三十几所公办职业院校中，设置保险专业的学校仅两家。产品设计、查勘定损、核保理赔、电话营销，这些都是保险行业紧缺的人才。

为充分发挥职业教育为社会、行业和企业服务的功能，深入贯彻落实《国家职业教育改革实施方案》《职业教育提质培优行动计划（2020—2023年）》以及《浙江省人民政府关于推进职业教育与民营经济融合发展助力"活力温台"建设的意见》等文件精神，我校始终秉持办好公平有质量、类型特色突出的职教理念，结合当地特色，以大陈垦荒精神为引领，坚守保险职业初心，塑造具有拓荒精神的领班青年，更好地支撑台州的小微企业金融服务改革创新试验区建设。

保险作为21世纪的朝阳行业，却承受着不该有的误解。大部分同学对于保险的认知流于表面，却在内心抱有部分抵触情绪。对于教师而言，让学生从"心"出发，接纳保险，我们任重而道远。因此，我们多方调研，吸纳行业意见，以互联网为纽带，校企紧密链接，为同学们打造"互联网+保险"校企协同育人模式。该模式采取线上与线下相结合、多方平台相融合、校企资源共分享，融入思政元素，增强学生职业荣誉感，践行保险行业的工匠精神，如图1所示。

二、特色与创新

校企资源协同、线上线下融合，构建从学习、实训、就业的闭环。根据学校定位，对接国家级小微金融改革的金融应用型人才需求，探索以校企协同育人发展路径，融入思政元素，围绕培养素质高、知识扎实、能力较强、具备一定职业素养和创新精神的应用型人才为目标，构建从学习、实训、就业的闭环，如图2所示。

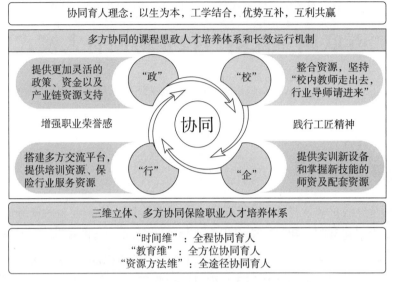

图1 "互联网+保险"校企协同育人模式

图2 线上线下共建从学习、实训、就业的闭环

(一)校企资源深度融合,协同育人

深化校企协同育人,拓展校企协同人才培养路径。校企协同共建保险线上实训教学平台,共同完善教学体系,共同研发与保险行业高度贴近的实训教学项目,共同建设课程资源,共同开发实验教材,共同实施教学,实现知识对接、能力互传、资源共享。

校企协同培育实训教学队伍,学校教师以专家、顾问角色下企业实践锻炼,积累行业前沿知识和技能，打造"双师型"保险教师团队；企业人员到学校担任实训课兼职导师，集职业技能传授师和职业规划指导师于一身。校企协同构建保险应用型人才培养生态系统，建立以学生发展为核心的实训课程建设标准和实训课堂教学评价标准。

（二）线上线下相融合

坚持线上与线下相融合的教学方式、学科与职业相结合的建设理念；校企共建在线实训平台，仿真模拟企业真实的工作流程；共建《非寿险实务》云教材，开发智能立体化教材，以丰富的多媒体内容，让学生享受学习的快乐；融入保险公司经典案例，建设课程思政真实案例教学资源库。教学资源按学生学习特点集成，包括中国大学 MOOC 学习平台、蓝墨云班课平台、微信公众号、QQ 平台等基于"互联网＋"的立体化教学资源集成开放平台，集成实训教学库、保险知识库、案例库、习题库、微课等资源。

线下改进学生实习实训条件，建设校内生产性实训基地，增强学生实际工作技能。学生承担车险营销、理赔等工作，真实再现展业、承保、查勘、理赔 4 个环节的工作场景，通过仿真和全真、工学交替的教学方式，组织学生实践操作，引导学生自觉践行保险行业的职业规范，努力做到内化于心、外化于行。

（三）构建从学习、实训到就业的闭环

我们不断进行实践和创新，构建从保险始业宣讲、企业导师入校、共建生产性实训基地到探索现代学徒班的学习、实训、就业闭环。

新生入学阶段，我们和企业联合开展始业宣讲，校企合作传递保险行业的企业文化和工作前景，并组织学生参观企业进行岗位认知。在校内实训基地组织包括电话营销、保单填报、礼仪文化等各类实训活动，让学生在校期间感受职场的氛围，同时在寒暑假期间推荐学生到阳光保险实习。最后一学年，校企合作推进"阳光保险"现代学徒班，让学生提前感受岗前培训和真实岗位实践，为学生创造良好的就业条件。

创新点：

（1）探索生产性实训基地的新模式。克服了传统生产性实训基地在场地、网络接入、数据保密性、投资的困难，很好地通过网络连接企业和学校，在线上将企业引入学校。

（2）结合"互联网＋保险"的模式，通过线上线下合作，突破传统校企合作的空间限制，通过互联网直接实现业务互通，拓展校企合作空间和形式。

（3）体现实践能力培养，解决传统实践活动业务不真实、学生不积极的问题。在提升学生知识技能的同时，培养学生抗压能力和沟通能力，达到较好效果。

（4）近距离实现现代学徒制教学模式，让师徒教学和就业在校园内得以实现。

（5）结合保险行业特性，依托校内生产性实训基地，以行业专家唤醒保险职业荣誉感，鼓励以实干精神奔走于业务一线，培养学生"诚实守信、爱岗敬业、勤于探索，锐意进取"的职业素养。

三、成果与影响

学校的各项措施落到了实处，招生人数逐年递增。校企协同育人模式致力于从入学到就业全方位为学生学习发展提供一条龙式服务，校企通过互联网紧密结合，产学研用、工学一体、融入思政，以"干字当头，勇于担当"的拓荒精神打造"爱保险、懂保险、用保险"的保险行业领班青年。从2011年开始，台州科技职业学院根据社会需要开设保险专业，累计招生552人。近3年报名保险专业的同学持续增加，每年招生人数由最初38名增加至88名，同学更加主动积极地投身保险行业。成果与影响大事记如图3所示。

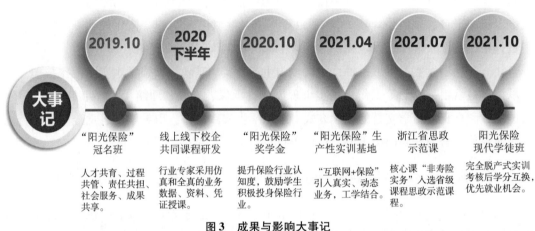

图3 成果与影响大事记

校企资源逐步融合，探讨共享共赢机制。2019年11月，会计与金融学院保险专业与阳光财产保险台州中支联合成立"阳光保险"冠名班，并设立"阳光保险"奖学金，实行"人才共育、过程共管、责任共担、社会服务、成果共享"的育人机制，专业教师参与企业的生产经营活动，提升自己的社会实践能力，逐步实现了保险人才培养与行业人才需求的有效衔接。

"双导师制"提升人才培养质量。2020年下半年，"阳光保险"派出十余名行业精英为学生讲解"非寿险实务"课程，采用仿真和全真的业务数据、资料、凭证，在仿真或者全真的环境中向学生传道授业解惑，受到了热烈的反响。学校教室和企业导师进行搭配组合，形成优势互补，学校教师将先进的教学理念和方法传授给企业导师，同时通过参与企业导师的实际项目，可以提升实践能力。双方的理论水平和实践能力都会在这样的相互交流和学习中得到丰富和提升，从而更好地培养学生。

设立奖学金提升行业认同感。2020年10月，会计与金融学院颁发首届"阳光保险"奖学金，校企双方的合作有力地提升了学生对于保险行业的认知度，推动学校与"阳光保险"在教育培训、人才培养等方面展开战略合作，共同为行业培养优秀人才。

校企共建生产性实训基地，打通学生社会实践全覆盖的最后一公里。2021年4月，我校与阳光财产保险股份有限公司共建的"阳光保险"产教融合生产性实训基地揭牌仪式隆重举行。基地依托校企合作平台，基于"互联网+保险"的真实、动态业务，采用工学结合的培养方式，以实训课程的形式参与人才培养。院校学生在校期间即可参与真实业务，为客户提供专业服务、创造价值；同时在企业导师的言传身教下，感受职场文化，提高职业发展能力，培养能"零距离"上岗的毕业生。

构建融入职业标准的动态化课程体系，有机融合思政元素的显性和隐形因子。2021年7月，核心课"非寿险实务"入选第一批省级课程思政示范课程。本课程对接"1+X"职业技能等级证书，结合财险的行业标准和技能要求，通过专业知识和思政元素的同频共振，厚植家国情怀，传承行业使命。2021年下半年校企合作开发《非寿险实务》云教材的编写，于2021年12月份完成编写工作并投入课程的使用。"非寿险实务"课程思政体系如图4所示。

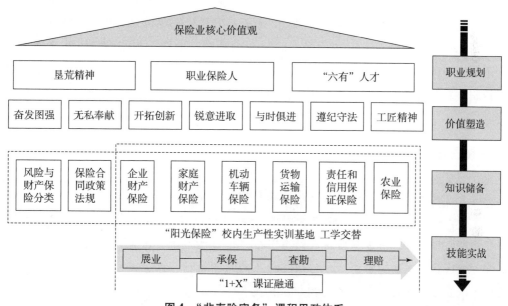

图4 "非寿险实务"课程思政体系

实施招生招工一体化。2021年10月，校企共同成立"阳光保险"现代学徒班，采用"先招生再招工"的方式，在每一届大三金融专业学生中经校企双方共同考核筛选出20名优秀学生组建"阳光保险"现代学徒班，与企业达成学徒协议，由企业和学校双方进行管理。学徒班学生第五学期完全脱产进入校内"阳光保险"生产性实训基地进行相应的岗前培训和真实岗位实践，其间"阳光保险"派遣专业师傅全程指导学生，经过相应考核可以获得20学分以此顶替第五学期专业课程，实践结束后可以跟"阳光保险"签订第六学期的就业协议，继续在校内实训基地实习。

创新评价体系促进常态化整改。创新建立学生自我评价、教师评价、师傅评价、企业评价和社会评价五位一体的多元评价体系。"阳光保险"现代学徒班成立后，针对学生学习和实践的实习情况，建立日常巡查整改、突出问题专项整改和考核整改等常态化诊改的现代学徒制培养质量保证机制。岗前培训和实训实践过程严格按照"阳光保险"的学徒岗位标准等制定考核实施细则，逐级考核评价学徒的知识、技能、素质和实践能力等综合素养。

四、经验与启示

"互联网+保险"校企协同育人模式是职业教育提升人才培养质量的重要手段和未来发展方向，我校保险实务专业结合行业特点，通过多年探索积累了较为丰富的经验，以开设"阳光保险冠名班"、"阳光保险"现代学徒班等方式与企业合作培养人才，取得了显著成效。后续双方一要继续积极探索产教融合发展的长效运行机制，构建"共育、共管、共享、共赢"的紧密合作模式，真正形成"多方参与，多方受益"的良好局面，助推经济社会发展。二是扎实推进产教融合的人才培养模式改革，坚持立德树人根本任务，实现"教学做"合一，通过产教融合模式进一步提升保险专业建设水平和人才培养质量，促进企业需求侧和教育供给侧要素全方位融合，不断提升我校职业教育对我市经济社会发展的贡献度。三是通过校企双方以"阳光保险"校内产教基地建设为纽带，以共享理念为指引，不断加强内涵建设，积极对接行业发展需求，以"提质、培优、赋能"为抓手，把握和践行职教新阶段发展思路，为台州市保险人才培养、保险金融业的快速发展做出新的积极贡献。

专家点评

该案例对接国家级小微金融改革金融应用型人才需求，围绕培养素质高、知识扎实、能力较强、具备一定职业素养和创新精神的应用型人才为目标，以互联网为纽带，校企紧密链接，采取线上与线下相结合、多方平台相融合、校企资源共享，融入思政元素，增强学生职业荣誉感，践行保险行业的工匠精神，探索以校企协同育人发展路径打造"互联网+保险"校企协同育人模式。

该案例坚持校企资源协同、线上线下融合，构建从学习、实训、就业的闭环，具有以下特色：一是探索生产性实训基地的新模式。克服了传统生产性实训基地在场地、网络接入、数据保密性、投资的困难，通过网络连接企业和学校，在线上将企业引入学校。二是结合"互联网+保险"的模式，通过线上线下合作，突破了传统校企合作的空间限制，通过互联网直接实现业务互通，拓展校企合作的空间和形式。三是解决了传统实践活动业务不真实、学生不积极的问题，在提升学生知识技能的同时，培养学生的抗压能力和沟通能力，体现实践能力培养；四是近距离实现现代学徒制教学模式，让师徒教学和就业在校园内得以实现；五是结合保险行业特性，依托校内生产性实训基地，以行业专家唤醒保险职业荣誉感，鼓励以实干精神奔走于业务一线，培养学生"诚实守信、爱岗敬业、勤于探索，锐意进取"的职业素养。

数字化教学资源建设与应用篇

基于虚拟仿真的"学作融通、虚实融合"人才培养模式构建与实施

唐山工业职业技术学院

一、背景与现状

中车唐山公司是中国第一家轨道装备制造企业、高铁装备制造龙头企业,作为国家首批91家创新型企业之一,承担着中国高铁从制造到创造的核心任务。面对新技术、新标准对高铁装备智能制造产业岗位人才提出的需求,唐山工业职业技术学院于2011年开设了动车组技术(现动车组检修技术)专业,与中车唐山公司深度合作,在国内率先实施了"校企紧密对接、交互协同育人"的人才培养改革,承担起培养高铁动车制造、维护与检修一线高素质技术技能人才的重任。

(一)尝试以"四阶段工学交替"解决难以及时获得高铁新技术的问题

因高铁技术具有不断突破技术瓶颈、持续自主创新、保密性强的特点,使得学校很难及时获得高铁新技术,而造成教学内容滞后脱节、专业教学内容未能有效衔接高铁企业工作实际的问题。专业围绕高铁装备制造向网络化、智能化转型升级对"高铁工匠"的新需求,携手中车唐山公司,建设"校内动车产业学院"和"企业职场课堂",持续优化并协同实施"学校夯实基础+企业跟岗实践+学校专业塑形+企业顶岗锻炼""四阶段工学交替"复合型人才培养模式(见图1),将高铁岗位核心工作任务及时融入专业教学内容,

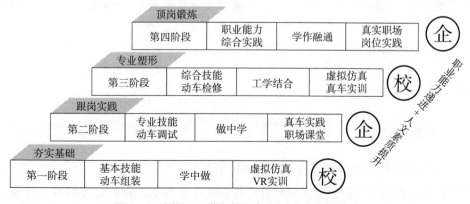

图1 四阶段"工学交替"复合型人才培养模式

重构基于工作项目的模块化课程体系，将学习与工作融通，实现了高铁"新技术、新工艺"与教学"新模块、新任务"的同步迭代。在学中做→做中学→工学结合→学作融通的有效提升过程中，实现高铁装备智能制造新技术进课堂。

（二）实施"虚实融合"解决企业生产资源难以有效转换为教学资源的难题

针对因高铁装备成本高、实际故障工况复杂、运行过程中高压危险、设备不宜反复拆装等情况而造成的企业生产资源未能有效转换为校内教学资源问题，以中车唐山公司捐赠的价值1 900多万元的高速综合检测列车为实体，利用虚拟现实、工业物联网、大数据等智能技术，校企共建动车组检修技术专业虚拟仿真实训中心，选择动车组生产组装、调试检修等典型岗位的"真实案例"，合作开发了体现企业生产流程的虚拟仿真实训项目以及与企业实习互补性强的虚拟仿真单元，涵盖动车组组装、检修、故障处理、调试四大虚拟仿真模块，构建体验式、沉浸式、全天候虚拟实训教学环境；系统开发了体感式、高互动式教学资源和项目化专业教材，体现企业生产流程的虚拟仿真实训项目，与企业实践互补性强的虚拟仿真单元及融入企业元素的评价标准；在教学全过程中实施"线上与线下结合、虚拟与现实融合"，搭建起"教学资源库+虚拟现实技术，现实环境+虚拟仿真"的立体化教育大资源平台，在虚实融合中实现企业资源的有效转化。

（三）以校企"双职场课堂"建构"准真实"育德教学环境，解决"工匠精神"系统培养难题

针对因在学校尚缺乏"工匠精神"系统培养的有效平台和方法路径而造成的高铁工匠精神未能有效融入人才培养全过程问题，将"敬业创新、质量至上、忠诚祖国"的高铁精神纳入培养目标，在培养模式设计中融入实践共同体理论，充分发挥学校、企业课堂第一主渠道育人作用，以校企"双职场课堂"为平台，建构"准真实"育德教学环境。在模块化课程教学设计中，创设包含产业文化、企业文化、岗位文化和职业规则的复杂任务情境，使"准环境"无限趋近"真环境"，促使学生从边缘参与者到充分参与者主动转变，通过理论引领、课程带动、榜样示范、环境熏陶，实现"学生→学徒→工匠"的身份认同，将高铁工匠精神内化于心、外化于行。

二、特色与创新

（一）资源开发特色

1. 以企业核心岗位为原型，开掘虚拟实训资源

虚拟仿真实训中心建设以动车组制造、检修企业的典型工作任务为原型，开发了虚拟工厂、虚拟设备等与企业实习互补性强的4个虚拟仿真单元，新增和完善实训项目38个。

依据虚拟仿真资源开发的视频资源容量 80 小时以上，视频内容涵盖 600 余学时的教学内容；视频及动画涵盖专业课程 800 个以上的知识点；采集源于实际工作岗位的企业典型案例 80 余件。解决了动车组车辆及辅助设备不宜反复拆装，实际故障工况难以模拟，高铁运行过程中高压危险等打不开、进不去、看不见、动不了、难再现、高风险等难题，满足了专业群学生实训、行业企业员工培训的需求。

2. 拓展技术服务新领域，校企合作互利共赢

学校与中车唐山公司、唐山华达公司、软件开发企业合作，校企共建共享虚拟仿真实训中心。聘请中车唐山公司高级工程技术主管及业务骨干兼任实训教学中心教师，承担实训教学任务，探讨教学改革与工程实践新模式，为高铁装备制造专业群人才培养奠定了良好基础。教师团队面向唐山动车城数家企业开展动车组高压电器检修等技术支持服务 4 项，获得专利 5 项，其中张丽丽老师与中车唐山公司技术人员合作获批发明专利"一种集成气路装置及其气路控制方法、列车" 1 项。2020 年度虚拟仿真实训中心开展企业员工培训 468 人，累计 3 756 人·课时，助推了企业员工知识技能更新和职业素质提升。

3. 同步产业技术更新，动态调整仿真项目

随着科技进步、社会发展，高铁装备产品也在持续更新，350 公里复兴号动车组、京张智能动车组、160 公里动力集中动车组等陆续上线运行，今年 9 月份最新可变轨距跨国互联互通高速动车组也研制成功。为确保人才培养与产业前沿接轨，通过校企合作及时将高铁动车组相关的新产品、新技术、新工艺、新规范融入实训内容，并根据职业岗位的动态需求做了适时甚至是超前的改变，拓展了学生的知识结构，提升了学生的综合职业能力。

（二）创新人才培养

1. 用"身份认同"新理念铸造高铁工匠精神

将实践共同体理论创新融入人才培养模式。通过企业、学校双"职场课堂"打造，重构了"双环境"下的教学方式和学习行为，形成校企共建共享的技术技艺库。探索实践了区别于任务驱动、项目教学等技能性学习，通过理论引领、课程带动、榜样示范、环境熏陶，融入文化、态度、行为模式等非技能性学习，引导学生从边缘参与者到充分参与者主动转变，逐步实现从"学生→学徒→工匠"的身份认同，形成了新时代高铁工匠"身份认同"职业素养培育范式，同时拓展丰富了实践共同体理论的外延和内涵。

2. 用"学作融通"新模式锤炼高铁技术技能

通过打造"校内动车产业学院"和"企业职场课堂"两个平台，及时将高铁新技术、新设备、新工艺的岗位核心工作任务通过"教学处理"转化成可灵活、柔性组建的模块化教学项目和教学资源，持续完善实施"学校夯实基础＋企业跟岗实践＋学校专业塑形＋企业顶岗锻炼"四阶段工学交替复合型人才培养，通过生产资源和教育资源交互利用、技术人员和教学人员分工协作、学生身份与学徒身份相互融合、生产过程和教学过程交叉渗透、技术升级与内容更新同步迭代，培养高铁装备产业转型升级急需的高素质技术技能人才。

3. 用"虚实融合"新方法转化高铁生产资源

校企构建了智能制造生产车间"真实场所"，将高铁技术中"高成本、高危险、高投入、难实施、难观摩、难再现"部分立体化"虚拟再现"。融入高铁装备制造及检修企业的生产规范、技术数据、工艺流程以及"1+X"职业技能等级证书标准等，开发源于企业工作流程的虚拟仿真实训项目，将高铁制造与检修现场"立体化"真实还原，建设虚拟设备、虚拟工厂等与企业实习互补性强的虚拟仿真单元，建设虚实融合的国家动车教学资源库。运用"云物大智移"技术构建沉浸式、互动式虚拟实践教学环境，营造出可以身临其境的"虚拟企业"工作氛围，实现学校教学与企业生产深度融合。

三、成果与影响

（一）校内辐射带动能力强

专业建成国家骨干专业，立项建设国家高水平专业群、国家专业教学资源库、首批国家级职业教育教师教学创新团队等国家级项目，立项建设河北省创新发展行动计划骨干专业群、省"双高计划"高水平专业群、高铁装备制造类专业高水平实训基地、虚拟仿真实训中心等6个省级建设项目。专业教师团队包括河北省"三三三人才"、唐山市教学名师、唐山市优秀教师多人，为我院首批国家级职业教育教师教学创新团队的骨干成员。近5年来，专业群学生参加省级以上各类职业技能大赛、创新创业大赛获奖近百项，教师参与企业标准制定与技术攻关项目16项，师生团队申报国家专利32项，完成各级各类科研课题42项，发表专业技术与教研教改论文68篇，开发一体化项目化教材15部，建成4门在线精品课程，教师获得河北省教学能力大赛一、二等奖。专业校企合作经验在全院进行推广，企业导师张雪松多次为全院学生进行工匠精神传承的讲座。

（二）校企协作育人质量高

专业累计为中车唐山公司输送了近1 000名动车专业人才，遍布中车主厂区和北京、上海、武汉、西安、郑州5大检修基地，其中95人随国外高铁订单走出国门、走向世界；麦可斯调查显示，2019年该专业毕业生就业率98%、专业对口率95%、起薪水平4 300元，企业满意度98%，均较大幅度高于全国骨干院校平均水平。涌现出大批优秀毕业生，王阳发明了安装锤装配的新工艺，事迹被《人民日报》报道；毕业生高硕文在2019年6月至2010年9月期间就有7项技术成果获得企业攻坚克难与创新成果奖，获评"唐山市最美青年"、青年岗位能手、创新标兵；李子禹被评定为"唐山工匠"，常家宝被评为"唐山市技术能手"，被中车唐山公微信公众号动车先锋表彰报道；张召星等近210名员工成长为技术骨干。

(三) 案例经验推广效果好

"通过校企共建开展项目教学，为学生打造动车真实工作环境"等三个成果建设案例入选 2015 年、2016 年、2017 年《中国高等职业教育年度质量报告》；动车组检修技术国家高水平专业群典型案例在 2020 年中国世界职教大会做分享；专业群案例在 2020 年智能化赋能现代职业教育论坛暨说"专业群·专业·课程"研讨会中被评为典型案例予以交流；成果被武汉铁路职业技术学院、河北轨道运输职业技术学院、西安铁路职业技术学院等兄弟院校借鉴学习，被《人民日报》《中国教育报》等主流媒体报道 28 次，被哈尔滨科学技术职业学院等学校转发学习。

原中车唐山公司党委书记、河北省曹妃甸职教集团化常务理事长郝树青在教育部召开的职业教育研讨会上发言时说："该院学生具有可贵的敬业精神和良好技能，上手快、有后劲，许多已经成为我公司车间生产骨干，企业就需要这样的毕业生。"

(四) 国内外示范影响大

动车组检修技术职业能力培养虚拟仿真实训中心在 2018 年高职高专校长联席会被评为虚拟仿真应用优秀案例，该中心为中车唐山公司累计培训高端技能人才 2 200 人次，每年接待交流参观 1 000 人次以上；专业携手中车集团在泰国建立"海外培训基地"，与泰国签署国际教育合作协议，成立"中泰高铁国际学院"，开办动车组检修技术泰国留学生班，输出动车组检修技术专业教学标准 1 个、课程标准 3 个，国（境）外落地率 100%，被泰国教育部授予"2019 中泰职业教育合作突出贡献奖"。

2018 年，时任教育部副部长的鲁昕视察动车产业学院后称赞：能够为中国制造名片——高铁产业培养输送这么多优秀人才，这是职业教育的光荣。

四、经验与启示

(一) 重构"线上+线下"混合式教学

随着信息技术、智能技术深度融入人才培养和教育教学全过程。学院在"互联网+"时代背景下如何以系统思维深化混合教学模式改革，重构"线上+线下"课程模块、课程内容、组织形态与保障实施等方面还需进一步探索实践，从而实现教育教学资源配置最优化。

下一步，学院将主动适应"互联网+职业教育"新模式，学院将聚焦课堂、聚焦发展、聚焦成长，坚持以学生为中心，以实现优质资源的最优化、最大化应用为目标，以"系统化、全要素"设计理念，重构"线上+线下"混合教育课程，根本变革学习方式和传统课堂教学，构建泛在学习、互动学习、探究学习新生态，以信息手段推进资源共享和均衡发展。

（二）加快提升专业群科技供给质量

高职教育作为类型教育，产教融合、科技创新已摆在突出的位置。因此，学院在如何利用建设的产教融合平台，将科研成果转化为企业生产实际能力方面还需进一步提升，持续提升科技供给质量。

学院将以第四次工业革命为契机，以机制创新、制度创新为重点，依托建设的"两院两中心"、6个科技攻关平台、省级研发中心，面向人工智能、工业互联网、智能制造等产业，聚焦产业生产技术难题，开展技术攻关，推进研发成果转化，助力区域企业技术升级。

专家点评

一、教学改革的背景

面对新技术、新标准对高铁装备智能制造产业岗位人才提出的需求，以"四阶段工学交替"解决难以及时获得高铁新技术的问题。

二、教学改革做法

唐山工业职业技术学院于2011年开设了动车组技术专业，学校与中车唐山公司深度合作，在国内率先实施了"校企紧密对接、交互协同育人"的人才培养改革，承担培养高铁动车制造、维护与检修一线技术技能人才的培养任务。学校建设了"校内动车产业学院"和"企业职场课堂"，持续优化并协同实施"学校夯实基础+企业跟岗实践+学校专业塑形+企业顶岗锻炼""四阶段工学交替"复合型人才培养，将高铁岗位核心工作任务及时融入专业教学内容，重构基于工作项目的模块化课程体系，将学习与工作融通，实现了高铁"新技术、新工艺"与教学"新模块、新任务"同步迭代。

针对因高铁装备成本高、实际故障工况复杂、运行过程中高压危险、设备不宜反复拆装等情况，利用虚拟现实、工业物联网、大数据等智能技术，校企共建动车组检修技术专业虚拟仿真实训中心，选择动车组生产组装、调试检修等典型岗位的"真实案例"，合作开发了体现企业生产流程的虚拟仿真实训项目以及与企业实习互补性强的虚拟仿真单元，涵盖动车组组装、检修、故障处理、调试等虚拟仿真模块，构建体验式、沉浸式、全天候虚拟实训教学环境；系统开发了体感式、高互动式教学资源和项目化专业教材，体现企业生产流程的虚拟仿真实训项目、与企业实践互补性强的虚拟仿真单元及融入企业元素的评价机制。

学校将"敬业创新、质量至上、忠诚祖国"的高铁精神纳入了培养目标。

三、特色

通过校企共建项目教学，为学生打造动车真实工作环境，成果建设案例入选2015年、2016年、2017年《中国高等职业教育年度质量报告》；专业群案例在2020年智能化赋能现代职业教育论坛暨"专业群·专业·课程"研讨会中被评为典型案例予以交流；成果被《人民日报》《中国教育报》等主流媒体报道。学校发展规划明确，具有较好的示范作用。

以学习者为中心的电力系统自动化技术专业教学资源库建设与应用实践

内蒙古机电职业技术学院

一、背景与现状

随着电力体制改革深化，构建以新能源为主体的新型电力系统成为必然趋势，电力行业绿色低碳高效发电装备、特高压远距离输送、智能化与信息化一体成为新常态，迫切需要电力职业教育转变发展方向。电力系统自动化技术专业在适应能源电力产业结构升级过程中，传统的纸质教材、图片、PPT课件等平面素材已难以满足人才培养需求，不利于"互联网+"下的教学改革，迫切需要充分发挥各院校、行业企业优势，联合开发优质教学资源，促进信息化手段在专业教学中的应用，提高专业对接产业发展能力；行业从业人员技术水平亟待提高，针对行业企业用户随时随地开展自主学习的线上培训资源匮乏，迫切需要一个资源丰富、针对性强的自主学习和信息交流平台，供他们利用碎片化时间进行个性化学习；建好资源，重在利用，当前资源应用集中在参建院校师生用户上，迫切需要创新资源利用方式，拓宽资源库应用渠道，最大限度促进优质资源共享。

二、成果与影响

（一）建设成果

1. 政行校企齐发力建成"真实电力"资源高地

面向师生用户校企合作建成专业教学资源。以满足线上线下混合式教学为出发点，建成包含专业介绍、专业调研、教学标准、人才培养方案和就业指导的专业资源1套，高度匹配岗位工作内容、融入职业素养、岗位精神的"电路基础""电力系统继电保护"等课程资源16门；融入习近平新时代中国特色社会主义思想，编成《高电压技术》《电气运行》等新形态一体化教材7部。

面向企业员工和退役军人、下岗职工、农民工等用户校企合作建成培训资源。搭建"4+2"培训资源体系，线上建成4类培训资源，线下建设2类培训教材。针对电力企业生产一线员工及退役军人、下岗职工、农民工的技术技能提升、再就业培训需求，建成"低压电工作业"等4门培训课程资源；针对企业用户、社会用户取证需求，建成变配电值班员、继电保护员等6个工种及10 kV带电作业、工业互联网实施与运维2个"1+X"

职业资格等级证书的培训资源；针对企业员工和社会人员对新技术掌握及提升就业竞争力的需求，建成包括分布式发电技术和智能微电网技术等内容的行业新技术培训资源；针对电力企业生产一线员工及其他学习者掌握相关行业企业技术技能、尽快适应实际工作岗位的需求，建成电力产业链企业案例 90 个、典型任务模块 22 个；结合各类培训需求及安全生产规范、企业工作流程，编写《高级电工培训》等活页式教材 2 部和《风力发电机组维修》等设备操作手册 10 部。

面向各类用户校企合作建成形式多样、内容丰富的特色资源。建成包含历史厅、科普厅、未来厅、体验厅的开放化、数字化、信息化及互动化的在线三维情景式数字博物馆，让各类学习者身临其境了解电力的历史、电力生产过程、电力工业的新技术，感受电力带给社会和生活的巨大变革；建成包括思想教育、安全科学技术知识教育、电力各岗位全方位安全警示教育资料、安全工器具使用手册等安全教育资源，使学习者牢固树立"安全第一"和遵章守纪的思想理念，并在工作中自觉遵守和执行；借助理实一体课程、校外实习、顶岗实习等实践教学活动，开发"电子产品设计与制作"等 2 门创新创业课程，培养学生创新创业意识，提高学生创新创业能力。

2. 多措并举开辟资源高效利用新天地

（1）创新"三贯穿、三阶段、五环节"教学模式，打造课堂教学"新"生态。

校企合作实施"三贯穿、三阶段、五环节"的教学模式，即将安全生产、思政教育、实际案例贯穿始终，推动习近平新时代中国特色社会主义思想和社会主义核心价值观进教材、进课堂、进头脑，落实立德树人根本任务。教学过程分为课前启化、课中内化、课后深化三个阶段，课中按照"情景导入—讲解新知—虚拟仿真—技能实操—总结评价"五个环节组织教学，如图 1 所示。

（2）形成"线上+线下"培训模式，开辟终身学习"新"路径。

线上运用专业教学资源库，将适合电力类企业员工学习的培训资源优先推荐给企业，企业选择合适课程纳入员工入职培训和继续教育培训；线下运用智慧电力虚拟仿真实训基地，开展技能鉴定和企业员工电力安全培训、技术技能提升培训，线上线下双渠道全方位提升培训实效。目前，资源库平台的企业员工注册人数已达到 1 600 余人，每年面向社会开展电工等工种的职业技能培训 3 000 余人，所建资源惠及百余家企业，教学资源来源于企业又反哺企业，开创了产教深度融合新路径。

（3）创新"资源+"服务模式，拓宽资源服务"新"渠道。

"资源+科普教育"：资源库设有社会用户学习渠道，面向各类用户科普电力常识，通过电力数字博物馆寓教于乐的形式满足学习者对电力发展史、电力新技术等知识的需求。电力知识进学校，借助电力数字博物馆及虚拟仿真基地，通过现场讲解和体验，让中小学生了解电力知识，学会安全用电、体验电力职业，开阔学生视野、树立职业理想。

"资源+乡村振兴"：用电安全进乡村，开展形式多样的志愿服务，通过发放配有资源库视频、动画、图文二维码的电力安全宣传页向农牧民宣传农业用电、电力设施保护等知

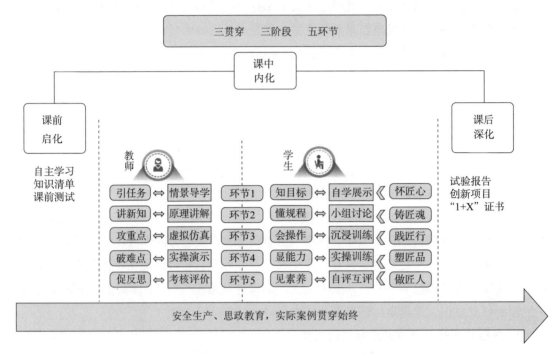

图1 "三贯穿,三阶段,五环节"的教学模式

识,进行触电急救培训,引导农牧民安全、节约、科学用电,铸牢安全防线;技能培训进牧区,利用优质教学资源及设备开展社会培训,提升农牧民初级电工、家电维修方面的技能,助力近百名农民工取得电工三级证书。

(二)成果影响

1. 建成信息化教学资源高地

2020年,作为第一主持院校牵头建设的国家职业教育电力系统自动化技术专业教学资源库通过教育部验收,2021年,智慧电力虚拟仿真实训基地获批职业教育示范性虚拟仿真实训基地培育项目。资源应用实现"三个全覆盖":一是地域分布全覆盖,注册的企业、院校分布于全国7个区域;二是用户类型全覆盖,平台注册用户达4万余人,包括教师、学生、企业员工、社会人员,新冠肺炎疫情期间,为全国同类专业开展线上教学提供了有力支持,推动自治区信息化教学水平走在全国前列;三是学习领域全覆盖,资源库推广到中职、高职与应用型本科院校,并在相关电力行业企业、农村牧区广泛运用,为加蓬等"一带一路"沿线国家提供培训。建成"高电压技术""发电厂变电站电气设备""工业控制PLC技术""探寻继电保护的奥秘"4门自治区级精品在线开放课程,累计制作微课视频300余个,全国职业院校学习人数达到5 000余人。构建线上线下理论与实践一体化教学模式,利用在线开放课产生的海量数据,用大数据挖掘信息价值,以此构建课程反馈体系,持续促进课程内容更新、教学模式优化及教学管理方式革新。

2. "三教"改革成效显著

形成了一支跨校跨区的电力系统自动化技术专业及课程建设的"国家队"。通过线上线下、虚实结合的教学资源建设，培育引进一批电力行业有权威、国际有影响的专业建设带头人，通过微课、动画、虚拟仿真等素材开发，培养出一批教学理念先进、教学能力和专业技术水平明显提升的骨干教师。随着教学资源的不断丰富，线上线下混合式教学不断深化，教师信息化教学能力和实践教学能力不断提升。团队教师参与制定国家高等职业学校电力系统自动化技术专业教学标准，在全国职业院校教学能力大赛获国家级奖 10 余项、省部级奖 20 余项。

通过融入精品资源、引入典型生产案例开发体现新技术、新工艺、新规范等的新形态一体化高质量教材。教材呈现形式适应混合式教学、在线学习等泛在教学模式，建立动态化、立体化的教材和教学资源体系，使专业教材能够跟随信息技术发展和产业升级情况，及时调整更新。资源库建设期间联盟院校共出版使用《高电压技术》《发电厂变电站电气设备》和《电气运行》等数字化教材 7 部，《电气控制》《电机拖动》和《PLC 应用技术》等双语教材 20 部。

通过融入信息化教学手段，优化教学设计，改变教学组织形式，推行线上线下混合式教学改革。立足学生认知基础，根据教学应用场景，将一个个教学载体打造为可感知学生行为的"学习触点"，将教学任务和信息化教学资源，尤其是技能训练的指导资源，在课前、课中、课后构建网络学习课堂，推送丰富的学习资源、组织学生按计划学习和个性化学习。通过平台的数据处理分析功能，教师可根据学生学习行为提高资源推送的针对性，完善对学习者学习效果的形成性评估，提高对教学质量的监控力度，并通过平台的分析功能，矫正教学行为，为学习者提出个性化的学习方案。针对电力系统自动化技术专业特殊性，创新开发模拟真实操作的仿真虚拟资源替代危险性或难以重复安排的现场实习，展示教学中难以理解的复杂结构和操作。教师教学方式的变革走出了"难教"的困惑，学生学习方法的变革激发了"乐学"的兴趣。

三、特色与创新

1. 组建资源共建共享联盟

组建分布于我国华北、华中等 7 个区域的资源库共建共享联盟，集合电力专业不同地域特点和技术特色开发资源，增强专业教学资源的普适性，建立起资源"汇集—优化—应用—发展"的良性循环机制。成立推广应用管理小组，选出 16 个联络员与各联盟单位建立一对一联络制度，进行资源建设使用交流，保证各院校的建设齐头并进。

2. 推进课程思政教育教学改革

为了落实课程思政教育教学改革，切实把"立德树人"根本任务贯彻在教育教学全过程，课程团队修订 16 门标准化课程的课程标准，对建设的课程进行课程思政整体设计，立足专业知识，挖掘课程思政结合点，从教学目标、教学内容、教学方法、课程考核等方面进行课程思政的全过程渗透，从"政治素养、思想道德素养、科学文化素养、创新思维素养"等方面进行规划，将思政元素融入项目教学全过程，帮助学生树立"专业自信"。

3. 发挥"互联网+"教学优势，助力跨时空复工复学

在新冠疫情期间，电力系统自动化技术专业教学资源库建设项目组面向全国高中职院校，开放在线学习平台和课程资源，提供学习数据存储与分析、专业师资答疑助学，全力保障院校教学与学生学习需求，助力教育部"停课不停教，停课不停学"。据统计2020年3—7月，使用数据较疫情前累计浏览量增长52.19%，测验考试次数增长32.88%，参与测验人数增长53.14%，互动次数增长37.96%。通过资源库的建设和使用，提升了教师的教学设计实施能力和信息化能力，项目团队在全国职业院校技能大赛教学能力比赛中获国家级奖项10余项。

4. 形成"资源库+脱贫攻坚"的社会服务理念

立足自治区实际，聚焦服务农村牧区，实现教育资源共享，形成"资源库+脱贫攻坚"服务模式。多维整合优质资源，线上形成"4+4+3"培训资源体系，使农牧民足不出户即可享受优质资源；线下形成"学校、企业、农牧区"全方位育人环境，强化农牧民安全用电知识，提高农电工技能，线上线下双渠道助力农牧民综合素质提升，为自治区高校助力乡村振兴战略的实施提供了可复制服务范式。

四、经验与启示

1. 统一要求，制定联盟标准

通过制定《电力系统自动化技术专业教学资源库共建共享联盟章程》《电力系统自动化技术专业教学资源库项目管理办法》和《电力系统自动化技术专业教学资源库项目专项资金使用与管理实施细则》等相关制度和管理办法，从组织、经费管理及知识产权等方面建章立制，确保资源库建设与推广应用形成制度保障。构建从指导、管理到实施的组织保障机构，组建项目建设指导组、项目建设领导组和项目建设实施组，明确各自的工作职责与任务，确保高标准、高质量地完成子项目建设、推广任务。

2. 过程管理，持续提升改进

定期召开资源库联盟会议，分阶段对建设内容进行检查验收。子项目建设团队定期召开资源建设研讨会，确定优质资源建设和推广。聘请第三方专家和企业技术人员，从建设标准、建设内容、完成质量等多方面对资源库建设情况进行检查评定，对于建设成果好的院校和教师进行表彰，对建设效果差或未完成的教师责令限期整改。集中建设期间，项目建设团队共同修订人才培养方案、课程标准，共同规划、建设课程。

3. 共建共享，学习环境开放多元

从资源创建、资源管理、教学设计、教学实施、学员管理、评价分析、互动交流等方面进行功能设计。通过丰富的模块化课程资源，清晰的思维导图，真正达到了"学习者乐学，授课者善教，行业企业乐于参与，社会访客畅游其中"的目的。通过完善资源库的门户网站，为教师、学生、企业员工、社会用户及其他用户定制了个性化学习内容，满足了用户多样化、个性化自主学习及便捷访问的需求。

专家点评

一、教学改革的背景

随着电力体制改革深化，构建以新能源为主体的新型电力系统成为必然趋势，电力行业绿色低碳高效发电装备、特高压远距离输送、智能化与信息化一体成为新常态，迫切需要电力职业教育转变发展方向，建设自主学习和信息交流平台，拓宽资源库应用渠道，最大限度促优质资源共享。

二、教学改革做法

1. 学校面向师生用户校企合作建成专业教学资源

以满足线上线下混合式教学为出发点，建成包含专业介绍、专业调研、教学标准、人才培养方案和就业指导的专业资源1套，高度匹配岗位工作内容、融入职业素养、岗位精神的"电路基础""电力系统继电保护"等课程资源16门；面向企业员工和退役军人、下岗职工、农民工等用户校企合作建成培训资源，搭建"4+2"培训资源体系，线上建成4类培训资源，线下建设2类培训教材。

2. 特色资源建设

针对电力企业生产一线员工及退役军人、下岗职工、农民工的技术技能提升、再就业培训需求，建成"低压电工作业"等4门培训课程资源，针对电力企业生产一线员工及其他学习者掌握相关行业企业技术技能、尽快适应实际工作岗位的需求，建成设电力产业链企业案例90个、典型任务模块22个；结合各类培训需求及安全生产规范、企业工作流程，编写《高级电工培训》等活页式教材2部和《风力发电机组维修》等设备操作手册10部。

3. 形成"线上+线下"培训模式

开辟终身学习"新"路径，线上运用专业教学资源库，将适合电力类企业员工学习的培训资源优先推荐给企业，企业选择合适课程纳入员工入职培训和继续教育培训；线下运用智慧电力虚拟仿真实训基地，开展技能鉴定和企业员工电力安全培训、技术技能提升培训，线上线下双渠道全方位提升培训实效。目前，资源库平台的企业员工注册人数已达到1600余人。

三、特色与成果

1. 建成信息化教学资源高地

2020年，作为第一主持院校牵头建设的国家职业教育电力系统自动化技术专业教学资源库通过教育部验收，2021年，智慧电力虚拟仿真实训基地获批职业教育示范性虚拟仿真实训基地培育项目。资源应用实现"三个全覆盖":一是地域分布全覆盖,注册的企业、院校分布于全国7个区域;二是用户类型全覆盖,平台注册用户达4万余人,为全国同类专业开展线上教学提供了有力支持;三是学习领域全覆盖,资源库推广到中职、高职与应用型本科院校,并在相关电力行业企业、农村牧区广泛运用,全国职业院校学习人数达到5 000余人。

2. 改革成效显著

形成了一支跨校跨区的电力系统自动化技术专业及课程建设的教学团队。通过线上线下、虚实结合的教学资源建设,培养出一批教学理念先进、教学能力和专业技术水平明显提升的骨干教师。团队教师参与制订国家高等职业学校电力系统自动化技术专业教学标准,在全国职业院校教学能力大赛获国家级奖10余项、省部级奖20余项。

智慧学习环境下中职机械类立体化教材的开发与实践

长春市机械工业学校

一、背景与现状

长春市机械工业学校作为国家级重点中职学校，数控技术应用、模具制造技术等机械类专业一直是学校的优势和特色专业。2011年，依托国家改革发展示范校建设项目，各专业紧密围绕区域经济发展需求，以校企合作为基础，以职业能力培养为核心，相继编写《机械装调基本技能》等教材并正式出版。同时，通过自制、与软件公司合作开发或外购等方式，开发由课件、动画、虚拟仿真实训教学软件等构成的数字化教学资源库。这种由纸质教材和数字化教学资源库等组成的传统立体化教材虽然在一定程度上满足了教学需要，但仍存在以下问题：

（一）教材内容无法达到人才培养的要求

传统教材的内容以理论知识为学习起点，所学的知识与企业工作缺乏直接联系，无法达到职业教育人才培养的要求。

（二）教学资源不足，不利于教学的开展

传统纸质教材内容主要是文字和平面图片，无法直观演示事物变化过程等，不利于激发学生学习兴趣；纸质教材和数字资源是表面一体化，不能以统一的设计理念、编制策略等进行设计与开发；同时，强调教师的教学需求，忽视学生的学习需求。

（三）教学模式以教师为主体，难以保证教学质量

应用传统教材的课堂上，教学模式以教师为主体，内容堆砌，互动不足，学生无法主动学习，无法培养创新能力与实践能力。同时，忽略学生学习基础和学习能力的差异，教师难以及时掌握学生学习情况，教学质量普遍不高。

（四）考核评价单一，不利于学生全面发展

应用传统教材的课堂上，注重结果考核，忽略过程监督。以教师为评价主体，以知识为评价内容，评价主体和内容单一，未能实现学生的全面评价。

（五）课堂化的教学环境，不利于学生职业能力的培养

应用传统教材的课堂上，教学内容"堆砌"，侧重于支持"回忆、理解和应用"等低阶认知目标，不利于培养学生"分析、评价和创造"等高阶认知目标。

随着以信息技术为代表的技术革命席卷全球，云计算、大数据、物联网、移动计算等新技术逐步广泛应用，信息技术为解决教学过程中存在的问题提供了可能。在中等职业教育全面加强内涵建设和推进质量提升的新形势下，学校探索基于工作过程的机械类专业教材内容改革；以学生为主体，同时围绕"教"和"学"两个中心，开发纸质教材和数字化教学资源深度融合的立体化教材；建构能够支持情境觉知、学习过程记录、学习数据分析、学习诊断与评价等功能的智慧学习环境，从而实现中职教育的培养目标，增强毕业生的就业竞争力。

二、成果与影响

2016年，依托工学结合课程体系，学校启动《机械基础》《钳工基本技能》《零件的普通车削加工》《模具装配技术》四部机械类专业课程立体化教材开发工作。

（一）重组教材内容

1. 重组教材内容

在广泛调研的基础上，结合企业岗位需求、"1+X"标准、技能大赛标准，以典型零部件为载体设计教学项目承载知识和技能的传授（见图1）。

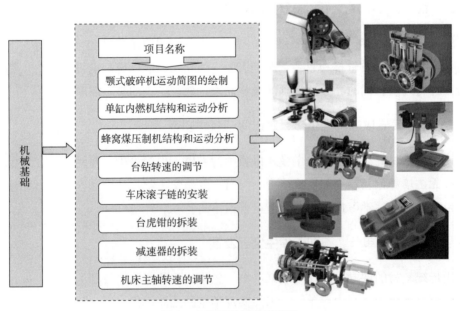

图1 立体化教材教学项目

2. 改革教学模式与教学方法

按照"以学生为主体，教师为主导"的原则，构建符合专业和课程特点的教学模式。"机械基础"课程构建了"项目导向、先学后教、合作探究"的教学模式。以项目为教学单元承载知识的学习和技能的提升。通过"先学"，最大限度暴露教学难点和存在的问题，为"后教"做准备。通过"后教"，教师帮助学生挖掘核心内容，提高教学针对性。通过合作探究，提升学生团队合作意识和用理论知识解决实际问题的能力。

3. 改革考核评价方式

采取过程与结果并重的考核评价方式。过程考核以项目（任务）为单元，依据学生掌握理论知识的程度、完成项目（任务）的质量、工作态度等，通过自评、互评、教师评定等方式综合评定学习成绩，占权重的60%。以期末考试（注重对学生利用理论知识解决实际问题能力的考核）作为结果考核成绩，占权重的40%，综合评定两项成绩，作为课程总成绩。

4. 开发教材资源

（1）基于AR技术的数字化教学资源建设。

利用增强现实（简称AR）技术制作动画和视频，直观呈现事物形态及其发展变化过程，激发学生好奇心和求知欲。4本教材共计开发了90个二维动画、503个三维动画和77个视频的数字化资源。

根据教材内容，整合知识点和教学环节，4本教材共设计开发135个微课视频，帮助学生完成知识点或技能点的理解与建构。

（2）编写立体化教材。

按照基于工作过程的编写理念，围绕培养学生职业能力编写立体化教材。教材内容的组织力求工作过程系统化，将相关知识嵌入技能任务中。教材采用了形象、直观的立体图片，用手机、平板电脑等移动终端扫描图片下方的AR码，屏幕播放伴随声音讲解的数字化资源，为学生提供完美的学习体验。

5. 建设智慧学习环境

（1）电子书包教学软件。

电子书包教学软件是融合了数字化、网络化的多媒体教学网络平台，用于实现教师与学生、学生与学生间的交流。

（2）立体书城。

立体书城是立体化教材的配套软件，可实现扫码识别、资源展示、在线测试、使用统计、资源访问记录、资源访问统计、测试记录、测试统计等功能。

（3）基于物联网的智慧教室。

智慧教室建设包括信息化环境建设和物联网建设。信息化环境建设主要指硬件建设，包括教室、桌椅、一体机、黑板、无线AP、智能学习平板电脑、平板电脑充电柜。在智慧教室中，通过物联网可实现自动考勤、教室预约、视频监控、远程照明控制、用电设备远程开关等。

6. 立体化教材教学实践

以《机械基础》立体化教材为例，课程的实施在智慧教室进行。其中新课以情境引入、自主学习、任务实施、检查评价四个步骤展开教学。

（1）情境引入。

利用增强现实技术创设项目（任务）情境，使学生明确现实工作意义，激发学生实施热情。

（2）自主学习。

学生登录立体书城，用平板电脑扫描观看立体化教材相应资源并完成在线测试。教师通过移动终端获取学生观看资源和完成在线测试情况，智能分析学生学习情况，确定教学难点，利用微课视频讲解难点。

（3）任务实施。

学生以小组为单位下载任务书和考核评价单。学生登录网站查询完成任务所需材料，小组讨论，合作探究，组长填写任务书并提交。小组选派代表进行展示，组间交流。

（4）检查评价。

从职业素养、理论知识、任务实施情况等方面，通过自评、互评、教师评价等方式对学生进行全面评价。学生填写并提交考核评价单。

（二）应用效果

1. 学生职业能力明显提高

2017年立体化教材应用到教学实践中，通过与专家、企业、学生的交流、反馈，他们普遍认为立体化教材借助智慧学习环境，实现了教学内容、教学模式、师生角色、教学评价方式的转变。经过4年多的教学实践，学生综合职业能力显著提升，近3年在国家级技能大赛中获奖7项。

2. 取得了丰硕的教科研成果

专业教师及时总结立体化教材开发中的经验，撰写的论文《智慧学习环境下机械基础立体化教材的开发与实践》在2017年长春市中等职业学校课堂教学改革主题论坛征文评选活动中被评为二等奖。相关课题"智慧学习环境下中职机械类课程立体教材的开发与实践"被吉林省教育厅确定为2016年度吉林省职业教育与成人教育教学改革研究课题；课题"基于立体教材的中职课堂改革的研究与实践"被中国教育发展战略学会教育信息化专业委员会确定为2016年度研究课题，起到了很好的引领和示范作用。教师彭敏老师于2019年在全国机械行指委（中职）机械制造类专指委会议上做"智慧学习环境下中职立体化教材的开发与实践"的经验交流分享。"基于立体化教材构建机械基础智慧学习环境"案例入选2018年中国职业教育技术展望地平线项目报告案例集。

教师彭敏采用立体化教材进行的课堂教学，在2017年长春市中等职业学校教师信息化课堂教学比赛中荣获一等奖。教师马红军、张利梅、康健采用活页式立体化教材进行的课堂教学，在 2020 年全国职业院校技能大赛教学能力比赛中荣获三等奖。

（二）推广应用

本套立体化教材的开发理念和开发模式对学校其他专业教材的建设起到了引领和示范作用，学校于 2017 年 8 月启动第二批 4 个专业、6 本立体化教材的开发工作。学校立体教材的开发与应用作为典型案例在浙江省温岭市职业技术学校、浙江省中职电工电子专业教研大组年会、河南省新乡市职教中心、浙江省宁海市第一中等专业学校等中、高职院校做经验介绍。近两年，共有 600 人次全国中高职院校的领导和教师到校参观智慧教室，进行立体化教材开发与实践的交流。该套立体化教材还被全国十二个省的中职学校使用，印刷量达 3 000 多册。

三、特色与创新

本套立体化教材通过深刻剖析职业教育的本质和立体化教材内涵，整合了智能信息技术与教学活动，使学生自主、轻松、有效地学习，为学生的终生发展奠定基础，其创新之处包括以下几点：

（一）创新了立体化教材的开发理念

以学生为主体，同时围绕"教"和"学"两个中心，将一体化的教学设计思想贯穿于立体化教材建设始终，实现数字化教学资源和纸质教材深度融合，满足学生职业能力培养。按照"基于工作过程"的理念开发纸质教材内容；围绕教材内容，发挥增强现实技术立体感、情境性、逼真性和交互性的优势，确定数字化教学资源的内容和表现形式，制作动画、视频、微课等数字化教学资源。利用教材图片下方的 AR 码技术实现纸质教材与数字资源的深度融合。按照"以学生为主体、教师为主导"的原则，创新立体化教材配套的教学模式和考核评价模式。根据教学模式和考核评价模式需求开发智慧学习环境。在智慧教室中使用立体教材，可以实现教师智慧地教、学生智慧地学。

（二）创新了立体化教材的开发模式

该套立体教材由专业教师和软件公司人员合作开发。软件公司对专业教师进行信息技术培训，专业教师掌握数字化资源的类型、特点以及脚本的编写方法。专业教师根据教材内容选取数字化教学资源内容和表现形式，撰写动画、视频、微课脚本，软件公司根据脚本制作数字化教学资源。经过审核、修改、试用和反馈，保证教学资源在教学过程中的应用。

（三）创新了立体化教材的教学模式

学生利用立体化教材进行自主学习，立体书城的数据统计功能感知并记录学生自主学习情况，智能分析学习结果。教师根据分析结果利用微课视频讲解教学重点和难点。教师根据系统统计学习者特征，快速分组；学生利用便捷交互工具，与同伴和教师互动。

四、经验与启示

本套立体化教材在深刻剖析职业教育的本质和立体化教材内涵的基础上，有效整合了智能信息技术与学习活动，以学生为主体，同时围绕着"教"和"学"两个中心，开发满足学生职业能力培养、数字化教学资源和纸质教材深度融合的立体化教材，将一体化的教学设计思想贯穿于立体化教材建设过程的始终，创新了立体化教材的开发理念。该套立体教材由专业教师和软件公司人员合作开发完成，创新了立体化教材的开发模式。课堂上，学生利用立体化教材进行自主学习，利用立体书城和电子书包教学软件的测试功能和数据统计功能感知、记录、分析自主学习结果；教师根据学生情况及时调节教学，设计各种教学活动，创新了立体化教材的教学模式。

专家点评

> 长春市机械工业学校借助数控技术应用、模具制造技术等优势和特色专业，在编写出版教材、建设数字化教学资源库的基础上，开发了《机械基础》《钳工基本技能》《零件的普通车削加工》《模具装配技术》四部机械类专业课程立体化教材。
>
> （一）确立了立体化教材的开发理念。以学生为主体，同时围绕"教"和"学"两个中心，将一体化的教学设计思想贯穿于立体化教材建设始终。重点运用增强现实技术立体感、情境性、逼真性和交互性的优势，实现数字化教学资源与教材的融合。建设智慧教室等立体教材的应用场景。
>
> （二）构建了立体化教材的开发模式。形成了专业教师和软件公司合作的立体教材开发模式。专业教师根据教材内容设计数字化教学资源、撰写脚本，软件公司制作数字化教学资源。
>
> （三）创新了立体化教材的教学模式。学生利用立体化教材进行自主学习，通过学习过程的数据统计，智能分析学习结果。教师根据系统统计学习者特征，快速分组，推送微课视频；学生利用便捷交互工具，与同伴和教师互动。
>
> 本案例通过深刻剖析职业教育的本质特征和立体化教材内涵，整合了信息技术与教学活动，使学生自主、轻松、有效地学习，在中职机械类立体教材建设方面形成了特色。

金融科技应用专业国家教学资源库建设与应用

浙江金融职业学院

一、背景与现状

浙江金融职业学院，是被教育部、财政部确定的中国特色高水平高职学校建设单位，被誉为"行长摇篮""金融黄埔"，是国内第一家开展金融科技教育的高职院校，也是中国互联网金融协会首批唯一高职会员单位。金融科技应用（原专业名称：互联网金融）专业教学资源库（以下简称"本资源库"）由浙江金融职业学院主持，于2017年入选国家级备选库，2019年获教育部正式立项，迄今建设累计约5年时间。本资源库遵循"一体化设计、结构化课程、颗粒化资源"的建构逻辑，构建了"一体两翼三保障四用户"的结构体系，建立了从资源建设到资源应用与再生的良性循环机制。目前已建成专业课程19门，平均每门课80～110个知识点，总素材条数9 000余条，资源总量473 G，视频总时长23 216分钟，资源形式丰富、内容翔实。截至2021年9月，资源库总用户数达100 204人，使用本资源库的师生广泛分布于400余所院校。

资源库发挥育人功能，落实立德树人根本任务，以"互联网"+"教育""人工智能"+"教育""科技"+"金融"市场需求为背景，积极利用"云网端"的新基础设施促进金融科技教育行业的发展，满足学习者的个性化学习需求。以金融科技领域不同岗位群的职业标准为依据，满足四类不同用户个性化需求为出发点，系统设计项目、课程载体及资源展现形式，以学习者为中心，组织冗余的颗粒化资源，使基础资源实现专业基本知识点和岗位基本技能点全覆盖。资源库内容包括专业资源中心、课程资源中心、专业素材中心、创新资源中心和培训中心，具体建设内容如图1所示。

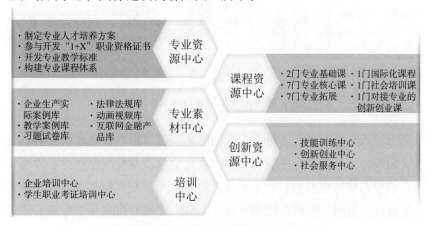

图1 金融科技应用专业教学资源库建设内容

二、特色与创新

(一)"以生为本"坚持立德树人根本任务,"如盐入水"融入课程思政理念

资源库坚持以马克思主义为指导,深入贯彻落实习近平总书记关于教育的重要论述,以学生为中心,坚持立德树人根本任务,将课程思政理念"如盐入水"融于资源库建设与应用的各个层面,发挥德育教育的最大效果。资源库层面,形成金融科技应用专业课程思政教学指南。

课程层面,每门课程均制定了思政目标,并将思政培养融入教学过程中,在教学设计中占有重要地位。

在2020—2021"战疫"的特殊时期,资源库很好地将专业知识与思政元素深度融合,获得教育部职业院校文化素质教育指导委员会"战疫课堂"课程思政典型案例征集大赛三等奖、教育部"停课不停学"优秀成果等荣誉,"金融科技概论"课程获得浙江省课程思政示范课程项目立项。

(二)面向大西部地区学习者和大学新生,拓展金融科技应用专业人才培养范围

资源库高度重视西部地区的推广和应用,有效地扩大了专业人才培养的范围。资源库教学资源惠及全国,包括诸多大西部省份,比如新疆理工学院、青海高等职业技术学院、甘肃农业职业技术学院、西藏职业技术学院等偏远地区的职业院校,均在使用本资源库(见图2)。

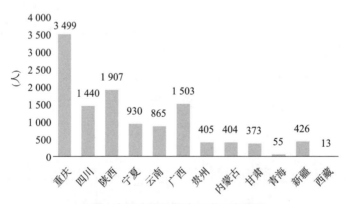

图2 资源库大西部省份学习者人数

同时,资源库跨越了传统人才培养方案的时间限制,将专业人才培养提前到新生入学之前,润物细无声地将专业知识技能和素养渗透至学生。本资源库开设了"新生金融科技入门"项目,设置宏观环境分析、行业前沿、行业变革、技术应用、人才培养等模块,帮助新生在入学前第一时间了解到自己的专业、了解人才培养模式、了解职业和就业。

（三）开发新技术课程与国际化课程，满足金融科技应用专业多样化发展新需求

机器学习、数据挖掘、智能合约、区块链等技术为金融业转型升级持续赋能，专业资源库建设团队及时开发了"人工智能导论""区块链金融"课程，同时还出版了《人工智能导论》《区块链金融》教材，满足各类学习者的学习需求。

"人工智能导论"自 2019 年年底开始开发建设，2020 年开放应用，已有学习者 14 641 名，被 29 所学校引用学习。

"区块链金融"自 2021 年 1 月开始开发建设，上线不到 3 个月的时间，截至报告期已经获得了 846 名学习者的青睐，被 11 所学校引用，服务于日常教学。

随着"一带一路"倡议的深入推进，推进国际化发展，打造具有世界水平的高职学校成为我国高职教育发展的重要内容。资源库精心建设了一门国际化课程 Financial Technology。该课程拥有制作精良的 178 个中英文双语素材，教师英文授课的中英文双语微课 84 门，可直接用于国际学生的全英文教学。

（四）开发创新资源中心，校企共研虚拟仿真实训系统

学校与蚂蚁金服、同花顺、新道科技等企业紧密合作，共同开发以职业实践活动为中心的课程、教材和实践平台。校企合作开发区块链金融、互联网征信、大数据金融营销、大数据风控、金融科技信息安全等虚拟实训系统。利用虚拟现实（VR）技术，用户可通过系统提供的角色选择功能，在不同的岗位上按照工作流程完成各项典型工作任务，进行交互式学习，重点服务学生用户、企业用户与社会用户开展互联网金融、金融科技业务仿真实训，实现资源库业务各环节实操的虚拟仿真功能。

三、成果与影响

（一）建立专业资源中心，引领金融科技应用专业建设

专业资源中心包括专业教学标准、职业技能等级证书、企业调研报告、人才培养方案等内容，构建了金融科技人才培养生态体系。浙江金融职业学院金融科技应用专业 2019 年入选中国特色高水平高职学校金融管理高水平专业群，是高等职业教育互联网金融专业（旧）、金融科技应用（新）专业标准制定组长单位，推动互联网金融专业更名为金融科技应用专业，直接带动专业布点数从 2016 年的 56 个增长到 2021 年的 213 个。金融科技人才培养生态体系如图 3 所示。

（二）依托资源库创新教学方法，服务专业课程改革与创新

2017—2021 年，依托资源库的教学改革在逐步升级改进。一开始利用智慧职教平台进行网络学习，而后通过职教云进行简单的混合式教学，随着教师和学生对在线学习平台的

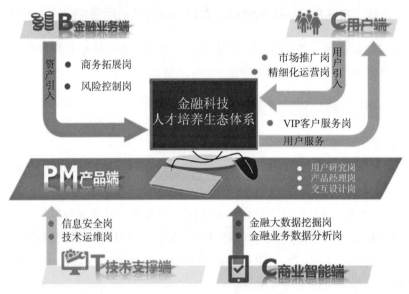

图 3　金融科技人才培养生态体系

熟悉，教师利用云课堂的各类功能催生出了创新型混合式教学教法，学生也学会了利用在线学习平台进行学习自检和意见表达。资源库的建设，逐步改变了专业教学方式，教师和学生均从中受益。图 4 为授课教师在金融科技应用资源库公众号分享教学经验。

课中：搭建框架，适时支持

> 根据UGC社区理念，结合课程目标、授课时长，授课过程设计以确定主题、引入情境、搭建框架、介绍方法、过程支持、反馈结果为主的教学活动环节，围绕教学主题，准备多样化的相关情境背景资料，促进学生进入情境，促发学习主动性。如"疫情与在线商业"主题课程，首先由学生投票确定今日课程主题，增强学生学习主动性；教师明确主题研究需达到的效果，通过背景资料引入情境，并搭建分析框架、介绍研究方法，在教学过程中通过QQ群课堂等在线交流工具支持学生达到预定目标。

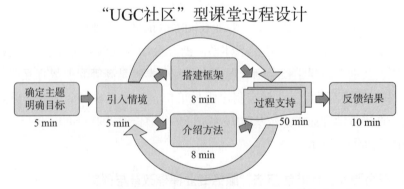

图 4　授课教师在金融科技应用资源库公众号分享教学经验

截至 2021 年 9 月底，在"智慧职教"及其他应用平台上建设应用的课程总计 837 门，其中，在智慧职教平台开设课程 40 门，在 MOOC 平台开设课程 11 门，在职教云平台开设课程 786 门。

2020—2021 年因疫情导致的特殊时期，资源库第一时间提供在线学习方案，为学习者提供了多样化学习渠道和学习资源，解决了特殊时期不能面对面授课、授课效果不佳等问题。

（三）建设 19 门标准化课程，实现"岗课赛证"融通育人

课程资源建设以职业岗位能力需求为导向，建设内容符合金融科技行业岗位需求，实现教学资源与行业职业岗位的知识、能力、素质要求紧密结合，共建成 19 门标准化课程。金融科技应用专业教学资源库课程体系如图 5 所示。

图 5　金融科技应用专业教学资源库课程体系

教学资源紧跟金融科技行业发展趋势，聚焦岗位需求，对接职业标准和工作过程，育训结合，实现人才培养与金融科技从业人员培训的有效对接。课证融通，将 X 证书的内容融入"互联网金融营销""金融数据统计"等课程教学资源中，实现课程教学与金融职业技术等级证书的有机结合。

课赛融合，实现以赛促学、以赛促教、以赛促改。以参与院校为主体，联合相关行业企业，利用资源库平台组织开展互联网金融技能竞赛活动，在 2017—2021 年，资源库团

队已在浙江、河南、安徽、河北、北京、天津、广东等地举办了金融科技应用大赛。2020年推动数字金融业务进入银行业务技能大赛国赛，依托本项目平台学生开展技能练习，学生获得2021年银行业务综合技能赛项国赛一等奖第一名。

（四）出版15本数字化教材，满足个性化学习需求

本资源库促进数字教学资源与纸质教材的融合，资源库累计出版数字化教材15本，以标注形式链接资源库中的动画、视频、案例和资料等教学资源，将图片、表格、视频等素材融入教材中，使教材从平面变立体、单一变多元、静态变动态，结构更为开放，内容更加丰富、形象、直观，更符合高职学生学习心理和认知规律。基于资源库的数字化教材开发具有很强的新颖性、可阅读性和实用性，有效满足了个性化、泛在化学习需求。

（五）持续推广应用，服务10万余名网络学习者

资源库自上线以来，受到学生、教师等各类用户的广泛好评和认可，用户数量与活跃度呈逐年上升态势。截至2021年9月，资源库总用户数达100 204人，其中学生用户数95 585人、教师用户数2 795人、企业用户数635人、社会学习者1 167人，在校园内外均得到了广泛应用，且用户持续活跃。使用本资源库的师生广泛分布于400余所院校，借助数字化手段有效推动了教育的普惠和均衡发展。

通过职教云网站、智慧职教网站、微信小程序和公众号等平台多渠道、全方位触达用户。用户可在微信小程序和公众号上直接学习资源库相关课程，了解金融科技最新资讯，实现移动互联网时代下的金融科技知识学习和技能获取。

四、经验与启示

（一）建立常态管理机制，实行目标责任制

资源库功能按照"便捷、成效、促用"的目标构建，其中"促用"是核心。将资源库建设纳入项目建设院校信息化整体规划统筹设计，实现国家要求与学校需求有机结合，将资源库建设纳入学校信息化建设常态化管理。项目建设院校均将资源库持续应用与建设列入年度工作要点，并细化分解为教务、信息化等职能部门和相关教学单位的年度工作任务，强化目标责任考核，对未能完成任务的予以问责，确保了各项任务的顺利实施。

（二）首创"运营报告"，创新资源库项目过程管理模式

"运营报告"是本资源库创新的项目过程管理模式，"运营报告"的生成、推广和发布对项目过程和节点绩效进行管理，起到了良好的督促和管理作用，同时还对各子项目质量自评和互评优化起到了关键作用。采用大数据分析、数据可视化技术，完成运营报告输出，自2019年9月起，共发布了27期，且针对每一个子项目，都有其专属的运营报告，

子项目对自己项目的建设进度、绩效目标达成情况一目了然。子项目可以直接通过运营报告对标对表，开展自评，进行动态整改优化。

（三）强化应用团队建设，加强参建人员培训

建立校内常规工作团队和兼职顾问团队。校内常规工作团队是由信息化技术人员、教学管理人员和专业骨干教师组成的资源库专职管理团队，保障平台顺畅运行、内容完整呈现、信息及时更新。兼职顾问团队由行业协会、企业及职业院校专家组成，定期开展以资源持续更新、资源质量检查、课程前沿等为主题的研讨，及时引入新的教学理念和先进技术，保持与行业企业的对接与同步发展。

加强参建人员培训力度。邀请业内知名专家跟踪解读资源库建设相关政策，提升团队成员认识水平，在课程教学及资源建设上保持与资源库要求一致；采购资源库平台与运行平台紧密合作，强化平台使用、资源制作加工等方面新技术的培训，提升更新资源的质量和效率。

（四）建立联盟院校共享机制，创通信息传播渠道

以项目建设团队为基础，组建由高职院校、行业协会、业内企业组成的资源库共建共享联盟，推进资源库持续更新与应用。鼓励联盟内企业对学习者通过资源库取得的学习成果予以认可，在职员工可通过在线学习不断提升专业技能。适应移动互联网时代信息传播特点，组建专门用于资源库资源共建共享的 QQ 群（共 939 人）和微信群（439 人），及时传递信息，服务好各类用户。

专家点评

该案例以金融科技领域不同岗位群的职业标准为依据，面向四类不同用户的个性化需求，遵循"一体化设计、结构化课程、颗粒化资源"的建构逻辑，构建了"一体两翼三保障四用户"的资源库结构体系，共建成 19 门标准化课程，出版了 15 本数字化教材，资源库使用者广泛分布于 400 余所院校，总用户数高达 10 万余名，有效推动了金融教育的普惠和均衡发展。该案例课程资源建设紧跟金融科技行业发展趋势，聚焦岗位需求，建立了专业资源中心，构建了金融科技人才培养生态体系，并依托资源库创新教学方法，将课程思政理念融入教学过程，为学生提供多样化学习渠道和学习资源，实现专业课程改革，具有一定的现实意义。同时，该案例高度重视在西部地区的推广与应用，并以国际化发展为目的开设新技术课程与国际化课程，有效拓宽了金融科技应用专业人才的培养范围，满足专业多样化发展新需求。建议该案例进一步凸显自身资源库的特色与创新，确保库内资源更新的持续性与稳定性，不断拓展建设成果的推广应用范围，为金融科技人才的培养提供有力支撑。

国家职业教育新能源汽车技术
专业教学资源库建设与应用

浙江工业职业技术学院

一、背景与现状

资源库建设是国家顺应"互联网+"发展趋势，推动信息技术在职业教育专业教学改革与教学实施领域综合应用的重要手段。为服务国家新能源汽车战略性新兴产业的人才培养，浙江工业职业技术学院联合全国20所院校及28家新能源汽车行业和企事业单位，共同建设了新能源汽车技术专业教学资源库。

2018年7月教育部《关于公布2018年职业教育专业教学资源库立项建设项目名单的通知》（教职成司函〔2018〕92号）公布，由浙江工业职业技术学院为第一主持单位建设的职业教育新能源汽车技术专业教学资源库建设项目批准立项（项目编号2017-08）。经过两年的建设与完善，资源库项目组最终建成了包含"五大中心、二大系统、一个平台"的"521"资源库服务体系，完成了17门专业主干课程和1门培训课程共18门课程的资源建设任务，开发了"智能新能源汽车"职业技能等级证书（"1+X"）学习资源和虚拟仿真等特色学习资源，较为全面地包含了新能源汽车相关专业知识点、技能点、技能培训及企业生产案例。截至目前，资源库中共有各类资源24 128条、各类用户43 840个，访问日志量总计3 300余万条。

二、特色与创新

资源库项目坚持服务性、公益性、开放性、共享性，服务对象从职业院校教师和学生扩展到企业员工和社会学习者，通过建设和促用机制驱动，实现了教学资源共建共享良性循环，形成了鲜明的项目特色。

（一）紧盯行业需求，建设新兴专业，服务产业发展

新能源汽车是近年来国家重点扶持的战略性新兴产业，产业发展时间短，技术进步快。而新能源汽车技术专业是"2015版专业目录"中才新增的高职专业，其开设时间较晚、企业技术资料少、人才培养基础薄。在这样的背景下，项目组遵循国家新能源汽车产业"三纵三横"技术路线图，按照新能源汽车装配制造、故障诊断、检验测试、销售服务等就业岗位需求，开发了18门课程，建设了24 000余条资源，并借助最新的职教通平台

承载资源，辅助专业教学，对全国同类专业建设起到了较好的引领示范作用，有效服务了全国同类专业的建设与发展，服务了新兴产业人才培养。

（二）建设海量资源，促进"三教"改革，拓展职教生态

资源库建设团队构建了面向"两市场"、遵循"四对接"的人才培养方案，立项了10门省级精品在线课程；借助具备"能学辅教"功能的资源承载平台，创新了"O2O线上线下混合式教学""游戏化教学""虚拟仿真教学"等教学新模式。这些成效的获得，不但有效促进了项目团队"双师型"教师队伍建设，还促进了新能源汽车技术专业"三教"改革，推动了专业教育教学信息化建设，促进了不同地区和类型的职业院校本专业人才培养水平均衡发展，整体提高了新能源汽车技术专业的职业教育水平。

（三）依托虚拟仿真，举办全国大赛，服务一线抗疫

在疫情期间，资源库项目建设团队坚决落实教育部应对新冠肺炎疫情工作领导小组有关在疫情防控期间"停课不停学"号召，成立专项工作小组，依托资源库项目建设的7套虚拟仿真资源，面向全国院校首次举办新能源汽车虚拟故障诊断与维修技能大赛，首创信息技术与产业融合新载体，将资源库虚拟仿真资源推广至全国各地的76所参赛院校，助力全国院校在突发疫情期间的线上教学，有力推进了信息化技术在新能源汽车专业中的应用，较好地响应了突发疫情期间教育部提出的"停课不停学"号召。

（四）对接学分银行，推行学分互认，破壁终身学习

浙江工业职业技术学院与浙江省终身教育学分银行管理中心合作，开设浙江省终身教育学分银行浙江工业职业技术学院分部，将满足条件的资源库用户学分报送至省学分银行管理中心，统一纳入省级学分银行学分体系，服务国家终身教育体系构建。

（五）探索资源交易，构建"造血"机制，实现长效运行

为促进资源建设与行业产业紧密衔接，浙江工业职业技术学院还探索建立了资源库交易机制，与资源推广单位签订了资源库内资源交易框架协议，确保库内资源更新所需资金来源的持续性与稳定性，保障资源建设者的权益。

三、成果与影响

（一）主要建设成果

1. 建成支持泛在学习的资源库平台

资源库项目组坚持以用户为中心，以智能化平台服务支撑专业课程教学为目标，优化资源承载平台功能（见图1），采用扁平化页面设计风格，界面视觉表现规范、平滑、美

观，实现电脑、手机双终端的无缝对接，满足线上网络导学、线下课堂辅教的智慧教学需要，并可借助主流搜索引擎搜索到本资源库并点击进入使用。

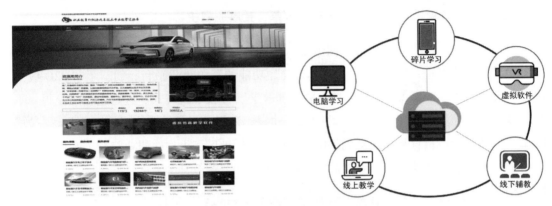

图1　资源库平台界面及支持泛在学习功能示意

2. 建成支持混合教学的导学辅教系统

（1）"一站式"的导（助）学系统。

以"智能化、个性化、特色化"为目标，通过内容整合，项目组为不同类型用户开设了对应的入口（见图2），推荐个性化学习方案，提供个性化平台服务，提升个性化学习体验。各类账号权限分明、UI设计清晰，各类用户可便捷利用资源库开展课程建设、班级开课、学习管理、成绩评定、后台监管等操作。平台还支持AI客服答疑，教师与学生、教师与教师、学生与学生之间讨论互动，帮助用户快速解决使用问题。

图2　不同用户类型向导式入口设计

（2）"嵌入式"的辅教系统。

教师通过嵌入平台的辅助教学功能，针对不同的教学对象和教学目标，利用资源库灵活组织教学内容、辅助教学实施。在不同的教学班级中，教师可通过课堂签到、头脑风暴、课堂练习、课堂讨论等来开展信息化的课堂互动，这些辅教功能可以帮助教师轻松开展教学，即时获取学习情况反馈。

3. 建成服务人才培养的五大中心

资源库项目组根据我国新能源车产业发展的"三纵三横"技术路线图和新能源汽车技术专业人才培养的需要,在资源库平台内建设了"专业园地""课程中心""素材中心""行企中心""培训中心"等五大中心(园地),服务专业人才培养。

(1)专业园地。

基于职业竞争力导向的建设思路,项目组在专业园地中开发了职业岗位能力分析、人才培养方案、专业课程标准、教学团队、职业规范等资源,用以引领并服务全国院校开展新能源汽车相关专业建设和人才培养。

(2)课程中心。

课程中心建有17门专业主干课程,内容覆盖了本专业基本知识点和技能点,完整体现专业教学标准规定的内容。我校使用资源库进行专业教学的学时数占专业总课时的比例达90%以上,其他参建院校该比例达50%以上。

(3)素材中心。

素材中心是资源库所有资源的聚集地,里面除了有涵盖教学标准要求的知识点和技能点等基本资源外,还有体现新能源汽车产业发展趋势、关键零部件和典型车企等不同用户的个性化需求资源,中心资源总量达24 000余条,可通过筛选属性来搜索资源。

(4)培训中心。

培训中心由"电动汽车维修工培训""师资培训""新技术培训""企业培训""大赛中心"五大模块组成,内容涵盖职业标准、培训大纲、培训政策、培训信息等。目前,浙江宝利德集团员工已使用资源库开展2期培训。

(5)行企中心。

项目组积极对接新能源汽车行业和企业,深入研究产业与行业的构成、核心内涵和发展特色来收集行企信息资源,并以此为基础来建设行企中心。

(二)特色资源建设

项目组还以国家专业教学标准为指导,在五大中心的基础上,开发了虚拟仿真实训、数字推广中心、工匠精神、汽车文化等8类特色资源,旨在激发学习者的积极性和创造性,实现寓教于乐,提升学习效果。

(三)主要影响

1. 对专业的影响与贡献

到2021年9月,全国开设新能源汽车技术专业和新能源汽车运用与维修专业或方向的职业院校已超过600所,在全国30个省区市都有分布,在校生数量也突破了5万人,与2015年刚设置专业目录时相比,增幅超过1 200%,资源库的辐射面不断扩大,有效支撑了中西部地区各院校对技术技能型人才的培养及新能源汽车产业的发展。

（1）落实教学标准，优化人才培养方案。

通过共建共享、整合优质资源，对接国家专业教学标准，项目组形成了一套具有较高适用度的专业人才培养方案，并在资源库平台的"专业园地"中单独开辟了"培养方案"专栏，与全国院校共享，从整体上带动了全国院校新能源汽车技术专业教学改革，提高了各类院校新能源汽车技术专业整体发展水平。

（2）瞄准产业需求，构建专业课程体系。

根据国务院针对新能源汽车产业的"三纵三横"技术路线图以及新能源汽车技术专业就业岗位需求，项目组从新能源汽车关键零部件生产企业、整车生产企业和售后服务企业的岗位典型工作任务出发，在分析职业竞争力和核心能力基础上，明确了与新能源汽车产业相关的各个岗位所需的专业知识、能力素养需求，构建了新能源汽车技术专业课程体系（见图3），为全国院校开设新能源汽车技术专业提供了课程设置借鉴。

2. 对产业发展的影响与贡献

（1）紧盯产业发展趋势，服务国家战略新兴产业。

通过优质资源建设、网络平台支撑、管理功能优化，资源库平台实现了资源的持续更新、优质共享，为行业企业和产业联盟开设了资源检索、信息查询、资料下载、教学指导、学习咨询、就业支持、人员培训等功能，有效服务了产业发展。

以动力锂电池技术方向为例，浙江工业职业技术学院建有动力电池生产线，不断与中小企业共同推进动力锂电池研发，开展横向课题合作。如与上海恩捷新材料科技股份有限公司合作开展锂离子电池制作及测试项目，与宁波中科达新材料有限公司合作开展动力电池陶瓷隔离膜浆料配方研发横向项目和人才培养，与宁波科特斯新材料有限公司开展电池用隔离膜陶瓷涂覆产线规划横向项目。

（2）服务生态文明建设，推广社会大众科普平台。

资源库特别设计了"数字推广中心""企业案例"等互动性强、接近民生的特色资源，为社会各类人员提供了一个自主学习新能源汽车知识和开展新能源汽车技术交流的服务平台，营造了绿色出行、节能环保的生态文明建设氛围，有效发挥了资源库的社会服务功能。

四、经验与启示

通过国家级新能源汽车技术专业教学资源库建设与应用，浙江工业职业技术学院已初步成为全国新能源汽车技术专业优质教学资源的"聚集地"、教学改革的"试验田"、校企合作的"直通车"和终身学习的"加油站"，有效推动了数字化教学资源建设与应用，为全国相关专业教学改革和课堂革命提供了案例借鉴。

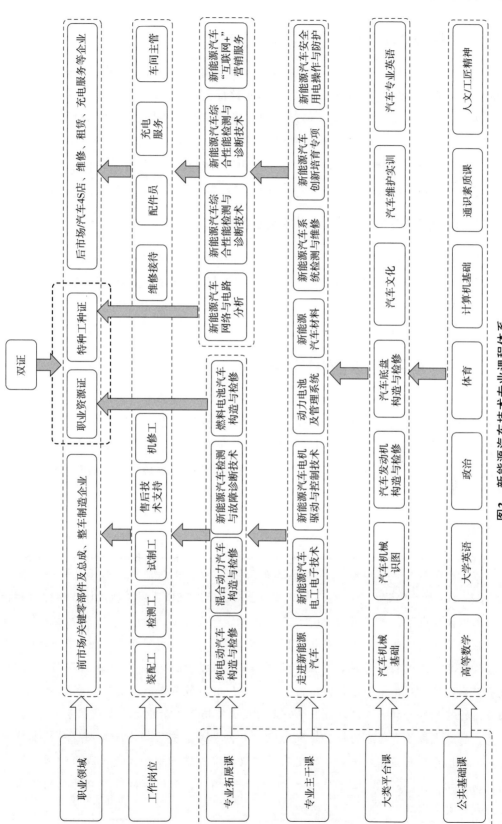

图3 新能源汽车技术专业课程体系

（一）资源库是信息技术在职业教育领域的生动实践

开展资源库项目建设，推进了信息技术与职业教育深度融合，培养了顺应人工智能和"互联网＋"时代的高端技术技能人才，是职业教育大改革推动经济社会大发展的必然要求。库内建成了海量资源，汇集了最新成果，通过信息化手段，有效解决了"进不去""看不见""动不了""难再现"等实习实训难题，有力地推动了信息技术在职业教育专业教学和职业培训领域综合应用，推进了信息化教育教学改革，提高了专业建设整体水平，这是信息技术在职业教育领域生动实践的重要体现。

（二）资源库是职业教育校企合作的有效载体

职业教育的办学特色在于坚持产教融合、校企合作，职业教育发展的必由之路必然是工学结合、知行合一。而在资源库项目建设时，项目组一方面把企业的技能大师和生产实践引入资源库，另一方面，又把资源库广泛应用于行业企业的培训和考核，实现了校企之间优质资源的共建共享，为职业教育校企合作的不断深化提供了载体与抓手。

（三）资源库引领了职业教育教学改革方向

随着信息化技术应用普及，课堂主角逐渐从教师转化成学生，教师成为学习设计者和辅助者，学生自主学习的主体身份逐步显现。通过资源库建设，不断改变了传统教育教学观念和教学管理体制，在专业人才培养方案修订、课程体系调整、数字资源优化、课堂教学评价和教师考核评价和管理等方面，资源库的建设和应用起到了催化剂的作用，实现了教学模式与管理模式融合创新。

专家点评

> 该案例面向国家新能源汽车战略性新兴产业人才培养需要，依托教育部职成司"职业教育专业教学资源库"建设项目，联合全国多所院校及多家新能源汽车行业和企事业单位，建成了包含"五大中心、二大系统、一个平台"的"521"新能源汽车技术专业教学资源库服务体系，完成了18门课程资源及8类特色资源的建设，立项了10门省级精品在线课程，并探索建立了资源库的长效运行机制。该案例紧盯行业需求，服务产业发展，对接学分银行，推行学分互认，具有较强的现实意义，其信息化建设与应用的特色较为鲜明，建设成果在一定程度上能够促进新能源汽车技术专业"三教"改革，有效发挥了资源库的社会服务功能，有力支撑了中西部地区各院校对技术技能型人才的培养及新能源汽车产业的发展。建议该案例进一步加强建设成果的辐射与应用范围，切实提高新能源汽车技术专业人才培养质量，为国家战略新兴产业的建设与发展做出更大贡献。

"船舶 e 栈"服务海洋强国战略，助力"战疫"教学

武汉船舶职业技术学院

一、背景与现状

船舶工业作为为航运业、海洋开发及国防建设提供技术装备的战略性产业，在中国实施"海洋强国"战略、"一带一路"建设中承担重要角色。武汉船舶职业技术学院作为全国首批以船舶命名的高职院校，70 多年来不忘初心，始终坚持"立足船舶、服务军工、面向社会"的办学定位，在历史、现在、未来的时光隧道中，不断探索"以船为伴、与船同行、兴船报国"的特色发展之路。近 8 年来，构建了以船舶工程技术专业教学资源库为核心的优质船舶类专业在线开放学习平台。

学院初步形成了有利于船舶资源库持续建设、应用与长期发展的共建共享机制；完成了船舶资源库云平台的建设；建成了专业建设、课程中心、微课中心、资源中心、培训中心、学术中心、船舶博物馆、海防安全教育、就业服务 9 大模块资源。

二、特色与创新

（一）以船舶工程技术专业教学资源库为核心建设船舶 e 栈

2013 年起，学院按照校际协同、校企合作、合力共建的方式，联合全国 14 所培养船舶及海工行业技术技能型人才的高职院校与 15 家大型船舶建造与海洋工程装备制造企事业单位，建成资源丰富、技术先进、贴近实际、管理开放，覆盖船舶工程技术 6 个专业方向（船体建造、船舶舾装、游艇设计与建造、海洋工程、船舶检验、船舶焊接），适应船舶、海洋工程行业技术发展，国内一流的船舶工程技术专业共享型教学资源库。2015 年船舶工程技术专业教学资源库项目顺利通过教育部验收，2018 年资源库获教育部批准立项为升级改进项目，截至 2020 年 10 月，资源库素材资源总数量达到 16 925 个、题库 10101 题。巨量资源素材，使用资源库成为船舶 e 栈的核心。

（二）系统设计资源库"351"建设框架

在完成国家级职业教育船舶工程技术专业教学资源库项目立项后，资源库建设注重顶层设计，根据国内外职教专业建设、课程开发及其配套教学资源建设的成功范例，按照教育与教学一体化设计的建设思路，船舶工程技术专业教学资源库搭建顶层设计"351"建

设框架（见图1）。其中资源库的3级资源包括专业级教学资源、课程级教学资源和素材级教学资源的3大部分，可进一步划分成满足教师、学生、社会学习者、企业四方用户需求的6层框架结构。

（三）构建优质船舶类专业在线开放学习平台

按照"服务全局、融合创新、深化应用、完善机制"的原则，以"船舶工程技术专业教学资源库""全国职业技能大赛船舶主机赛项"等重大项目为载体，充分发挥学院船舶类专业实力雄厚、特色鲜明的优势，加强与同类院校、船舶企业、科研院所的广泛联系，深化产学研的合作水平，开发和整合各类优质教育教学资源，构建优质的船舶类专业人才培养在线开放学习平台，建设了15个标准

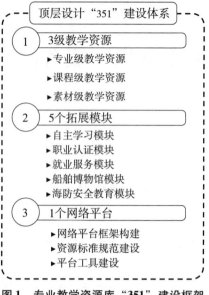

图1 专业教学资源库"351"建设框架

化课程级、5个个性化模块网络资源，形成独具特色的船舶e栈，持续提高人才培养质量，助力海洋强国建设。

（四）全面完善"6个专业方向"的教学资源

全面完善船舶工程技术6个专业方向（船体建造、船舶舾装、游艇设计与建造、海洋工程、船舶检验、船舶焊接）的以3级教学资源、5个拓展模块、1个网络平台为建设框架的资源库。新增专业级教学资源，主要包括行业标准、规范、公约、法规、专业办学条件、人才培养目标及规格、人才培养方案、职业能力标准、课程建设标准等。升级改进课程级教学资源主要包括课程标准、学习情境、学习单元及教学设计、教学课件、教学录像、演示录像、任务工单、学习手册、测试习题、企业案例等内容。优化更新素材级教学资源，主要包括文本、图片、音频、视频库、动画、虚拟仿真内容，将提供丰富的素材供上层库直接使用与二次开发。

（五）组织云端联考，保障全国船舶类专业教学质量

2020年新冠肺炎疫情暴发后，船舶工程技术专业教学资源库升级改进项目主持单位武汉船舶职业技术学院，作为全国疫情中心城市的一所高职院校，一方面全力配合党中央做好"战疫"工作，成为全省第一所将学校宿舍作为抗疫隔离点的高等学校；另一方面以"船舶工程技术专业教学资源库共建共享联盟"为平台积极推动全国船舶类专业开展网络教学和组织"船舶识图与制图"课程全国联考，保障了疫情期间全国船舶类专业的教学质量。

（六）以服务用户需求为本，设计个性化学习资源

针对在校学生用户，船舶 e 栈在建设过程中深化产教融合，积极开发基于企业案例的教学文件、挂图和视频，为学生提供真实企业生产设计和工艺案例；针对社会学习者，在"自主学习"拓展模块中提供了 Compass 船体建模软件的学习案例，在"职业认证"拓展模块中提供了焊工、装配工、放样工等各种考证学习和复习资源。通过以上开放性资源，不同用户均可以自主进行辅学和自学。

三、成果与影响

截至 2020 年 12 月，船舶工程技术专业教学资源库的素材资源总数达到 14 585 个，用户数达到 47 304 人，其中学生用户 39 755 人，教师用户 2 970 人，企业用户 2 304 人，社会学习者 2 272 人，在船舶类职业教育体系中起到了很好的引领作用。

（一）助力"战疫"教学，教育信息化水平显著提高

2019 年 12 月底至 2020 年 1 月初，一场突如其来的疫情让所有人措手不及。船舶工程技术专业教学资源库在 2 月 2 日迅速完成资源库所有课程重新上架工作后，资源库项目负责人发布了"共同抗疫，停课不停学——欢迎学习船舶工程技术专业国家教学资源库网络课程"的通知，通过宣传，益阳职业技术学院、威海海洋职业学院、广西交通职业技术学院、烟台职业学院四所学校的船舶类专业负责人和教师主动加入了船舶工程技术专业资源库 QQ 群，使资源库共建共享单位增加到了 18 家，为全国更多的船舶类专业院校提供了丰富的船舶类优质在线开放教学资源，加强了各院校"战疫"的信心和力量。疫情期间，截至 2020 年 4 月，船舶工程技术专业教学资源库活跃学生用户数量达到 29 604 人，创下单季度增长人数最快的记录。资源库使用情况关键指标"日志数量"和疫情前的一个学期相比增长到日均 20 000 左右，增幅达到 10 倍，帮助了疫情期间全国院校船舶类专业的核心专业课程的线上教学的顺利开展，保障了各院校船舶类专业的人才培养质量。

（二）助力士官生，勇攀技术技能高峰

2018 年，我院两名士官生在全国职业院校技能大赛"船舶主机和轴系安装"赛项中获得一等奖，其中学院在线开放学习平台的"全国职业技能大赛船舶主机赛项"中提供的理论学习和模拟实训等资源，起到了重要作用。2017—2019 年我院共为部队输送三百余名合格士官，我院士官生专业能力、军政素养得到接收部队的高度认可，在校内形成了良好的学风、校风辐射作用。

（三）助力现代学徒制学生，成才建设海洋强国

现代学徒制班学生在三年线上线下混合教学模式的培养下，参加 2016 年北京"嘉克

杯"国际焊接技能大赛及2018年国际焊接技能大赛获得金奖。从学校顺利毕业后，毕业生们很快投入企业重点民用和军工项目中，岗位职级得到晋升并迅速成为企业生产技术骨干，毕业后三分之二学员成为企业先进个人，表现受到企业广泛好评。

四、经验与启示

综合应用推广情况，结合共享型船舶类专业教学资源库的使用中积累了一些经验和思考，主要有以下几点：

（一）全面提升教师课程开发和教学资源建设能力

船舶类专业教学资源库按照"能学、辅教"的建设要求，建设了涵盖专业介绍、人才培养方案、网络课程、实践教学、培训项目、测评系统及大量优质学习资源等内容。每一项内容都是学校与行业企业深度合作的成果，充分体现了行业企业的要求，特别是课程的内容主体完全源发于工作过程，课程内容更加突出体现了理论与实践一体化的特色，真正呈现了工学结合的内涵。另外，船舶专业教学资源库的建设引入了新型的课程开发、教学资源建设理念、模式、技术与机制，无论是直接参与开发建设的教师，还是应用建设成果的教师，都能在更广阔的平台上与行业企业专家、教育专家合作、交流，获得更加直接、深入的教学指导，能更加便捷地获取丰富多样、先进实用的教学素材与信息，这些都必将积极促进专业教师的课程开发能力、教学资源建设能力、教学实践水平整体上得到显著提升。

（二）打破时空限制，促进自主学习

根据船舶类专业教学资源内容、形式、标准、所需存储空间等特点，遵循通用的网络教育技术标准，借助网络开发和数据库技术，将专业教学资源集成为船舶类专业教学资源库素材库。这种资源库具有先进性、实用性、开放性、通用性、标准化的特点，支持在线学习和远程学习。因此，它的应用将打破学习时空的限制，把学习者从固定化的学习模式中解放出来，实现随时随地都能学习的无障碍学习模式，增强自主学习的效果。

（三）共建共享优质教学资源，深化校企合作关系

船舶类专业教学资源库建设遵循校企合作共建共享、边建边用的原则，在学校、社会、行业、企业之间实现共享，能够为一些基础较为薄弱的高职院校或企业提供帮助。任何一个学校或企业，都可以根据自己的需要随时随地利用专业教学资源库平台，避免了教学资源的重复建设，有利于节约教育成本。另外，船舶专业资源库平台提供了"培训中心""就业服务""海防安全""学术中心""船舶博物馆"等栏目，使校企双方在人才培养、科研合作、新技术推广等方面形成了良好的互动，进而成为企业需求发布平台、学生

求职平台、教师知识更新平台,实现校企双方"深度融合、合作共享、互惠互利",提升了资源库的社会服务能力。

(四) 引导教学和学习方式的改革

船舶类专业教学资源库建成使用,专业教师不再需要主导整个学习过程,教师此时就变成了真正意义上的学生学习的引导者、促进者。教师的教学更多的是指导学生利用教学资源库,引导学生成为学习的主体。学生的学习方式也会发生变革,将由被动的学习者、接受者变成主动的探求者,将会摆脱纯粹的知识记忆、狭隘的技能训练的桎梏,更加主动、自主地学习。

专家点评

> 武汉船舶职业技术学院通过智能服务大厅的应用提升了组织服务效率,助力了科学决策,并通过主动式服务赋能了师生个体发展。在具体的智能服务大厅建设与应用中具有如下的突出特点:
>
> 丰富完整的体制机制建设。出台了包括建设方案、数据标准规范、管理办法等政策规范,并通过统筹规划、全面协调、分步实施、逐步推进保障相应工作的切实落实及可持续发展。
>
> 充分服务学院战略发展。围绕学院的中心工作开展信息化建设,以信息化支撑、驱动学院专业群建设、人才培养、科研创新、师资建设、综合服务、国际交流等学院核心工作,实现学院教育教学质量的提升。

急危重症虚拟仿真实训资源的开发与应用

广东食品药品职业学院

一、背景与现状

急危重症护理是护理学科培养体系中重要的组成部分。它以研究各类急危重症病人的抢救、监视、护理为主要内容的一门新兴的护理临床学科。护士在面对急危重患者时，能否及时无误地对患者做出判断和救护，直接关系到患者的安危和抢救的成败。急危重症护理学主要以临床常见的急危重疾病如心搏骤停与心肺脑复苏、创伤、多器官功能障碍综合征、急性中毒、昏迷等及常用的急救技术为主要内容；作为一门具有很强的综合性和实践性的学科，在教学中注重基础护理操作技术、急救技术和危重监护技术的融合训练与操作，同时注意学生急救意识与应变能力的培养。临床上重症监护室是一个比较特殊的科室，收治的都是危急重症的患者，患者的病情对医务人员的综合能力、病史环境都有严苛的要求，因为患者的特殊性和基于对患者的保护要求，一般对进入监护室的人数会有相应的控制，大批量的学生进去学习不具备现实条件；种种因素表明这对学生的职业发展和能力培养是不利的。而运用VR技术，首先既可以在计算机上建立虚拟仪器设备，模拟仿真真实的先进仪器设施和三甲医院标准ICU布局，打造虚拟仿真实践基地，创造接近于真实条件下的技能仿真训练环境，也可以在计算机上优化实践教学的环境，能突破实践教学的时空限制，实现反复的、无危险的情境式实践教学；其次VR具备的沉浸性、交互性和构想性特征，极大地激发了学生的学习兴趣，提升了其沉浸体验和学习感知水平，利于教学活动的有效实施；最后，虚拟现实技术突破了时间、空间、安全风险、实验容量等因素的限制，多终端的VR学习使学生能够随时随地身临其境地开展自主探究和协作学习，可解决传统实训成本高、实践教学难点多且不易解决、实践教学资源普遍不足且分散等问题，提升职业人才培养的质量。

因此，广东食品药品职业学院电教信息中心联合护理学院，依托创新强校、双高建设、省第一批高水平专业群（护理专业群）建设等项目，探索急危重症虚拟仿真实训资源的建设与应用。现已自主开发了ICU虚拟仿真综合实训系统，含AR/VR版、PC版、移动终端版等形式的仿真教学资源8套并获得国家软件著作权，建成了1个多功能VR实训室、1个沉浸式VR实训室、1个桌面式VR实训室和VR资源管理教学平台，支持了学校护理、助产专业近10门实训课程的实践教学改革，同时向省内外同类院校和相关企业做推广演示，VR实训受益总人数达千人以上。

二、特色与创新

在工作过程导向、经验学习、混合学习等理念和理论的指导下，围绕临床护理岗位工作内容，通过自主开发和技术引进相结合，利用VR技术针对真实医院ICU环境、建筑、设备、仪器等基础设施进行3D仿真模拟，构建具有仿真模拟、交互的虚拟护理工作环境、常用护理仪器设备运用、临床护理项目流程训练和考核等内容的虚拟实训软件，供学习者开展基于真实工作过程的仿真模拟学习。

（一）自主开发了ICU虚拟仿真实训教学资源库

基于危重症护理实训教学所存在的实训场地限制、设备昂贵、护生缺乏真实工作场景感受等问题，团队自主开发了含虚拟重症监护室、虚拟心电监护仪、虚拟输液泵、虚拟注射泵、虚拟除颤仪、虚拟心电图机、虚拟呼吸机、虚拟振动排痰机的虚拟实训软件（见图1），将临床重症监护护理的工作任务和工作岗位要求贯穿于教学全过程，把完整的工作任务分解为岗位项目任务，仿真了医院护理的真实场景和布局、设备结构与原理、护理工作标准流程等，具备情境创设、教学演示、虚拟实训、虚拟考核等功能，可帮助学习者体验真实的实训情景、开展沉浸的学习交互和即时的评价反馈；同时虚拟场景中注重医院文化的引入，通过场景中走廊的宣传栏、病室外的照片墙、留言栏等体现临床护理中人文关怀要素，让学生明白不管病情多重都要重视对患者的人文关怀，这也是帮助学生从学习中理解社会主义核心价值观中"友善"一词的重要体现。

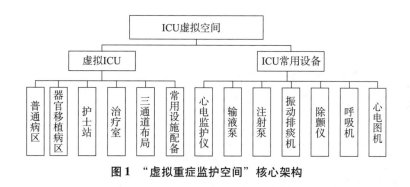

图1 "虚拟重症监护空间"核心架构

（二）破解了VR资源多终端场景应用难题

由于标准不统一，涉及应用终端众多，VR资源的多终端应用一直是一个技术难题。我们通过自主开发，实现了ICU虚拟仿真实训软件在桌面端、移动端和VR/AR终端的多终端应用，实现了学生手机、实训机房、沉浸式VR实训室多场景应用，并将各类VR资源整合至虚拟仿真实训教学及资源管理平台，为学校实训教学、企业职业培训提供服务，从而改进了教学，提升了学习者职业能力和职业素养。

（三）转变了实训教学模式

基地基于混合学习理念，混合多元化信息技术、多种教学方式和学习方式，将"虚拟心电监护仪"等虚拟仿真实训教学资源作为教师教学演示工具和学习者认知工具，支持教学演示、探究学习和过程性评价，实现了"讲授+真实实训"的传统教学模式向"在线自主学习+虚拟实训+面授教学+真实实训"的混合教学模式的转变，如图2所示。

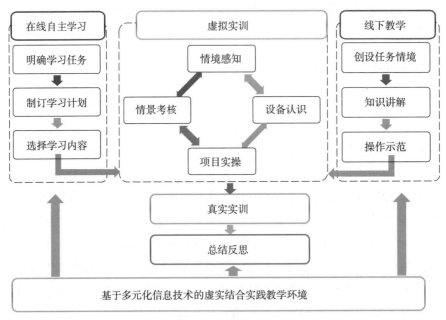

图2 基于VR实训的护理类混合实践教学模式

目前，可支持护理学院开展虚拟仿真的实训有12项，服务10门专业实训课程，覆盖2个专业，学生可以通过网络，在虚拟环境下模拟实训操作，观察实训过程和结果，熟悉整个实训过程，提高学生的实践操作能力，丰富了实验内容、开阔了学生视野，是高技能型人才培养的保障。实训教学情况见表1所示，实训指导书见表2。

表1 基地承担的实训教学情况表

虚拟仿真实训项目名称	服务课程	学院	涉及专业
ICU医院环境虚拟实训项目	急危重症护理 基础护理技术 基础护理与应用 护理技能综合训练 内科护理 外科护理 妇产科护理 儿科护理 健康评估 母婴保健	护理学院	护理、助产
心电监护虚拟实训项目			
输液泵虚拟实训项目			
注射泵虚拟实训项目			
除颤仪虚拟实训项目			
振动排痰机虚拟实训项目			
呼吸机虚拟实训项目			
心电图虚拟实训项目			
健康评估仿真实训项目			
新生儿早期基本保健虚拟实训项目			
围产期虚拟实训项目			
基础护理虚拟实训项目			

表 2　虚拟仿真实训指导书目录

实训指导书名称	出版或编写单位
《ICU 虚拟空间仿真实训》指导手册	自编
护理综合实训	人民卫生出版社
《护理技能综合实训教程》	广东科技出版社

三、成果与影响

（一）校内应用情况

1. 改善了实训教学环境和教学条件

改善学校护理类专业实训的基本条件，包括自主开发和技术引进了 10 多套虚拟仿真实训软件，建设了桌面式和沉浸式的虚拟仿真实训室，构建了虚拟仿真实训教学平台，为护理类专业群开展专业能力提升建设、提高职业教育教学质量和增强学生职业能力、创新能力和就业竞争力，更好地满足行业企业对高技能型人才需求提供了有力的支持。

2. 有助于培养技能型人才

大健康时代对护理类专业教育提出了更高的要求，不仅要求护生具有丰富的理论知识，还要有极强的动手能力以及临床分析思辨能力，其中动手能力在整个临床护理生涯中尤为重要。近年来，随着医疗体制改革和《医疗事故处理条例》的实施，病人的维权意识增强，医疗纠纷增多，护生像过去那样直接在病人身上进行技能操作与训练的机会减少，同时，在实践教学中，往往会受到如实践场地有限、教学场所单一、设备费用昂贵、实践材料消耗大等条件限制。护生缺乏真实的临床工作环境氛围和实践体验，长期面对模拟人也容易让学生产生厌倦感；种种因素表明这对学生的职业发展和能力培养是不利的。为了解决这些问题，基地采用自主开发和技术引进相结合的方式，建设虚拟仿真实训软硬件资源，为学生提供开放式的虚拟仿真学习环境，通过漫游、设备认识、岗位虚拟实训、岗位虚拟考核和真实实训相结合的方式，帮助学生将理论知识与实践技能有机融合，全面提高学生职业能力和职业素养。

（二）校外推广

1. 省内院校推广方面

我校曾应邀到珠海卫生职业技术学校做软件演示，在广东省职业院校学生专业技能大赛护理技能赛上宣讲推广我校的 ICU 虚拟空间仿真教育软件；肇庆市广宁卫生中等职业技术学校申请使用我校自主开发的危重症护理虚拟仿真实训软件，应该校请求，项目通过线上方式对该校相关专业老师进行了操作培训。

2. 省外推广运用方面

2021 年 9 月代表学校到山东济南参加全国职业教育改革创新发展成就展，我校自主研发的 ICU 虚拟空间仿真教育软件作为我校"双高建设"的特色和亮点在展会上展出。我校自主研发的虚拟仿真资源吸引了许多观众驻足围观，引起了多个单位领导和老师的关注，其中，教育部科技发展中心顾问、唐山工业职业技术学院原党委书记田秀萍、教育部科技发展中心虚拟现实研究中心主任助理晋军、山东医学高等专科学校副校长葛淑兰、山东药品食品职业学院副书记许学新等领导先后观看了软件的操作演示并与我校教师进行了深入交流。企业方面、天津动视科技有限公司、武汉湾流科技股份有限公司、上海桥媒信息科技有限公司、新迈尔北京科技有限公司等企业到我校展台进行考察和观摩。

四、经验与启示

（一）优秀团队是自主开发特色 VR 资源的保障

VR 资源自主开发，需要学校有一支具有 VR 自主开发能力的优秀队伍。队伍成员不仅要具备优秀的 3D 建模、VR 开发能力，同时还具有良好的教育技术能力和沟通协调能力，能够在学校内部需求分析基础上，完成选题、设计、开发及应用推广。急危重症虚拟仿真实训资源的开发团队正是广东食品药品职业学院多年来形成的一支优秀团队，团队主要成员开发了 VR 资源 30 多个，建设了虚拟仿真教学及资源共享平台，主持了省级课题 10 余项，获得国家级教学成果 1 项，广东省教学成果 1 项，获得软件著作权近 20 项。

此外，项目团队成员以 3D 建模技术和 VR 交互技术为教学内容，开设了"3Dsmax 建模"和"Unity 3D 开发基础"课程，并通过开展虚拟仿真实践项目培养学生的开发能力、自主学习能力和创新能力。

（二）软硬件并重多渠道建设 VR 资源

学校采用自主开发和技术引进相结合，截至 2021 年 10 月，共建设了 100 余套 VR 实验实训软件，建成了 1 个省级虚拟仿真实训中心，支持了 9 个校级虚拟仿真实训基地建设。现有虚拟仿真实训物理场所包含 1 个多功能虚拟仿真实训室、1 个云机房虚拟仿真实训室、1 个沉浸式虚拟仿真实训室、1 个虚拟仿真研发工作室、1 个基础护理仿真实训室、1 个健康评估仿真实训室、1 个产科仿真实训室，有 VR 头显、VR 眼镜、VR 交互系统、VR 可穿戴设备、LED 显示大屏等多套。

（三）建设虚拟仿真实训教学与资源管理平台

为了解决虚拟仿真教学资源分散、集中管理及共享应用难度大、多终端应用支持度低、VR 教学资源及用户的相关数据统计分析困难等突出问题，学校构建了一个以学生实践能力培养为导向，以支持教师开设虚拟仿真项目教学和学生开展虚拟仿真学习为核心，集 VR 资源库和 VR 项目库的管理和共享、教学管理、统计分析、用户管理和系统管理等功能于一体的虚拟仿真实训教学及资源管理平台。平台可实现对各类虚拟仿真教学资源的集中管理、在线开放共享和高效应用，同时支持创建和管理 VR 教学项目，从而支持基于多种应用场所、应用终端的虚拟仿真教学和学习。

（四）重视 VR 资源的应用推广

建设资源的最终目的是为了服务于教育教学，解决教学问题。学校非常重视 VR 资源的应用及推广，充分发挥其教育价值，在校内开展全面应用，开展基于混合学习、量身学习、移动学习等理念的虚拟仿真实训教学改革。同时，团队成员注重科研成果转化，多次向职业院校、行业企业进行宣传推广。

专家点评

急危重症护理是护理学科培养体系中重要的组成部分。它是以研究各类急危重症病人的抢救、监视、护理为主要内容的一门新兴的护理临床学科。作为一门具有很强的综合性和实践性的学科，在教学中注重基础护理操作技术、急救技术和危重监护技术的融合训练与操作，同时注意学生急救意识与应变能力的培养。然而，临床现状不允许学生参与实践，对学生的职业发展和能力培养非常不利。

针对教学中的痛点，广东食品药品职业学院电教信息中心联合护理学院，依托创新强校、"双高"建设、省第一批高水平专业群（护理专业群）建设等项目，探索急危重症虚拟仿真实训资源的建设与应用，自主开发了 ICU 虚拟仿真综合实训系统，含 AR/VR 版、PC 版、移动终端版等形式的仿真教学资源 8 套并获得国家软件著作权，建成了 1 个多功能 VR 实训室、1 个沉浸式 VR 实训室、1 个桌面式 VR 实训室和 VR 资源管理教学平台；破解了 VR 资源多终端场景应用难题，转变了实训教学模式，支持了学校护理、助产专业近 10 门实训课程的实践教学改革。同时，向省内外同类院校和相关企业做推广演示，VR 实训受益总人数达千人以上，受到了教育部科技发展中心顾问田秀萍同志、教育部科技发展中心虚拟现实研究中心主任助理晋军等多名领导的关注和好评。

"东西对接、联盟联考"构建国家级临床医学专业教学资源库建设与应用新模式

肇庆医学高等专科学校

一、背景与现状

三年制临床医学专业毕业生是落实我国分级诊疗政策的基层群众健康守门员，是乡镇、村级基层医疗机构的医疗卫生人才主力军。怎样提高临床医学专业人才培养质量，为我国尤其是中西部地区经济欠发达地区培养一大批下得去、留得住、用得上的基层医生，是每个医学类职业院校的职责。由肇庆医学高等专科学校国家级临床医学专业教学资源库项目组牵头，成立了全国三年制临床医学专业教学联盟，组织资源库87家参建单位，积极开展以优质在线教学资源建设与应用为抓手，构建"东西对接、联盟联考"的资源库建设与应用新模式，获得了良好的教学成效，取得了一系列标志性成果，为提升我国三年制临床医学专业教学质量提供了一种有效途径。现将具体做法介绍如下：

（一）依托教学联盟、对接专业"双标"，解决国家教学标准难落实、人才培养方案不统一的问题

1. 成立教学联盟

由于区域经济发展的不平衡，导致我国中西部部分医学类高职院校信息化教学水平不高、优质教学资源不足等，在一定程度上影响了我国教育的公平性。故临床医学专业教学资源库建设理念定为"共商、共建、共享、共赢"，成立全国临床医学专业教学联盟，广泛吸纳中西部34所同类院校参与，形成东部优质、骨干院校与中西部相关院校对接，如图1所示。

2. 开展调研论证

召开资源库建设与应用专题工作会议，布置联盟各个院校利用一个学期开展毕业生岗位知识能力需求调研，形成联盟院校毕业生岗位知识能力需求调研报告；召开临床医学专业教学联盟专题会议，邀请全国卫生行指委专家参会，进行联盟专业人才培养方案专题论证，会议敲定专业课程体系，为制定人才培养方案创造了条件。

3. 制定培养方案

会后由联盟秘书长牵头制定了"联盟专业人才培养方案"，交由联盟院校统一实施对接国家专业教学标准和执业助理师考试大纲，完善资源库课程体系，制定、实施了统一联

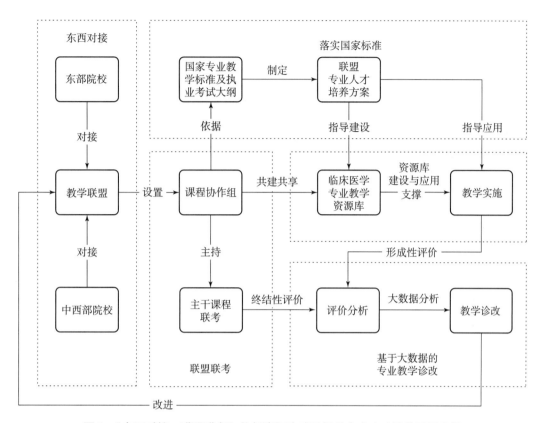

图 1 "东西对接、联盟联考"依托资源库建设提升专业人才培养质量路径

盟专业人才培养方案,制定了统一联盟"人体解剖学"等 9 门专业主干课程标准,作为资源库标准化课程建设与应用依据。探索解决东西部地区各院校专业人才培养方案差异大、国家专业教学标准落实难等问题的途径,也为进一步进行主干课程联考奠定了基础,如图 2 所示。

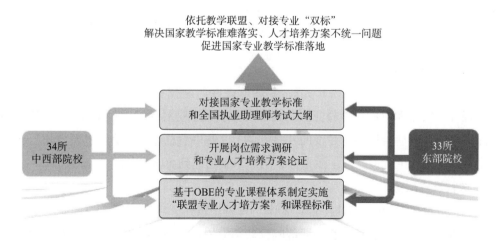

图 2 解决教学标准落实、人才培养方案不统一问题

（二）建立联动机制、加强辐射引领，解决东西部院校优质教学资源结构性不平衡问题

1. 联盟-协作组联动

在联盟指导下，成立"人体解剖学"等9个主干课程协作组，协作组长由每个子项目的主持人担任，实行协作组长负责制；协作组成员由每个联盟成员单位专业骨干教师组成（每个参建院校每门课程1~2人）。

2. 对口师资培训

组织东部优质院校信息化技术人员，对口中西部院校，每学期进行一次师资信息化教学技术培训，每场培训教师均超过1 000人，两年来先后共培训中西部院校教师4 000余人。

3. 开设"名师讲堂"

遴选东部院校优秀教师开设名师在线课堂。基于资源库平台开展大规模在线示范性教学共10场，每场有来自中西部院校的3 000~7 000名学生参加在线直播学习，共完成50 000余人次的教学，充分发挥了东部院校名师效应，示范引领中西部院校教学水平提升（见图3）。

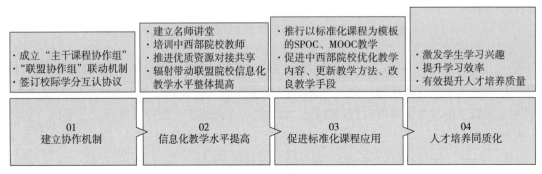

图3 解决东西部地区专业优质在线教学资源结构性不平衡问题的途径

4. 实施学分互认

在联盟框架内，项目牵头院校先后与23所中西部院校签订学分互认，实行校际优质在线课程（主要是MOOC）学分互认。其中项目牵头院校主持建设"生理学""突发事件应急能力培训"参建院校主持建设的"症状学""外科学总论""职业生涯规划"等课程深受中西部院校学生欢迎，教学效果好，结课率平均达到50%以上。

5. 送教推广服务

项目组成员先后16次前往广西、云南、青海、贵州、内蒙古等中西部院校进行"上门"推广服务，推进优质资源在中西部院校共享应用，带动中西部医学类院校专业教学水平提高。

（三）实施课程联考、持续反馈诊改，解决教学评价标准不统一问题

1. 制定联考方案

按照联盟章程，由联盟秘书长牵头，与联盟院校共商制定"资源库主干课程联考工作方案"，规定联考课程包括人体解剖学等 9 门专业主干课程。在联盟教学专家指导下，每个协作组在联考实施 6 个月前召开专题联考工作会议，对接国家助理执业医师资格考试大纲和课程标准，联考课程组织协作组成员分工协作，开发能覆盖该课程全部知识点的题库，并按照随机原则组成试卷库，在资源库平台建立联考课程，并由联盟专家审核合格，为顺利实施联考打下基础。

2. 实施课程联考

2018 年开始，经牵头院校与资源库平台反复研讨、测试、模拟考试，解决了一系列技术问题，首次成功开展了由 38 所院校 13 000 考生参加的"人体解剖学"万人大联考，学生在所在院校利用电脑或手机终端在线同步进行考试；按照分步实施原则，取得经验之后，以后每学期增加 1~2 门课程，至今已经开展了 4 个周期、9 门课程、12 门次主干课程联考，参加院校 52 家、14 万余人次，已覆盖所有主干课程。

3. 撰写分析报告

由牵头单位信息中心与资源库平台紧密协作、挖掘数据，进行大数据分析，每次联考过后及时撰写联考成绩分析报告。实现联盟框架内课程教学质量纵向和横向评价，既统一了联盟院校专业主干课程教学评价标准，同时为持续进行专业教学诊改提供了科学依据，形成了促进教学质量提升的"教学联盟—资源库—协作组—课程联考—评价分析—教学诊改—教学质量提升"有效机制。

二、特色与创新

（一）理论创新

本成果应用成果导向教育（OBE）理论，以联盟院校临床医学专业学生获得符合岗位胜任力的学习成果为起点，反向进行资源库标准化课程设计，聚焦专业核心课程，正向实施"联盟联考"等系列教育教学改革，有效协助学生成功学习，丰富了成果导向教育理论的学习成果内涵。

（二）机制创新

"东西对接，联盟联考"，构建了专业人才培养质量提升的新机制。在国内首次开展基于资源库平台的联盟院校主干课程联考。以联盟为依托、协作组为基础，资源库为平台、标准化课程为优质资源载体、主干课程联考为抓手，基于联考产生的大数据分析，促进专业教学持续诊断与改进，共同提高了人才培养质量，实现了优质教学资源教学效果最大

化，创新形成了以"教学联盟—资源库—协作组—课程联考—评价分析—教学诊改—教学质量提升"为核心机制的促进教学质量提升的良性循环。

（三）实践创新

1. "共商共建"促进国家专业教学标准落实的新范式

联盟院校共商制定，并统一共用融合国家职业教育临床医学专业教学标准的专业人才培养方案和主干课程教学标准，有力促进了国家职业教育专业教学标准落实，实现联盟各院校临床医学专业教育教学过程同质化。

2. "共享共赢"探索临床医学专业教学改革的新途径

基于资源库平台及其大数据分析的优势，促进联盟院校开展教育科学研究、教育教学改革、服务高职扩招、抗疫科普教育等，既拓展了资源库应用新领域，更促进了联盟院校专业"三教改革"及专业教学质量稳步提升。

三、成果及影响

截至 2021 年 10 月，牵头单位建成的国家级临床医学专业教学资源库，拥有颗粒化资源 1.6 万余个，其中行业企业制作 4 000 余个；标准化课程 35 门、MOOC 10 门、SPOC 2 200 余门；参建单位 87 家，用户达 55 万余人，中西部地区院校 34 家、用户 17 万人；日志 3.6 亿余次，当前日均近 20 万次。国家临床医学教学资源库应用数据现状如图 4 所示。

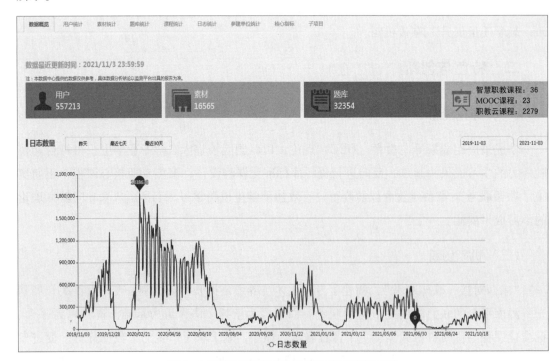

图 4　国家临床医学教学资源库应用数据现状

（1）人才培养质量高。麦可思调查显示我校专业人才培养指标明显高于全国同类院校，毕业生执业助理医师通过率连续4年高于全国同类院校20%，产生全国第一名1人；经14个已有毕业生参加全国执业资格统考的中西部应用院校统计，与应用本成果之前进行比较，执业助理医师资格考试通过率平均提高了12.6%。成果完成单位教师获全国教师教学能力大赛一等奖1项、省一等奖1项；学生参加全国临床技能大赛获一等奖2人次，二等奖6人次。

（2）成果影响范围广。应教育部邀请，汤之明、张少华在全国会议上介绍"联盟联考"经验，汤之明应教育部教师工作司邀请在全国教学创新团队在线培训示范班进行了"联盟联考促进资源库建设与应用模式"专题讲座，均受到高度关注，产生较大反响；发表论文13篇；国家级资源库数据监测中心报告显示：连续2年全国综合排名前两名。

（3）扩招、抗疫贡献大。13所成果应用院校将资源库用于高职扩招线上教学；疫情期间基于资源库课程在线直播、开设抗疫知识MOOC，新增应用课程1 100门、用户20万人、日志1.2亿次。

（4）教学改革成效好。牵头单位依托资源库完成省部级科研1项，建成省精品在线课程5门，主编教材7本，其中1本入选国家职业教育"十三五"规划教材；应用单位依托资源库建成国家级、省级高水平临床医学专业群各1个，建成国家级骨干临床专业5个；联盟19个院校建成国家级骨干临床医学专业。借鉴本成果"联盟联考"模式，助力1个国家级资源库、3个省级资源库立项，1个国家级资源库通过验收。依托资源库建立的突发事件应急能力培训课程应用现状如图5所示。

图5　依托资源库建立的突发事件应急能力培训课程应用现状

四、经验与启示

本项目经过 4 年的实践，业已证明"东西对接、联盟联考"的资源库建设与应用模式的构建与实施，对于落实国家职业教育专业教学标准，缩小东西部地区院校优质教学资源不平衡，促进我国教育公平具有十分积极的作用；通过东部地区优质教学资源发挥引领辐射作用，整体提升我国三年制临床医学专业教学质量，为西部地区培养更多合格的适宜基层的医疗人才，加强经济欠发达地区基层卫生机构的服务能力，解决我国基层医疗机构落实分级诊疗政策的难题具有重要价值，具有较大的推广应用价值。

另外，在新冠肺炎疫情常态化背景下，教育部等九部门印发的《职业教育提质培优行动计划（2020—2023 年)》提出"鼓励职业学校利用现代信息技术推动人才培养模式改革，满足学生的多样化学习需求，大力推进'互联网＋''智能＋'教育新形态，推动教育教学变革创新"，"建立健全共建共享的资源认证标准和交易机制，推进国家、省、校三级专业教学资源库建设应用，进一步扩大优质资源覆盖面"。同时，提质培优计划的重点项目——"双高计划"正在如火如荼进行，资源库建设与应用作为"双高"校建设项目的助推工具，依然能发挥不可替代的作用。我校将积极推广本成果的"联盟联考"模式，继续做好国家级临床医学专业资源库的建设与应用工作，为国家级、省级医药卫生类专业群建设提供在线优质教学资源，为建设高水平在线课程继续发挥重要的引领和支撑作用。

专家点评

> 学校牵头建设国家级医学专业教学资源库，充分利用多种信息化教学手段，丰富优质在线教学资源与应用，构建了"东西对接、联盟联考"，牵头制定了"联盟专业人才培养方案"和专业主干课程标准，实行了优质在线课程中西部 23 所院校的学分互认，解决了东西部院校优质教学资源的结构性不平衡问题，探索了"共商共建"的国家专业教学标准落实范式和"共享共赢"的信息化教学途径。项目建设了丰富的教学资源，辐射中西部地区 34 所高校，受益学生面广，有效带动了中西部地区教学质量提升。项目成效明显、成果丰富、特色鲜明，具有较强的推广价值。

基于职教集团信息化平台打造继续教育新高地的探索与实践

云南交通职业技术学院

一、背景与现状

（一）建设背景

中共十九大报告指出："完善职业教育和培训体系，深化产教融合、校企合作，办好继续教育，加快建设学习型社会，大力提高国民素质"；国家"职教改革20条"也提出："开展高质量职业培训"。云南交职院围绕职教集团信息化平台建设，以行业技术技能培训和职教师资培养培训为抓手，深入推进"三教"改革，加强内涵建设，切实提高办学质量。

学院主动融入和服务国家发展战略，立足云南省经济社会发展、产业需求和职业教育现状，围绕现代综合交通运输体系构建主线，依托交通运输部"1+32"干部学习平台、中国交通运输职教集团南部培训基地、云南交通职教集团和云南同济中德学院等平台，融合政、校、企、行教育资源于一身，努力构建服务人人的终身学习教育体系，形成了一套较为完善的培训管理体制和运行机制。2017年，学校继续教育获评云南省"终身学习品牌项目"；2018年获评教育部、财政部"优质省级职教师资培养培训基地"；2019年、2021年获云南省成人教育教学成果二等奖；2019年被遴选为"国家级职教师资培养培训基地"；学院于2016年、2018年、2019年3次获评"全国高等职业院校社会服务贡献50强"；2020年获评"全国示范性职教集团（联盟）培育单位""全国职业院校校长培训培育基地"；2021年被遴选为云南省职业技能等级认定社会培训评价组织。

（二）建设思路

遵循职业教育与继续教育发展规律，扎根云岭大地、立足交通、依托企业、服务行业、面向社会，坚持"上挂、横联、下辐射"的继续教育工作思路，精准对接交通运输业、建筑业、信息产业、高原特色现代农业等八大产业的新要求，系统开展高水平技术技能提升等培训。

通过信息化教学资源建设，推行线上线下相结合的混合式教学模式，提高继续教育的实效性和精准度，深入行业企业，着力解决人才培养培训的"最后一公里"难题，持续搭建终身学习"立交桥"，推动继续教育高质量发展。

(三)建设现状

1. 利用网络平台完善行业培训资源体系建设

按照项目运行流程化、工作质量标准化、教学组织专业化、课程沟通深入化和持续改进常态化的要求,构建"线上+线下"相结合的培训资源。

2. 搭建"校、政、行、企"协同创新的育人大平台

依托云南交通职业技术教育集团信息化管理平台,发挥主动作用,建立有效的合作机制,加强与160多个职教集团成员的沟通和联系,深化产教融合。不断完善校企、校际的合作机制,强化内涵建设,提升办学水平和社会服务能力。

3. 建立和完善社会服务的相关运行机制

根据《国家职业教育改革方案》《云南省教育厅关于开展云南省职业教育集团化办学》等相关文件精神,结合本土实际情况,构建"互联网+教育"的服务模式,利用企业先进技术,全面打造云南交通职教集团信息化平台,提升集团及学校的信息化、自动化管理水平,全面提升职教集团化办学能力和服务水平。

二、特色与创新

(一)构建政校企行融合的新时代职教集团化办学平台

云南交通职教集团扎根云岭大地,致力于建成边疆少数民族地区领先、服务"一带一路"、面向南亚和东南亚国家综合交通运输体系建设的高水平技术技能型人才培养培训基地。集团实行理事会集体领导下的理事长负责制,成立专业建设协同委员会等8个工作机构,集团秘书处与牵头单位云南交职院继续教育学院合署办公,把职前职后教育培训融为一体,通过政校企行合力打造现代职教集团化办学育人大平台。

(二)完善集团内部治理、形成校企协同育人共同体

治理水平不断提升,依托云南省交投集团等大型企业成员单位,对接云南主要产业,携手上海大众、重庆长安、京东物流、联想、华为等行业标杆企业共建产业学院,对接职业标准优化教学内容,全面推进校企协同双主体育人新模式。

(三)围绕"互联网+教育",建职教集团信息化管理平台

集多方资源搭建"用数据说话、用数据管理、用数据决策"的智慧管理信息化系统,实现数据的共享互通,不断提升人才培养和用人需求精准化。搭建交通科技、职业教育创新"一站式"服务平台,现已建成19门在线开放的专业课程和50个培训课程资源包。

(四)发挥示范引领作用,打造协同发展的职教生态体系

精准对接云南产业发展的重点领域,服务新时代云南综合交通运输体系建设,充分发

挥优质专业集群优势，践行校企双主体育人模式，对接行业企业领先标准，探索产教融合发展新模式，为行业领导、学校、相关企事业单位及相关人员提供可视化分析图表和报告等发挥重要作用。

三、成果与影响

（一）培训课程资源建设取得阶段性成果

对标对表，完善了《云南交通职业技术学院在线课程建设管理办法（试行）》等继续教育课程资源建设管理制度，通过与职教集团内的企业开展深度合作，由继续教育学院组织校内100名教师开展了一对一的网络在线课程建设实操培训，在此基础上，通过校企合作的方式，自主开发继续教育课程资源，目前已建成在线开放的特色专业课程、行业技术技能培训及职教师资培训课程资源包，在同类院校中起到了较好的示范带动作用。

（二）产教深度融合的资源集聚

积极争取省教育厅、省交通厅等政府相关部门支持，与联想集团、云南交投集团、云南建投集团等知名企业深度合作，深化与北京理工大学等知名高校合作，加快与中德职教联盟的合作进程，创新与上海明德学习型组织研究所的合作内容，建立一整套主动服务社会的运行机制，打造社会服务的专业化学习型管理团队。

（三）社会服务能力持续增强

1. 强化内涵建设，凸显增值赋能

学校坚持立足交通，融入云南经济社会发展，不断积累技术技能，主动服务社会，设有专门从事技术服务的7个实体企业和培训服务的继续教育学院，通过校企合作组建传媒学院等，探索混合所有制办学；以8个国家优质专业、4个省级特色专业建设为龙头，带动骨干专业集群化可持续发展；与500余家企业开展了不同形式的校企合作，共建实验实训室（基地、中心），建设100余个校外学生实习实训基地。

2. 面向行业从业人员开展结构化培训服务

充分发挥交通运输部"1+32"交通行业管理干部培训平台、云南交通职工培训中心、丰田T-TEP学校、昆明康明斯（东亚）培训中心等培训资源，以全脱产、半脱产、远程视频学习等形式开展培训，每年培训规模稳定在30 000人天以上。

3. 搭建终身教育大平台，积极服务社区

长期与上海明德学习型组织研究所合作建设学习型学院，探索建立学员学习圈、企业学习圈、社区学习圈组成的"三联学习圈"；与云南交投集团等合作共建企业职工培训基地；与爱尔信集团等教育培训机构合作建立标准化考试基地，开展职业技术技能等级培训评价；与吴井社区建立"共建共管"的良性互动关系，建立终身学习平台；发挥云南省退役士兵教育培训唯一定点高校的作用，努力开展退役士兵教育培训工作。每年对昆明市金融、财税、保险等各行业从业人员开展资格培训考试及 ATA 等各类培训考试 2 万人次以上。2014 年 5 月，来自 14 个不同国家和地区的 300 多位专家学者齐聚我院，举办"学习型学校和企业发展国际高峰论坛"。世界管理大师彼得·圣吉做了《学习型企业与学习型学校建设》演讲；英国著名企业管理大师丹娜·左哈儿博士做了《组织学习的量子愿景》演讲。同时，宣布亚洲学习型组织联盟正式成立。

我院成为云南省第一个与社区共建学习培训基地的高校，共同举办了健康教育、创业就业等培训近 2 000 人次。特别在新冠肺炎疫情防控期间，社区主动为学院校区内离退休职工发放口罩和新鲜蔬菜，体现了友好互助、和谐共生的局面。

四、经验与启示

（一）以云南交通职教集团为抓手，打造终身学习育人平台

1. 坚持产教融合，深化校企合作，高水平推进国家级示范职教集团建设

遵循职业教育发展规律，扎根云岭大地、立足行业、依托企业，以服务云南经济建设和"一带一路"倡议为重点，以云南交通职业技术教育集团国家级示范项目建设为纽带，实现资源共享与优化配置。探索产教深度融合途径，实现资源互补、育人共担、成果共享、发展共赢，形成职教命运共同体，不断提高服务行业和社会贡献度。图 1 为云南交通职教集团架构。

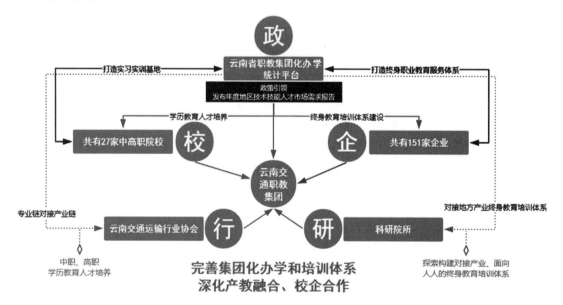

图 1　云南交通职教集团架构

2. 构建数字化培训学习平台

利用"互联网+职业教育培训"技术，构建学院非学历继续教育（职教师资培训）平台（见图2），形成"用数据说话、用数据管理、用数据决策"的智慧化培训管理体系。现已建成19门在线开放的专业课程和50个技术领先的培训课程资源包。

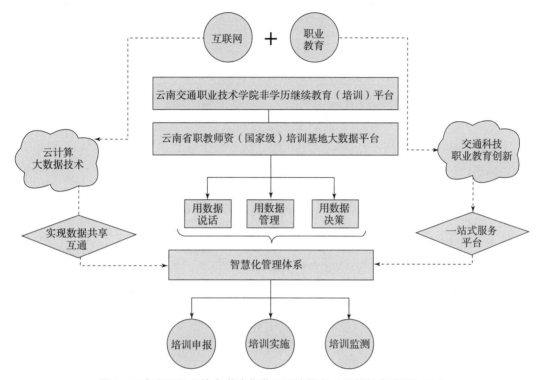

图2　云南交通职业技术学院非学历继续教育（职教师资培训）平台

（二）围绕高原山区的路网建设，服务区域综合交通运输体系发展

1. 立足行业，做实技术技能培训

学校继续教育（培训）坚持"上挂、横联、下辐射"的发展思路，运用"Y+1+N"的模式（见图3），聚焦"四个交通"建设，围绕构建综合交通运输体系的建、管、养、运、安系统开展高水平的新技术新工艺的推广应用、科技成果转化、技术技能提升等培训。

2. 输出中国标准，面向南亚东南亚开展技术服务和培训

"云南经济要发展，优势在区位，出路在开放。"习近平总书记考察云南时的这一重要论断，明确了云南发展的独特优势。学院坚持"走出去"，先后为老挝等国家按照中国标准开展技术服务和路政执法人员培训。

3. 发挥行业优势，促进区域交通运输安全平稳有序

"十三五"期间，对省内100余家交通运输企业进行了安全生产达标评审；完成全省

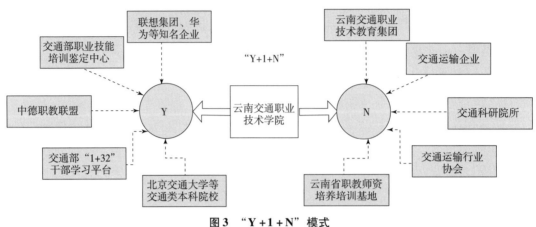

图3 "Y+1+N"模式

道路运输单位的主要负责人和安全管理人员共计5 634人的培训取证。

(三) 坚持"四有"好老师标准,创构"双师型"职教师资培训体系

1. 创建"德技力"三位一体的职教师资培训模式

围绕职业道德、技术技能、学习力和创新力三大板块,紧密结合职教师资岗位需求,"三位一体"制定出系统的岗位人才基模,构建以工作过程为导向,职业岗位能力、职业素养为主线的课程体系,通过模式创新提升培训成效。"德、技、力"三位一体职教师资培养模式如图4所示。

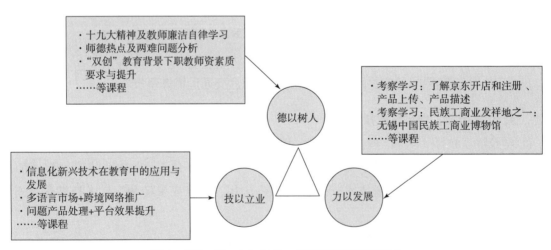

图4 "德、技、力"三位一体职教师资培养模式

2. 德国专业师资能力标准培养本土化

通过与同济大学、中德职教联盟合作,近距离对接德国的职教资源,引进国际化标杆企业的培训师资、服务资源和先进技术,采用小组讨论、项目教学等行动导向教学法,利

用"互联网+教育",课程资源平台,多媒体教学设备等构建新型有效课堂,注重学员综合职业能力与工匠精神培养。图5为云南同济中德学院职教师资培训情况。

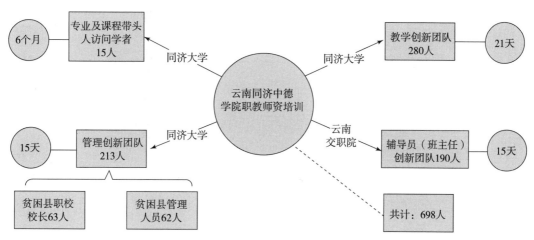

图5 云南同济中德学院职教师资培训情况

3. 实施项目教学法,探究立体式师资培训路径

采用项目教学法,通过任务驱动开展理实一体化培训教学,构建多层次、全方位的立体式教学模型,不断提升学员的专业技能和实践教学能力,如图6所示。

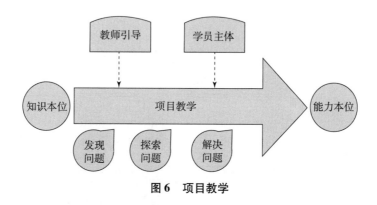

图6 项目教学

4. 融企入教,校企双元主体培训师资

(1) 能工巧匠进课堂。

在职教师资培训中,把行业技术骨干、专业领军人才作为客座教授融入培训师资团队,讲授企业鲜活的技术、理念与文化,把前沿技术直接用于教学之中,实现学员的知识结构、专业技能、综合素质培养与岗位职业能力标准无缝对接。

(2) 培训学员进企业。

学院与华为、阿里巴巴等知名企业长期合作,把培训放到工厂,与昆明地铁公司等签订《职教师资企业挂职锻炼合同》;与北京广慧金通开展"航空乘务教员资格培训";与上海大众合作开拓SCEP项目进行师资培养等,开展双主体培训育人,构建阶梯式的职教师资培养体系，实施培训"双证书"制。云南交通职业技术学院与企业合作情况如图7所示。

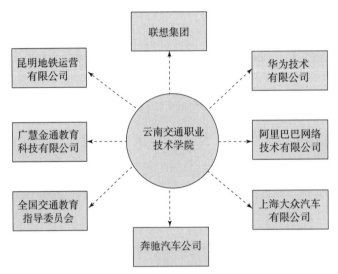

图7 云南交通职业技术学院与企业合作情况

(3) 境外企业融项目。

开展"中德职教汽车机电合作项目"，联合德系国际知名汽车品牌进行职教师资培养，如图8所示。

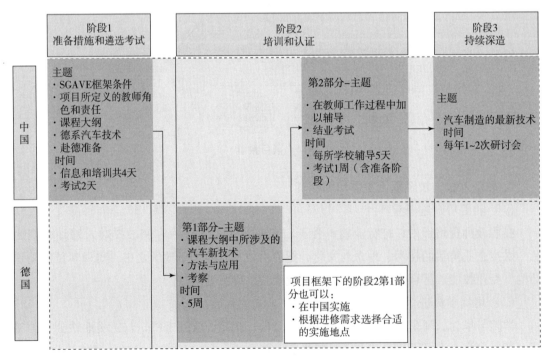

图8 中德职教汽车机电合作项目

(四) 利用信息化平台，助力技术技能培训提质升级

1. 产学研紧密结合，服务行业发展成效显著

通过职教集团信息化管理平台，有效集成学校拥有的国家汽车运用与维修类技能型紧缺人才培养培训基地、云南省第二职业技能鉴定所、交通运输部"1+32"干部学习平台、云南省交通职工培训中心、云南省职教师资培训基地、云南省道路运输单位"两类人员"培训基地、云南省交通远程教学中心、云南省职业技能等级认定社会培训评价组织等资源，使之成为技术技能人才培养培训增值赋能的重要载体。

2. 技术技能培训量大面广，辐射效应好

"十三五"期间，举办了102个面向社会人员的培训班，累计培训15.7万人天。近3年来，培训量超过40 000人天/年。2016—2020年度培训统计如图9所示。

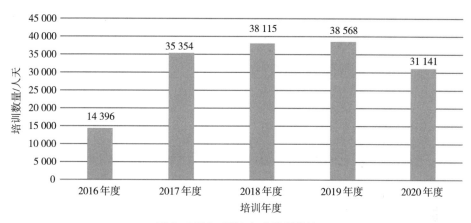

图9　2016—2020年度培训统计

3. 职教师资培训增值赋能，硕果累累

以学院近3年来参培学员为例：参训学员获得厅级以上科研30项，其中"融企入教，项目教学法在职教师资培训中的探索与实践""云南交通职业教育集团化办学的理论构建与实践策略研究""'一带一路'背景下职业教育校企协同境外办学实施策略研究""云南区域高等职业教育资源空间优化配置研究"等获得云南省教育厅立项并结题，"创新构建新时代云南交通运输非学历继续教育体系研究"获云南省交通运输厅立项并结题。

推进职教集团信息化建设，实现职教集团实体化办学，能有效促进校企合作、产教融合，密切和强化职业院校与行业企业的融合度，增强技术技能人才对行业企业的吸引力，发挥职业教育集团化办学的类型特色、典型案例和辐射带动作用，切实提高职业教育教学质量和办学水平。职教集团化办学与信息技术的深度融合，既能够突破时空限制，合理配置并充分利用优质教育资源，提升职教集团实体化运行效能，又可以改变传统的教育理念、教学方式和办学模式，从而增强职业教育的适应性。

专家点评

云南交通职业技术学院以国家级示范性职教集团和云南交通职业技术教育集团信息化管理平台建设为纽带，运用"Y+1+N"模式，精准对接交通运输业、建筑业、信息产业、高原特色现代农业等八大产业的新要求。该校完善了行业培训资源体系建设，搭建了"校、政、行、企"协同创新的职业教育大平台，建立和完善了社会服务的相关运行机制，在培训资源建设和社会服务能力提升方面取得了较大成效。

该案例的两个突出方面值得其他学校学习借鉴：

（1）学校跳出校园，大局着眼，从云南交通职业技术教育集团视角出发建设信息化管理平台，实现与160多个职教集团成员的沟通和联系，发挥了互联网技术优势，深化了产教融合。

（2）学校利用网络平台完善了行业培训资源体系建设，按照项目运行流程化、工作质量标准化、教学组织专业化、课程沟通深入化和持续改进常态化的要求，构建了"线上＋线下"相结合的培训资源体系。

教师信息技术应用能力篇

信息化教学能力提升助推课堂教学模式改革

吉林工贸学校

教育信息化是教育现代化的基本内涵和显著特征。传统的课堂讲授已无法适应时代变化，迫切要求教师的教学方法做出相应改变。"互联网＋"作为信息时代的创新理念给教育领域带来了深刻影响，推动着教育理念、教育资源、教学模式的转变。信息技术和教育教学的深度融合，能够有效提升教育教学质量，培养具有创新能力、协作精神、堪当重任的时代新人。学校始终以教师为主体大力推动信息技术与课堂教学融合应用，用信息化助力教师队伍的成长。

一、背景与现状

2018年4月，教育部正式印发了《教育信息化2.0行动计划》，作为推进"互联网＋教育"的具体举措，明确了坚持育人为本、融合创新、系统推进、引领发展的基本原则；提出到2022年基本实现"三全两高一大"的发展目标，即教学应用覆盖全体教师，学习应用覆盖全体适龄学生，数字校园建设覆盖全体学校，信息化应用水平和师生信息素养普遍提高，建成"互联网＋教育"大平台；部署了数字资源服务普及行动、网络学习空间覆盖行动、网络扶智工程攻坚行动、教育治理能力优化行动、百区千校万课引领行动、数字校园规范建设行动、智慧教育创新发展行动、信息素养全面提升行动等八大行动。全面提升教育信息化发展水平，使中国教育信息化步入世界先进行列，发挥全球引领作用，以教育信息化全面推动教育现代化，开启智能时代教育的新征程。

学校较早认识到建设数字校园是适应现代职业教育发展的必由之路，始终把打造智慧校园作为国家、省示范校重点建设内容之一。"2019质量提升年"十二项工程行动中，单独把高标准完成"数字化校园建设工程"摆上突出位置。同时，在聘请专家并深入调研和反复论证的基础上，按照全面规划、确保重点、循序渐进的工作原则，科学系统地制定了符合校情的《项目建设方案》和《项目建设任务书》，切实保障通过实验校建设，成为模式改革、特色创新的示范，并在全市中等职业教育改革发展中发挥骨干、引领和辐射作用。

二、特色与创新

结合传统职教课堂教学和"微课""慕课"模式的优势，利用"线上线下混合教学教育理念"对课堂教学模式进行整合，使信息技术在教育教学中的效率最优化，从而提高教师的专业素养、减轻学生负担、提高教学质量。

借助信息技术平台，实现教师知识共享，促进全体教师专业发展，帮助教师在网络和移动学习环境下，合理应用信息技术优化学习任务设计、学习小组组织与管理、学习过程监控、学习评价等环节，有效指导和支持学生开展自主、合作、探究等学习活动，促进学校教师信息技术应用全面发展，实现科学性、合理性、完美性的育人目标。吉林工贸学校教育信息化特色与创新如图1所示。

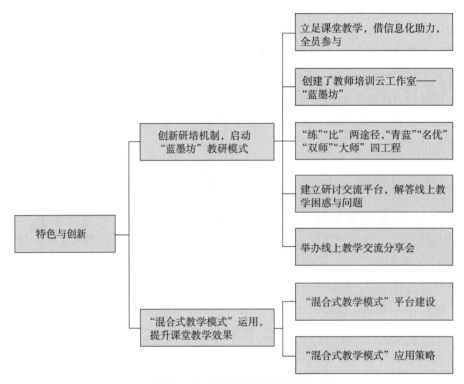

图1　吉林工贸学校教育信息化特色与创新

（一）创新研培机制，启动"蓝墨坊"教研模式

（1）立足课堂教学，借信息化助力，全员参与。全体任课教师运用"蓝墨云班课""超星学习通""雨课堂"等信息化教学平台，学习信息化教学技巧。

（2）创建了教师培训云工作室——"蓝墨坊"。通过云班课资源，进行线上"泛在式"自主研修与交流答疑，根据大数据梳理的教育教学问题，设计"菜单式"校本培训计划，教师根据自身需求选择有针对性的线下培训。

（3）精选"大练兵""大比武"两条途径，实施"青蓝""名优""双师""大师"4项校本工程。开展多角度、深层次、系列化的教研、科研活动与校本培训，进一步推进学校信息化师资队伍素质整体提升，培养一批主动适应并积极引领移动互联时代数字化教学的中职教学名师，打造了学校教学品牌。

（4）建立研讨交流平台，解答线上教学困惑与问题。校本培训指导，分别邀请教科研室教师及教学平台公司代表开通线上直播讲堂，深入讲解教学平台的运用，系统解答教师疑惑，为后期开展线上教学保驾护航。

（5）举办线上教学交流分享会。学校先后以教研室、全体任课教师为单位总结线上教学的困惑与不足，在听、评、诊、改的过程中切实提升各任课教师云端教学水平。全体任课教师线上教学水平大幅提升，通过打磨校内线上优质课程，引导教师丰富线上教学方式，提升线上教学师生深度有效互动能力，巩固线上教学成果，为衔接线下教学奠定基础，确保全校所有任课教师圆满完成云端班级授课。

（二）教学模式运用提升课堂教学效果

1. "'混合式'教学模式"平台建设

（1）教学平台选用。

基于"线上线下'混合式'教学模式"，线上教学应具备激发兴趣、引导思考、引领讨论、巩固提升4项基本功能。因此线上教学平台应具备教学活动发布、教学任务布置、线上讨论交流、课程评价统计等功能。我校采用"蓝墨云班课"教学平台，实现线上教学活动布置、讨论交流与学习评价。后期采用"超星学习通"教学平台，二者相较，"超星"泛雅平台资源更为丰富。其中，超星的"示范教学包"更容易实现"云班课"的资源共享。

（2）平台课程建设。

平台课程的建设对学生学习具有指导性作用。完善课程基本信息，引导学生明晓课程学习目标，有侧重地进行学习；完善章节结构，引导学生宏观把握课程，为其继续发展奠基；整合教学资源，制作教学微视频，以碎片化学习打通整体学习脉络，引导学生着眼细节，把握课程。

2. "'混合式'教学模式"应用策略

（1）线上教学策略。

在"混合式"教学中，线上教学以引导、巩固基础性知识为主。教师设计互动式教学问题与教学活动，引领学生走入职业情境，发现基础性问题；引导学生以职业人的视角思考问题、讨论交流；引发学生从宏观与细节双方面把握课程，巩固提升。

①问题引导。线上教学受时间约束，以精练为优，问题的设计以启发、引领为原则，这要求教师具备挖掘生活、取材职业、整合教材、设计问题的能力。

②活动激趣。线上教学过程中的交流活动以激趣为原则，同时具备引导学生思考问题的功能，适时运用投票、问卷、测验等多种教学活动，可恰当选用分组任务进行任务布置，同时激发学生的探究兴趣，提升学生线上学习的效果。

③创设情境。职业化情境能够增强学生的自我代入感，提高其探究兴趣。线上教学打破时空界限，文字、语音、视频等信息化手段都能够辅助教师完成情景创设，激发学生职

业兴趣，加深学生学习印象，提升自我效能感，进而提升线上学习效果，为"混合式"教学中的线下学习阶段奠基。

④巩固提升。合理运用线上教学平台的测验功能，分析学生学习的实时反馈数据，调整线上、线下教学策略，通过提升学生学习的自我效能感，巩固学生对知识的掌握，提升学生的学习能力及学习兴趣。

（2）线下教学策略。

①联系线上，唤醒认知。线下教学是线上教学的延伸与拓展，延续线上所营造的教学情境及教学项目，唤醒学生基础性知识认知，运用"最近发展区"理论，引导学生完成认知的巩固内化及实践运用的过程，切实提升学生的职业能力，培养学生的核心素养。

②思维碰撞，深度探究。在掌握基础知识的前提下，为学生创设讨论交流的环境。线下教学中面对面的讨论交流更易于激发学生思维的碰撞，提升学生的思维品质，发展学生的职业能力。

（3）疫情期间线上授课策略。

疫情期间，"混合式"教学转为线上授课，为引导学生适应线上授课，教师精练语言，筛选资源；教学联系生活，体现职业；在学生的思维发展与提升层面上，教师提炼问题，审慎设疑。同时，统计并分析学生数据，评价学生学习情况，调整教学进度，提升教学有效性。

三、成果与影响

1. 打造高水平教师梯队，提升学校教学实力

以"线上线下'混合式'教学模式"为基础，全力建设信息化校园，完善信息化教学，提升全体教师信息化教学水平，以"青蓝工程""名优工程""大师工程"培养青年教师，打造名优教师，扶植职教大师。

2017年以来，每年都有诸多优秀教师在市级以上信息化教学设计、说课、教学能力比赛中获奖。同时有二十余名教师在全市教师"大练兵、大比武"活动中获得"星级教师"荣誉称号。2020年5月开展"典型优质课例"评选活动，打造云端教学"金课"，巩固并提升教师线上教学水平。

2. 立足学生职业发展，提升理论与技能水平

2019年11月，在省、市中职学校学生技能大赛中，学校借助UMU云平台，为机器人技术应用、职业英语和铁道运输管理三个赛项创建线上理论学习与测试题库，学生通过参加线上理论测试与线下技能实操的混合式训练，专业知识和技能水平得到明显提高，最终都获得了理想的奖项。其中，机器人赛项斩获"2019年全国职业院校机器人技术应用赛项"团体三等奖，总成绩在代表东北三省参赛的10所学校中位列第一。疫情期间，学校开设网络课程总数达430个，建立课程资源总计12 576个，全校教学题库合计67 979题，师生参与比100%。目前，基于"云班课"的线上线下混合式教学模式已成为吉林工贸学校的教学新常态。

近年来，学校有50多名教师在各级信息化教学大赛中获奖，其中刘玉杰、莫绍凌、刁春英、曹颜冬、霍琪、许子明、宋晓宛、谷丽娜、兰兰、孙尧、刘敏、代丹丹、李冰等教师在教育部组织的信息化教学能力大赛分获一、二、三等奖。在国家、省、市"创新杯"信息化教学微课设计、说课与教学能力比赛中，郑为娜老师在"2019年全国中等职业学校语文课程教师信息化教学设计和说课交流活动"中过关斩将摘得大赛一等奖的殊荣，2018年英语教师单姿文也在同类赛项中获得一等奖。在吉林市"星级教师"评选活动中，经过层层选拔，过关斩将，我校共有66人获"星级教师"荣誉称号，在全省中职学校"改进教学方法，促进信息应用"教改中起到了示范辐射的作用。

四、经验与启示

信息技术与课程教学的有机整合，是教学改革中的新型教学手段。在教学中，利用信息技术，对教材中抽象的概念、原理等知识理念，对难以观察的细微结构等进行信息处理和图像传输，模拟或再现真实情景，使其变得直观、形象、具体。有效运用信息技术教学，能提高学生学习兴趣，优化课堂教学，有效解决教学中的重点、难点，使学生学习效果更好，有效地培养学生的思维能力，增强情感体验。

教学过程实质上是师生之间进行信息交流和传递的过程，信息技术以提高教与学的信息传递效率来实现提高教学质量的目的，辅助教学，为课堂提供了崭新的教学技术和教学手段，用图像、动画、音乐语言等多种信息刺激学生各种感官，使课堂教学内容直观、生动，有助于充分激发学生学习兴趣，调动学生内在学习动力，充分发掘学生的学习潜能。

学校以信息技术为平台，创新发展线上线下混合式教学模式，营造知识共享的学术氛围，促进知识在教师之间流动，增强了团队协作和知识共享精神、持续学习意识，加快了个人及组织的知识更新，提升了教师信息化教学能力，推进了高水平、结构化教师教学团队建设，提高了教师的师德践行能力、专业教学能力、综合育人能力和自主发展能力，推动了示范性教学，促进了"能说会做"的"双师型"教师成长。

专家点评

吉林工贸学校利用混合教学模式对课堂教学模式进行整合，在提高教师专业素养、减轻学生负担、改进教学质量等方面显现了成效。

（一）创新研培机制，启动信息化教研模式。全体教师运用信息化教学平台进行泛在式自主研修与交流答疑，借助大数据梳理的教育教学问题，设计"菜单式"校本培训计划，教师根据自身需求选择有针对性的线下培训；实施"大练兵""大比武"，推进师资队伍信息素养的整体提升；建立研讨交流平台，解答线上教学困惑与问题。

（二）变革教学模式，提升课堂教学效果。选择不同在线教学平台，组织开展多种形式的网络教学活动；整合教学资源，制作教学微视频；探索了混合式教学策略，明确了线上教学、线下教学的要求，取得了良好教学效果。

学校在教师信息技术应用能力培养、信息化教研等方面有一定的特色。建议在基于智能技术的教学研究、信息技术支持不同专业教师发展等方面进行更多的应用探索。

"三教"改革下的职业院校教师信息化能力实施路径

淮北工业与艺术学校

一、背景与现状

信息技术能力是新时代高素质教师核心素养,是职业院校推进"三教"改革的重要抓手。学校聚焦《国家职业教育改革实施方案》《教育信息化2.0行动计划》《职业教育提质培优行动计划》,通过信息化基础设施能力建设、信息技术能力建设促进信息化改善教学生态、推进信息化教学模式变革、促进信息技术与教育教学的融合,推动信息化常态化应用下的"三教"改革促进学校发展。

我校是首批全国数字化校园试点校、安徽省首批学校智慧校园试点校,智慧校园、高水平"双师型"教师培养基地两项目入选安徽省职业教育创新发展试验区建设项目。何大学信息技术、李军智慧数字化校园两个省名师工作坊通过省质量提升工程验收,2019年、2021年两次荣获全省职业院校教育信息化工作先进单位,2020年、2021年两次荣获全省教育教学能力大赛优秀组织奖,连续6年荣获全省技能大赛优秀组织奖。

我校的具体做法如下:

(一)完善制度夯实机制推进信息化落地生根

以信息化应用、信息技术与教育教学融合为核心、以三通两平台建设为目标,规范出台数字校园建设与管理办法、课程与资源建设及管理实施方案、信息化教学推进实施办法等21项制度;实行信息化一把手工程和分管领导CIO制,完善机制流程,落实技术组、网站平台实施组、资源库与数字资源建设组、线上学习及空间组、信息化教学改革和模式创新组等职能,建设与应用成效纳入各单位目标考核,形成"校长负责、集体决策,处室协调、系部落实"的工作机制。

(二)"建网、建库、建平台、建队伍"为推进信息化教学达成提供保障

立足于信息化的建、管、用,落实"平台集成化、业务信息化、数据标准化、教学智慧化"理念,建设网络运维管理平台,完成"主站+子站+课程资源平台+智慧教育教学管理平台"网站集群和资源平台集成架构,建立统一身份认证及授权中心和数据交换中心,无线+有线融合为一套网络,全网统一安全策略和管控;业务系统进行等级保护;突出智慧教学环境、智慧教学资源、资源库建设、智慧应用、智慧管理服务、信息安全体系

等对标建设，加大"云大物移虚"在教育教学中的深度融合应用，添置超星一平三端平台和师生网络学习空间、智能教学平板、教学大屏，专业添置实训教学模拟软件，探索基于大数据模式下的教育管理与教学实现形式，逐步解决校园教学的全向交互、校园环境的感知、校园管理的协同、校园生活的个性便捷，最终实现建成完整统一、技术先进、覆盖全面、应用深入、安全可靠的数字化校园。

（三）实行信息化驱动"三教"改革战略

以推进"三教"改革为目标，加强教师信息化素养培训，打造教学创新团队；推进混合教材、工作页手册式教材、网络课程、微课视频集、立体教学资源的建设，服务线上线下混合式教学；加强教学、实训、学习相融合的信息化建设，落实信息化实训平台及精品课程、教学内容、实验实训、教学指导、学习评价等要素的建设，信息技术融合教育教学，教学平台助力教学科研实训常态，教学资源融入智慧教学实训生态，教学大赛驱动教育教学方法改革创新；按照"能学、辅教、助训"功能定位，各专业建成精品资源共享课＋精品视频公开课＋微课＋实训视频集的实训课程体系，添置虚拟仿真实训资源，推进基于移动终端、虚拟技术支撑的信息化实训，解决实训"进不去、看不见、动不了、难再现"的难题，促进有效教学和深度学习的开展，实现师生职业素养养成和职业技能提升。

（四）信息化2.0全员达标工程推进"三教"改革能力提升

实施信息化2.0全员工程，推进多媒体教学环境、信息化教学环境、混合学习环境、智慧学习环境的达成，开展学法指导、学业评价、学情分析、教学设计等微能力点的实施和考核，开展微课、在线课程、线上线下混合式教学培训，承办全省信息化教学大赛、全省一体化师资培训、全省中职教师教学能力大赛培训，提升教师全员信息化教学能力，促进信息技术与教学的深度融合。加强教与学全过程的数据采集和效果分析，推进网络学习空间的建设与应用，培育有影响力的网络教学名师。教师团队现代教育技术应用能力、信息化教学实施能力、线上线下混合学习、信息技术与教育教学融合创新的能力得到提升，实现信息化集成技术、师生信息技术应用能力、学校信息化管理水平、课堂教学效能和教育教学质量的全面提升。

二、特色与创新

（一）"互联网＋"思维推动信息技术与学科的整合

强化"互联网＋"思维，实施"办学模式、培养模式、教学模式、运行模式、评价模式"五项改革，教学场地智慧化、教材信息化、资源立体化，推广"在线实时、双向互动"混合学习等教学模式，促进教与学、教与教、学与学的全面互动。根据内部质量诊改8字螺旋循环的思路，按照诊断维度和五层面诊断观测点，落实教与学的全过程信息采集、处理、分析、预警，有效开展教学过程监测、学情分析、学业水平诊断、学习资源供给、课程诊改。

（二）信息化"教+学+管+训+研"应用推进"三教"改革

建设具备集中资源管理的课程平台、资源平台、教学平台，与智慧校园平台实现统一身份认证。基于信息技术进行课程建设模式、课堂教学模式、学生学习模式的重构，达成管理智慧化、教学信息化、资源数字化、教师专业化、教学模块职业化。经过实践提炼，探索出"以解决学生问题为主线"的"自主导学、合作导论、引领导悟、体验导达、情景导入、团队达成"六导教学模式，课堂教学从动机到结构都是以学生学习为中心来进行组织，推进云平台、云应用、云教学，一大批教师达成运用数字化设备、推动电子课堂、运用现代信息技术的能力。

（三）课程建设、数字资源建设助力"三教"改革

参照高职"双高"实施"优质校、优质专业"双优工程，推进在线课程、精品课程、网络课程的建设，建成12门省级精品课程，开发67门实训项目库及实训指导书、21门精品课资源库和14个专业的优秀课件资源库、微课资源库、视频库、工作页、任务书和活页式教材，各主干专业均建成以精品资源共享课+精品视频公开课+MOOC+微课+实训视频集的在线课程。通过超星平台建设179门网络课程常态化应用，保障线上教学和混合式教学实施。制作、整理出一批优秀教学设计、微课、视频集等资源推荐至省资源网共享。师生运用该网络教学平台开展课程教学改革与互动教学比例达65%，推出一批优秀教师的教学经验模式。

（四）构建赛教融合以赛促教机制

将职业能力和信息化素养培养贯穿于专业教学实训全过程，以技能大赛为驱动力，将赛事内容以项目形式嵌入专业课程体系，将赛事标准和职业岗位能力作为教学内容、考试内容，作为衡量专业技能、检验教学质量、导向课程改革的考核标准，达成以赛促学、以赛代训、赛训一体，磨炼学生双能力的赛教融合。

（五）推出职业教育教学模式研究与实践信息化成果

开展信息化教学模式研究，3个省级、12个市级信息化科研课题、4个市电教课题通过验收，课题研究"四化"：主题深化、内容细化、过程优化、成果量化，提升教师及团队的信息素养和信息能力。课题研究促进信息化教学资源的实践性探究，提高了课堂教学的实效性，获得成果专利12项。

三、成果与影响

（一）信息化促进教学模式变革，教育教学能力大赛成绩丰硕

以团队建设和三教改革为核心，立足于课程思政和"三全育人"，通过教师参加信息化教学大赛、教学能力大赛、职业能力大赛、辅导学生技能大赛推进"三教"改革落地生根、促进"岗课赛证"融通。教师获教育教学能力大赛（信息化教学大赛）国家级奖项17个，获全国职业能力大赛国家级奖项5个。技能大赛信息技术类项目获国赛金牌6枚、银牌12枚、铜牌11枚，2位教师在长三角比赛中获奖。数字校园建设促进教师各类大赛大面积获奖。

（二）教科研成果成绩突破攀升，体现出"三教"改革成果

2018年以来，获省级教学成果奖一等奖1项、市级优秀教科研成果7项，教师获省优秀教学软件一等奖10项、二等奖8项、三等奖9项；全省优质课获省一等奖7项、省二等奖13项、省三等奖6项，参加长三角地区微课大赛获二等奖1项。教师8人获首届市网络空间应用案例评比奖，全市教师微视频制作获一等奖2项、二等奖2项。申报教学团队和课程思政项目，分年度推进各专业均覆盖。学校还开展了就业创业信息化教学比赛，促进学生职业能力和"双创"教育的达成。

（三）推出一批案例

在提质培优、"三教"改革的基础上，学校信息化工作先后推出"推进智慧数字化校园建设，助力'三教'改革落地生根"（省智慧校园信息化案例）、"智慧数字化校园建设促进教育教学模式改革和教师专业能力提升"（省示范校案例）、"省级智慧校园名师工作坊和全国数字校园实验校建设两促进两发展"（省质量提升工程案例）等6个案例。数字化校园和省中职智慧校园、省职业教育创新发展试验区项目、5个省名师工作坊、4个市名师工作室、5个市中职中心教研组一体化建设发展。

（四）辐射带动、示范影响作用显著，办学美誉度提升

信息化建设带动皖北地区职校的信息化建设，资源平台全市中职校共享，数字校园支撑下的信息化教学成果经验全省共享。发挥品牌示范辐射作用，先后有11个地市的26所省内兄弟学校来校参观学习和信息化经验交流，省市级报纸、杂志及网络媒体专版报道，信息化保障了学校申报技师学院、省高技能人才培训基地、省公共实训基地、A类评估及纳入"十四五"申办高职计划。

四、经验与启示

（一）实行信息化驱动战略是信息化及"三教"改革的重要途径

以信息化推进"三教"改革为目标，全方位提升师资素质，打造教学创新团队，课程可视化、动态化、知识层次化、体系化，教学项目化、案例化、行动导向化，以电子混合教材、工作页式教材、网络课程、微课视频集构建的教学资源立体化。

（二）实施信息化2.0全员工程是信息化教学团队建设的重要路径

实施信息化团队推进战略，承办全省信息化教学大赛、全省教学能力大赛培训、全省一体化教师培训，全校整体推进实施信息化2.0，建设2.0工程的技术、教学、管理团队，加强平台建设、抓好校本研修、落实质量监测，分专业群工作坊推进微能力点的达成，促进信息化应用、信息技术与教育教学的融合，保证了教学能力大赛和信息化队伍的持续发力。

（三）教学大赛回馈"三教"改革是改进教学的重要目标

落实立德树人根本任务，贯彻落实"职教20条"，着力推进信息技术与教育教学深度融合，打造出一支具有过硬的专业指导与建设能力、教育技术应用能力和信息化教学水平的教师团队，是学校信息化教学的目标。为此积极落实职业教育国家教学标准，对接职业标准（规范）、对接新技术、新工艺、新规范，精心选取线上线下混合式教学的项目化参赛内容，通过大赛深化教学改革、加强专业建设和课程建设，提升教师的教学科研水平和双师能力，打造团队核心竞争力。巩固大赛成果，不断推进数字化校园、智慧校园和信息化教学力度，推进教育教学改革与创新。落实立德树人和课程思政，参赛作品提炼和创新多年来混合式教学经验，推动信息技术与教育教学深度融合。

（四）推动信息化与教育教学深度融合的教改新载体是努力方向

组建网络学习共同体，加强智慧科研教研建设，满足特定的课题研究、集体备课、分层教学、个性化教学以及满足教师的主动学习等，加强网络教研和网络学习，推送信息技术环境下的丰富资源，为教师自主学习、集体研修、观课磨课、课程研修等提供支撑；构建个人学习空间、以资源为中心的资源空间和以网络教学平台为中心的网络教学空间，实现智慧教研、智慧科研服务和管理。

专家点评

一、教学改革的背景

教学改革是以信息技术提升中职学校办学质量，以信息技术与教育教学的融合提升办学水平的需要。

二、教学改革做法

1. 加强信息化基础能力建设，为教育教学和管理服务提供数字化支撑

学校针对数字化校园建设的需求，扎实开展三通两平台建设，开展"主站+子站+课程资源平台+智慧教育教学管理平台"的数字校园网站集群和平台建设，建设了基础数据管理、教务管理、学生管理、行政管理、数字资源管理、在线教学管理、大数据分析决策管理7个应用软件服务平台、13个部门子网、6个系部网站和质量提升、技能大赛、信息化教学和党建等专门网站，建立数字校园统一身份认证和单登录系统平台，建立数字校园公共基础数据交换中心和数据共享数据库。

2. 以"建网、建库、建平台、建队伍、建机制、达成效"为着力点，推进教学信息化教学

建设了集空间、平台、资源、场景一体化的"理、虚、实"一体的智慧化实训教学场所和"SMT教学工厂型"的生产性实训基地，以规范专业教学基本要求，完善人才培养方案，落实实训教学标准，加强虚拟仿真实验实训室和实验实训综合管理平台建设及精品课程体系、教学内容、实验实训、教学指导、学习评价等要素的建设。

3. 强化"互联网+"思维，推动信息技术与学科的整合，构建信息化教学环境

以"构建先进、高效、实用的数字化教育基础设施""推进智慧校园建设""全面提升信息化教学水平和质量""构建实现集数字化管理、教学、学生自主学习、学员在线培训四种功能于一体的综合系统"为信息化建设四大目标。

4. 扎实推进课程建设、数字资源建设

推进在线课程、精品课程、网络课程的建设，14个专业网络课程均不少于3门，精品课程5门，实习、实训网络课程达到30%。已建成11门省级精品课程，开发67门实训项目库及实训指导书、21门精品课资源库和14个专业的优秀课件资源库、微课教学资源库、电子教案库、课件库、视频库等。

三、特色和成果

推进教师、教材、教法改革，加强学校教师信息化能力、信息素养和"双师"素质培养，推动信息化教学应用的常态化，通过信息化基础设施能力建设、教学团队信息技术能力建设、信息化教学模式变革、信息技术与教育教学的融合、教学能力大赛成果转化回馈教学改进等，促进教师团队建设、信息化能力+专业技能+课程思政团队建设，提高教师教育教学能力、专业实践能力和专业技能信息化能力，促进教师团队建设，学校2019年和2021年两次荣获全省职业院校教育信息化工作先进单位。

"赛教融合、五步四梯"系统推进教师信息化教学能力提升

寿光市职业教育中心学校

一、背景与现状

寿光市职业教育中心学校是国家中等职业教育改革发展示范学校，全国职业院校数字校园建设样板校、混合教学改革示范校、山东省教育信息化试点单位。

在国家职业教育信息化快速发展的今天，寿光市职业教育中心学校秉持立德树人理念，坚持问题导向，应用为先，针对当前职业教育信息化推进过程中普遍存在的误区，抢抓机遇，深化改革，实施"一主线、二载体、三问题、四重点、五步骤、六维度"的教师信息技术应用能力提升工程，即以全体教师信息化教学能力提升和常态化教学应用为主线，通过教学能力大赛和"清华教育在线"网络教学平台两大载体，对标教师信息化教学能力六维度（信息化教学意识与态度、信息技术应用能力、信息化教学设计能力、信息化教学实施能力、信息化教学评价能力、信息化教学研究能力），从混合式教学模式改革、数字化教学资源整合、数字化教学环境改善、信息化教学团队建设4个方向，按照"训—赛—思—用—悟"的五步发展路径，有针对性地解决当前信息化教学推进过程中普遍存在的教师自身发展动力不足、提升路径不明、提升持续性不够的问题，逐步实现教师信息化教学能力四梯度（信息化教学情意、信息化教学知能、信息化教学实践、信息化教学智慧）递进式成长。

二、特色与创新

（一）坚持顶层设计，推进工作有机制

为深入贯彻落实中央有关教育信息化的战略部署和全国教育信息化工作会议精神，提升学校电子政务能力、数字校园水平和人才信息素养，寿光市职业教育中心学校将教师信息化教学能力提升工程作为学校"十三五"建设目标中的核心任务之一。为此，在2014年寿光市职业教育中心学校在清华大学教育研究院与优慕课在线教育科技（北京）有限责任公司的指导与支持下，与省厅推行的精品资源共享课程建设项目相衔接，系统推进混合式教学模式改革，并先后承担了2017年山东省职业教育教学改革重点研究项目"中职学校混合教学改革策略研究"，山东省第二批教育信息化试点单位、第三批全国职业院校数

字校园建设实验校等项目，进行深入研究，形成了基于混合教学理念的教学模式改革、教师信息化教学能力提升、课程内容现代化在线课程建设、教学与学习评价模式创新的四位一体整体推进、综合施策教学体系，有效提升了全体教师的信息化教学能力。"四位一体"混合教学模式改革组织框架如图1所示。

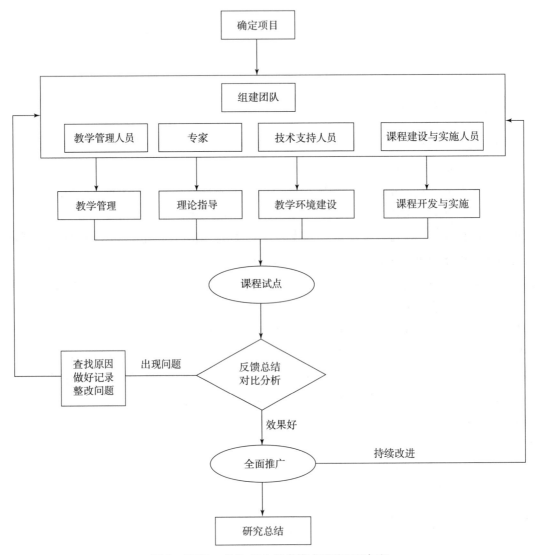

图1 "四位一体"混合教学模式改革组织框架

（二）坚持问题导向，注重精准施策

当前中职院校信息化教学应用未形成常态，对信息技术促进教育变革的认识存在着一定的误区，在全体教师信息化教学能力提升和常态化教学应用方面重视和投入不足。

针对以上问题，学校基于教学能力比赛平台，构建职业院校教师信息化教学能力"赛教融合、五步四梯"整体提升策略（见图2），即按照"训—赛—思—用—悟"的五步发展路径，激发教师信息化教学创新性与主动性，使教师逐步实现对信息化教学"关注应用期"（信息化教学情意）—"学习模仿期"（信息化教学知能）—"迁移融合期"（信息化教学实践）—"智慧创造期"（信息化教学智慧）四梯度递进式成长。

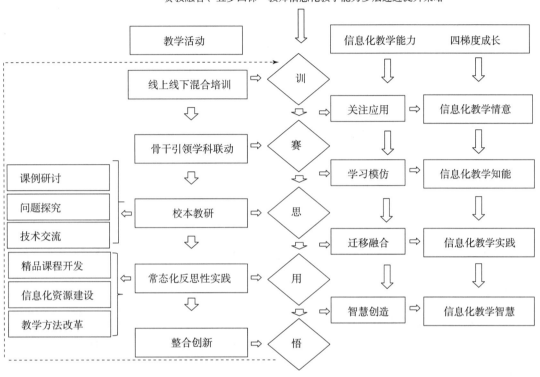

图2 "赛教融合、五步四梯"多层递进信息化教学能力提升策略

1. 创新"专家培训+骨干校本教研"的线上线下混合培训模式

聚焦解决当前培训中存在的培训覆盖面有限、培训内容单一陈旧、培训效果无法延续，培训与教学教研不能有效衔接等问题，学校创新实行"专家培训+骨干校本教研"的线上线下混合培训模式（见图3），部分骨干教师参训后，在全校范围内开展分享交流，并率先进行公开课、示范课活动，并通过课例研讨、问题探究、技术交流为主的校本教研，有效提升教师对信息化教学基本规律及其重要性的认识。

将多样化的优质培训资源上传到"清华在线"网络教学平台中，形成了200多个由信息化教学理论、信息化教学案例、信息化技术应用、专家讲座等优质培训资源为主的线上培训资源库，为教师后续信息化教学提供长效指导，为教师开展常态化信息化教学提供保障。

2. 目标导向、竞赛推动、广泛参与

坚持"目标导向、竞赛推动、广泛参与"的原则，组建"骨干引领、学科联动、团

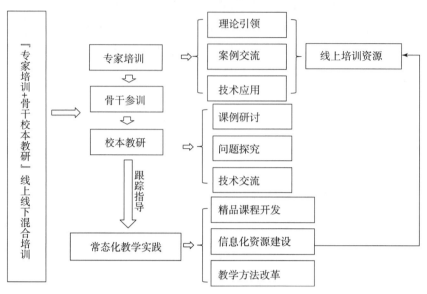

图 3 "专家培训 + 骨干校本教研"的线上线下混合培训模式

队互助、整体提升"的信息化教学共同体，按照制度化、规范化、常态化的要求，引领教师广泛参与竞赛，以信息化教学大赛为抓手，快速提升教师运用信息化手段和数字化资源的能力。

3. 校本教研促进反思提升

开展形式灵活的教研活动，广泛共享大赛成果，如组织校内论坛研讨培训、外出学习、论坛、周前会全校分享、到校外分享等活动，加强交流、理论研究，提升研究学习的氛围。

4. 混合式教学推动信息化教学常态化

为促进信息化教学常态化应用，我们采取了以下措施：

一是日常业务信息化促进。学期初学校在教学平台中发布信息化教学业务配档表，选取日常教学业务中容易用平台展示实现的课程活动，如线上资源、在线测试、答疑讨论、问卷调查、播客视频、专业二级网站、精品资源共享课建设等栏目，对学生考勤、课堂教学参与率、学习效果及时有效提供决策依据，实施大数据分析，实现预警改进。每个月定期举行教学平台展示交流活动，促进全体教师对信息技术的常态化应用。

二是常态化教学考核。

学校建立了自上而下的信息化教学评价体系，将信息化教学纳入系部、教师考核，每学期由教务处通过教学平台下发信息化教学业务配档表，每月对各系部完成情况进行评价督导。

各院系根据学校配档表制定评价细则，重点关注信息技术与学科教学融合，突出在教学实践中合理有效地应用信息技术改善教学方法。同时各系部定期召开信息化教学专题研讨会，将完成情况计入教师每月的教学学风成绩。

（三）坚持以加强保障为重点，信息化教学环境持续改善

健全信息化教学技术支撑环境是学校数字化校园建设的重要项目之一。

一是坚持"校园网络化"建设，启动智慧教学环境整体规划项目，改善教学环境，构建移动校园，实现 WLAN 无线网络全覆盖学校主要工作、学习及生活场所，满足老师和学生利用碎片化的时间进行办公和学习的需求。

二是坚持"数字化资源"建设（见图4），丰富优质教学资源供给，完成"清华教育在线"网络教学平台课程建设。按照"以学习者为中心、以专业为轴线"的建设原则，进行了课程资源建设，满足学生自主、协作及情景式的学习需求，便于教师进行混合式教学及移动学习等信息化教学模式的开展。在此基础上以"优质、精品"为目标，建设了一批思想先进、内容新颖、特色鲜明、质量上乘的精品资源。

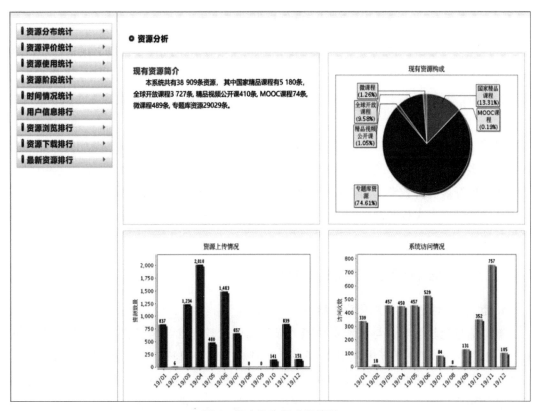

图4　数字化资源建设情况

三、成果与影响

（一）数字化校园有示范，环境改善

2017年学校被确定为第三批全国职业院校数字校园建设实验校，着手开始项目建设。

2019 年顺利通过中期验收授牌，全国职业院校数字校园实验校评审专家在中期评审中给予了高度评价并推荐为优秀案例，评价如下："作为一所中职学校围绕教学模式创新持续进行探索，在教师发展、课程建设、教学模式、评价体系创新等方面均进行了有益探索。具体表现在教师培训与教研活动多样性、全员参与课程建设、积极推进线下线上融合的项目化教学、不断推进教学和学习评价，在激发学生学习积极性方面进行了有益探索，坚持持续改进、优化，成效明显。"2020 年学校被评选为全国职业院校数字校园建设样板校。

学校建成了主干万兆、千兆交换到桌面的校园有线网络，实现了班班通、室室通；开通了多种形式的无线网络，实现了校园无线网络全覆盖。建成了 5 个承载多种教学平台应用的高标准智慧教室，清华教育在线、学习通、理想讲师互动精灵等多款软件使用已成常态化，全体教师均能熟练运用网络教学平台进行教学，100% 的班级能够通过电脑或移动终端实现网络学习。

（二）混合式教学模式校本应用，成效显著

学校混合教学改革被立项为 2017 年山东省职业教育教学改革重点研究项目，2019 年通过清华大学教育研究院多年来对合作院校的长期跟踪，经专家组综合评定，学校被列为"混合教学改革示范校"，是对学校在混合教学改革体制机制、课程建设等方面探索推进的认可。

目前学校参与混合教学专业比例达到 100%，以混合式教学为主线，全面推进信息化教学，在多个领域起到示范、引领作用。混合教学项目引起全校师生的高度关注和认同，对中职学校开展混合教学起到有效的借鉴作用，临朐、安丘、青州、淄博、威海等地中职学校领导教师多人次到校调研学习交流，学校教师亦外出为肥城职业中心学校、福建湄洲湾职业技术学校、鄄城职业中专等学校做改革与实践分享。

（三）教师信息化教学能力提高，成绩突出

1. 教育理念提升，信息化意识增强

教师信息化教学意识与课程实践能力显著增强，教师参与信息化教学课题比例超过 40%。以学校网络教学平台的使用为例，至 2021 年 10 月，校内教学平台课程总访问量超过 300 万人次，在线课程数量达 1 000 门（有重复课程，待稳定后整合合并），登录过系统的教师用户达 568 人，学生用户达 8 823 人，混合教学渐成常态，师生信息素养普遍提高。

2. 信息技术应用工具多样化、应用层次提升

动画、微课、虚拟仿真等信息技术被广泛应用于教学实践中。基于网络教学平台的教学方法，由"发布通知""提供学习资源""布置批改作业"等单向的信息传递活动，更多地转向"话题讨论""随堂测试"等即时互动性的活动，信息技术与教学深度融合初显成效。

3. 教学大赛成绩突出

学校在职业院校信息化教学大赛、电教类比赛、创新杯及行业协会组织的各种大赛中获奖明显增多，获奖教师覆盖面广，其中职业院校教学能力市赛获奖 227 人次，省赛获奖 23 人次。

项目建设以来，我校教师在基于混合教学理念下的各级比赛中获得了优质课、教学设计、微课、论文等多种奖励。在中央电教馆组织的全国教育信息化交流展示活动中视频公开课和微课获特等奖 1 项、二等奖 3 项，在山东省电教馆组织的信息化大奖赛中获优质课一等奖 4 项、二等奖 2 项、三等奖 2 项，课件一等奖 4 项，微课一等奖 3 项、二等奖 1 项、三等奖 1 项，论文一等奖 2 项、二等奖 3 项，在山东省职业院校信息化教学大赛中获一等奖 2 项、二等奖 7 项、三等奖 1 项，在行业协会学会组织的信息化比赛中获奖若干，教学大赛有效推动了学校职业教育信息化教学工作。

四、经验与启示

信息化教学能力的形成是一个系统、复杂的动态过程，不仅要习得知识、技能，更需要教学实践的参与、教师个体的反思与领悟；不仅需要培训的学习与反思，更需要培训后的实践与体验，还需要相应的政策、环境的支持。

（一）多样化的教学活动有效促进培训、大赛成果转化

培训和教学大赛可以高效更新教师教育理念，提升教师信息技术应用水平。通过开展校本教研、交流示范等活动，有效延续培训效果，实现培训、比赛与日常教学、教研有效结合。

（二）多方举措提升教师自我发展力

要最大限度地提升教师信息化教学能力，不仅需要教师自身信念、自主学习等自我发展内力，还需要院系政策、制度支持等外力。

（三）系统完善线上资源建设

在日常教学中要系统地加强对教学平台的课程建设，逐步完善课程的线上资源，将在线测试、话题讨论、问卷调查等线上教学活动合理有效地融入教学设计中。

（四）反思性实践促成长

在进行信息化教学实践过程中，教师应主动地与教学对话，重新审视教学设计，及时评价教学效果，通过行动、反思、研究的循环式学习，逐步实现对信息化教学从了解应用到整合创新的提升。

专家点评

该案例坚持问题导向、系统设计，以实施全体教师信息化教学能力提升和常态化教学应用为主线，通过教学能力大赛和网络教学平台两大载体，对标教师信息化教学意识与态度、信息技术应用能力、信息化教学设计能力、信息化教学实施能力、信息化教学评价能力、信息化教学研究能力六维度，从混合式教学模式改革、数字化教学资源整合、数字化教学环境改善、信息化教学团队建设四个方向，按照"训—赛—思—用—悟"的五步发展路径，实现信息化教学情意、信息化教学知能、信息化教学实践、信息化教学智慧四梯度递进式成长。

该案例特点：一是聚焦能力提升的教学共同体建设。坚持"目标导向、竞赛推动、广泛参与"原则，组建"骨干引领、学科联动、团队互助、整体提升"的信息化教学共同体。二是聚焦能力提升的多样化赛训结合及成果转化。通过培训和教学大赛更新教师教学理念，实现培训、比赛与日常教学、教研有效结合。三是聚焦能力提升的信息技术与教学融合，鼓励在教学实践中合理有效地应用信息技术改进教学，重视信息化教学设计，及时评价教学效果，通过行动、反思、研究的循环式学习，实现教师对信息化教学从了解应用到整合创新的转变。

成都职业技术学院教师信息化能力提升

成都职业技术学院

一、背景与现状

成都职业技术学院是成都市人民政府举办的全日制普通高等学校，是中国特色高水平专业群建设单位、教育部高职高专人才培养工作水平评估优秀级院校、国家（示范）骨干高职院校、全国深化创新创业教育改革示范校、国家优质专科高等职业院校。2015年，成都职业技术学院获选为教育部首批"职业院校数字校园建设实验校"。并于2021年获评样板校。

为贯彻《教育信息化十年发展规划（2011—2020年）》，落实《职业院校数字校园规范》，促进信息技术与职业教育深度融合，近年来，成都职业技术学院高度重视信息化建设，制定实施信息化建设工作方案，积极组织多层次的教学信息化能力提升培训活动，构建教师常态化培训体系。

教育部等九部门《职业教育提质培优行动计划（2020—2023）》对职业教育高质量发展提出了具体行动计划，十项重点任务中明确提到实施职业教育信息化2.0建设行动，"提升职业教育信息化建设水平，推动信息技术与教育教学深度融合"。

成都职业技术学院积极落实相关要求，将"提升师生信息化素养能力"作为"双高计划"提升信息化水平重点任务的四大子任务之一，并以年度计划任务进行深入落实。2021年9月党委教师工作部（人事处）和信息中心联合印发《教师信息化能力标准（试行）》和《〈教师信息化能力标准〉实施指南（试行）》，并作为未来几年教师信息化素养能力提升和评估的重要依据。同年10—11月信息中心联合教务处面向学院全体一线教师推出为期5天10次的线上教师教学信息化能力提升集中培训。此次集中培训将以我院的在线教育平台为载体，混合式教学模式改革与实践为主线，涵盖混合课程教学活动设计原则与方法、微视频、微资源制作方法与技术、思维导图工具使用及多媒体教学设计优化、混合式教学模式改革与实践、PowerPoint制作及应用实例等方面的内容。

目前我校信息化建设情况：三校区间万兆光纤互联，重点教学办公区千兆到桌面，"电信+教育网"双出口2.2Gb/s链路。师生上网全实名身份认证，三个校区无线Wi-Fi全覆盖，部署无线AP 648台，并发用户接入容量达15 000个，有线、无线和5G移动网络三位一体。建有主校区标准化数据中心和花源校区模块化次数据中心，上架学院服务器68台，托管二级部门服务器86台，网络及安全设备24台，高性能数据中心计算群2组（物理 CPU 18 颗 224 线程、内存 1 920 GB），成职数字云 1 套（融合 7 个节点资源、320 个逻辑 CPU、云存储容量 50 TB、存储裸容量 228 TB）。建有 150 余间公用多媒体教室、4 间智慧教室和 1 间无纸化会议室，软件技术专业群实训中心、智慧康养专业群实训中心、智慧建造专业群实训中心、智慧旅游专业群实训中心等 5 个专业群实训基地。2 个三级、3 个二级信息系统等级保护测评备案。近三年建有 15 个节点的大数据中心，大数据发展中心和成绩、失联、贫困生等预警，一站式网上办事服务大厅、绿色平安校园等，信息化从师生管理转移到全面的师生服务上来。2021 年 8 月"智慧 + 现代服务业集群虚拟仿真实训基地"成功申报为职业教育示范性虚拟仿真实训基地培育项目。

二、特色与创新

国家高度重视职业院校教师信息化能力发展。教育部《教育信息化十年发展规划（2011—2020 年）》明确提出"加强队伍建设，增强信息化应用与服务能力"。

《教育部关于加快推进职业教育信息化发展的意见》（教职成〔2012〕5 号）提出："提高校长、教师和信息技术人员的信息技术应用能力。制定职业院校教师教育技术能力标准；依托职业教育、高等教育教学和培训机构以及有关企业，支持建成信息技术职业能力培训基地，健全培训、考核和认证机制。"

我院为教师构建了多层次的教学信息化能力提升培训。

（一）出台相关标准

为规范与引领我院教师在教育教学和专业发展中有效达到职业院校信息化能力的各项指标，我院成立网络安全与信息化领导小组，编制并出台了《教师信息化能力标准（试行）》《〈教师信息化能力标准〉实施指南（试行）》，为开展新时代教师信息化能力培养、培训和测评等工作提供了基本依据。

（二）构建常态培训

学院教务处、信息中心联合人事处，构建了信息化能力提升常规培训，主要包含：针对教师及技术人员开展教学及专业信息技术培训，培训 400 人次/年以上；针对学生开展信息技术培训，覆盖学生 5 000 人次/年以上；针对校院（园）企地用户开展培训，培训达到 500 人次/年以上。

（三）充分利用线上资源开展培训

线上资源主要包括优慕课、学堂在线、蓝墨云等学习平台自主学习和校外专家讲座。内容涵盖信息化责任与意识、课程与教学、工具与应用、评价与运用和科研与创新等内容，促进教师在"互联网+"思维下的教学改革和创新人才培养的认识，加强教师有效应用信息化技术的意识，提高教师在教学中有效应用信息化工具的能力，促进教学质量与效率的提升，以及提高教师利用信息化工具开展教学、管理和科研的能力。

（四）定期组织多种模式的专题培训

为达到提升教师信息技术应用意识、提升教师课程设计能力、提升教师数字化教学资源开发制作能力、提升教师使用信息化教学平台应用能力、提升教师混合式教学模式实施能力等目标，我院定期通过线上、线下的方式组织多种主题的系列培训。利用线上直播和在线教育综合平台等工具开展"教师信息化能力提升培训"，并遴选教师和课程参与开展"多模式混合教育教学改革"。

以专家报告理念引领的方式，邀请教育领域专家、行业专家和标准制定单位进行标准和制度解读，加强参培人员对国家教育信息化政策和信息化标准制度的理解，在标准下有针对性地进行能力提升和训练，为教师信息技术提升做好应用意识与态度准备。

以线上工作坊教学为主，主讲教师向受训教师讲解教学资源开发工具的使用，利用工具开发教学资源、支撑教学活动、实施教学评价等。

同时，构建校内教师能力提升培训课程。

（五）构建多元教师信息化能力评价体系

制定信息化素养等级证书认定办法，对参加信息化能力培训达到量的教师发放培训学时证明证书，为教师职业晋升、学习深造、教学能力提供权威性的证明。

三、成果与影响

通过开展多模式、多维度、多专题的系列培训，我院教师的信息化能力、教学设计能力均有了显著提高。

在国家级、省级教学能力大赛上获得了一系列荣誉。

以下为部分获奖情况：

2020年薛佳、吴雪等团队取得全国职业能力大赛教学能力大赛专业课程组三等奖1个，四川省职业院校教师教学能力大赛（高职组）专业课程组一等奖2个。

2021年罗莉、赵航等团队分获四川省职业院校教师教学能力大赛（高职组）公共课程组和专业课程组一等奖各1个。

四、经验与启示

（1）在数字校园建设的新任务中，教师的信息技术素养尤为重要，每个一线教师都要不断提高信息技术能力，借助这种能力，利用线上资源，更有效地传递知识与技能。学校要有计划地进行教师培训，建立相应的培训机制，形成培训常态化。

（2）为确保数字校园实验校项目建设的顺利进行，我院对数字校园建设在资金方面给予了重点支持，3年来投入财政资金3 480.77万元。除此之外，在信息化建设过程中，发挥主观能动性，积极探索校企合作新模式，通过与运营商等机构积极合作，共同进行数字化校园建设，做到学校和企业的双赢。最大限度地引入社会力量参与数字化校园建设，减轻学校在信息化基础设施和运维中的投入，提高教学管理运行效率，为提升学生学业成就奠定基础。

（3）鼓励教师开展教学与信息技术的深度融合，将混合式教学模式落实在课程中，同时改变传统考试形式，提高教学效率。引入优慕课在线教育综合平台、蓝墨云班课等移动端学习平台，引导教师利用信息化手段提升教学效果。

专家点评

成都职业技术学院将提升师生信息化素养能力作为"双高计划"中提升信息化水平四大重点任务的子任务之一，构建了教师信息化教学能力提升的综合体系。

学院编制并出台了《教师信息化能力标准（试行）》《〈教师信息化能力标准〉实施指南（试行）》，为开展新时代教师信息化能力培养、培训和测评等工作提供了基本依据；开展多模式、多维度、多专题的系列培训，教师的信息化能力、教学设计能力都有了显著提高；鼓励教师开展教学与信息技术的深度融合，将混合式教学模式落实在课程中，同时改变传统考试形式，提高教学效率；通过政策标准、培训项目、应用实践等多方面的工作促进了教师在"互联网＋"思维下的教学改革和创新人才培养的认识，提高了教师有效应用信息化技术的意识和能力，实现了学校教学质量与效率的提升。

信息化治理与服务篇

信息化赋能教育评价改革，推动学校治理能力现代化

吉林交通职业技术学院

一、背景与概况

吉林交通职业技术学院是全国第一批、吉林省第一所独立设置的高等职业技术院校，国家百所骨干高职院校之一，国家职业院校数字校园建设样板校，第一批"国家示范性职教集团"培育单位，吉林省现代职业教育改革发展示范学校，吉林省首届黄炎培职业教育奖优秀学校。2019年成功进入国家"双高"建设行列。

学校领导高度重视信息化建设，把信息化建设作为提升学校办学实力的重要战略。近几年来，通过"夯实校园网络基础设施、构建信息化教学支撑、常态化地教学诊断与改进、集成全业务系统智慧门户、搭建智慧管理服务平台"实现数字校园升级建设。学校作为吉林省高等职业教育教学诊断与改进主任委员单位，深入贯彻《国家职业教育改革实施方案》《教育信息化2.0》《深化新时代教育评价改革总体方案》等文件精神，深刻认识到健全完善科学合理的教育评价机制、坚持教育评价改革促进学校高质量发展、充分利用信息技术探索符合新时代要求的教育评价体系的必要性和重要性。学校通过近几年的探索实践，"督学、督政、督办"三位一体的教育评价体系已初步建立，在改进教学、优化管理、提升绩效方面成效显著，充分激发学校教育工作者教书育人、干事创业的潜力活力，有效推动学校治理能力现代化。

二、特色与创新

（一）建成教学质量测评与诊断分析平台，实现"多维度多层面自定义测评"的教学质量管理

为建立常态化的人才培养质量自主保证机制，持续提高技术技能人才培养质量，2018年起，学校利用教学质量测评与分析诊断平台开展常态化教学测评。

该平台主要包含五大功能（见图1）。教学质量综合测评与诊断分析模块是基于KPI递归模型计算的测评与数据分析系统，结果用于绩效考核；"学生—教师—督导"PDCA反馈交流模块和教师自测自诊断模块主要加强师生教学互动，提升师生质量意识，建设质量文化；基于流程的诊改任务模块主要完成对诊改任务的下达、跟踪及改进评价；学校信息员内部质量反馈及跟踪模块是通过教师信息员及学生信息员"以第三只眼"角度及时跟踪改进情况并予以评价。

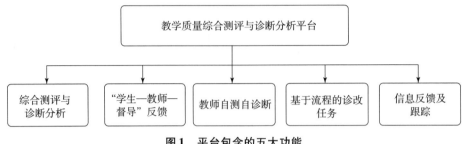

图1 平台包含的五大功能

按照"评价模型定制→测评实施→数据报表→数据诊断分析→内部质量监控与诊断报告"流程实现对"专业、课程、教师、学生"多维度多层面自定义测评,依据测评指标点设计测评问卷,不定期开展各项教学测评和反馈活动,期末定期开展学生教学质量测评和教师评学工作,通过对测评数据的分析,发现教学过程中的薄弱点,后续教学质量监控部门指导诊断与改进,并对改进成效进行跟踪,实现闭环螺旋式上升的教学测评诊断改进机制,如图2所示。

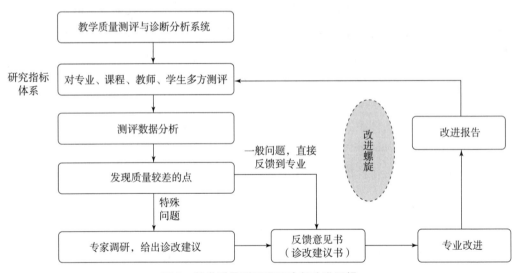

图2 教学质量测评用于诊断改进逻辑

依托平台五大功能,构建体现PDCA循环的教学质量综合测评与诊断分析系统业务流程(见图3)。其中,测评对象可以由"教师+课程"转换为"专业、课程、教师、学生",测评方可以任意扩展;测评结果可迅速反馈给测评对象,实现PDCA循环中最重要的"反馈";测评最终结果由不同测评方的权重计算得出。例如:诊断的重点是课程,那么指标体系要关注课程;或者诊断重点是教师的教学能力,则指标体系要关注教师能力、教学方法、教学过程、学生学习效果等。当指标体系的诊断目标非常明确后,教学质量测评就对教学过程做"CT",可以检出薄弱的指标项,从而指导诊断与改进,并对改进进行跟踪,实现螺旋式上升机制。

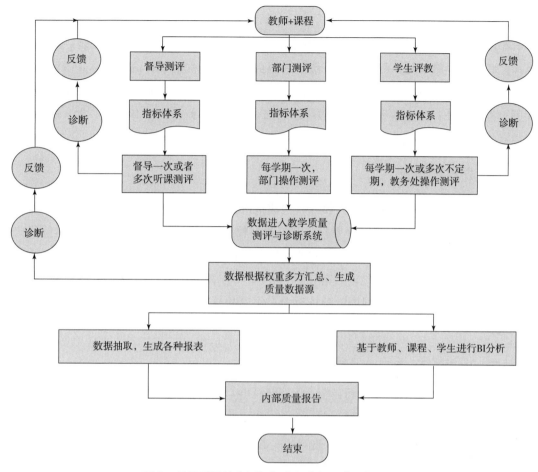

图 3　教学质量综合测评与诊断分析系统业务流程

（二）建成内部质量管理与分析平台，实现"全员全过程全要素网格化"绩效考核

为完善学校内部质量保证体系，提升内部质量保证工作成效，激发内部潜力活力，学校利用内部质量管理与分析平台，基于 KPI 绩效考核指标体系，按照"发展规划目标制定→目标任务分解与认领→数据采集与管理→过程监控预警→工作质量评议→问题反馈改进"流程，实现"全员全过程全要素网格化"绩效考核。

发展规划目标可包含学校中长期发展规划目标（如"十四五"规划）、学校年度工作要点和部门年度工作要点，通过将目标任务逐级分解，最终形成具体工作任务（包含考核评价标准、完成时限、分值及责任人），借助内部质量管理与分析平台进行实时数据采集、分析和动态监测，最终平台自动生成各部门（院部）动态绩效排名及报告（包括各项工作完成情况、存在主要问题、改进目标及措施等），真正发挥绩效考核的引导力和约束力，激活学校高质量发展的新动力。

（三）建成网上办事服务管理平台，实现"马上办掌上办可追踪"全事务处理

2019年，学校开展"内部治理体系建设年"活动，通过"优化机构职能→明确部门及岗位职责→明晰管理流程→梳理三清单（服务清单、职责清单、流程清单）→网上办事服务管理平台"实现涉及全校所有行政部门面向师生的一百余条服务流程上线至网上办事大厅，借助自助打印设备和自助投递机实现面向师生的事务处理"有的跑一次、有的不用跑、有的自助办"。

三、成果与影响

近三年，学校多措并举、加大投入，快速推进信息化建设，成效显著，智慧校园建设已初具规模。2020年，我校被评为职业院校数字校园实验校，并因信息化建设地位领先、应用创新、成效显著入选全国116所职业院校数字校园建设样板校；信息化治理与服务应用案例入选《职业教育信息化发展案例报告》和《吉林省区域发展报告（白皮书）》；我校教学诊改案例成功入选全国职业院校教学工作诊断与改进制度建设优秀案例；国内多所高职院校来我校交流学习建设成果。

（一）改进教学，提升人才培养质量成效显著

2018年至今，学校按照"班级教师全覆盖、教学过程全监控、督导人员全入班"的"三全原则"借助教学质量测评与诊断分析系统完成了在校生4万余人次的教学测评，测评数据达20余万条，平均每位教师被测评次数达165次，使教学测评覆盖全体师生，实现教学质量全过程监控。

2020年春季疫情期间，为有效保障"停课不停学"，保证线上教学"标准不变、质量不降"，学校借助该平台，分别从学生层面（在线学习满意度、在线学习效果、学习压力反馈、线上学习面临主要问题等）和教师层面（学生学习的投入度、采用哪些手段测评学生投入度、学生课堂参与互动情况、在线教学中遇到的困难、你希望获得哪方面帮助等）进行测评，根据反馈结果，学校从教学角度和信息技术支持角度及时给予相关老师和学生相应的支撑和帮助，保障线上教学质量。根据2020年春季学期测评数据，线上教学测评平均分为91.1分，高于2018、2019年度的90.16分和90.86分，实现疫情期间线上教学"学时不减、标准不变、质量不降（质量提升）"。

（二）优化管理、提升绩效成效显著

网上服务大厅自上线运行以来，全校师生已办理业务次数5万余次，服务人数15 000余人次，解决了以前办事难、签批难、一件事要跑多个部门好几天的问题，每条服务流程全过程可视化可追溯，杜绝了职能部门懒散拖现象，实现了"找谁都一样，谁找都一样"和"网上办事、数据代跑、一站服务"的效果，提高办事效率，推动学校现代化治理，极

大提升全校师生的获得感和满意度。

学校通过构建科学的绩效考核体系，挖掘部门和员工的潜能，形成高效管理的合力，借助信息化手段全面实时掌握各部门及人员的工作状态和创新贡献，提升管理水平和工作效率；可量化、精准的绩效考核体系和马上办、掌上办的网上办事门户有效推动了学校内部治理方式变革，提高科学履职水平，激发学校高质量发展的潜力活力。

四、经验与启示

一网通办智慧管理服务平台和互通共享的全量数据赋能学校治理现代化。

2018年，在学校进行由数字校园升级到智慧校园建设的顶层设计时，就确定了"对接所有业务中台，建立全量数据中心，搭建一网通办智慧门户"的思想。目前，学校一网通办管理服务平台已对接教学、学工、人事、科研、教学测评、内部质量监控、网上办事、财务、资产等16个覆盖全校业务的信息系统；各业务信息系统之间的壁垒已经打通，"一数一源"十大类主题数据在各业务系统之间交换共享，有力推动了教学测评、绩效考核、网上办事等信息化应用的推广使用。

为了使全校师生能够"网上掌上、时时处处"实现诸如网上办事、教学测评等各项事务的办理和查询，学校依托企业微信平台建成"我@交院"的一体化手机管理服务平台，打造出利用手机端随时随地进行管理服务的移动校园生态链，使学校各项信息化应用更加高效便捷。

后续，学校将根据数字实验校建设成效，紧紧围绕学校"国家双高"和"提质培优"建设的中心任务，使信息化精准服务于学校核心工作和改革发展，着力构建基于信息技术的新型教育教学模式、教育服务供给方式以及教育治理新模式，全面推进信息技术与教育教学、管理服务的深度融合和创新发展，将物联网、大数据、人工智能、5G通信等先进技术融入智慧校园的建设，以信息化赋能学校和专业的高水平发展。

专家点评

> 吉林交通职业技术学院初步建立了"督学、督政、督办"三位一体的教育评价体系，在改进教学、优化管理、提升绩效等方面取得了成效，推动了学校治理能力现代化。
>
> （1）建成教学质量测评与诊断分析平台。依托平台的教学质量综合测评与诊断分析、"学生—教师—督导"反馈、教师自测自诊断、基于流程的诊改任务以及信息员内部质量反馈跟踪五大功能模块，构建了体现PDCA循环的教学质量综合测评与诊断分析工作体系，实现了"多维度多层面自定义测评"的教学质量管理。
>
> （2）建成内部质量管理与分析平台。利用平台的数据采集管理、过程监控预警等功能，基于KPI绩效考核指标体系，实现了"全员全过程全要素网格化"绩效考核。

（3）建成网上办事服务管理平台。借助平台的运行，明确部门及岗位职责、明晰管理流程、梳理三清单（服务清单、职责清单、流程清单），实现了"马上办、掌上办、可追踪"全流程事务处理，做到面向师生的事务处理"有的跑一次、有的不用跑、有的自助办"。

学院聚焦教学主业，借助信息系统改进教学质量；注重绩效考核，借助内部质量管理信息平台实现精准考核；树立服务理念，实现校内事务办理网络化。学院信息化重建设注重应用，信息系统的作用在教学、管理、服务领域成效明显。

数"治"苏职大，打造"六全"智慧校园
——信息化全面助力学校内涵式高质量发展

苏州市职业大学

一、背景与现状

苏州市职业大学是经江苏省人民政府批准、教育部备案，由苏州市人民政府主办的全日制普通高等专科学校，前身为创办于1911年的苏州工业专科学校。自1981年成立以来，秉承"勤、勇、忠、信"的校训，赢得了显著的社会声誉，成为区域品牌院校。学校依据《教育信息化2.0行动计划》《职业教育提质培优行动计划（2020—2023年）》，落实《职业院校数字校园规范》建设，按照"统筹规划、打好基础、建成系统、智慧服务、扎口管理"的总体思路，在"十三五"规划的收官之年实施了智慧校园重点建设年工程，集中力量破解影响和制约信息化发展的关键性问题和瓶颈性障碍，开展信息化体制机制改革，通过建设"数字校园"、推进"数据治理"、挖掘"数据价值"，全面提升学校"治理能力"，通过打造"六全"智慧校园，助力学校内涵式高质量发展和一流品质院校建设。

二、特色与创新

（一）统筹智慧校园规划，实施智慧校园重点建设年工程

学校将2020年列为智慧校园重点建设年，印发了《苏州市职业大学2020智慧校园重点建设年实施方案》，以实现"智慧教育"为愿景，以建设"智慧校园"为抓手，规划"一体两翼五层九中心N个应用群+统一服务入口"的智慧校园整体框架（见图1），打造信息化"六全"（见图2），即全网感知的基础环境、全类共享的数据资源、全域融合的应用体系、全时泛在的教学实训、全程协同的治理体系以及全员惠及的智慧服务，同时"以需促建、以建促用、以用促学"促进师生信息化素养不断提升。该方案同时发布了智慧校园重点建设年分解任务表，明确了各个任务的牵头部门和任务进度安排，并于2021年年初对智慧校园重点建设年进行了总结表彰，从而为学校"十四五"开好局、起好步打下了坚实基础。

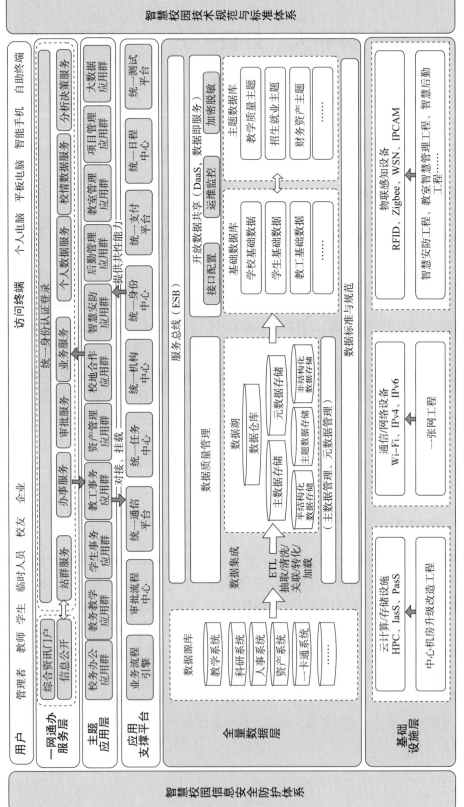

图1 智慧校园总体框架

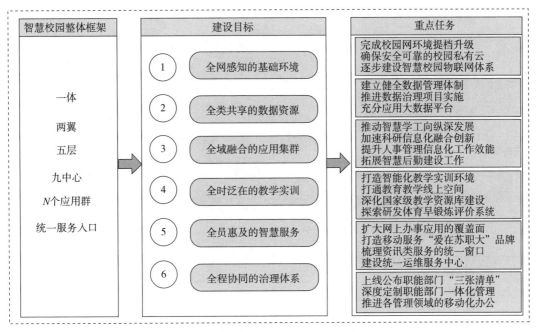

图 2 "六全"智慧校园建设任务

（二）加强数据治理，建立健全数据管理体制

成立了学校"大数据办公室"，加强智慧校园数据资源的统一管理和质量控制；制定了《信息化数据资源管理办法》，完善学校数据采集、使用和管理规范；公布了学校第一批数据资产清单，形成数据分级分层分类有效共享的机制。

三、成果与影响

（一）扎实打好网络基础，构建全网感知的基础环境

1. 完成校园网环境提档升级

在学校 2019 年"一张网"工程建设的基础上，2020 年学校有线无线网络均已实现了与教育网 CERNET2（IPv6）的对接，出口带宽为校园网 9G、运营商 80G。新冠肺炎疫情防护期间，最大限度地保障了师生校内校外线上教学的需求。2021 年学校宿舍区 5G 校园方案推进实施，为学生提供更优的基础，更好地保障大家的学习和生活。校园网拓扑结构如图 3 所示。

2. 建设安全可靠的校园私有云

按照自主可控、集约建设原则，推进学校数据中心建设，统一部署学校的计算资源、存储资源；2020 年完成了学校中心机房物理环境改造，实现了机房供电、消防、制冷、通风防尘子系统的更新，同步提升中心机房的动态环境感知能力。2021 年完成了实验实训服

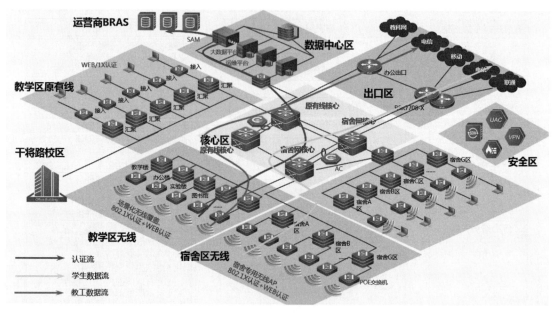

图 3 校园网拓扑结构

务器集约化建设,实现信息化为教育教学服务。数据中心异地备份策略的实施,提升了学校数据中心灾备能力。

3. 逐步建设智慧校园物联网体系

逐步建设了智慧安防网络子系统、智能楼宇管理子系统、教室智慧管理子系统以及智能宿舍子系统等重要的基础环境物联网系统,充分应用物联网技术、大数据分析,智能感知学校物理环境,为实现"安全校园、绿色校园、健康校园、便捷校园和文明校园"提供信息化保障。

(二)着重推进数据治理,实现全类共享的数据资源

1. 推进数据治理项目实施

2020年完成了数据资产平台、数据交换平台、数据展现平台的部署;建成了数据共享门户,形成了数据申请、授权、应用和监控服务;数据交换平台建成以来,已累计采集数据4.6亿条,提供数据服务700多个,完成数据共享1 200万次以上,中心数据库每日访问量持续在6 000次以上。

2021年继续实施数据中台服务,完成2020年系统业务数据的进一步汇集,编目并形成资产清单;实施"高等职业院校人才培养工作状态数据"辅助填报,建立对每个单位及教职工的"一张表"业绩考核管理信息系统。

2. 充分应用大数据平台

在数据治理的基础上,充分挖掘数据的价值,通过校情大数据平台建设,实现综合校情数据查询、画像系统和内涵质量管控,其中画像系统从学校、专业、课程、师资、学生

等多个方向对校情进行全方位的画像，提供多维度筛选查询、多种可视化图表以及可视化数据分析展示，助力学校精细化、精准化管理，能更好地规范治理数据源头，更好地推进业务融合、数据融通。

（三）全面推进"信息化+"，形成全域融合的应用集群

1. 推动智慧学工向纵深发展

完成了学工、团委部分云化应用的本地化，充分汇聚学生在校期间各维度信息，初步形成学生数字画像；围绕"服务学生，成就学生"，提升学生服务应用的便捷性、易用性和全面性，至今共上线学生可用的移动端应用46项、PC端应用64项。

2. 加速教科研信息化融合创新

实现教科研项目线上管理、教科研工作量自动汇总、自主认领，提升管理效率和服务效果，实现项目管理、成果管理、基础资源管理、论文网推以及科研财务的数据共享。

3. 提升人事管理信息化工作效能

实现组织人事管理工作的数字化、可视化、移动化，形成从人才招聘、入职报到、培训进修、专业技术职务晋升到退休离校等职业发展重要环节的数据流。结合专项推进师德师风建设要求，建立了师德师风负面行为电子档案。

4. 拓展智慧后勤建设工作

推进智慧宿管软硬件建设、能源状态监控系统、第三方物业管理服务评价、房产管理等应用建设，在移动端提供更多的后勤服务应用入口，逐步构建智慧化"绿色生活""便捷生活""健康生活""安全生活"。

（四）积极服务教育教学，营造全时泛在的实训环境

1. 打造智能化教学实训环境

以学校实事工程的方式逐步推进234间公共多媒体教室物理环境及教学设备的智能化改造，2020年完成了对疏香楼多媒体教室的改造，2021年完成了奎文楼多媒体教室改造，对接教务系统和校园卡系统，实现教室门锁、教学设备的刷卡一键管控，支持上课、下课、活动、自习、考试等不同场景状态设备智能管控，支持远程和本地互动式管理。同时积极围绕"服务学生"，依托信息化应用实现教室、实训室等校内教学资源的开放共享共用。初步建成在线巡课系统建设，为督导督学提供信息化手段，促进提升教育教学水平。在省内率先推出人像识别体育锻炼打卡评价系统，以智能技术解决卡脖子难题，助力学生养成体育锻炼习惯。系统上线以来共有5 033名学生参与打卡，产生近40万条有效数据，对教师指导学生的日常体育锻炼提供了数据支持。

2. 打通教育教学线上空间

学校以各类教学资源建设和共享为基础，建设"人人皆学、时时能学、处处可学"的学习环境，至今已形成了多教学平台并存的格局。其中微知库平台建成标准化课程14门，

个性化课程 15 门；超星泛雅平台上已建立面向校内用户的校本网络课程近 400 门。新冠肺炎疫情防控期间学校实际开设线上课程 567 门，课程开出率达 99% 以上，确保"停课不停教、停课不停学"。创新性地推出"教授课堂""博士大讲堂"，学习人次超过 11 万，为学生在线学习提供了优质精品资源。

完成了毕业设计、实践数据等与教务系统数据互通，实现数据共享整合；完成了超星泛雅线上教学平台的统一身份认证对接和部分数据互通，有利于实现课程资源及应用数据互通，实现数据本地化；完善学生课程、成绩数据的整合，建设移动评教应用，实现教师、领导和督导现场实时评教。

3. 深化国家级教学资源库建设

持续推进国家职业教育智能控制技术教学资源库平台建设，2020 年年底注册用户数为 20 715 人，建有各类课程近 50 门，已拥有各类资源总量为 9 781 个，习题总数 9 770 条。抗疫期间，资源库建设团队充分利用优质建设成果，向全国职业院校师生和广大企业员工、社会学习者，免费推出"智能传感与检测技术""数字化制造（CAM）"等 23 门网络课程，实现专业优质资源、优质课程跨地区共享；资源库积极推进双语课程助力"一带一路"倡议，向巴基斯坦方提供 1 000 个注册学习账户，遴选了 3 门双语课程资源提供巴方在停课期间参加在线教学。

（五）充分重视师生体验，打造全员惠及的智慧服务

1. 扩大网上办事应用的覆盖面

逐步实现"一网通办"和"网上一站式服务"，充分实施在线办事应用发布。目前已发布 PC 端办事服务 200 项、移动端办事服务 99 项。

2. 打造移动服务"爱在苏职大"品牌

打造校园移动 App"爱在苏职大"品牌，实行移动优先策略，完成了学校移动应用的集成，发挥好统一通信平台的作用，通过办事大厅消息、短信消息、微信消息联动，实现消息的便捷、高效、准确、及时触达。

3. 梳理资讯类服务的统一窗口

梳理和整合学校主站、新闻中心、综合信息服务、信息公开以及办事大厅的资源，形成更规范合理的门户架构，提高师生获取资讯、开展业务以及获得服务的效率。

（六）逐步推进流程改造，形成全程协同的治理体系

1. 上线公布职能部门"三张清单"

各职能部门梳理和编制"三张清单"（责任清单、服务清单、审批清单）和办事指南，在网上办事大厅予以公布，已上线 25 个部门和机构的"三张清单"459 项，明确线上线下的办理指南，线上办理可一键直达。

2. 深度定制职能部门一体化管理

根据学校全方位、全领域、全过程开展校地合作、校企合作的需要，积极建设信息化管理平台，实现产教融合多维度、全生命周期的自我监督与评价改进。

推进教务管控系统建设，为教师项目申报、工作业绩申报提供统一入口、统一流程、统一管理。

四、经验与启示

（一）加强统筹规划力度，理顺智慧校园保障机制

1. 加强组织领导

学校党委加强对智慧校园建设的组织领导，通过深改委会议明确智慧校园建设是学校系统化、体系化的改革与发展工程，智慧校园与学校事业发展同步规划、同步推进。

2. 完善体制机制

明确了学校信息化建设过程中行政职能部门、业务推进部门、技术支持部门分工协作机制，有效保障了"统一规划、扎口管理"，2020年共计完成并验收30项智慧校园建设项目。建立业务系统全生命周期管理机制，通过"关停一批、改造一批、新建一批"，推进信息化整体规划思路分步实施，2021年通过信息化平台梳理，发现全校共有115项信息资产，其中网站55项、应用系统60项。梳理网络安全和信息化制度规范，积极开展查漏补缺，形成信息化项目管理、新媒体建设与管理、公共数据管理、网络安全管理办法等一批管理制度与规范。

3. 强化队伍建设

整合人才资源，明确岗位职责，积极开展业务能力培训，提升信息化人才队伍专业水平。邀请腾讯、华为等专家进校调研、会诊，确保学校信息化规划的前瞻性、科学性和系统性。鼓励社会团体、企业参与学校信息化建设，形成多元化的教育信息化建设合作机制。重视与本地高新技术企业的合作，全年共合作92家IT高新技术企业，促进了网络安全与信息技术领域的人才培养和产教融合。

（二）积极开展应用推广，提升师生信息化素养

1. 广泛开展信息化推广应用

充分落实好学校网络安全与信息化领导小组的工作机制，通过学校网络安全和信息化工作会议，向各部门、各学院（部）公布学校信息化建设推进情况，宣传推广已建成的信息化应用，在信息化建设部门、业务管理部门网站提供使用手册下载服务。组织多场直接面对师生的网络安全与信息化工作宣传推广会、培训会，做好信息化应用的上线服务，根据实际情况和征集的问题，细化、优化信息化项目使用手册的内容，通过工作群、校内邮箱等推送，确保推送直达用户。抗疫期间，根据线上办公的需求，整理了网络、VPN、云

盘、视频会议等各种信息化工具的使用指南，以微信、信息化月报等形式积极推送给师生。

2. 充分尊重师生的信息化需求

按照"以需促建"的原则，建立信息化建设意见征集、反馈机制和渠道，通过"建言献策"流程、"信息化应用征集"流程、调查问卷、调研会等形式收集师生用户使用反馈，持续优化应用流程、提升服务体验；通过信息化月报及时通报办事审批效率、在线服务数量质量，积极提升为师生服务效果。

3. 充分提升教职员工的信息化意识

宣传好智慧校园建设的统筹规划要求，帮助教职员工特别是管理人员充分认识到信息技术在学校有效应用的必要性、重要性和迫切性，积极将信息技术应用于解决具体业务问题，应用于学校改革发展，积极提升信息化领导力。加强管理人员信息化培训，提高信息化素养和技术技能水平。

学校通过实施智慧校园重点建设年工程，提升了智慧校园建设的统筹规划能力，强化了资源整合能力、信息收集与发布的能力，畅通了数据共享的能力，特别在学校管理、教与学、师生服务等方面取得了重要成果或特色应用，提升了教育信息化水平，较为完整地实现了"十三五"期间学校智慧校园的建设目标，为学校内涵式高质量发展提供了动力，为学校逐步提升治理能力和实现治理体系现代化提供了技术上的保障。"十四五"期间学校的智慧校园建设将继续在推进教育信息化的进程中发挥好"保障、支撑、服务、推动、引领"的应有作用，全面助力学校治理能力提升和治理体系优化，为实现教育现代化贡献力量。

专家点评

江苏省苏州职业大学是由苏州市政府主办的全日制普通高等专科学校，也是区域品牌院校。该校申报的"数'治'苏职大、打造'六全'智慧校园"的案例遵循统筹规划、打好基础、建成系统、智慧服务、扎口管理智慧校园建设的总体思路，阐述了通过学校信息化体制、机制的改革，从而集中力量破解影响和制约信息化发展的关键性问题和瓶颈性障碍，通过建设"数字校园"，推进"数据治理"挖掘运用"数据价值"，全面打造智慧化教学实训环境与泛在学习的无限时空，提升了学校的治理能力。论述清晰、实证完整，很有普遍的推广意义，值得推荐。该校提出的打造"六全"智慧校园的具体框架、目标、任务，逻辑清楚、目的明确、任务切实到位。

从第一个目标，建设全网感知的基础环境，第二个目标，全类共享的数据资源，第三个目标，全域融合的应用集群，第四个目标，全时泛在的教学实训，第五个目标，全员惠及的智慧服务，到第六个目标，全程协同的治理体系，让我们看到了该校数字校园改造的科学战略战术。而对应上述6个目标提出的各项重要任务，也正是当前职业院校数字化所必须完成和坚持做到的。

特别值得推荐的是：该校成立"大数据"办公室，加强数字化校园数据资源的统一管理和质量控制；制定了"信息化数据资源"管理办法；完善学校数据采集使用和管理的规范；形成了数据分级、分层、分类的有效共享机制。这些都是校园智慧化建设的必然路径。

建议：学院在现有基础上，积极干预学生的学习过程，探索如何充分利用智慧数据，更好地提高学生的学习效率和学习成就。

高效输送信息化服务，用心用情为师生办实事

无锡职业技术学院

近年来，我校高度重视信息化建设，积极推进信息化在教育教学改革、人才培养、科研服务和校园文化等方面的积极作用。我校利用物联网、云计算、大数据、移动互联等前沿信息技术手段加快智慧校园建设，为教学、科研、管理、生活、社会服务等方面提供信息化支撑，目前已取得阶段性成果。

学校已经建设了三大平台，完成了学校的信息化标准建设，实现了统一身份认证、统一数据交互。目前，我校已经通过数字化校园平台建设，集成了教务、学工、财务、图书馆、人事、科研、资产、审计、实训服务平台、一卡通查询、OA系统、软件正版化等系统。

进入"十四五"阶段，随着现代化教育技术的发展，互联网、移动互联网技术的快速发展，以及教育部"双高校"工作的要求，对信息化工作、信息化平台设施、信息化服务能力等方面，又有了更高、更深一步的要求。

信息化建设工作，一直围绕着如何通过信息化手段加强管理水平，包括提高管理效率、规范工作流程、提供更加及时准确的统计数据供各级领导决策。目前，我们建设的教务、学工、人事、资产、科研、财务等"部门业务系统"，都是属于管理信息化系统的范畴。这些系统的建设，对我校管理水平提升、替代教职工繁杂的手工工作方面发挥了重要作用，也积累了宝贵的、重要的数字化资产，这些资产恰恰是我们面向广大师生提供信息化服务的重要基础。

随着从"数字化校园"到"智慧校园"的转变，无论是五横五纵的诊断与改进，还是数据决策与支持平台、一站式事务服务中心、内控管理平台，都是信息化建设工作从管理信息化到信息化服务的变化。

基于数字化校园建设成果，在大量部门业务系统建设的基础上，通过数据中心、服务互联互通等基础设施，结合无处不在的校园网络，信息化服务的基础已经具备。

在以往的工作中，我们已经对信息化服务进行了卓有成效的探索。建好的各个业务系统已经能够为师生提供一定程度的综合信息服务。接下来，如何基于现有技术，提升便捷化、人性化、差异化的服务水平，让师生拥有"获得感"，一站式服务大厅及融合门户应运而生。

一、特色与创新

(一) 提供五种服务能力的一站式事务服务中心

传统一站式服务,只是把能够通过业务系统办理的业务,集成到一个页面中,就称之为"一站式"服务。一个真正的一站式服务,应该是能够满足师生"要办事,到大厅""让数据多跑路,让师生少跑腿"的要求的。

因此,我校要建设的,是即使能网上办事,也要把那些不能在线上办理但是可以进行在线业务咨询、预约的业务,把业务前期咨询、后期意见反馈乃至办事指南的公开,都作为服务能力,通过事务服务中心的形式提供和公开出来。这样,才是一个真正可用的、能够真正帮助师生和解决问题的办事大厅。办事大厅的五种服务能力,包括在线办理能力、办事指南、在线咨询、意见反馈、在线预约。

(二) 依托事务服务中心,提供四大类师生服务

我校现有的师生服务门户中能够提供一些简单的师生服务和办事,但是对比师生日常业务需求来讲,还是不够丰富。依托在门户上扩展的一站式事务服务中心,能够提供丰富的信息化服务。

聚合业务是服务,业务系统的具体功能能够集成到事务服务中心。和传统门户中用"业务直通车"方式进行业务系统集成不同,在一站式事务服务中心中,为了让师生不用再记忆办理一个业务到底需要进入哪个业务系统的哪个菜单中,因此通过深链接(SSO支持)方式,把师生需要使用的具体业务功能从业务系统聚合到一站式大厅中,这样,师生办理业务,只需到大厅查找这个业务,点击办理,而无须关心具体是哪个业务系统在提供功能。

信息化工具是服务 PC 和移动一体化的信息化工具。有些功能是面向全校师生的,属于基础的信息化服务,不是仅仅属于哪一个部门的,例如:电子邮件、个人通知、全校公告、会议助手、问卷调查、网盘和文件分享、支付和缴费、日程服务、知识学习和测验、媒体消息和订阅等。这些信息化服务我们命名为工具,这些工具可以用来进行沟通、召集、协作等业务。

此外,信息化服务工具的重要特点是:人人都可以使用。既然是信息化服务,那么校办有使用会议工具召集会议的需求,学生开班会也应该有同样的需求。既然业务部门能够使用通知公告来发布业务信息,那班主任、班长也有面向本班同学发布教学、学生业务信息的需求。只要权限控制到位,不要进行越权操作,那信息化工具就应该提供到广大师生手中。

流程是服务,中心化流程应用和各部门自主管理的 SaaS 化流程服务是用来提供申请、申诉、审批、填报等业务功能的。校级流程可以跨多个业务部门,也有在部门内部的流

程；可以有教职工之间的协同协作流程，也可以有师生间、生生间的流程；既可以有业务部门面向全校的，也可以有一个教研室、一个博导面向有限范围人群的。

因此，中心化的、由学校个别部门牵头主管进行业务调研梳理的、严谨的、面向全校师生的流程很重要；同时，SaaS 化的、业务部门主导的，甚至一个教研室、一个社团自主的，面向小范围人群服务的流程同样重要。

轻应用是服务，轻应用是流程能力 + 数据管理能力的组合。轻应用是更高级、更复杂的流程业务形式，是满足那些孤立流程无法满足的业务需求的，是流程能力 + 数据管理能力的组合。轻应用的使用场景，就是维护数据。无论是普通用户通过流程填写和发起数据修改流程，还是轻应用管理员在后台直接增删改，都是对数据的应用。

四大类服务共同构成了一个 PC 和移动一体化的、丰富的、业务能力强大的、从多种层面上满足师生日常业务需求的信息化服务体系。

（三）门户和事务服务中心的融合

融合门户就是要把传统意义上的 PC 门户、移动门户等割裂的概念融合起来，降低信息服务的不一致性，建立统一支撑平台，无缝支持各种终端及各种使用场景，服务广泛人群。

数据融合是通过门户平台与一站式服务大厅、师生一表通融合建设，实现服务与数据融合，借助服务治理推动数据治理。

服务融合主要指融合门户平台与一站式服务大厅的深度融合，将待办的、收藏的、推荐的、热门的服务集中展示，一目了然。同时打破传统门户仅作为统一功能、信息入口的定位，使与自身相关的大量信息、业务、功能真正实现一站式的集中，让用户一目了然地获取和使用，提高门户本身的附加值。

内容融合是对信息的分级分类，公告、新闻、邮件等内容资源的发布、整合管理以及对各类内容资源的发布和查看权限管理等。

多渠道融合，作为智慧校园的信息化入口，融合门户要把传统意义上的内门户、外门户、PC 门户、移动门户等割裂的概念融合起来，降低信息服务的不一致性，统一支撑平台，无缝支持各种终端及各种使用场景。

二、成果与影响

（一）信息门户升级为融合门户

一站式服务大厅综合服务平台与门户的深度融合，形成现有的融合门户（见图 1），是在信息门户的基础之上，继续围绕"以用户为中心"，进一步将散落在校园各类业务系统中的信息资源、服务入口、个人相关数据进行融合与重组，并通过对移动互联网技术、AI 智能技术、大数据技术的综合运用，最终形成一个个人事务全覆盖、个人数据集中化、交互方式智能化的智慧型服务中心，以整合促便捷、以集成提效能、以创新促精简、以共享筑根基。

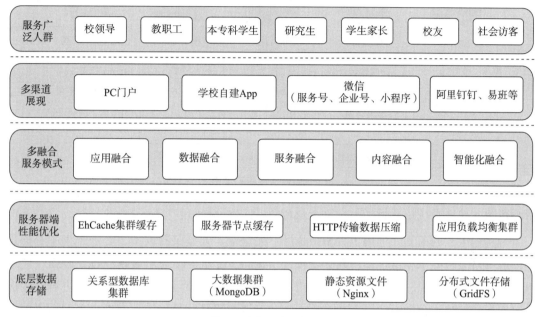

图 1　融合门户逻辑概念

通过对信息门户进行全面升级，从单纯的 PC 门户，到移动 PC 一体化，多渠道融合；从"面向管理"到"管理与服务双融合"；从信息加导航的简单集成，到信息门户加一站式服务的深度融合；从数据服务相互割裂，到数据服务一体化，建立良性循环，相互拉动。

（二）增加公共资源预约组件化服务

公共资源预约旨在一站式解决校内各类公共资源的预约共享问题，可以被预约的资源包括会议室、报告厅、活动室、各类体育场馆、实验室、大型试验设备、校车等场馆或设备，也包括校医院体检、疫苗注射、线下大厅服务窗口、心理咨询中心等服务办事窗口的服务时间，目的是让各类资源在使用时间上不冲突、管理上更加有序，让资源得到有效共享、信息更加透明。公共资源预约服务如图 2 所示。

公共资源预约服务功能模块是通过将平台提供的预约组件、流程引擎组件、通用数据查询组件与统一支付平台、智能门禁系统等外部系统的有效融合，通过多种组件的积木化拼装，以高度可配置化的方式提供多种功能强大的预约服务模式。

独占式预约，主要用于普通会议室预约，先约先得、独占使用。

多人共享式预约，可用于体育场馆预约，比如对于一个有 8 块场地的羽毛球馆，同一时间段有 8 个人可以预约，也可用于校医院体检、疫苗注射服务窗口等时间调度，比如校

公共资源预约组件+流程引擎+X=强大的预约共享服务能力

图2　公共资源预约服务

医院组织全体教师体检,每天上午最多接待80人,约满为止。

带流程审核的预约,可用于大型报告厅、实验室、大型仪器设备、心理咨询中心的预约,通过与流程引擎相结合,可在提交预约申请时,要求申请人填表说明预约理由、使用目的、其他相关情况、个性化的服务诉求等,经相关管理部门教师审核通过后方可预约成功。比如心理咨询预约时,可预置基础心理状况调查表格让学生填写,根据填写情况辅助心理咨询中心教师判断是否接受预约以及如何提供心理咨询服务。

带条件的预约,针对不同资源、不同人群、不同时间段可提供个性化的预约条件限制,包括谁可以在哪个时间段预约,需要提前多长时间发起预约申请,需要满足什么条件等。比如某会议室仅本二级学院师生可见,学校的某个体育场馆在特定时间只对特定专业的学生开放预约等。

预付费预约,用于体育场馆、报告厅等需要提供有偿使用的情况,可与第三方统一支付平台对接来完成费用计算及在线缴费。比如某体育场馆在寒暑假期间需要对师生收费,某报告厅在节假日面向社会提供有偿预约服务等。

(三)增加"要你办"的下发任务式能力

我校一站式服务,旨在满足师生"要办事,到大厅"的诉求,通过建立一站式服务办理入口,面向领导、师生提供业务协同、服务办事、信息分享、资源共享和多业务集中展现,解决了师生"我要办"的服务需求,只要师生想办事,就可以主动来网上大厅办理。

在各业务部门实际业务工作中,我们还会遇到一类需求,比如疫情期间的每日健康打卡等重大突发事件的处置,这类业务需要建立稳定、流畅、全员参与的数据上报通道,满足学校疫情管理部门、各参与业务处室、二级学院、辅导员、班主任对所辖范围内师生填报数据的多维度查询、统计、分析的要求,还需要将每日全员的健康统计汇总后上报上级疫情主管部门,这就对学校的基础数据质量、平台的快速响应能力、全体师生的有效触达能力提出了重重考验。我们可采取的举措是:由疫情管理部门主动发起并全程跟踪的任务式填报机制，填报任务通过微信、短信、邮件等方式批量下发给师生；发起人实时动态跟踪每个人的填报完成情况、整体完成率等，保障全体师生的每日健康打卡，做到不遗漏、不重复、不出错。

这类"要你办"的业务，能够极大方便业务部门，对于全员精准填报、快速做出响应、快速收集各类业务信息，快速批量办理各类业务起到了举足轻重的作用。也就是说，一站式服务不仅仅要面向师生提供"我要办"的服务能力，也应该面向业务部门提供"要你办"的服务工具。

（四）基础架构向微服务架构演进

目前，新一代应用已经开始从单体应用向微服务架构演进。从现在的单体应用架构升级到微服务架构，能够解决多服务厂商在统一的微服务架构体系下互联融合。能够满足多厂商在开放的应用环境中灵活地开发和扩展校务服务，不受各自平台技术架构的制约，真正做到独立升级和演进。微服务架构能够快速进行业务拆分，支持服务创新，在学校统一的技术架构体系上更好地实现应用系统互联互通。

三、经验与启示

创建信息化校园，管理是关键、培训是前提、学习是根本、建设是保障、研究是动力、应用是核心，只有做好这些工作，才能真正实现以教育的信息化促进教育的现代化。我校将在"双高校"建设过程中，根据学校实际情况，有计划地进行校园信息化建设，并在此基础上不断更新、发展，实现现代化、高质量、有特色、示范性的办学目标。教师要改变传统的办公、教学模式，不断提高信息化素养，积极适应信息化教学模式。

专家点评

> 该案例最大亮点是聚焦提升师生信息化"获得感"，充分利用现代信息技术，聚焦便捷化、差异化、个性化服务水平提升，充分整合现有信息化资源，规划设计建设融合信息服务门户，推进从管理信息化向服务信息化转变，实现了信息化理念改变和升华。
>
> 该案例坚持以整合促便捷、以集成提效能、以创新促精简、以共享筑根基的原则，强化顶层规划、系统设计，构建了支持在线办理、在线咨询、在线预约、意见反馈、办事指南五种能力的一站式事务中心，提供信息化业务服务聚合、信息化工具即服务、流程即服务、轻应用四类服务，构成PC端、移动端一体化、内容丰富、业务能力强、适应面广的校园信息化服务体系，构建形成数据融合、服务融合、内容融合、多渠道融合的新型融合门户，建成个人数据集中化、个人事务全覆盖、交互方式智能化的智慧型服务中心，切实践行了以高效信息化服务，用心用情为师生办实事。

大平台、微服务、慧治理

——深入推进校园一站式服务与数据治校工作

南京信息职业技术学院

一、背景与现状

南京信息职业技术学院是中国特色高水平高职学校、国家示范性（骨干）高职院校、教育部优质专科高等职业院校、江苏省高水平高等职业院校、江苏省卓越高等职业院校培育校。学校一直高度重视信息化建设工作，2015年入选首批"职业院校数字校园实验校"，2018年完成实验校验收工作，2019年学校获得职业院校数字校园建设实验校优秀组织单位（全国共2所高职院校获奖）。2020年经过激烈竞争，顺利入选首批"江苏省智慧校园示范校"（全省共5所高职院校入选）和教育部中央电教馆首批"职业院校数字校园样板校"（全省共4所高职院校入选）。学校还发挥在智慧校园建设上的经验，已为江苏省教育评估院、南京市委党校、海南软件职业技术学院、乐山职业技术学院等多家省内外企事业单位提供了信息化顶层规划、技术咨询、应用系统建设等技术服务。

学校的智慧校园建设以强化信息技术与教学、管理、服务的深度融合为目标，用信息化建设助推服务水平、治理水平和育人质量提升。夯实基础，完成了校园信息化基础平台群优化；服务为先，建成了以"微服务"为特色的"马上办"综合服务平台；数据治校，在学校教育教学、管理服务等多个场景实现了基于数据的管理决策优化，形成了"大平台、微服务、慧治理"的鲜明特色。

二、特色与创新

（一）健全体制机制保障，做好"智慧校园"建设顶层规划

近年来学校顺应智能化时代"互联网＋"教育新需求，围绕《"十三五"国家信息化规划》《教育信息化"十三五"规划》《教育信息化2.0行动计划》和《职业院校数字校园规范》等各级各部门政策文件确定的信息化目标，强化落实"职业院校数字校园实验校"建设和国家"双高"院校信息化建设任务。2019年3月发布《南京信息职业技术学院"智慧南信"建设行动计划（2019—2022年）》，确立了"一站一厅五平台两中心"的总体应用架构以及"育人为本、统一规划、资源共享、业务协同、数据治校"的智慧校园建设总体思路（见图1）。

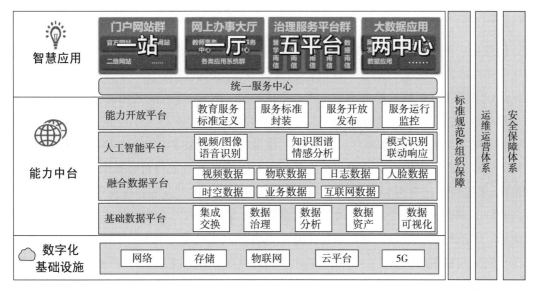

图 1　南京信息职业技术学院智慧校园总体框架

为保障智慧校园建设的顺利实施，学校首先从制度层面出台措施予以保障：成立以党委书记和校长为双组长的网络安全与信息化领导小组及 10 个专项工作组，明确智慧校园十大建设任务，以建立并贯彻《信息化项目建设管理办法》《网络安全管理办法》等规章为手段，坚持完善信息化专项议事机制，为相关建设提供组织保障、制度保障、经费保障、建设队伍保障和硬件环境保障，有力地支持了智慧南信建设的开展。

（二）夯实基础，扎实开展校园信息化基础设施建设

基础设施建设是实现智慧化建设的基础，学校中心机房于 2019 年完成建设并投入使用，总占地面积 230 平方米，机架最大可容纳标准服务器 32 台，分为 2 个模块化机房，分别承担校内核心业务和合作第三方托管系统，配有动力环控、模块化 UPS 电源、容灾备份等应急运行保障系统。依托中心机房硬件资源，利用超融合平台整合相应资源的管理和分配，超融合平台承载包括"马上办"服务大厅、OA 办公、智慧学工等 225 个校内核心业务及合作第三方托管系统，当前共有 CPU 核心 392 个，可分配内存总量 6 TB，存储空间 90 TB，为校园相关业务的开展提供了有力的支持。

结合 5G 技术，学校已经完成校园内部无线网络全覆盖，实现 GPON 光网接入，Wi-Fi6 无线接入和 IPv4/IPv6 双栈接入。全校范围部署无线 AP 约 2 100 台，其中教学区部署 386 台高功率 AP，支持并发接入数大于 100 个，校内骨干网最大带宽 40 Gb/s，校园网总出口带宽 15.29 Gb/s。同时与中国电信合作，落地 5G 应用示范基地，在校园范围部署 5G 链路，为信息化业务和教学活动提供基础数据服务。

（三）惠及师生、服务为先，着力加强一体化服务平台建设

信息化、智慧化校园必须以提升师生校园生活的便利性和幸福感为出发点，学校对校内当前使用中的系统进行整合，在门户认证、数据交换、流程引擎等公共平台建设基础上，建成"马上办"综合服务平台，现已完成办公、教学、教务、学工、人事、财务、科研等核心业务系统的"服务化改造"，集成各项业务系统入口 28 个，当前上线 178 项服务流程，历史总服务流程约 330 项。服务大厅覆盖师生比例达到 100%，从课程查询、教务管理到各项审批、报修流程，均可通过"马上办"服务平台进行对应操作、服务申请及进度追踪，2021 年 1—9 月，服务大厅访问总数超过 440 万次，发起各项流程超过 290 万次，面向教师的事务流程平均办理时间从 2 天缩短至 3 小时左右。考虑到师生对移动设备的使用需求，学校结合"钉钉"即时通信工具，开发和启用基于"钉钉"移动端的办事大厅，当前已完成与桌面端"马上办"数据共通和功能共享，极大地方便了师生校园生活的方方面面。

（四）多"源"汇聚，推动数据治理，落实数据治校

在全校范围内开展数据梳理与建设之前，各个业务系统的数据由相关业务部门独自管理，同一类型数据存在重复存储乃至互相矛盾的情况，在校信息化建设决策与管理部门的牵头与引领、各个业务部门的大力配合之下，经过将近 5 年的建设，全校已经形成由确定的实际业务部门作为单一数据源头，所有数据汇总到校数据中心进行统一存储，其他业务部门在有业务需求时从数据中心获取数据的业务流程模式，实现了数据"有源可查、有迹可循、有处可用"，打破数据孤岛，避免数据出现"多头马车"的情况。当前数据中心维护的全量数据中台已集成入库 15 个业务系统的原始数据，并建立对应基础大数据，共计建立包括数据中心核心数据库在内的 18 个数据库、1 778 张数据表，核心数据约 2.9 亿条，在此基础上开展各类数据共享服务，现已对接数据推送业务 45 个大项，下辖 ETL 任务 1 161 项，对校内及校外第三方开放数据接口 144 个。数据的统一管理与分发为了解学校运行状态，进一步做出管理决策提供了基本依据和判断支撑。

在建成基础大数据的基础上，面向实际业务中的应用场景，学校也进一步开展相关应用大数据的开发与使用工作。当前已经完成包括校情分析、"双高"建设指标追踪、学生在线学习、学业预警、迎新大数据、疫情防控大数据在内的近 20 项专项数据应用的开发与应用工作，同时正在开展学生、教师、科研、就业等 10 项主题数据画像建设。这些应用数据在多个应用场景为学校在实际工作中的决策提供有力支持。

为了进一步规范业务工作中的数据使用，学校出台了校《信息化数据资源管理办法》，该办法明确了数据管理责任划分，数据使用流程、使用规则等数据流通过程中的关键问题，实现了强化校内数据资源的统一管理和质量控制，推动其科学配置和有效利用，发挥数据资源在学校建设中的重要作用，有效提高了信息化条件下学校治理能力和公共服务水平。

三、成果与影响

经过约 5 年的建设，学校在信息化服务和数据治理方面已经形成了以"大平台、微服务、慧治理"为特色的信息化建设逻辑体系与应用模式创新方案：校数据中心达到国家 B 级机房建设标准，投入使用 2 年来维持正常运转并支持其他业务系统的正常运行；基于 5G 技术建设的校园网已于近两年疫情环境中支持校内师生远程教学；"马上办"服务大厅形成统一的校园服务访问接口，一个账号即可在桌面端和移动端访问学校所有业务系统；各项服务流程细化，面向师生实际需求提供服务，学生健康填报服务在 2020 年全年共响应我校 1.3 万余名学生的健康申报超过 200 万次，为协同抗疫，保平安校园提供基础支撑；扩充大数据应用，已有 50% 的部门利用完成建设的应用大数据进行部门决策和判断，疫情防控大数据、迎新大数据等核心大数据应用在 2020—2021 年疫情环境下的春秋两季师生返校、新生报到过程中起到了关键作用；在数据感知与汇聚的支撑之下，平安南信、绿色南信等面向校园安防、资源环保等系统平台完成建设并投入使用，进一步为反馈校园运行实时状况、智能决策与治理打下坚实的基础。

学校担任江苏省职业院校信息化教学指导委员会主任委员单位、悉尼协议应用研究高职院校联盟牵头单位、江苏省信息职教集团理事长单位、长三角人工智能产教联盟牵头单位、5G+产教科融合高端论坛长三角分论坛牵头单位等多个高职产教联盟牵头单位，近年来先后顺利承办"职业院校信息化建设与应用交流会""贯彻落实《国家职业教育改革实施方案》暨职业院校学生信息化职业能力提升和认证项目启动会""推广落实《职业院校数字校园规范》暨职业院校数字校园建设实验校项目总结会"等多个信息化校园建设大型会议，通过积极开展智慧校园建设交流，扶持其他地区院校信息化建设，对促进国家发展和地区建设起到了推动作用。

学校近年来的信息化建设也得到了各界的认可与肯定，2020 年获评"江苏省智慧校园示范校"及国家"职业院校数字校园建设样板校"，《科技日报》、《新华日报》、《南京日报》、《扬子晚报》、江苏教育频道、中国国际广播电台等各级媒体先后报道了学校在信息化教学、信息系统建设、学生信息化职业能力提升、信息化数据治理与决策等方面的相关新闻，为促进信息化建设与应用起到了积极作用。

四、经验与启示

基于以往的建设经验，学校发现师生、业务部门、信息化发展部门和校领导作为学校运营的几大重要角色，在信息化与决策方面各自面临着一系列痛点问题：师生对信息服务效率等方面有迫切需求，但信息化基础设施建设滞后导致信息服务效率和质量较低；师生当前获得的服务往往是从管理者和执行者角度进行设计，缺乏对师生实际需求的细化，对自助服务、移动服务等方面的支持力度不足；各业务部门独立运行和管理自身信息系统，难于多部门信息共享和信息系统整体升级，实际运行中业务流程逻辑复杂导致处理迟滞；

信息发展部门尚未形成其不仅仅是职能部门，也是管理部门的整体意识，导致其职能不清，难以参与统筹规划和协调全校的数字化建设；数据中心本身未掌握面向全校的标准数据源，无法实现数据共享与数据治理；很多信息化发展部门人员不足、各项运维体系不够完善，也缺乏创新能力；各级校领导缺乏全面的校情信息获取与反馈渠道，无法对校务决策提供有效支撑。这些问题对提高学校教育质量、为师生提供良好校园体验带来了很大的阻碍。

近年来南京信息职业技术学院开展的智慧校园建设目标就是解决上述各类痛点问题，促进提升教学、服务等多方面水平，从抓好顶层规划、夯实基础设施、细化服务流程、推进数据治校等方面展开工作，取得了一定的成果，在未来"十四五"建设期间，学校智慧校园建设将继续坚持需求导向、问题导向和效果导向，聚焦全校关键业务，优化学校基础大数据，进一步解放思想、积极探索数据利用、发掘数据价值、提高管理能力，加快推动学校向高效、精准的智能化方向转变。

专家点评

南京信息技术职业学院是国家示范性高职院校、教育部优质专科高等职业院校，2020年入选首批江苏省智慧校园示范校和中央电教馆首批职业院校数字校园样板校。

该校推出的"大平台、微服务、慧治理的校园一站式服务与数据治校工作"的案例，有着科学的理念、鲜明的特色及实在的推广意义。

（1）科学理念，学校智慧校园建设，以强化信息技术与教学、管理、服务的深度融合为目标，并以此提升育人质量、提高管理水平、优化服务质量、夯实智慧校园建设的基础。

（2）鲜明的特色，学校确立了"一站一厅五平台两中心"的总体应用架构，以及育人为本、统一规划、资源共享、业务协同、数据治校的鲜明特色。具体体现在：学校建成的数据中心在完成了数据的收集、数据的集成交换、数据治理、数据分析的基础上，推出的能力开放平台、人工智能平台及融合数据平台，使得广大师生员工在教学、管理、服务中可以真正实现数据可视化、数据集成化、数据治理化与数据的有效运行，从而真正实现了以个性化的微服务为特色的"马上办"综合服务大平台的成功运行。目前，已完成各项业务入口28个，新上线178项服务流程，历史总服务流程已达330项。2021年1月至9月，该平台访问人数超过440万人次，覆盖服务师生比例达到100%。

（3）推广意义，以5G技术建设的校园网，必须以数据中心建设为基础，以数据的集成、分析、治理来扎实推进学校的教学、管理、服务的三大平台有效运行。该校的经验已经为江苏省教育评估院、南京市委党校、海南软件职业学院、乐山职业技术学院等省内外企事业单位所借鉴，也得到了《科技日报》、《新华日报》、《南京日报》、《扬子晚报》、中国国际广播电台、江苏教育频道等多家媒体的肯定与报道。

建议：学院加大数据中心的数据深度分析、广泛利用的力度，努力将其打造成智慧数据中心，更好地服务于教育、教学。

"五育"并举、深度融合、数据服务，打造"智慧育人"新平台

江苏旅游职业学院

一、背景与现状

江苏旅游职业学院是一所省属全日制公办普通高等专科学校，创建于1959年，2017年正式升格为江苏旅游职业学院。学校坐落于中国历史文化名城——扬州，是一所特色鲜明的旅游类高职院校，现有全日制高职在校生1万余人；学校现有3个校区，其中九龙湖校区按5A景区标准建设。升格以来，学校提出了"智慧旅院"的信息化校园建设理念，经过多年的建设，学校已成为教育部首批"教育信息化建设试点单位"（2017年）、中央电教馆"全国职业院校数字校园建设实验校"（2019年）、江苏省首批"高校智慧校园"（2020年）。

几年来，学校遵循"以人为本"的教育理念，深入贯彻落实中央有关教育信息化的战略部署和全国教育信息化工作会议精神，紧紧围绕教育部《教育信息化十年发展规划》、《教育信息化2.0行动计划》、省教育厅《江苏省高校智慧校园建设指导意见（试行）》等文件要求，确定我校"'五育'并举、数据服务、深度融合"信息化建设目标和任务，制定了《"智慧旅院"三年建设行动计划（2019—2022年）》，以促进信息技术与教育教学深度融合全面推进智慧校园建设。

二、学校特色与创新

学校"智慧旅院"的顶层设计按照"总体规划、制度先行、应用导向、分步实施"的思路，借鉴国内外一流高校管理和服务模式，参考行业一线企业信息化建设方法、理念，根据学校高质量发展的要求，围绕对学生"德、智、体、美、劳"的全面培养、推动信息技术与教育教学深度融合、盘活数据资产为教育教学服务等方面，实现了3个重构：重构教育育人模式、重构教育教学模式、重构教育服务模式。

2019年以来，学校"智慧旅院"建设以"'五育'并举、深度融合、数据服务"为目标，以流程梳理与重构为重点，组建团队、实行项目化管理、合作开发，对教育教学、科研、管理和服务变革的支撑作用逐步显现。

（一）打造"五进五精"的多维度育人平台

为了全员全程全方位育人，学校构建了"五进五精""联指"工作体系（"五进"是

指组织全体党员干部参加育人实践，通过走进班级管理、走进课堂教学、走进学生生活、走进第二课堂、走进实习就业，广泛开展联系指导工作，将全员全方位全过程育人工作落到实处。"五精"是指，精心调研，聚焦育人工作的薄弱环节和难点问题；精确定位，明确"联指"岗位数量和申报要求；精致服务，结合岗位特点确立"联指"任务和育人目标；精细组织，加强"联指"工作的过程性管理和动态跟进；精准考核，以考核为抓手不断推动"联指"工作落到实处）。依据"五进五精""联指"工作理念，学校建设了多维度育人平台，形成具有学校自身特色的"三全育人"长效机制。

（1）集中数据，消除信息孤岛。以促进学生全方位成长为视角，打破各部门业务系统的界限，融合各部门业务数据。以学生成长全生命周期贯穿教师育人及学生评价全过程，通过即时有效的数据服务育人工作，提升育人成效。

（2）以育人为根本、问题为导向，实施学校"五进五精"。通过建立科学合理的"三全育人"考核体系，从"德、智、体、美、劳"五个维度，数字化为教师日常教育管理、实践拓展、培训讲座、竞赛科研、其他项目等育人考核内容，通过对接与共享学校各类应用系统数据，把思想价值引领贯穿教师教育教学全过程和各环节，形成长效育人机制。

（3）以学生的全面发展为目标。通过个性定制，量化学生的成长目标，从素养、技能、体质、形象、发展等多个维度对学生进行评价，从多个系统共享数据为学生进行"画像"。

自定义学生德育积分预警线，关注行为规范不到位的学生，实时提醒辅导员及相关部门；实现按照不同维度及时间阶段展示不同对象行为表现的同比和环比情况，彰显育人实效。

（二）形成全过程全方位的"劳动教育"评价体系与管理平台

学校将持续开展新时代高职院校劳动教育探索与实践，建立科学、规范、注重实效的评价激励体系。第二课堂是引领劳动教育的阵地舞台。学生通过平台参与劳动教育理论学习、校内外实践活动、志愿服务活动，平台按照PDCA方法论，记录活动全过程（报名、打卡、过程材料上传、线上线下作品上传、作品打分、投票），积分纳入学生成长平台积分，探索不同类别劳动实践教育的过程性管理与评价反馈，利用信息化、数字化优势提升协同育人与综合评价的整体效能。

（三）促进信息技术与教育教学深度融合

学校积极参与国家、省资源库建设，积累了丰富的数字教育资源，数字教育资源基本覆盖学校各专业领域，"民族文化传承与创新子库——扬州'三把刀'文化及传统技艺传承与创新"教学资源库入选国家级专业教学资源库，"淮扬菜文化与传统技艺"入选江苏省老年教育学习资源库子库。

学校通过普及"智慧教学平台"，探索信息化教学新模式，建设有校本特色的学习资源和优质课程，推动教学方法、教学手段、教学内容、评价方式的创新，提升学生的自主学习能力，从而提高教学质量和人才培养水平。"智慧教学平台"与多维度育人平台进行对接，将学生的学习行为纳入学生成长大数据分析，帮助教师更精准地对学生进行个性化教学辅导，提升学习效果。

（四）建设景区式校园"智慧导览"系统

为了彰显学校特色鲜明的旅游类高职院校特质，融入学校"智慧旅游"综合型旅游类人才培养要求，学校按5A景区要求打造了"智慧导览"系统，通过2.5D地图、深度语音导览等创新技术，向用户生动展示学院的特色建筑和文化内容，多角度展现学校的风貌、布局及景点；根据学校迎新等办事流程、精品参观路线进行专业线路规划和推荐；全面实现用户位置的一键导航功能。

（五）构建"线上线下全融合"的一站式服务大厅

基于数据驱动服务的理念，立足于数据流与服务流相融合，本着"让数据多跑路，让师生少跑腿"的服务宗旨，学校对所有业务流程及数据进行再造和分解，技术上采用微服务、流程引擎、数据整合、数据处理和分析、移动计算等来支持，把事关师生服务的所有业务及数据汇聚起来，成为一体两翼全方位服务的格局。

线上、线下学校"一站式"服务大厅的"两翼"服务学校师生，最终实现了办一件事只跑一次、只跑一处，从而进一步优化学校行政管理、优化学校政务服务、优化学校治理体系。

（六）推进"5G+智慧校园"落地创新应用建设

2020年10月30日，学院与中国移动扬州分公司签署"5G+智慧校园"战略合作协议，全面推进学校的教育现代化建设，积极发挥"5G+"技术在教育信息化建设中的支撑和服务作用，共同促进学校教育信息化水平的提高。校企双方共同探索5G创新应用模式和业务模式，重点围绕5G基础设施建设、5G+专家互动教学、5G+智能在线考试、5G+智慧校园专网等几个方向，推进"5G+智慧校园"的落地进程，为交互式教学、同步课堂、沉浸式学习、校园管理与服务提供支持。

（七）推进"银校合作"多方面筹措建设资金

为了更好建设"智慧旅院"，学校引进了合作银行为我校"智慧旅院"建设提供资金保障和金融服务支持。学校分别与中国农业银行扬州市支行及中国建设银行扬州市支行签署了"智慧校园"合作协议，两家银行共投资1 000万元共建"金融+智慧旅院"，三方充分发挥其独特优势，推动高端信息技术更好地服务学校的教育教学、科研、管理与服务，实现了三方的多赢发展。

三、成果与影响

（1）以促进学生全面成长为目标，搭建"三全育人"多维度育人平台。平台实现师、生双向评价，实时反馈教师育人工作量、学生综合发展情况，整合相应资源，促进学生多元发展，进一步提升学校"三全育人"的针对性和实效性，盘活育人存量、凸显育人特色、提高育人实效、呈现育人成果，形成长效育人机制。

（2）以非遗传承为落脚点，构建资源共享新平台。学院牵头国家级专业教学资源库"民族文化传承与创新子库——扬州'三把刀'文化及传统技艺传承与创新"、省级教学资源库的建设，组织团队通过数字3D技术进行造型设计和工艺的复原，实现传统文化及技艺可视化、颗粒化，引领专业教学改革，提升人才培养质量，满足不同层面多样化学习需求，让更多的人群了解、传播非物质文化遗产的传统技艺，提升专业人才的培养质量。

（3）以数据推动服务创新为视角，对学校业务办事流程进行了再造与优化。以数据流转为核心，梳理各部门现有的工作流程，对流程进行适应数字化优化的再造，以适应一站式办事服务要求，坚持管理就是服务；最后以不断满足师生日益增长的一站式服务需求为目标，用服务的满意度为评价准则。目前一站式办事大厅已实现线上线下办公事项共30余项，完成审批服务事项30 123次，广大师生少跑冤枉路，办事效率得到大幅提高。

经过多年的建设，学校已成为教育部首批"教育信息化建设试点单位"（2017年，已通过验收）、中央电教馆"全国职业院校数字校园建设实验校"（2019年，已通过验收）、江苏省首批"高校智慧校园"（2020年）。

四、经验与启示

习近平总书记于2018年4月20日在全国网络安全和信息化工作会议中强调"没有信息化就没有现代化"。教育信息化是教育现代化的关键一步，我们一定要将智慧校园建设工作做好，根据学校工作经验，有以下几点启示：

（一）智慧校园建设需要高屋建瓴

做好顶层设计是学校"智慧校园"建设的重要前提，设计中需要有国际视野，通观全局、高屋建瓴，需要统筹学校首席信息官（CIO）及信息化建设领导小组的力量进行顶层设计，通过设立整体的标准、统一的架构、合理的计划，才能有更好的发展，才能结出更好的结果。

（二）智慧校园建设谨防闭门造车

智慧校园建设是全校一盘棋，各部门需要相互配合、协同动作，避免出现因脱离实际、闭门造车，按自己的思路去开发设计从而造成的设计不科学、不合理，浪费人力、物力、财力；建设中学校各部门需要认清自身实际情况，充分表达并提供本部门的应用需求；要充分发挥学校信息化建设指导专家团队的作用，为建设方向指明道路。

（三）智慧校园建设要始终贯彻服务理念

无论是一站式办事大厅，还是多维度育人系统、"智慧导览"系统，或是线下自主打印，都是学校将服务延伸到每一个细节的体现，将信息化成果服务于全体师生，使得全体师生能够有更多的幸福感、获得感、参与感，让信息化真正为人所用、为人服务，最终提升学校教育教学、管理和服务水平。

下一步，学校将进一步以智慧校园建设促进传统教育教学观念转变，带动教育信息化融合应用深化，构建教育新生态，为广大师生提供更加便捷、高效、优质的服务，展现学校"智慧旅院"建设新风貌。

专家点评

江苏旅游职业学院是一所省属全日制公办普通高等专科学校，是教育部首批"教育信息化建设试点"单位、中央电教馆全国职业院校"数字化校园建设实验校"，和2020年江苏省首批"高校智慧校园"。该校申报的"'五育'并举、深度融合、数据服务打造"智慧育人"新平台"的案例，特色鲜明、效果明显，有推荐普及的意义。

首先该校依托信息数字化，重构教育育人模式、重构教学模式、重构教育服务模式。学校搭建了"五进五精"的联合指导工作体系，形成学校自身特色的"三全育人"的长效机制。

"五进"指组织全体教职工党员干部参加育人实践的五项活动，包括：①走进班级管理；②走进课堂教学；③走进学生生活；④走进学生第二课堂；⑤走进实习就业。

而"五精"是指：①精心调研，聚焦薄弱环节和难点问题；②精确定位，明确岗位数量和申报要求；③精致服务，指结合特点确立育人目标任务；④精细组织，指加强过程性管理与动态跟进；⑤精准考核，以考核为抓手，把工作落到实处。

上述"五进五精"的最终目标就是学校要以数字化转变为抓手。构建起"三全育人"（全员育人、全方位育人、全过程育人）的数据中心，及多维度育人的长效机制。在上述数据中心为依据的多维度育人平台与长效机制基础上，学校进一步促进信息技术与教育教学的深度融合，从多个系统共享数据，为学生进行个性化的画像，并形成全过程、全方位的劳动教育评价体系与管理平台。构建了"线上线下全融合"的一站式的服务大厅。学校还与中国移动扬州分公司一起推进"5G＋智慧校园"创新应用的战略合作，信息化各项成果显著。

建议：学校建立可持续提升教师、学生信息化综合素养的学习培训制度，以适应智能时代的新挑战！

"融合创新、数据赋能"智慧教学模式的实践

常州信息职业技术学院

一、背景与现状

新一代信息技术的迅猛发展不断影响着学校人才培养模式和教育教学改革。学校依托职业教育软件技术专业国家教学资源库建设项目、江苏省信息化示范重点工程、省教育教改研究重点课题"高职院校智慧校园建设研究"等重大项目,针对信息化背景下人才培养和教育教学改革的新要求,决定发挥学校信息技术优势,以智慧校园建设与应用为支撑,创新构建实施"融合创新、数据赋能"智慧教学模式。

通过不断总结经验、迭代升级,学校智慧校园基本建成,国家级教学资源库、在线开放课程、新形态一体化教材等一批优质资源相继建成并投入使用,学校开展了教师信息化教学能力提升培训和学生信息化素养培训,教师信息化素养显著增强,智慧教学模式对学校人才培养工作产生了显著成效,学生综合素质不断提高,借助联盟和平台对成果进行辐射推广,受到广泛好评。

二、特色与创新

充分发挥学校信息技术特色,以智慧校园建设与应用为依托,全面推进信息技术与教育教学深度融合,整体上系统支撑教学模式改革。针对教学过程中"教、学、评"三要素,借助智慧校园平台、资源深度应用,构建了基于校本全量大数据的"析(学情系统分析)、教(教师精准施教)、学(学生泛在学习)、评(学生全面发展评价)"智慧教学闭环(见图1),实现教学与育人融合、信息技术与教学手段融合、教学资源与教学活动融合、教学管理与教学服务融合、师生数据与教学过程融合。

(一)资源共享,构建网络教学平台

校内与校外共建资源库,打造优质资源融合体系,将专业标准、课程标准、课程素材、项目案例等各类资源汇聚,主动开放资源库资源,形成优质数字化资源的集聚效应和共建共享的良性循环。搭建网络教学平台、移动学习端等平台,打通教学资源库与网络教学平台,实现资源在平台间的开放共享,有效支撑教师和学生两大主体的教学活动(见图2)。

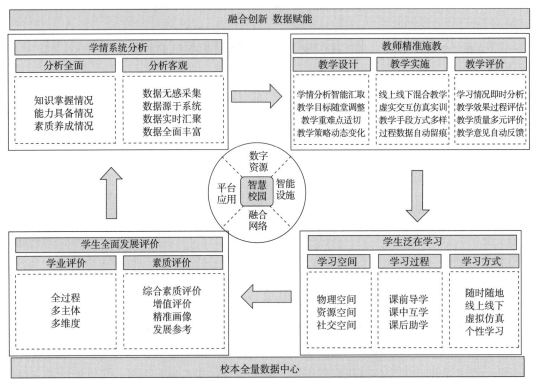

图 1 "融合创新、数据赋能"智慧教学模式

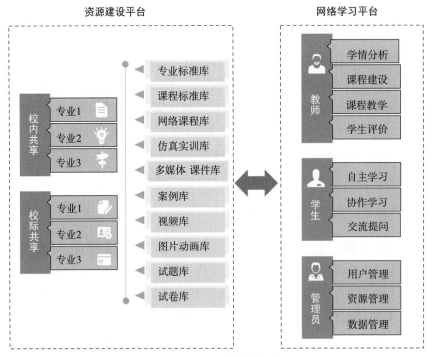

图 2 资源互通的教学平台

（二）三位一体，创设优质教学环境

建设智慧教室，丰富教学手段、增强教学互动、协助教学反思，实现新形态教学形式；打造虚拟仿真中心，应用虚拟现实、增强现实技术，模拟高风险、高损耗、难再现等工程环境，为学生提供虚实交互的实操环节，解决教学中存在的打不开、进不去、看不见、动不了等问题，提升学生的职业技能和综合素养；利用网络学习平台，开展线上线下混合式教学，以学生为中心实现教学模式改革，促进差异化、个性化的泛在学习。"智慧教室、虚拟仿真、网络教学"三位一体的教学环境，支撑了信息技术与教育教学的深度融合，有效推进了课堂革命。

（三）汇聚数据，助力教师精准施教

汇聚系统数据和采集行为数据，对学生知识掌握、能力培养和素质养成等进行学情系统分析。在教学设计上，借助实时汇聚的系统学情分析，教师可以灵活调整教学目标、教学策略，实现更有针对性的备课。在教学实施中，运用三位一体智慧教学环境和丰富多样的优质教学资源，实施双线融合、虚实结合的智慧教学，推动课堂革命，有效提升教学效果。在教学评价上，通过构建数据驱动评价机制，借助教学质量管理平台，实现督导、同行、企业、学生等多主体、全过程、多维度的评价。针对教学过程中产生的大数据，进行深度挖掘和可视化分析，为改进教学效果提供参考建议，助力教师精准施教（见图3）。

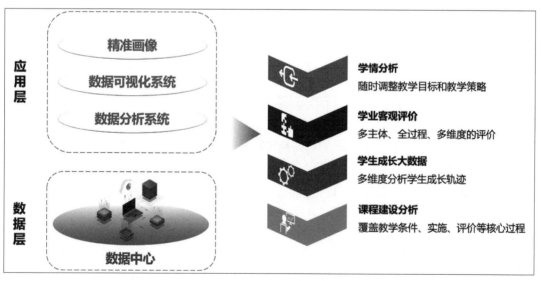

图3　数据助力精准施教

（四）系统互通，支撑学生泛在学习

首创网上预科系统，使新生报到前即可明校规、知专业、修学分；基于网络学习平台对学习空间进行融合拓展，通过设置闯关进阶式任务和实时预警功能，支撑"课前导学、课中互学、课后助学"的学习过程；借助 VR/AR 平台，为学生提供打得开、可操作的虚拟仿真实训环境，实现以学习者为中心的随时随地全天候智慧泛在学习。

多系统互通的学习平台体系，为学生从录取到毕业提供全过程学习平台，为学生从课堂到课外提供全方位泛在学习空间。

（五）数据驱动，改革学生评价机制

借助教务管理系统，对接网络学习平台，教师、学习平台、企业借助课前、课中和课后数据，从知识目标、能力目标、素质目标等维度对学生学业实施数据驱动的全过程、多主体、多维度学业评价机制。构建学生综合素质评价系统，以学校运行 10 年的综合素质教育体系为基础，按照"评价指标因子化、评价因子数据化、评价数据过程化、评价过程自动化"的步骤，基于过程性数据对学生实施客观全面、多元立体的综合素质评价和增值评价，为推进"五育"并举提供评价依据（见图 4）。

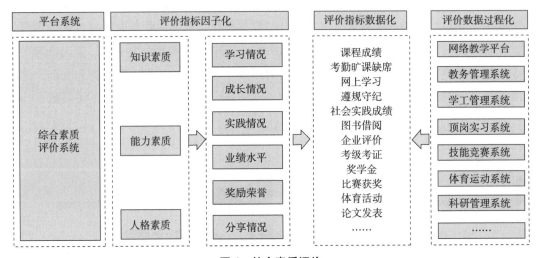

图 4 综合素质评价

三、成果与影响

（一）实践成效显著

人才培养成效显著，学生技术技能水平、泛在学习能力显著提高，综合素质全面提升。学生在技能大赛、创新创业等比赛中获国家级奖项 65 项、省级奖项 338 项；省级以上优秀毕业设计获奖 52 项、国家专利和软件著作权 146 项；涌现了陆冯、王浩、王起家等一批杰出人才。教学满意度数据显示，90% 以上的学生接受新教学模式，认为教学手段多样、教学效果好，认为获得了良好学习体验，增强了学习兴趣和信心。

教师信息化素养和教学能力快速提升，90%以上的教师认为大数据有助于增进了解学生，方便教学与岗位对接，认为采用新教学模式有利于教学效果提升，近三年教师获得江苏省职业院校教学大赛一等奖13项。疫情防控期间共开设463门线上课程，学习平台日访问量超5万，学生满意度超90%。

（二）实践成果丰硕

牵头研制并发布了国内首个智慧校园地方标准《高等学校智慧校园建设与应用规范》；受教育部职成司委托，研究并参加编制《关于进一步推进职业教育信息化发展的指导意见（教职成〔2017〕4号）》文件；获批全国职业院校数字校园建设样板校、首批江苏省智慧校园示范校、教育部教育管理信息化应用优秀案例等。牵头建设2个国家教学资源库，建成国家精品在线开放课程3门，获国家职业教育示范性虚拟仿真实训基地建设立项。承接相关省市级课题5项、出版系列著作4部，发表高质量论文30余篇，授权专利15项、软件著作权23项。

（三）辐射效应明显

为全国职业院校培训教师达52 706人次，向168所职业院校分享经验，为28所学校提供咨询服务。通过多种平台和渠道，向全国80多所同类院校输出教学资源，学员超58万人。2020年疫情防控期间，对接湖北工程职业学院、西藏职业技术学院等院校，选派优秀教师积极推动在线教学能力提升工作，实现精准职教支援。

（四）社会认可度高

《光明日报》《中国教育报》等20余家媒体先后对该成果应用进行了广泛、深入的报道。《光明日报》以"给学生成长插上信息化翅膀"为题，对网上预科进行了深入报道；《中国教育报》以"当开放的智能生活成为常态"为题、《科技日报》以"常州信息职业技术学院打造网络学习平台"为题，对智慧教学进行了深入报道；省政府网对智慧校园标准进行了专门报道，受到社会广泛关注。

四、经验与启示

（一）明确思路健全机制

结合多年的信息化建设经验和基础，通过调研论证，明确了智慧校园的概念，即通过云计算、物联网、大数据等新一代信息技术与学校人才培养工作的深度融合，促进学校管理和服务智慧化升级的新理念和新模式；明确智慧校园的建设思路，即通过智慧校园建设，实现"网络无处不在，学习随时随地，管理规范智能，服务便捷高效，生活绿色和谐"。

学校构建了包含组织、制度、政策、资金、队伍于一体的保障体系。成立信息化工作领导小组,由校领导、教务处、信息中心及相关业务部门负责人组成的信息技术与教育教学、学校管理融合机制工作领导小组,负责建设与应用工作的统筹推进。出台信息化建设与应用管理系列办法和信息化教学的相关政策,从鼓励教师进行数字资源建设、课堂教学模式创新的角度出发,发布了在线开放课程、优质课堂、资源库建设、教学团队、网络教学空间应用等信息化教学相关政策,利用教研、教学工作量奖励的方式鼓励教师参与。

(二)顶层架构逐步推进

顶层构建了"用户访问层、统一应用服务平台、统一数据服务平台、智能基础设施、信息安全体系、标准规范体系"六部分组成的智慧校园体系,实现了计算能力共享和动态分配、数据的统一汇聚和开放共享、应用系统的标准化对接、软硬件融合的数据安全防护,以及具有地方特色的标准规范体系。

以教育教学为主体,以信息技术为动力,逐步实践"互联网+教育"理念。通过厘清专业、课程、资源库三者间的区别与联系,在网络教学资源建设和应用规划上做好顶层设计,形成立交桥式的资源结构;发挥网络教学优势,构建了校本课程、网络课程、名校公开课、网上预科、虚拟第三学期等特色栏目,将智慧校园与教育教学深度融合;针对系统统一进行对接和数据汇聚,实现系统互通和数据回流,依托数据中心和大数据等技术逐步构建应用,使学生成长可视化、教师发展可视化、服务对接精准化。

专家点评

> 该案例针对信息化背景下人才培养和教育教学改革的新要求,加强顶层设计,以教育教学为主体、以信息技术为动力,实践"互联网+教育"理念,发挥学校信息技术优势,以智慧校园建设与应用为支撑,构建应用使学生成长可视化、教师发展可视化、服务对接精准化,创新构建实施"融合创新、数据赋能"智慧教学模式。
>
> 该案例针对教学过程中"教、学、评"三要素,借助智慧校园平台、资源深度应用,构建了基于校本全量大数据的"析(学情系统分析)、教(教师精准施教)、学(学生泛在学习)、评(学生全面发展评价)"智慧教学闭环,实现教学与育人融合、信息技术与教学手段融合、教学资源与教学活动融合、教学管理与教学服务融合、师生数据与教学过程融合。具体表现在:一是构建"智慧教室、虚拟仿真、网络教学"三位一体的教学环境,支撑了信息技术与教育教学的深度融合,有效推进了课堂革命。二是针对教学过程中产生的大数据,进行深度挖掘和可视化分析,为提升教学效果提供参考建议,助力教师精准施教。三是建成多系统互通的学习平台体系,为学生从录取到毕业提供全过程学习平台,为学生从课堂到课外提供全方位泛在学习空间。四是基于过程性数据对学生实施客观全面、多元立体的综合素质评价和增值评价,为推进"五育"并举提供评价依据。

信息化助力校园管理"零跑腿"

衢州市工程技术学校

一、背景与现状

2015年，我校以全国、全省教育工作会议及教育中长期发展规划纲要为指导，全面推进数字化校园建设，通过构建"三通两平台"，实现学校万兆进校、千兆到桌面，无线网络全覆盖；打造无边界课堂，使用云桌面、一体机、手机同时学习，形成无处不在的信息化学习环境；创造学习空间，每位教师有40G的"工程云"，随时存取资料，让教学更方便；推行知识碎片化学习，将教学重难点、实训制作成微课，学生通过二维码可随时随处学习；全面实行一体机教学，教师在云端存取资料教学、学生用手机与教师互动；建立电子班牌，综合考勤、请假、考核、信息发布等多项功能，让班级管理更高效。

2018年，学校在前期数字化校园建设基础上，以建设数字实验校为契机，启动智慧校园2.0系统的项目建设。主要是打通校园数据孤岛，形成大数据中心，为各应用系统服务。

（1）通过三年建设将学校建成的"三通两平台"提升为"三全两高一大"。以"互联网+教育"大平台为主要建设思路，实现技术与教育的融合创新，实现教学应用覆盖全体教师、学习应用覆盖全体适龄学生、数字校园建设覆盖全校的"三全"，以提高教师信息化应用水平能力、普遍提高师生信息素养的"两高"，用3年时间构建一个智能、灵活、高效运转的适合本校的智慧化校园系统（见图1）。

（2）在已建成的高效稳定、实用性强的数字化校园软件基础平台，搭建校级信息化应用服务体系，建设完成7中心5门户智慧校园基础平台，实现了多级用户数据的互通互融，各应用系统之间的数据互联互通。

如今，学校依托7中心5门户基础平台打造最多跑一次服务体系，利用信息化技术开发智慧校园App、钉钉等终端程序，梳理和规范入学政策和办理流程，完善学生电子成长档案。推进"互联网+德育"评价模式建设，完善教务管理综合服务，实现教务智能化工作台，提升教务个性化数据服务，利用交互技术、平台应用、终端服务等实现教与学过程行为的"伴随式"数据收集，利用信息技术与教育教学深度融合，实现资源互通互融，也催生着职业教育的"课堂革命"。通过收集学校教学教育大数据，让学校在大数据时代让数据说话，让数据多跑路，让师生"零跑腿"，让教育教学服务更贴心，也实现学校治理能力的现代化。

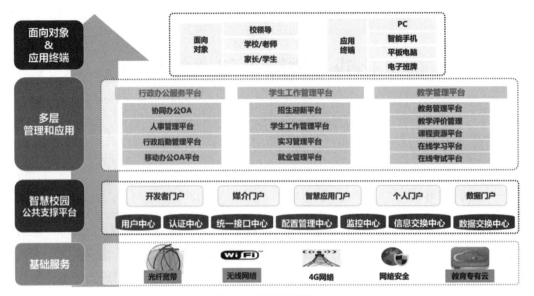

图 1　智慧校园架构

二、特色与创新

学校针对信息化 2.0 进行了整体的规划及布局（见图 2）。从学生到学校通过信息化、数字化不仅对教学有帮助，采用信息技术后在教学、管理上也有了新的特色。

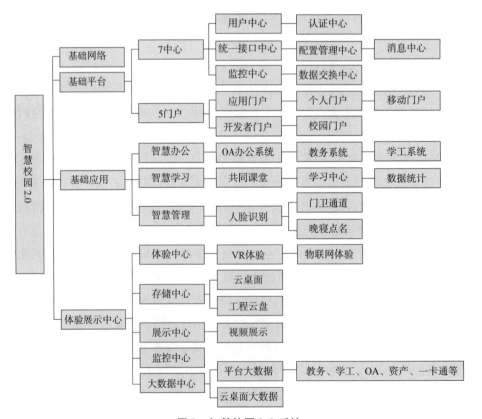

图 2　智慧校园 2.0 系统

（一）借助信息平台，实现"无边界"课堂教学

衢州市工程技术学校依托网络基础建设构建了智慧校园的基础环境。无论是学校教学还是管理依托万兆进校、千兆进班做到了校园网络全覆盖。在网络高速通道基础上学校开展了"无边界＆共同课堂应用"（见图3），打通了校园学习的边界，利用云桌面让教师在办公室办公，到教室直接打开一体机就可以登录进自己的电脑进行授课。学生上课学的知识，下课可以直接到云桌面进行实践操作。特别是直播课堂，可直接使用手持设备进行操作直播，可以不限人数、不限场地进行学习。

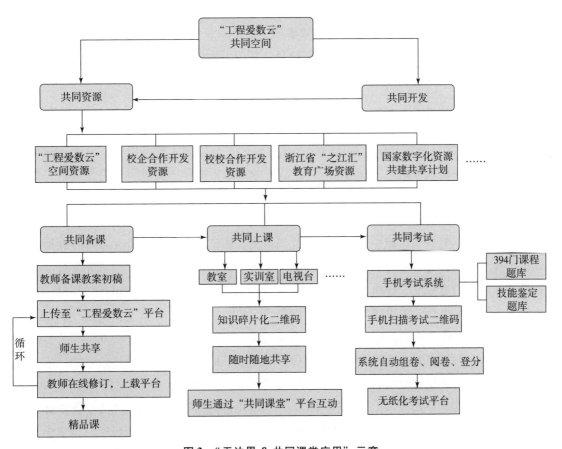

图3 "无边界＆共同课堂应用"示意

同时，学校利用新建工程云盘的共享功能做到一个科目、学科能让老师共同开发、共同备课，有共同资源、让学生能共同上课、共同考试，让优势能够互补，让学习能够更有效。

（二）信息技术支持下的教师培训和教师专业能力提升

衢州市工程技术学校以"推动教师主动适应信息化、人工智能等新技术变革，积极有

效开展教学"为指引,以推动教师更新理念、重塑角色、提升素养、增强能力为目标,以信息化教育教学改革发展引领教师信息技术应用能力,以及较多形式、分层次培养培训为途径,实现教师信息化应用能力和素养人人达标,建立了衢州市工程技术学校教师信息化应用能力和素养提升实施方案。同时,对全校的教师进行了信息化培训,打造了一批信息化"领军教师",发挥了示范引领帮带作用。

(三) 信息化引领学校组织变革、管理和服务优化

学校打破原来的管理壁垒,利用信息化、数字化手段,开发学校智慧校园 App,再结合钉钉等终端程序,打造最多跑一次服务体系。推行行政办公管理,做到行政管理工作"最多跑一次",大大提高了校园的行政效率。

学校开发多个系统及对系统进行数据整合,利用大数据可对全校教学、教务系统数据进行分析,根据数据情况对反应的问题进行处理和整改。

(四) 以"最多跑一次"体系优化校园管理,打造我校的校务创新

"最多跑一次"改革是在大数据时代,充分运用"互联网+政务服务"全面推进学校自身改革的一项重大举措。"互联网+"既是一种资源,也是一种工具,更是一种思维方式,增强"互联网+"服务意识,是深化推进"最多跑一次"改革的重要基础。

开拓网上服务,主动适应网上政务这一新环境,线下积极顺应教职工需求,发挥出最大的效能,开创服务与管理的新模式,依托门户网、微信公众号、手机 App 等互联网应用入口,在已建成的高效稳定、实用性强的数字化校园软件基础平台上进一步完善各平台流程模式和基础信息标准,搭建校级信息化应用服务体系,打造快捷智能的学情分析平台、透明高效的校务办公,推进建设 7 中心 5 门户智慧校园基础平台,实现多级用户数据互通互融、各应用系统之间的数据互联互通,形成教育管理、决策支持、评估评价等智慧教育管理服务体系,提高教育治理水平,构建师生电子成长档案和综合素质评价系统,推动教育精准管理,实现教育教学的转型升级。

通过"最多跑一次改革",完善"10 个一"事项任务清单,通过任务清单化管理和各种综合服务一体化流程,简化学校各处室和学部重点工作事项中的烦琐程序,为学生、教职工、学校等提供使用便捷化服务,全面提升教育管理信息化支撑综合服务、教学管理等工作能力。为学校的智慧办公、智慧学习、智慧管理实现一次提交申请、一键受理、一次办结。

协同办公"一流程"。开启工作流程模式,画出各项审批工作流程图(见图 4),通过一项工作、一张图表、一站式服务,迅速带老师走进审批环节,各部门工作更加规范化、标准化,提升学校各部门的协同办公能力。"流程化办事"成为校园行政工作的一段主旋律,"规范化审批"成为学校治理能力现代化的一道风景,"标准化管理"成为现代学校制度建设的一项新成果。

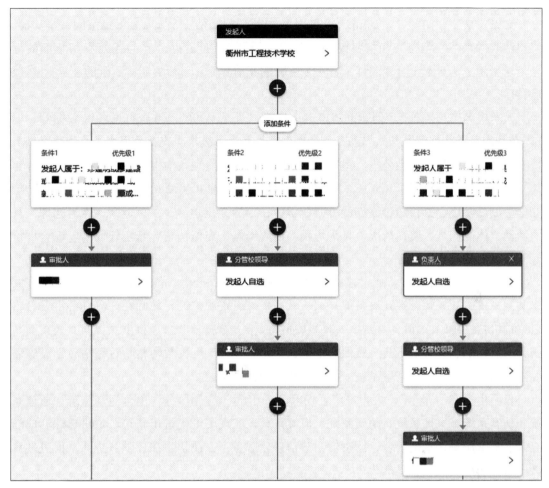

图 4　审批工作流程

综合服务"一站通"。将学校许可申请事项优化纳入多部门跨层级"一件事",实现将申请"一表单"、评审"一系统"、填表"一入口"、查询"一窗口"、手续"一键办"等 5 个高频事项作为第一批事项,达到填表"分分钟"、办理"日日清"的标准,实现了"流程可见、时限可控、结果可期、闭环可查、责任可溯"一网通办一站式服务,有效提高了办事效率和学校的执行力。

工作交办"一督办"。建立工作任务过程督办制,通过公文收发功能,下发班子会确定的某项工作信息,在某个时间内完成进行在线督办,通过文本回复、附件上传等流程实行过程督办跟踪,对未按时完成的部门及时予以通报,并将结果作为评优评先的依据,以提高处室、学部的执行力。

考勤出差"一键办"。学校无线网络全覆盖,实现多终端早晚考勤一键签到。如出差、请假、工作时间临时外出,教职工可通过终端在线事项申请,相关领导一键审核,实现考勤、请假零跑腿。后台可记录每个教职工全年的出差考勤记录,考勤数据作为年终考核依据。

文档共享"一空间"。全校教师一空间，通过部门文档、个人文档云盘空间共享功能，实现调取材料"零跑腿"和材料提交汇总"零跑腿"，打通办公室与各处室和学部的信息传送渠道，方便传达上级部门及学校领导的工作意图，推动学校工作的正常、高效运转。

入学报名"一网通"。创新审核机制，实现"阳光入学"，整合打通各级数据源，通过入学报名系统健全的定时、定点、定人、多人审、分级审、交叉审相结合等审核机制，切实保障新生入学的机会公平、程序公开、结果公正，实现入学报名一网通办。

家校互动"一档案"。推进"互联网+德育"评价模式建设，实行一人"一档案"记录学生成长轨迹。家长通过终端就可完成学生在校的文化学习、考试成绩、走班选课、社团活动、体能测试、奖罚情况、日常考勤、请假销假、充值消费、班主任评语、综合评价等学习生活轨迹查询服务。

线上教学"一认证"。通过建设云桌面、云一体机、云盘，创造了"云+互联网"共享共用模式，让教师云端开展备课授课、学习指导、资源建设，教师在任何办公室及教室云终端机扫二维码，即可完成统一身份认证进入个人专属云电脑进行上课，同时云桌面与工程云盘相结合，可进行云上资源共享，云上协调办公。解决教师教学过程中教学设施需要随身携带、数字资源共享不畅、教学场地局限性等问题。

校园生活"一张卡"。大力推广了校园"一卡通"应用服务，内含门禁系统、通道系统、访客系统、电控系统、消费系统、借阅系统，实现了学生进出轨迹、走班选课、成绩查询、食堂用餐、水电消费、图书借阅等信息化服务，方便学生在校学习生活，促进教育教学管理服务精细化、精准化。

安防巡查"一终端"。学校多维度确保校园安全、完善学生管理。安保人员利用数字监控网络、校园监控大屏幕、手持终端、AI摄像机对校园安全实现巡查立体化、零跑腿，实现随时随地全方位、全高清视频立体化管理和监控。

"最多跑一次"投入使用以来，学校完成以移动办公、后勤管理、移动学习、移动教务、招生管理、新生迎新、学生个人7个大类17个分类的建设。

"最多跑一次"使用以来，全校共完成最多跑一次事项8 000余件，办事时间由原来的以天为单位缩减为现在的以小时为单位来完成，提高了部门沟通办公效率。

三、成果与影响

三年来，学校被评为全国职业院校数字校园建设实验校、浙江省数字化资源基地学校，信息化管理案例入选教育部全国民族教育信息化应用与实践优秀案例（浙江省职教唯一），由中央民族出版社结集出版，并被推荐发表在《中国民族教育》，学校获浙江省民族团结进步模范集体荣誉称号，受到省委省政府表彰。近3年，27名教师在市级以上信息化教学（教学能力）大赛中获奖，其中5人次获国家一等奖。《中国教育报》《浙江教育报》《职业教育》等省级以上媒体均有报道。

在学校信息化建设过程中，已接待省内外兄弟学校200余次。中央电教馆副馆长丁立评价我校："共同课堂"全国有特色。衢州电教馆对我校的评价为："到衢州了解信息化建设到衢州市工程技术学校就够了。"

从衢州向全国辐射，在信息化建设过程中，衢州周边学校向衢州二中、衢州中专、开化职业中专等学校的数字校园建设多以我校为样板。西藏山南市第二中等职业学校在建设信息化校园过程中到我校进行了考察，新疆乌什学校专门邀请我校信息化副主任到校进行信息化建设研讨。

四、经验与启示

职业教育要借助信息化工具，同时中职教育需要研究学生和企业，以及新型行业企业和岗位的新需求。学校如何在学生的教育和企业需求中用好信息化这个手段，需要我们更长时间的探索和实践。

在实际应用中，学校各应用平台数据深度融合还不够，产生的数据还没有进行分析和校务管理上的改进，后期学校将通过建设大数据系统，完善数据的收集、分析、清洗和展示，让信息化能切入学校的管理痛点，根据大数据分析有针对性地进行处理。

信息化的应用还是需要教师的应用，对于学校科室的需求和教师的需求要有前期的调研，避免因信息技术的烦琐和人机交互不便而给教师带来不便。因此，在前期部门的需求调研要根据使用实践进行设计，教师应用也要随着新进教师及教师岗位调动等因素，跟进信息化应用素养操作培训，在日常工作中不断提升教师应用水平。

专家点评

衢州市工程技术学校在优良的数字校园环境基础上，积极打破技术壁垒，信息化助力校园管理"零跑腿"，网上服务师生，实施"10个一"的做法，提升了整体教育管理信息化水平。主要做法与成效如下：

一是简化管理和服务工作流程，主要事项形成了"10个一"清单。实现了协同办公"一流程"、综合服务"一站通"、工作交办"一督办"、考勤出差"一键办"、文档共享"一空间"、入学报名"一网通"、家校互动"一档案"、线上教学"一认证"、校园生活"一张卡"、安防巡查"一终端"，网上办结事项8 000余件，提升了学校信息化治理能力和管理服务效率。

二是利用教学与管理综合平台，加强教师培训、实践"无边界"课堂教学。该校积极推进信息技术条件下的教师培训，对教师提出"更新理念、重塑角色、提升素养、增强能力"的要求，制定了教师培训方案，积极打造信息化"领军教师"，发挥示范引领作用，实践"无边界"课堂教学，有力推进混合式教学改革。近3年，27名教师在市级以上信息化教学大赛中获奖。

  三是积极宣传工作经验，发挥了典型辐射作用。该校信息化教学、管理、服务的做法，被《中国教育报》等多家媒体报道，已接待200多所兄弟学校参观考察，发挥了辐射作用。

以数"治"赋能数"智" 构建福建船政交通大脑

福建船政交通职业学院

福建船政交通职业学院前身是创办于1866年的福建船政学堂,是中国近现代职业教育发轫地。学校是全国首批28所"国家示范性高等职业院校"、国家优质高职院校和"中国特色高水平高职学校和专业建设计划('双高'计划)"高水平学校建设单位,荣获第三届中国质量奖提名奖。2020年起学校扎实推进信息化工作赋能学校高质量发展,建设先进、灵活、安全、可靠、高效的智慧校园环境,实现了学校理念创新、管理机制创新和服务创新,提升综合治理水平的目标。

一、背景与现状

学校在"十三五"期间,实施了"数字化校园"的基本建设,解决了用户信息不一致、账号多而乱的问题,实现了统一身份认证,统一信息门户、网上办事大厅,整合移动端的办公OA、各系统间的单点登录,通过数据抽取建立了共享交换数据中心,实现业务系统之间有限数据流通;但建设仍是以业务信息化为核心的,仅解决各类管理业务从手工到信息化的处理,对于过程管理较弱、数据的覆盖面较窄,普遍存在"重流程、轻数据、缺标准"的倾向。随着学校对数据的要求越来越高,现有管理系统无法满足数据分析与管理决策的要求。基于此,学校提出信息化建设从"数字化校园"阶段迈进"智慧校园"阶段,"以业务管理为中心转向以数据为中心""以管理为目标转向以服务为目标"。

二、特色与创新

以"福建船政交通学院数据中心"建设为引擎,以"用数据说话、用数据决策、用数据管理、用数据创新"为导向,通过数据治理将数据加工成能解释、能预测的数据,构建整个智慧校园,通过技术手段和数据治理使人、物、地、事、业等要素在物理空间、数字空间、业务空间深度智能融合;为师生打造一个"处处能学、时时可学"的泛在智慧学习环境;构建一个校园PC与移动端统一的综合化服务门户,为师生提供一站式便捷服务;构建基于大数据分析的决策支持系统,提高学校管理决策水平;构建一个融合网络、智慧管理、智慧教学、智慧服务于一体的智慧校园,使学校信息化达到国内同类院校先进水平。

（一）打造云原生技术底座

构建可弹性扩容的云原生平台，防止崩溃、防止拥堵，确保业务系统稳定，并支撑学校的微服务体系建设，通过业务系统微服务化改造，把单体应用转型为微服务架构，从而更好地支撑业务运行，帮助学校在进行应用转型的同时，实现敏捷交付和自动化管理。

（二）打造全量数据底座

围绕学校业务系统建成全校级别的全域数据中心，对学校人事、教务、学工、科研、财务、资产、一卡通等信息系统生产的数据进行全量采集、清洗整合、主题分类、分层管理，为跨部门智慧类应用、流程及服务类应用提供数据支撑。

（三）导入全生命周期管理

实现全域的数据中心，根据学校的发展目标，梳理当前所有的业务数据，分析数据血缘关系，确定哪些是核心主题、哪些是辅助主题，构建数据主题的拓扑结构关系，勾勒出主题数据生命周期线条，实现业务数据的统一管理、统一使用，并为上层提供数据分析的决策支持。

1. 学生生命周期管理

以学生生命周期为主线，提供学生从招生、入学、在校期间、毕业到校友的全流程管理，帮助学生对自身学习、个性、生活等方面进行全面、多维的认知，为学校对学生进行个性化与精准化的教育管理与引导提供重要依据，如图1所示。

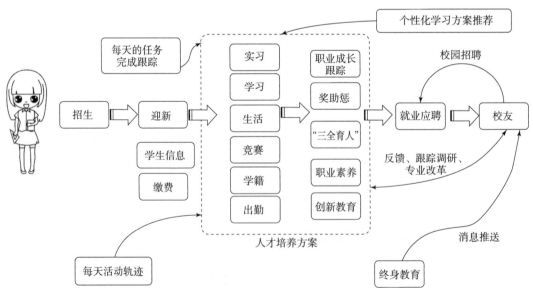

图1　学生数据生命周期

2. 教师生命周期管理

通过教师生命周期管理，更加精准地描绘教师发展轨迹。教师可以随时查看到个人的实时信息，在正确了解自己的前提下，更好地进行职业发展。同时学校也能有效分析影响教师发展的各个因素，从而更好地促进教师个性化发展、优化师资结构，如图 2 所示。

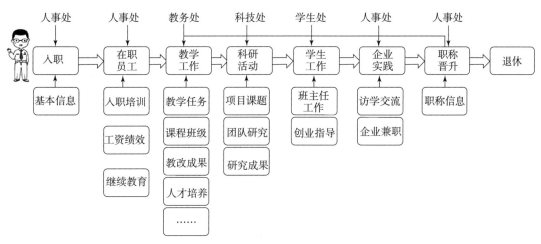

图 2　教职工数据生命周期

3. 财务业务间流动应用

通过学校数据中心的建设，实现与财务有关的业务间资金的流动，便捷地服务于各项业务。当老师需要进行费用报销业务时，通过教师主题数据与财务主题数据即可将业务系统间的数据与业务进行打通，快速实现学校各部门间数据互联互通、信息共享、业务协同的目标，如图 3 所示。

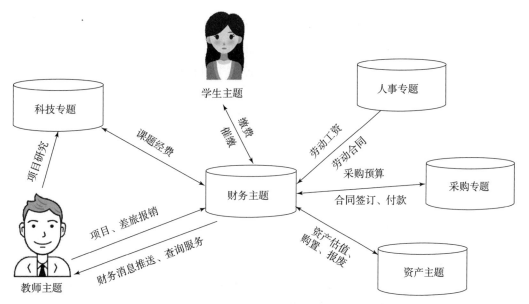

图 3　财务主题与其他主题关系

4. 资产生命周期管理

实现校内资产数据打通，更好地管理资产的生命周期。各部门拥有的资产，其生命周期记录包括采购、入库、使用、流通、维修、折损、报废，无论是资产所处的哪个各阶段，均对其产生的数据进行记录，统一进入学校的数据中心，通过数据共享，可在全校实现资产信息透明化，对于闲置资产可实现最大限度利用，避免不必要的物资重复采购。

（四）建立微服务应用体系

通过统一的 App 服务接口，以微服务的理念，对现在的管理平台逐步实施碎片化的流程重构，融合消息中心，结合学校效能管理，形成新的服务应用，并为数据中心源源不断地提供高质量的数据，重构的业务主要有教学平台、数字资源中心、题库与考试中心、教务服务系统、学工一体化服务系统、人事管理、科研服务与管理、校企合作应用与后勤管理等。

（五）建设全生态课堂教学环境

依托"互联网+""云物大智"与 MR/AR/VR、学情分析等新技术，对学校教室进行技术提升和智慧赋能，为师生创设线上线下、虚实融合、智能化、感知化、个性化、一体化、泛在化、置身其中的全生态课堂教学环境，践行"课堂革命"，普及"资源库进课堂"，打通课前、课中、课后、虚拟实训学习过程中的人与人、人与资源、人与设备、设备与设备的学习行为和交互数据，运用大数据分析，为教学设计、教学改革、教学实践等教学研究提供科学的数据支持，持续改进质量，培养全面发展的未来型人才。

（六）构建决策指挥系统

通过数据治理完成校园各类应用、各子系统的数据融合，完成与数字平台的数据对接，以数据决策需求为推动，实现数据的沉淀和打通，进一步推进学校在行政管理、教学教研、学生成长等方面的大数据决策能力。以各种应用服务系统为载体，将教学、科研、管理和校园生活进行充分融合，打造校园工作、学习和生活的一体化智慧环境，形成学校和师生的精准"画像"，实现数字化和智能化融合，最终走向"数智化"，进而提高决策效率，推进学校各项事业高质量发展。

三、成果与影响

（一）建成智慧校园三维可视化平台——数字孪生

数字孪生平台通过三维建模对校园进行一比一的还原，辅助校领导和管理人员全面掌控校园运行态势，实现人、车、地、事、物统一管理，校园综合运营态势一屏掌握。系统整合了安防监控、消防管理、智慧教室等对象，建成校园管理中监控、预警、诊断、分析一体化的三维可视化平台。

（二）建成智慧校园三维可视化平台——校园漫游

通过航拍以及全景技术与虚拟现实（VR）技术相结合，实现校园线上720°旋转实景展示，场景720°无视觉死角进行虚拟漫游，全方位立体化展示校园环境和学校特色。

（三）建成智慧校园物联管控平台

将校园大门、教学楼、实训楼、报告厅、会议室、学生公寓相关设备通过现场总线、短距离无线、边缘计算方式接入物联网网络，实现出入安全管理、环境智能调节、能源管理等应用场景建设。

（四）建成智慧校园数据中台——数据溯源

对全校数据的分布状况、运行状况、数据与管理流程的关系进行盘点、梳理，确定了各项数据的权威来源，实现了"一数一源"。

（五）建成全生态课堂教学环境

通过建设，学校全面形成了以未来课堂、智慧教室、在线教学平台、教室"有线＋无线"专网为核心的全生态课堂教学环境。主要解决的问题及产生的效果如下：促进混合式教学、翻转课堂教学等教学模式的实施；促进过程性教学评价；实现课堂互动教学，使得知识、技能、素养的学习与培养由个人的、机械的记忆转变为互动的、体验的过程。

（六）建成智慧校园决策支持系统——领导驾驶舱

展示学校的校情，将教职员工的各个维度、学生的各个维度、科研的各个维度、资产的各个维度数据进行展示。对数据中心数据各主题进行全方位的分析，并将数据信息以直观的图表、图形展示出来，形成决策支持。

（七）建成福建船政交通职业学院移动门户

以各种应用微服务为载体，将教学、科研、管理和校园生活进行高度融合，充分"活化"系统与应用数据，从考虑师生的使用便捷，避免每个应用都单独安装一个App，学校从统一App畅享所有业务角度出发，将存在的App所应用的移动业务集中到统一App。

（八）建成智慧校园监控运维平台

对底层架构组件进行图形可视化运维管理，包含服务器管理、数据库节点及服务管理等功能。

四、经验与启示

福建船政交通职业学院"以数'治'赋能数'智',构建福建船政交通大脑"案例,汇集众智,探究并实践校园信息化治理与服务之道,为同类院校在新时代进一步发挥信息化新动能助力高质量发展提供了"福建船政交通"样板,相关经验可供借鉴和参考。

(一)加强顶层设计,协调全局发展

加强学校"智慧校园"建设顶层设计,按"整体规划、分步实施"的原则,在综合考虑学校信息化建设的现状与需求的基础上,从全局和整体的高度制定学校"智慧校园"建设方案与实施计划,全面考虑硬件环境建设、应用系统建设、管理规范建设和支持机制建设,协调推进学校"智慧校园"建设。

(二)基于服务导向,坚持数据驱动

以服务学校、师生和社会公众为目标,以提高学校的综合信息服务、信息化教学及管理能力、网上办事能力为目的,注重学校"智慧校园"建设中的数据整合、资源共享、流程优化、系统集成,为学校、师生、上级教育管理部门、社会提供高度集成和个性化的信息服务。

(三)完善基础设施,统一技术架构

在顶层设计的指导下,按"硬件集群、数据集中、应用集成"的建设思路,整合原有各类信息化硬件基础设施,构建统一的技术架构、构建统一的数据中心、制定统一的数据标准和编码规范、提供统一的系统资源及应用支撑环境、建设统一的信息安全保障体系与容灾备份体系。

(四)加强组织领导,完善运行机制

建立学校领导担任首席信息官(CIO)的制度,全面负责学校"智慧校园"建设工作。建立科学有效的信息化管理体制,形成分管领导负责、领导小组监督、数据中心规划与管理、各部门按分工积极配合的信息化工作机制。从顶层设计的角度在学校的整体层面上全面把握学校的信息化建设,加强信息化资源的优化配置和共享机制,推进信息化的项目管理,并强化项目监管。

"智慧校园"建设是一个长期的工作,学校将继续围绕"智慧校园"的建设目标,扎实推进学校信息化建设的总体进程,力争早日全面建成先进、灵活、安全、可靠、高效的智慧校园环境,实现学校理念创新、管理机制创新和服务创新,提升综合治理水平的目标,助力学校"双高"建设和高质量发展。

专家点评

　　该案例注重智慧校园顶层设计、系统规划、统筹协调推进建设。构建完成基于"大平台+微应用"和"物联网"的智慧校园总体架构，建成安全可信的混合云平台和内容丰富的数据中心，建成灵活规范和高效的应用服务体系，建成全生态课堂教学环境，学校教学、管理、校园生活等全方位数字化、智慧化、信息化环境基本形成，深度融合，广泛应用。学校"以数'治'赋能数'智'，构建形成福建船政交通大脑"新模式，助力提高学校管理决策水平。

　　该案例基于服务导向，坚持数据驱动，建设和应用思路清晰。以"福建船政交通学院数据中心"建设为引擎，以"用数据说话、用数据决策、用数据管理、用数据创新"为导向，通过数据治理将数据加工成能解释、能预测的数据，构建智慧校园。通过技术手段和数据治理使人、物、地、事、业等要素在物理空间、数字空间、业务空间深度智能融合，为师生打造一个"处处能学、时时可学"的泛在智慧学习环境。以服务学校、师生和社会公众为目标，以提高学校的综合信息服务、信息化教学及管理能力、网上办事能力为目的，进行数据整合、资源共享、流程优化、系统集成，构建一个PC与移动终端统一的综合化服务门户，为师生提供一站式便捷服务，构建形成集融合网络、智慧管理、智慧教学、智慧服务于一体的智慧校园。

为"五育"装上信息化"引擎"

湄洲湾职业技术学院

一、背景与现状

湄洲湾职业技术学院是教育部高职高专人才工作水平评估"优秀"院校、福建省示范性现代职业院校，获评全国"职业院校数字校园实验校"、全国教育网络系统示范单位、IT职业技术教育工程定点院校。

学院落实《职业院校数字校园建设规范》，制定实施具有学校特色的校本标准，以新校区建设为契机，按照"顶层设计、统一标准、数据共享、应用集成、硬件集群、一站式服务"的规划建设理念，"十三五"期间投入1.2亿信息化专项建设资金，初步建成了具有物联感知、资源充足、数据共享、服务便捷、决策科学、治理规范、安全稳定的服务型数字校园。2018年全国教育大会后，学院围绕"五育并举"全面发展培养要求，优化顶层设计，基于信息化推进教育教学模式、服务供给方式和学校治理体系改革，探索形成了"数字+德智体美劳"育人模式，促进信息技术和智能技术深度融入教育教学和管理服务全过程。

二、特色与创新

（一）超前规划，夯实数字校园建设基础

1. 网随人动，智慧物联网络基础完善

学院率先在高职院校内建成了集"SDN+VXLAN"、Wi-Fi6、5G、IPV6等技术的有线无线全覆盖的校园高速基础网络，实现设备和网络的性能、拓扑、事件、统计、配置、分权管理、分布和故障的管理，提高网络的可管理性和可维护性。同时通过"SDN"（软件定义网络，见图1），使得整张校园网络变得更加柔性智能，实现整个校园网范围内的"网随人动"的效果，并在AP上增加支持外接物联网模块，混合扩展ZigBee/RFID/BLE等全制式物联网协议，引入物联网技术实现智慧化的校园服务和管理，将物联网感应器嵌入和配备到行政办公、教室、实验室、图书馆、供水配电系统、食堂等各种物体中形成"物联网"，从而实现Wi-Fi和物联网融合部署，为"五育"的实施提供了坚实的网络基础。

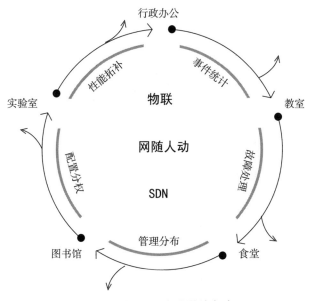

图 1　运用 SDN 实现网随人动

2. 联通校园，全链服务智能平台技术先进

学院致力于连通环境与技术，对校园环境、学习生活进行全链梳理，联通各大智能保障平台。一是搭建智能消防平台，通过火灾自动报警控制器远程监控子系统、消防监控子系统、电气火灾监控子系统等，提升校园应急防火能力；二是完善校园安防系统，依托 AR 立体防控、智能图像分析、车牌识别等和物联感知技术，串联人、车、事三类管控对象，打造智慧型平安校园；三是建设校园智慧能源平台，搭建楼宇自控系统、智能照明系统、能耗管理系统，对建筑电、冷、热、汽、水、可再生能源等进行监测计量、数据分析和能效决策，以构建全国范围内绿色智慧高校示范园区为目标，打造绿色校园、数字校园与生态校园。如图 2 所示。

3. 网络筑墙，智慧运维等安全可靠

落实计算机信息系统安全保护等级划分准则对三级系统的安全保护要求，建设数据中心出口防火墙、入侵防护系统、Web 应用防护系统等，基于安全策略模型和标记的强制访问控制以及增强系统的审计机制，实现系统统一安全策略管控，对涉及的学生个人信息采用基于阵列的双活数据复制，在保障数据的前提下确保安全。同时，将 AI 技术应用于网络运维系统，基于已有的运维数据（日志、监控信息、应用信息等），借助大数据和 AI 技术，通过机器学习和深度学习算法，从应用的视角来观察网络，主动感知网络和应用存在的问题，借助大数据技术实现海量运行数据的采集和存储计算。

（二）实时成像，构建"五育"并举评价模型

学院统筹建设一体化智能化教学、管理与服务平台，系统部署"五育"并举信息化管

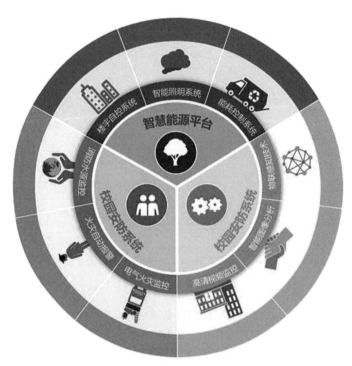

图 2　三大平台助力数字校园

理平台建设，校企联合开发了"三全育人"管理平台、智慧教育教学管理平台、内部质量保证体系诊断与改进平台，建成功能齐全、方便快捷的校园统一网上办事大厅，推动云端化、在线化、移动化、自助化、数据化、智能化。同时，打破原有部门内业务封闭的困境，建设校本数据中心、全量数据标准，推进现有系统按全量数据标准要求加强应用，整合校内安防、上网认证系统、OA系统、人脸识别考勤等系统至共享数据中心，实现数据融通，通过综合数据分析为管理改进和业务流程再造提供数据支持，实现决策科学化和管理规范化。基于系统化平台与数据集成，进行"五育并举"业务流程全链梳理，制定相关数据标准，形成数据、技术、应用标准体系，构建学生综合评价数据模型，实时数据采集，实时立体化生成学生"五育"评价画像，生成报告，服务决策，构建集计划、实施、监管、反馈于一体，从招生到就业全过程的闭环式信息化育人应用模式。

（三）互融互通，推动"数字+德智体美劳"实践育人

1. 数字+德育，搭建"三全育人"大平台

学院将"三全育人"工作贯穿于教育教学、管理服务的各个环节，组建百个导师团，构建"三横三纵"综合素养提升体系，推行"第二课堂成绩单"制度，构建思想政治素养、社会实践、志愿服务、科技学术与创新创业、文体活动、社团活动与社会工作六大平台，推动全员育人、全程育人、全方位育人。围绕德育工作需求，学院开发"三全育人"管理系统，整合门户网站、系部网站、部门网站、微博、微信公众号、家校微信群等平

台，开设德育宣传和互动平台，联通"智慧马院"、易班、志愿汇服务等，以学生喜闻乐见的方式，打造一体化"三全育人"大平台，对学生活动、学习、测评等进行全程数据跟踪，定期形成数据统计分析，服务德育工作走心走实。

2. 数字+智育，建设"课堂革命"大系统

充分利用互联网、大数据、人工智能技术构建网络学习空间，拓展教学时空，形成虚实融合的教学环境，支持多元互动的高效课堂，促进信息技术与课程的深度融合。建设综合性教学管理融合平台、综合教学管理主控中心，引进智慧职教、超星尔雅教学平台，开发"湄职软件学院云课堂"网络教学综合平台，实施分布式计算和存储服务器建设，解决教学平台使用过程中大并发量访问慢、支撑不稳定等问题。主持、参建国家专业教学资源库3个，构建"国家、省、学校、专业"四级网络课程资源体系，建设莆田市智能制造与服务型产业虚拟仿真实训基地、VR/AR职业教育实训基地，所有教室安装多媒体智慧教学系统，建设研讨式、分组式智慧教室和实验实训场所，解决信息化课堂教学的线上线下混合实施难题。投入1 600多万元建设多架构（VDI/VOI/IDV）融合桌面云，GPU虚拟化、超融合技术既满足学生日常实验、实训的要求，也适应于大型3D图形渲染及高清非线性编辑等图像、视频处理，学生远程通过账户登录就可使用高性能的硬件处理能力的云服务。

3. 数字+体育，打造"科学定制"智慧树

学院牢固树立"健康第一"教育理念，制订学生体育素质数字发展计划，通过信息化平台建立学生个人健康成长档案，引导学生根据个人兴趣爱好和数据分析报告，课内课外结合，科学、动态定制作息时间表、饮食注意事项表、体育锻炼规划表，形成学生个人运动树形图。引进"运动世界校园"运动智能系统，开展校园阳光体育健康跑活动，每学期女生跑步60公里、男生跑步100公里，作为必修课纳入体育成绩。该活动采用"互联网+运动"的创新理念，让中长跑锻炼得到量化考核。"计"入成绩，学生学期跑步总里程达到目标，即完成学期训练计划，拿到学分；"记"录成就，每日更新院系、个人排行榜，每月通报表扬，每两个月评出前90名进行表彰，3年综合跑步成绩前50名在毕业典礼上表彰；"即"时大数据，随时查看学生跑步时间、里程、配速、步频等。

4. 数字+美育，构建"随心体验"云环境

学院以"进课堂、进生活、进生态、进评价"为培养路径，形成课堂教学、课外活动、校园文化相融合的美育合力。整合资源，建设雕刻美育课程120门、音视频50 000多部，自建线上雕刻艺术馆1个，展品500多件。"民族文化传承与创新子库——传统雕刻技艺传承与创新"项目入选2017年度、2018年度教育部职业教育专业教学资源库备选库，1门美育课程获得全国美育改革创新案例三等奖，形成"云上美育"。学前教育系投入300万元建设100多间智慧琴房系统，从场馆预约、控制管理、环境监测等全面融入学院信息化平台，学生自助刷卡进入琴房使用，全程无人值守，真正实现"智慧"运行。学院图文信息中心，利用打造"红色音乐厅""朗诵亭"等项目，形成良好的美育氛围。线上体验、课程学习均可实现学习时长及成果的记录，并转换为美育积分。

5. 数字+劳动，形成"真学实做"新矩阵

实施"劳动教育活动、劳动实践教育、社会生产实践"三层递进劳动培养路径。第一阶段，利用融媒体宣传矩阵，主要开展劳动意识培育、劳动习惯养成等教育活动。第二阶段，结合不同专业开展劳动实践教育，在专业教育中融入劳动实践教育，建设产学研平台，由企业人员指导学生进行劳动项目实践，探索"智慧劳动""创造性劳动"等实践。其中《工匠精神融入工艺美术人才培养的实践》入选《全国职业院校劳动教育典型工作做法汇编》。第三阶段，深化"创新创业+劳动教育"实践，依托"互联网+"创新创业大赛，引导学生在劳动中培育进取创新精神；围绕端正就业观念、提升就业能力等，开展社会生产实践，培养具有奋斗精神、创新精神、工匠精神的技术技能型人才。

三、成果与影响

（一）数字校园建设初见成效

学院新校区坚持高标准、高起点、高质量推进信息化建设，构建了以物联网为引领的基础网络平台、以云技术为支撑的智能融合应用平台、以移动端为重点的智能服务平台、以大数据为依托的科学决策平台，校企协同打造满足"信息技术+教改"需求的网络教学平台和数字资源，促进信息技术与教育、教学、管理、服务全方位融合创新。入选第三批职业院校数字校园建设实验校；获评"福建省高校教育信息化工作先进单位"。主持国家专业教学资源库备选库1个，参与建设国家专业教学资源库2个；立项省级虚拟仿真实训基地1个、VR/AR职业教育实训基地1个。

（二）人才培养质量不断提升

依托信息化技术，创新"数字+德智体美劳"特色育人模式，开足开齐课程，融通一、二课堂，联合线上线下，从意识培养、实践感悟、习惯养成、素养提升等方面，培养德智体美劳全面发展的合格建设者和接班人。毕业生初次就业率均在90%以上，年底就业率98%以上，就业对口率75%以上。学生参加各类技能竞赛获国赛一等奖26项、二等奖40项、三等奖60项，省赛三等奖以上167项。志愿者年志愿服务时长22万多小时、年献血量超过16万毫升；学生年跑步量超40万公里；10多名学生获"践行社会主义核心价值观先进个人"等国家级、省级荣誉。学院获评全国无偿献血促进单位奖，入选第三批体育工作"一校一品"示范基地、福建省慈善教育示范基地、福建省红十字会示范基地等。

（三）师生信息素养明显增强

近几年，师生原创数十部微电影，其中《湄园告白》入围教育部教师工作司2018年新时代教师风采公益广告；拍摄的《文明花开·说唱莆田文明城》，被莆田市文明办推荐到莆田电视台播放,向广大市民倡导文明行为,服务莆田市创建全国文明城市活动。2021年,教师参加省教师教学能力大赛获得三金三银四铜,学生参加省"互联网+"创新创业大赛获得三金三银三铜,在省内同类院校名列前茅。2021年4月,由学院信息工程系与国家高新技术企业福州安博榕信息科技有限公司协同研发的"千千寻——灵活用工共享云平台"亮相第四届数字中国建设峰会。

(四)辐射示范作用日益突出

《中国教育报》以《为育人实践装上信息化"引擎"——湄洲湾职院依托数字平台,丰富育人内涵,提升育人成效》为题,对学院信息化建设服务育人实践经验做了系统介绍;"'数字+德智体美劳'教育模式——新标准下数字校园建设的思考和实践"案例在第四十届清华教育信息化高峰论坛上做典型交流,被评为优秀案例。先后在第十一届海峡论坛·海峡两岸职业教育论坛之两岸校长(专家)论坛、全省中华职教社系统业务工作骨干培训班、海峡两岸暨香港、澳门"有业者乐业"——职业教育立德树人、文化育人研讨会上分享工作经验。

四、经验与启示

信息化建设是一个投入大、建设难、周期长、涉及学院各部门全员的庞大系统工程,其关键在于应用,核心在于数据,机制创新和保障措施是基础。我校的主要经验如下:一是环境智能,网随人动。要以物联网的理论为基础,构建教学、科研、管理、校园生活为一体的一种新型智能化环境。二是数据集成,联通校园。要横向贯通、纵向联通,提供面向师生的综合信息服务,使得学校师生能快速、准确地获取校园中人、财、物和产、学、研业务过程的信息和服务。三是数据支撑,服务决策。要利用智能化的综合数据分析,为学校各种决策提供最基础的数据支撑,实现科学决策。四是共建共享,促进创新。要通过数字化校园中各个应用系统的紧密联结实现校园的资源共享、信息共享、信息传递和信息服务,从而进行教学机制和管理体制的创新,提高教学质量、科研水平和管理水平。

专家点评

> 该校是教育部高职高专人才工作水平评估"优秀"院校、福建省示范性现代职业院校,获评全国"职业院校数字校园实验校"、全国教育网络系统示范单位、IT职业技术教育工程定点院校。
>
> 特色:(1)该校信息化建设规划超前,数字校园建设基础完善,为"五育"的实施提供了坚实的网络基础。构建了一体化的智能化教学、管理与服务平台,校企联合开发了"三全育人"管理平台、智慧教育教学管理平台、内部质量保证体系诊断与改进平台。构建学生综合评价数据模型,形成了集计划、实施、监管、反馈于一体,从

招生到就业全过程的闭环式信息化育人应用模式。

（2）推动了"数字+德智体美劳"实践育人，通过"数字+德育"搭建"三全育人"大平台、"数字+智育"建设"课堂革命"大系统、"数字+体育"打造"科学定制"智慧树、"数字+美育"构建"随心体验"云环境、"数字+劳动"形成"真学实做"新矩阵。

效果：该校入选第三批职业院校数字校园建设实验校，建设了丰富的教学资源库、建立了虚拟仿真实训基地、VR/AR职业教育实训基地，人才培养质量不断提升，就业率高，师生信息素养明显增强，成果在《中国教育报》刊载，并在第四十届清华教育信息化高峰论坛等会议上做了交流，发挥了辐射示范作用。

厦门社区书院建设

厦门城市职业学院

一、背景与现状

（一）背景

2016年厦门城市职业学院（厦门开放大学）在厦门市委市政府领导下，与厦门市委文明办及各区政府共同成立厦门社区书院，在全国首创"总部—指导中心—基层书院"三级社区教育管理服务体系，逐步将社区书院建成基层社区治理、社区教育和学习型城市的基础性平台。

（二）目标

发挥学校高职教育、国家开放大学一体化办学的综合优势，建设与运营厦门社区书院总部，助力全民终身教育，探索新的社区治理和社区教育管理运行模式，有效汇聚社区教育资源，创建协同供给的社区教育服务新模式，把社区书院建设成为厦门市民共同学习成长的课堂、居民协商议事的平台、培育共同精神的载体、社区社会组织的孵化器，成为厦门市社会主义精神文明建设的重要阵地。

（三）现状

学校充分利用信息技术手段，搭建厦门社区书院信息平台，通过建设社区书院"中央厨房"，助力社区书院三级服务系统管理的实施，支撑社区书院管理服务中心、师资中心、资源中心三大中心的运作，有效整合利用国家开放大学、高职教学资源库等教学资源，最大化共建共享学习资源，创立了"市民点单、总部派单、基层配单、及时快递、营养好吃"的社区教育学习资源配送方式和线上线下有机融合的教学模式，有力推动了基层社区书院向全市城乡的全覆盖，成功破解了社区教育公共服务供给资源碎片化、单位部门化、实践低效化等问题。

通过厦门社区书院总部建设与实践，学校创新了协同供给的社区教育服务新模式，增强了主动服务社会的能力，提升和拓展了社区服务的内涵和外延。社区书院的成功运营也成为信息技术和管理、教学、应用融合的典型案例。

二、特色与创新

(一) 创立社区书院"中央厨房"资源配送服务模式

社区书院信息平台集社区书院门户网站、课程活动信息发布、书院建设成果展示、在线学习、互动交流、大数据统计等功能于一体，既是数字化全民终身学习网络平台，也是厦门社区书院"中央厨房"的物质载体，支撑了"市民点单、总部派单、基层配单、及时快递、营养好吃"的社区教育学习资源配送服务新模式，为社区居民提供线上线下学习、社交互动的综合性服务。通过信息平台，书院总部充分发挥"中央厨房"作用，协调汇聚各类优质社会资源，统筹全市优质社区教育课程和师资的建设，协调与调度各类服务资源的有效及时推送，为厦门市基层书院提供各类有效公共服务资源，破解社区教育公共服务供给资源碎片化难题。厦门社区书院总部资源配送服务模式如图1所示。

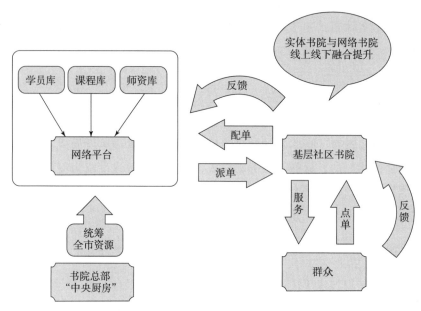

图1　厦门社区书院总部资源配送服务模式

(二) 创立社区教育资源整合和共享机制

发挥平台在线服务、师资培训管理、信息平台建设运营和课程开发实施的功能，推进社区教育资源整合机制建设，形成横向联合、纵向沟通、资源共享的社区教育资源利用格局，以协调、统筹的整合机制破解社区教育公共服务供给单位部门化难题，如图2所示。

厦门城市职业学院（厦门开放大学）作为书院总部的具体运行单位，充分利用国家开放大学的优质课程资源，并着力开发面向社区居民的家庭教育、老年教育系列课程。发挥书院总部的协调作用，进一步优化课程资源和师资团队的供给路径，大幅提升了社区教育

信息化治理与服务篇 | 359

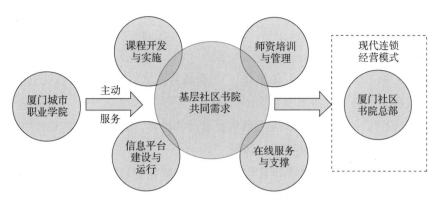

图 2　厦门社区书院总部统筹社区教育资源

公共服务能力。厦门社区书院体系的创建与运行深受社区居民欢迎，基层书院的数量不断增加，参与的社区居民人数逐年稳步增长。

（三）构建社区服务三级管理服务信息化体系

社区书院按社区书院总部、社区书院指导中心和村居社区书院三级管理服务的架构（见图3）进行设计。

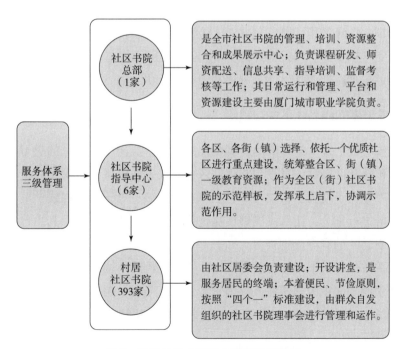

图 3　厦门社区书院三级管理服务体系

顶层为社区书院总部，由厦门城市职业学院具体负责书院信息化运行平台建设，保障总部运行所需的人财物，制定实施日常运行制度和基层社区书院的考核测评办法，汇聚优质资源建设课程中心和师资团队等,是厦门市社区书院的管理、培训、资源调配和成果展示中心,承担社区教育课程研发、师资配送、信息共享、指导培训、监督考核等工作。

中间层为社区书院指导中心,由各区、各街(镇)选择依托一个优质社区作为管理载体,其主要职责为:统筹整合区、街(镇)一级教育资源,作为全区(街)社区书院的示范样板,发挥承上启下、协调示范作用。

底层为村居社区书院,由社区居委会负责建设和指导,群众自发组织的社区书院由理事会进行管理和运作。其主要职责为:按照"四个一",即一个统一标识、一个固定场所、一套课程体系、一套运行模式的标准建设,在总部和指导中心的支撑下,具体组织开设各类课程和特色讲堂,服务社区居民的内在学习需要。

依托社区书院平台有效落实规范、系统的三级管理体系,成功破解社区教育公共服务供给实践低效化难题。

三、成果与影响

(一)建成厦门市社区书院信息化管理体系

通过五年的建设,全市建成"市社区书院总部+6家区级社区书院指导中心+393家基层社区书院"的厦门市社区书院体系。社区书院总部辐射全市基层社区书院,对基层书院开展日常培训、指导工作,制定《厦门社区书院建设等级管理办法(试行)》,开展基层书院等级评定考核工作,首批共评选了28家管理运行规范、发挥作用明显、群众参与率和满意度高的"典范"书院,发挥示范带动作用,开创社区书院建设发展新局面。

(二)建成丰富的线上线下学习资源

持续优化整合线上线下学习资源,满足社区居民多层次、多样化的学习需求。学校和超星集团合作依托社区书院信息平台共建社区书院线上教学系统,提供海量的优质在线学习视频、电子书和电子期刊。将学习平台上原有的视频、电子书等在线学习资源按受众人群、学科类别等进行细分,让市民能够便捷地找到需要的学习内容,其中包括针对老年人的电子报和针对幼儿的有声读物资源。

市区级机关单位、大中小学等教育机构、文化机构和不同界别、不同领域的民间文化组织和志愿者组织均向社区书院注入教师资源和课程资源。社区书院资源库现有8 669名线下教师,80多种类别37 384门涵盖思政教育、职业培训、生态文明、健身保健、文化艺术等方面的线下课程活动资源。

(三)延伸了社区教育内涵

聚焦不同对象、人群设立学习专题,如老年教育、家庭教育、青少年法治教育等,孵化并推广了一批如厦门市老年开放(互联网)大学、鹭岛青少年法治教育学院、产业工人在线教育等影响力强、各具特色的社区教育品牌。"老年教育专题"栏目整合80多类线下课程活动资源及800多个在线精品资源,"产业工人在线学习专题"栏目,提供了适合产业工人自主在线学习的视频学习资源99门1 979集800多学时,为我市产业工人提高技术技能和文化素养服务提供有力支持。

自运营厦门社区书院总部以来,学校将社区书院作为开展第二课堂等思政教育的新渠道,积极鼓励在校大学生深入全市开展志愿服务活动。2017年厦门市委宣传部为我校"厦门社区书院志愿服务团"授旗,截至2020年年底,在全市社区书院共开展120多次志愿服务活动,参与超过1 960人次,取得了良好的思政教育效果和社会反响。

(四) 市民认可,主流媒体广泛赞誉

5年来,参加社区书院学习活动的市民逐年增加,到社区书院学习成了厦门一道独特的风景线。社区书院累计开展各类学习活动超过13.9万次,累计参与人数达395万人次,培育孵化学习型组织将近1 000个。市民对社区书院总部满意度超过95%,提升了广大市民的幸福感和获得感。2017年厦门城市职业学院入选福建省教育厅"2017年省社区教育示范品牌培育项目"。2019年厦门社区书院总部被评为全国"终身学习品牌项目"。2015—2019年厦门社区书院建设情况如图4所示。

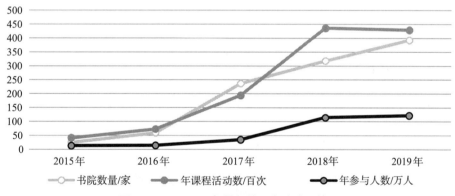

图4 2015—2019年厦门社区书院建设情况

厦门社区书院建设,受到了中宣部的肯定。各级各类媒体对厦门社区书院极为关注,2016—2021年各级主流媒体公开宣传报道百余次。如中国文明网报道《厦门打造"一院一品"社区书院 构架居民精神文化阵地》,《厦门日报》报道《探索现代社区书院新模式》,《海西晨报》报道《书院像家,居民共品书香》。

通过各大主流媒体的宣传报道,省内外多个单位来厦学习社区书院建设经验,仅社区书院总部就有近30个省区市地方党委和政府职能部门、市外单位、兄弟院校,专程前来参观学习、考察借鉴。

厦门社区书院已经成为厦门社区教育的一张特色名片和市民群众共同的精神家园。由厦门城市职业学院负责运营的社区书院总部,充分发挥"中央厨房"优势,整合汇聚了全

市师资资源、课程资源,有效地为全市基层书院提供社区教育服务,为厦门市学习型城市建设提供有力支撑。

四、经验与启示

(一)应用大数据等信息技术手段助力社区教育公共服务供给模式改革

社区书院信息平台建设为"总部—区级指导中心—基层书院"三级社区教育管理服务体系提供了信息化支撑,大数据等技术手段充分应用在信息共享、个性化服务等方面。在管理方面,通过平台链接了全市社区书院及相关管理机构,一方面基层社区书院可以及时了解全市范围内书院教学活动数据,掌握社区书院活动信息,增进基层书院间的交流和共享,另一方面书院总部可以通过实时数据及时指导基层社区书院的工作。在资源方面,充分发挥社区管理服务中心、师资中心和资源中心作用,整合市委宣传部、市直机关、党校、图书馆和文化教育等系统大量优质课程资源,推进社区教育资源整合机制建设,形成横向联合、纵向沟通、资源共享的社区教育资源利用格局,打破了以往社区教育众多公共部门各自为政、独立投送的局面。

(二)信息技术深度融合社区教育工作

社区书院总部积极建构全市范围的社区教育线上教学模式,积极探索继续教育学习成果积累、转化与认证,除了开展丰富多彩的线下教学活动,也很重视社区教育线上线下教育的有机融合,不断创新社区书院教学活动的内容和形式,吸引了越来越多老百姓自发地参与,从而进一步增强了社区书院平台的用户黏度,形成有效互动。

(三)活用平台载体,创新品牌孵化机制

针对社区教育日益涌现的个性化和多元化需求,厦门城市职业学院加强政校行企合作,打造了一批有社会影响力、特色鲜明的社区教育品牌项目,并以社区书院总部为平台推介给广大市民,创建"集学习教育、文体活动、群众议事于一体"的社区教育新模式(见图5),获得了广大市民的欢迎和赞誉。

(四)重视组织领导,经费保障有力

厦门社区书院及书院总部建设得到厦门市委、市政府的高度重视,市委、市政府领导对社区书院建设的方向、政策等做了明确的指示。我校与市委文明办签订了《战略合作协议》,市财政和学校配套专项资金用于项目建设和运营,我校领导高度重视,专门组建师生团队,负责书院总部日常运营。社区书院工作得到市政府充分肯定,为社区书院发展提供了强有力的组织保障。

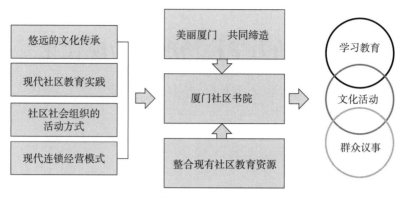

图 5　厦门社区书院"三位一体"示意

专家点评

在构建终身学习型社会大背景下,厦门城市职业学院与厦门市委文明办及各区政府共同成立厦门社区书院,在全国首创"总部—指导中心—村居社区书院"三级社区教育管理服务体系,有重要的实践价值。

特色:(1)该书院为社区居民提供线上线下、社交互动的综合性服务,支撑了"市民点单、总部派单、基层配单、及时快递、营养好吃"的社区教育学习资源配送服务新模式。

(2)创立了社区教育资源整合和共享机制,形成了横向联合、纵向沟通、资源共享的社区教育资源利用格局,提升了社区教育公共服务能力。

(3)构建了社区服务三级管理服务信息化体系,包括总部、指导中心、村居社区书院,成功破解了社区教育公共服务供给实践低效化难题。

效果:建成了厦门市社区书院体系、建设了丰富的线上线下学习资源、延伸了社区教育内涵、提升了广大市民的幸福感、提高了学校的社会影响力,在全国具有很好的推广价值。

信息化助力学校治理能力现代化

黄河水利职业技术学院

一、背景与概况

黄河水利职业技术学院是首批国家示范性高等职业院校、国家优质高等职业院校、中国特色高水平高职学校 A 档（全国前十）建设单位。学校拥有国家级专业教学资源库 2 个、国家级精品资源共享课程 13 门、国家级精品在线开放课程 4 门、省级精品在线开放课程 16 门，是河南省国家级精品在线开放课程和精品资源共享课程最多的高校。

目前，学校出口带宽 11.7 Gb/s、虚拟机系统 2 套、高性能光存储 150 TB、云盘 300 TB，有线、无线网全面覆盖行政、教学区域；统一身份认证、统一数据标准和共享数据中心，体制机制保障体系逐步健全，拥有数据三千万余条。

黄河水利职业技术学院相继通过国家示范性高等职业院校、优质专科高等职业院校、职业院校数字校园示范校、职业院校数字校园建设实验校、教学诊断与改进试点院校、中国特色高水平高职业学校和专业申报中探索如何利用现代信息技术推动深化高等教育综合改革，健全了高校内部治理体系。

二、特色与创新

学校积极从完善治理体系、提升治理能力两个方面同时起步，齐头并进。从自身的体制机制上下手，革新、塑造新型的职业院校管理服务体系、制度体系、评价监督体系，利用信息化手段将体系运转有机融通。大刀阔斧优化干部队伍，从思想意识上灌输现代治理理念，通过教学诊断与改进工作过程中，针对学校、专业、课程、教师、学生 5 个层面分别建立治理管理体系。校党委从提升学校教学、管理全方位现代治理能力方面出发，以党委文件形式发布《"互联网＋"生态下基于"大数据"的现代治理能力提升计划实施方案》（黄院党〔2018〕24 号），建立用数据说话、靠数据决策的机制，建立基于 OKR 的高校目标管理智慧校园信息化平台，将信息化与高校治理理念相结合，实现年度目标任务年底清零，并进行绩效考核；利用信息化平台将事件处理按重要性、时间限定、过程记录、结果反馈等事情的处理过程有机串联起来，根据时间要求在可控范围内及时处理，将信息化手段应用到学校治理过程中；并逐步形成了"以制度管制度、以系统管系统、以数据管数据"符合学校特色的发展新路径。

(一) 以制度管制度，让制度规范执行

黄河水利职业技术学院不断完善制度建设，构建以学校章程为统领的管理制度体系，从组织机构、制度保障、流程再造、规范标准、可视化分析等方面构成完整的学校数据治理体系框架，推动学校建立健全以章程为统领、规范统一的制度体系，坚持动态调整和相对稳定相结合，不断完善制度进化体系，及时对现行规章制度特别是办学治校的重大关键制度进行审视和评估，保持制度的先进性和适应性。各种办事程序和规则进一步健全，学校决策更加民主、法治、科学，管理与决策执行更加规范、廉洁、高效，有效保障了学校各项事业的科学发展。推进学校治理现代化，建立健全教育依法行政机制，深化教育领域"放管服"改革。加强现代职业学校的制度建设是推动职业学校治理体系和治理能力现代化的重要举措，已经成为所有工作的初始基本保障。建立现代化的高校制度是实现依法治校和推进高校治理现代化的必然要求。

(二) 以系统管系统，让系统高效运行

黄河水利职业技术学院强化市场化办学理念，不断完善社会参与机制，建设学校自主管理、自我约束，社会共同参与、多方协商、民主监督的现代学校制度，实现治理主体的多元化构成；不断探索深化二级学院混合所有制改革，下移管理重心，下放人、财、物的管理权限，突出院（部）办学主体地位，形成了学校负责宏观管理调控，院（部）负责质量主体责任，自主办学、自我发展、自我约束的校院（部）两级管理体系，充分调动了院（部）工作主动性，发挥院（部）在教学、科研、技术服务、人才培养方面的主体作用，拓宽广大师生和社会组织参与教育治理的渠道；实行信息公开制度，实现平等合作、沟通协商，体现治理方式的民主化，实现自上而下的统一和自下而上参与的信息化管理体系；打造了以目标管理为核心的内部质量保障信息化治理体系，形成了符合高质量发展的具有黄河水利职业技术学院特色的现代化治理体系，有效提升了高校治理体系和治理能力的现代化水平。

(三) 以数据管数据，让数据支撑决策

黄河水利职业技术学院开展信息系统的数据标准化建设，加强对数据标准规范化的研究，提高数据的真实性、合规性、合理性、精确性，根据标准规范统一、数据源头唯一，进而实现互联互通、"一数一源"和伴随式数据采集，形成学校唯一的数据共享中心；以大数据挖掘分析为基础，提供实时、全景式的数据分析挖掘和展现渠道，及时发现管理与教学活动中的问题和规律，建设校情分析与决策支撑平台，提高学校治理与信息化的有机融合，为学校决策、管理和服务提供数据支撑，提升学校现代治理能力；建立"用数据说话，靠数据决策"的常态机制，树立科学治理的原则，用科学精神武装头脑，遵循高校教育的发展规律，利用科学技术和方法来处理高校体制机制等深层次的问题，促进教育更公

平和更高效，实现公共利益最大化，有效地推进了学校管理方式变革、提升了管理效能和水平。

（四）目标管理信息化平台体系

实施基于 OKR 的高校目标管理信息化平台建设是学校加强内部管理、完善责任制度的一项重要举措。黄河水利职业技术学院基于 OKR 的目标管理信息化平台体系，将 OKR 理念与高校治理理念相结合，根据每年学校发展规划由发展规划处通过协商完成各个部门年度目标任务的分配和考核周期，制定二级部门的目标责任书，要求二级部门年度目标任务年底清零，并根据年度目标完成情况进行绩效考核；部门负责人依据目标责任书及部门规划的目标、制度、岗位职责按照目标分类，协商落实到各部门形成任务计划并建立部门台账，部门能够细化任务到执行人，能够建立个人台账，个人根据任务执行情况填写工作记录。通过任务执行情况，系统自动汇总部门月度任务执行情况一页纸报表、二级单位月度目标落实情况一页纸报表，支撑二级单位汇报月度工作任务落实情况依据和下个月重点工作任务计划。

将目标管理作为 8 字螺旋 13 个节点的信息化驱动引擎，结合学校制度管理和岗位职责管理系统，驱动学校目标、专项目标、部门目标、个人（教师和学生）目标信息化、流程化、数据化、轨迹化，并对目标进行监控、调整、改进，逐步建立目标链和标准链，为不同类型人员（部门负责人、管理人员、专业负责人、课程负责人、专职教师等）进行任务分解和自动分配任务，双肩挑人员按照人员身份分类进行目标和任务的分配和认领，让学校所有人员都有明确的目标，能够制订个人工作（学习）计划，安排自己干什么、怎么干，使得工作（学习）效率和目标更集中、更高效，实现自上而下的统一和自下而上参与的信息化管理体系。

三、成果及影响

2020 年 11 月，学校获得"2020 中国职业院校智慧校园 50 强"殊荣；2020 年 12 月，学校成为河南省唯一入选"职业院校数字校园建设样板校"的院校；2021 年 5 月，学校与联想国际教育与产业人才研究院共建智慧教育协同创新中心；2018 年至今，学校荣获河南省信息化应用成果奖 20 余项。2021 年 1 月，学校获得由中国智慧教育联合会颁发的 2021 年智慧高校综合服务平台突破奖；2021 年荣获河南教育科研计算机网 IPv6 规模部署工作先进单位，并连年荣获全省教育系统网络安全和信息化工作先进集体。

（一）河南省高等职业教育大数据研究中心落户我校

2021 年 6 月，经河南省教育厅批复，同意我校牵头建设河南省高等职业教育大数据研究中心，依托学校已建成的内部质量保证体系大数据决策与服务信息化平台，与电子科技大学、南京云智控产业技术研究院等高校及科研院所战略合作组建数据研究团队，深入推进河南省高职院校内部质量保证体系及状态数据采集平台大数据决策与服务应用，为河南省高职教育决策提供技术支撑和智力保障。

（二）学校入选国家智能社会治理特色实验基地

2021年9月，我校成功入选国家智能社会治理特色实验基地，同时入选的高校有清华大学、北京大学、浙江大学、复旦大学等知名高校，我校是河南省唯一入选的高校，也是全国唯一入选的高职院校。

该实验基地由中央网信办、国家发展和改革委员会、教育部、民政部、生态环境部、国家卫生健康委员会、国家市场监督管理总局、国家体育总局八个部门组织，超前探索智能社会的运行模式、法律法规、标准规范、政策体系、体制机制等，打造一批智能社会治理的示范和样板，助力国家治理体系和治理能力现代化建设。

学校成功入选国家智能社会治理特色实验基地，充分证明了学校在体制机制建设、目标管理建设、综合服务建设、数据治理等诸多方面依托信息化手段提升现代化治理能力的特色优势。

（三）自研信息化产品亮相全国职业教育改革创新发展成就展

2021年5月20—22日，2021年全国职业教育改革创新发展成就展在济南举行，我校4个成果成功入选并参加展示，经过前期省内职业教育改革展示项目遴选，我校自主研发的目标管理信息化平台产品作为参展项目之一展出于河南展馆核心位置。

本次展览，我校职业教育改革创新成果得到了教育部、水利部、河南省教育厅领导的高度肯定。同时，参展项目吸引了众多领导专家、师生、企业代表、当地群众等驻足交流互动。其中山东轻工职业学院、济宁职业技术学等单位对我校目标管理信息化平台项目表达了技术合作意向。

四、经验与启示

黄河水利职业技术学院经过河南省教育信息化试点单位项目、职业院校数字校园建设实验校项目、"双高"计划提升信息化水平等建设阶段，逐渐健全了运用互联网、大数据、人工智能等技术手段进行行政管理的制度规范。以信息化的力量创新教育治理新模式，主动打破数据孤岛，整合管理资源，理顺管理服务流程，全面提升教育信息化支撑教育决策、管理、服务的能力。实现优质教育资源共建共享，促进信息技术与教育教学深度融合。

黄河水利职业技术学院依托研发创新服务团队，自主开发内部质量保障信息化体系，为安全智能治理、校园管理和服务、智能学习空间、智慧一体化场景提供应用平台，不断促进信息技术和智能技术深度融入提升高校治理体系和治理能力的全过程，将学校各项工作与信息化平台相结合，不断完善业务系统功能，优化管理、提升绩效，构建网络化、全覆盖、具有较强预警功能和激励作用的内部质量保障体系，全员参与、全过程管理、全方位质量控制，不断提升学校治理水平。

专家点评

　　黄河水利职业技术学院是首批国家示范性高等职业院校、国家优质高等职业院校、中国特色高水平高职学校A档建设单位。该校信息化建设与应用工作思路清晰、重点突出、特色鲜明、成效明显。主要做法与成效如下：

　　一是重视资源建设，突出教学引领。学校拥有国家级专业教学资源库2个、国家级精品资源共享课程13门、国家级精品在线课程4门、省级精品在线开放课程16门。

　　二是重视制度建设，完善办学机制。该校构建了以学校章程为核心的管理制度体系，在领导机构、建设标准、过程管理、工作保障等方面制定制度，使教育信息化服务于科学决策、高效管理并积极探索了二级单位混合所有制改革，初步形成了自主管理、多方协商、社会参与、民主监督的办学机制。

　　三是重视数据治理，提高治校水平。学校按照真实、合规、合理、精确的要求，实现教育数据"一数一源"、伴随式采集，各个管理系统互联互通、数据共享。利用基于OKR高校目标管理信息化平台，大大提升了学校治理能力。2021年6月，获河南省教育厅批准牵头建设河南省高等职业教育大数据研究中心；2021年9月，被中央网信办等八部门确定为"国家智能社会治理特色实验基地"。

技术与组织双驱动，助推智慧校园建设

顺德职业技术学院

一、背景与现状

顺德职业技术学院成立于1999年，坐落于粤港澳大湾区腹地、制造业重镇佛山顺德，是顺德区政府投资举办的唯一一所高等职业技术院校。学校2005年以"优秀"成绩通过了教育部高职高专人才培养工作水平评估；2008年被教育部、财政部确定为国家重点培育高等职业院校立项建设单位；2010年被教育部、财政部确定为"国家示范性高等职业院校建设计划"骨干高职院校第一批立项建设单位，以"优秀"成绩通过验收；学校历来高度重视信息化建设，2015年获得"首批职业院校数字校园建设实验校"立项，并顺利通过验收。

2013年学校开始布局建设智慧校园，聘请IBM公司驻校调查半年，完成系统性整体规划，规划具有前瞻性，是国内高职院校率先对智慧校园进行高水平系统规划的院校。

现已建成学生全生命周期ERP项目，实现了学校架构、培养方案、学籍、排选课、学生财务、成绩、授课、排考、教材、师生自助服务等涉及学生全生命周期关键管理流程再造，推动了教育治理模式重构。系统借鉴国际化管理模式，同时支持学年学分制及完全学分制两种培养形式，可以通过模块配置实现按学年、学分、课程、专业及项目等个性化方式收费；通过学分转换、课程替代、同等课程等功能模块，具有灵活的学分认定与学分转换功能，是学分制改革、"1+X"证书试点的有力技术支持。

学校大力开展信息化教学改革，推行线上线下混合教学，实现交互式移动学习，推动了"以学习者为中心"的教育教学模式重构。构建在线实训云服务，通过虚拟化技术整合物理资源，帮助师生简化开发部署活动，为教学实验、多媒体教学等教学活动提供支撑，推动了教师发展模式的重构，有效提升了教师教学能力水平。2018年以来学校教师参加全国职业院校教师教学能力比赛，获奖数量国内领先。

2019年，学校入选"双高计划"高水平学校建设单位B档立项单位，在新的历史时期，为把学校建设为引领改革，支撑发展中国特色、世界水平的高职院校，必须以技术为支撑，不断提高信息化水平，推动学校新型内部治理体系和现代化治理能力建设，提升学校"互联网+"型办学治校能力与水平；建设智慧课堂，为学生提供泛在移动学习条件。以学习者为中心，让社会学习者享受同等丰富的教育教学服务。

二、特色与创新

"十三五"期间,校园信息化建设"对接国际、前瞻布局",在系统性整体规划、再造式管理系统、学分制管理系统、信息化教学改革等方面均居于国内领先水平。为继续深化建设成果,聚焦"现实物理校园"和"网上虚拟校园"深度融合,学校进行了一系列组织机构调整,从组织、人员上保障智慧校园建设向纵深发展。

(一)组织型智慧校园建设

2020年6月,经学校研究,决定对智慧校园建设领导小组架构与成员进行调整,以加快向组织型智慧校园转变,促进各项智慧化应用与服务回归业务本质,成立党的建设、人才培养、数据资源、管理服务4个板块,具体统筹板块内业务与服务的智慧化建设,并与领导小组办公室共商业务需求、共建标准规范、共审招标合同、共评项目验收,实现业务与技术的双轮驱动。组织型智慧校园架构如图1所示。

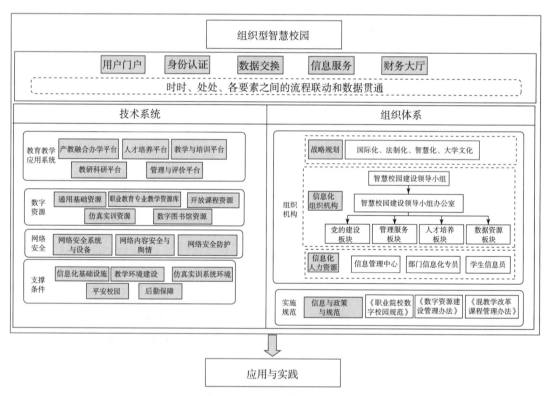

图1 组织型智慧校园架构

1. 学校智慧校园建设领导小组

学校智慧校园建设领导小组负责全校智慧校园建设工作的统筹领导、发展规划和重大事项决策。领导小组由校长担任组长;分管信息化工作的副校长任常务副组长;成员由四大板块牵头单位负责人和信息管理中心负责人组成。领导小组按需召开会议听取领导小组办公室、各大类板块或各专项组项目进展情况，研究解决项目中存在的问题，加强跟踪督查督办，考评表彰优秀单位。

2. 学校智慧校园建设领导小组办公室

领导小组下设办公室：领导小组办公室主任单位为信息管理中心，主要负责全校智慧校园建设工作的组织、协调，负责网络安全体系和信息化建设、管理及服务，为校内各单位提供技术支持。领导小组办公室按照规划方案，制定年度智慧校园建设工作要点，确定各板块责任分工。

3. 学校智慧校园建设领导小组四大板块

领导小组下设党的建设、人才培养、数据资源、管理服务四个板块。各大类板块牵头单位做好各板块和其内部各专项组的规划及要点落实。各大类板块牵头单位定期召开项目协调会议，确定项目建设内容，按照规划组织申报智慧校园建设项目。各专项组成员单位为固定成员，负责本组工作，并可根据实际情况要求其他单位加入并参与本专项组。各大类板块牵头单位及专项组成员单位定期向领导小组办公室汇报规划推进与项目执行进度。

现已成立党建工作专项组、一网通办专项组、人事人才专项组、财务资产专项组、后勤保卫专项组、教学专项组、学工专项组、创新学习空间组、大数据专项组、大资源专项组，打破业务的部门局限，协同推进各项建设任务。

（二）院校两级，师生共建的信息化队伍

为构建学校智慧校园建设专业人才队伍体系，除信息管理中心本身的信息化专职技术人员外，各个部门均设置了专兼结合的信息化专员，建立了校院两级的信息化人员体系。

制定《学校信息化建设专员管理办法》，定期开展培训与考核。信息化建设专员负责协助本部门做好信息化建设的具体实施工作，负责本单位与智慧校园领导小组办公室有关信息化事宜的联络工作；协助推进本部门信息化系统建设，协助业务软件试点、培训、应用和推广，帮助本部门人员提高业务软件应用能力；负责或协调本部门网站和数据系统（平台）维护管理，做好数据统计、数据共享，切实维护系统和数据安全；协助智慧校园领导小组办公室技术人员解决一般性问题，收集报告疑难问题；负责本部门信息化需求的征集及可行性分析；等等。

在信息化部门指导下，建立学生信息化服务支持体系，如学生网络管理小组、学生教学信息员等，深入全体学生中，协助教师开展信息化教学与服务。

（三）体系化的实施规范和政策措施

学校先后出台《智慧校园战略规划》《顺德职业技术学院中国特色高水平高职学校和专业建设计划项目管理办法》《顺德职业技术学院网络舆情应对处置管理办法（试行）》《顺德职业技术学院学生综合素质测评管理办法（试行）》《数字资源建设管理办法》《混

合教学改革课程管理办法》等政策规范，相关内容在编制《职业院校数字校园规范》国家标准过程中被参考、借鉴。

三、成果与影响

（一）校园信息基础设施建设任务扎实推进

基础设施维保与网络安全运维服务项目建设，促进学校逐步建立起更加完善的信息基础设施运营体系和网络安全服务体系。通过校园网络改造，建立一整套先进、完善的通信、网络布线系统，既满足学校各种场所当前的使用需要，又考虑到将来网络发展的需要，使网络系统达到配置灵活、易于管理、易于维护、易于扩充的目标。校园网出口带宽扩容，成功实现翻番目标。数据中心资源池扩容以满足数据中心日常业务增长的需求，为"智慧校园综合平台"提供强大的数据、安全、审计等服务。

（二）智慧学习支持环境步入全面建设阶段

智慧教室一期建设的21间教室已正式投入使用，这种互动研讨的教学形式和现代化教学手段促使信息技术切入整个教学过程，让课堂变得简单、高效、智能，有助于开发学生自主思考与学习的能力。支持教师基于"互联网+"的思维模式和信息技术手段，打造智能高效、富有智慧的课堂教学环境。学生信息素养基地建设稳步推进。

（三）智慧应用聚焦服务聚合与数据融通

财务信息化管理系统，对接学校企业微信，实现智能会计核算平台、智慧财务办公平台、移动智能报账，疫情防控期间，实行无接触式报账，做到"无带毒报销—无传播审批—无接触审核"，得到师生好评。财务报销与审批的无纸化流程，真正实现"数据多跑路、老师少跑路"。

学校根据疫情工作需求，自研开发"师生健康及行踪上报""校外人员来访预约""防疫宣传""云报到"等7个全新应用，实现了无纸化、零接触审核，提高了用户体验及工作效率。

学校积极探索区块链技术在职业教育的应用，加入职教区块链联席会联盟链，建设协同育人区块链节点，拓展区块链教育信用码、基金会管理区块链、电子证书、粤菜师傅协同育人区块链等应用。

（四）师生信息素养全面提升

立足学校实际，开展覆盖全员的信息素养培训，使广大师生理解并认同信息化建设的短期五年计划与长期发展纲要、业务驱动的信息化路径，切实提高实际业务效率，进而对应管理成果的提升，增强师生的实际获得感，突出协同整合的信息化成果。通过分层次分步骤的信息化能力培训，提高信息技术应用技能，提升信息化建设领域的价值认同、知识复合和知行合一的能力。

（五）引领带动，取得了显著的建设成效

2020年6月教育部正式颁布《职业院校数字校园规范》，学校作为起草单位中唯一的高职院校，参与了数字校园建设标准的制定。学校获评"职业院校数字校园样板校"，三个建设实践案例在国内应用推广。

学校多主体协同、多元化应用的"群建共享"数字资源建设与共享模式等两个案例入选教育部职成司的《职业教育信息化发展案例报告（2019）》，为职业院校的数字资源共建共享树立了样板，带动了兄弟院校的建设、共享与应用。

学校疫情期间的在线教学方案与实施效果入选教育部科技司《疫情防控期间职业教育领域在线教育专题研究》的案例集，经验成果为兄弟院校提升疫情期间的在线教学效果提供了借鉴。

学校从2015年到2019年，连续5年被评为国家开放大学"国家数字化资源学习中心优秀分中心"，获得资源建设共享基金87万余元。

学校响应习近平总书记"发展西部地区职业教育，促进教育公平"的号召，支持甘肃山丹培黎学校的信息化建设和教学改革，加强东西部文化交流和合作，促进优质资源跨区域辐射，示范作用显著。

四、经验与启示

高校的信息化建设是长期的、系统化的工程，必须以先进技术为支撑，但又不能仅仅局限于技术系统的建设。要想取得良好的效果，必须统筹考虑先进技术的合理利用、信息系统高度集成、打造智慧环境、转变教育方式、师生信息技术能力培养等方面。

信息化建设必须加强党建引领，确保正确的办学方向，在实施路径上，以服务师生发展为立足点，围绕技术系统和组织体系同时展开，重视彼此之间的相互适应和匹配，坚持从研究到应用的系统部署，切实提升师生获得感。

专家点评

> 该案例最大亮点是信息化建设始终坚持和加强组织赋能和党建引领，坚持落实"立德树人"根本任务，坚持把政治安全放在首位，以服务师生发展为立足点，围绕技术系统和组织体系同时展开，重视彼此之间的相互适应和匹配，坚持从研究到应用的系统部署，切实提升师生获得感。

该案例聚焦"现实物理校园"和"网上虚拟校园"深度融合，坚持信息化发展战略，强化顶层设计，做好系统性规划、再造学校组织管理系统，进行了一系列组织机构调整，从组织、人员上保障智慧校园建设向纵深发展。一是向组织型智慧校园转变，促进各项智慧化应用与服务回归业务本质，成立党的建设、人才培养、数据资源、管理服务四个板块，具体统筹板块内业务与服务的智慧化建设；二是加强智慧校园专业人才队伍体系建设，除信息管理中心信息化专职技术人员外，各个部门均设置了专兼结合的信息化专员，建立了校院两级的信息化人员体系，建立学生信息化服务支持体系，协助教师开展信息化教学与服务；三是完成管理信息化咨询，形成体系化的实施规范和政策措施，构建完成现代化治理体系。已建成学生全生命周期ERP项目，实现了学校架构、培养方案、学籍、排选课、学生财务、成绩、授课、排考、教材、师生自助服务等涉及学生全生命周期关键管理流程再造，推动了教育治理模式重构。系统借鉴国际化管理模式，同时支持学年学分制及完全学分制两种培养形式，具有灵活的学分认定与学分转换功能，为学分制改革、"1+X"证书试点提供了强有力技术支撑。

教育信息化战略下构建电力高职教学新生态

广西电力职业技术学院

一、背景与现状

随着国家加快构建清洁、高效、安全、可持续的现代能源电力体系和全球能源互联网的发展战略以及广西创建全国清洁能源示范区，打造全国"西电东送"骨干通道、"一带一路"能源资源合作通道，建设北部湾能源生产储运基地、桂东北新能源产业化基地、桂西桂中水电基地的"一区两通道三基地"能源发展新格局形成。传统的电力高职教学方式不能很好适应行业产业人才培养培训的需要，原有的电力高职教育教学的环境、手段、模式等难以适应我国能源电力行业产业技术进步和高素质技术技能人才培养培训规模规格以及终身学习、泛在学习的高要求。

新时代的教育信息化正在从 1.0 迈向 2.0，以教育信息化支撑和引领教育现代化，是实现教育跨越式发展的必然选择。随着人们对教育新的认识及未来学习方式的改变，在教与学层面，无论是学习理论的导向还是学习方式变革的需要，必定会促进新教育教学生态的重建。而信息技术赋能教育成为实现教育多样化、个性化最重要、最有效的手段，创新应用信息化技术改造教学环境、手段、模式是实现电力高职教育教学提质增效的有效载体。

为解决制约电力高职院校的学生学习方式不能适应能源互联网发展要求、信息化电力技术教学资源不能适应实际操作训练等矛盾，学校结合自身优势和特点，聚焦电力产业转型发展对人才培养的新需求，强化以德育为先、能力为重的人才培养理念，制定了"信息技术＋职教改革"的发展战略，将教育信息化技术作为电力职业教育教学改革的内生变量，支持学校实现跨越式、高质量发展。"十三五"以来，学校在教育信息化背景下积极构建电力高职教学新生态，不断变革学校现有教育形式和学习方式。

二、特色与创新

（一）多方合作构建友好便捷的数字化学习环境

按照"同步规划、一体建设、标准先行、数据融通"的思路，多方合作共建教学应用平台与数字校园环境。近 4 年来，投入建设资金 5 200 万元，与清华大学教育研究院共建综合教学平台，推动"人人、时时、处处"可学的优慕课综合教学平台高效运行，建成全院教师和学生全覆盖的在线教学环境；与中关村软件园、博努力（北京）仿真技术有限公司等企业共建"互联网+"电力仿真实训平台，涵盖变电、火电、水电各类仿真系统和各类可拆解的电力设备3D仿真模型；与中国移动通信集团广西有限公司南宁分公司、华为、新华三公司等企业在网络出口链路优化与安全、多校区高速互联、"5G+"覆盖等方面开展网络基础设施的建设，建成"万兆骨干化、有线/无线全覆盖、IPv4/v6相融合"的校园网基础设施。通过三大平台，收集学生学习数据，基于大数据分析，开展个性化、自主性教学，打破时空对学习的限制；基于数字校园和App，打造学生网上服务大厅，创建学生在校全生命周期管理体系，在服务中实现对学生的信息化渗透教育。推进了学校"教学应用全覆盖、学习应用全覆盖、数字校园建设全覆盖"的"三全"建设进程。

（二）用建同步开发电力特色的混合式教学课程和资源

按照学校教学生态建设方案，自2015年以来，学校以"试点先行、分步推进、示范引领、全面覆盖"，分阶段实施混合式教学改革，2015—2016年立项建设58门示范性混合式教学改革课程，自2017年起，学校进入混改教学推广阶段，至今，已开发混合式教学课程430门，其中，电力类课程占56%。在改革实践中，逐步完善混合式教学标准体系、创新混合式课程改革管理机制、探索数字资源建设策略，建设教师、学生、管理者人人参与的信息化教学生态。目前，混合式网络教学平台积累的各类教学资源数据量超过60T，优质的课程资源支撑了国家级电力系统自动化技术专业教学资源库的建设，我校作为联合主持单位，完成了3门专业标准课程建设，与16个资源库联盟单位一起进入全面推广应用阶段。2019年，学校电厂热能动力装置专业教学资源库获得自治区级立项，目前在建课程4门。建成了广西唯一获得中国电力企业联合会认证的"互联网+"电力仿真培训基地，拥有28套变电、火电、水电及各类电力设备仿真拆装软件，对接"企业校区"，开展"远程+直播+真实"混合的电力技能培训，将仿真实训室延伸到互联网通达的每个地方，消除时间与空间造成的电力类专业训练限制，为学校学生技能训练和企业员工专业提升提供便捷、高效的服务，极大地提高了专业实训设备的利用率和效益。

（三）创建"信息技术+"教学生态魔方结构

信息化教学生态是基于信息技术整合教学过程的人、活动、场景、资源、技术与数据所构建的高效率新型教学系统。"信息技术+"教学生态魔方是在多维视域下，将信息化教学生态系统的构成要素及分布以魔方形式呈现和组合，具有"多模块、多组合、多维度"的特点和"共创、共享、共荣"的功能，其结构如图1所示。

"信息技术+"教学生态魔方结构基于《迎接数字大学：纵论远程、混合与在线学习——翻译、解读与研究》专著的未来学习系统架构，在信息化教学生态建设的实践中逐

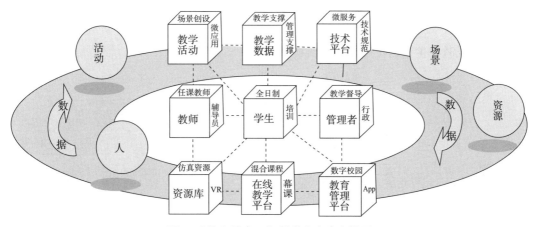

图 1　"信息技术 +" 教学生态魔方模型

步创设而成的。魔方结构的关键模块是人，构建的目标是满足教学中人的多样性需求，其核心是多维度的思考和数据决策的思维，让人在构建信息化教学环境中有更多的选择、更好的搭配和更创新的组合，在魔方结构中形成师生之间、生生之间、教师与学校之间、人与资源之间、校内校外之间的强连接，从而创造出更个性化、更切合学习者实际、更具时代性的教学新形态，让师生在这样的教学实践中有机会共创新资源、新数据、新形态，共享新成果、新智慧、新技术，促进师生"共生共长"。

教学生态魔方结构应用到具体的课程上，就是根据不同的教学目标、教学对象、教学内容等需求，按照"需求确认—教学设计—场景选择—资源组织—技术适配—教学实施—数据采集—评估反馈"，在魔方中选择合适的模块，基于信息化驱动将每个模块连接起来，形成一个优化组合的课程教学微生态，其结构如图 2 所示。

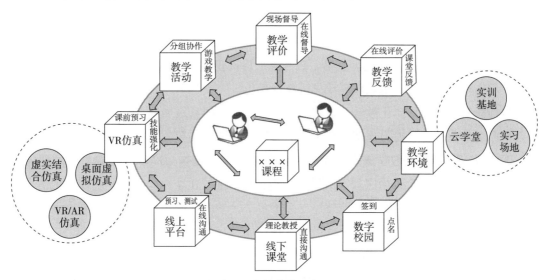

图 2　课程教学微生态示例

各种课程教学微生态更适合互联网下的碎片化学习，其运行产生的数据经过多维度、多层面分析，反馈至相关教学活动过程，由相关教学活动的主体作为诊断与改进教学质量的依据，形成教学生态的良性循环（见图3）。

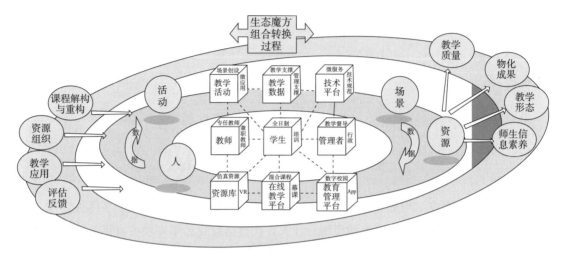

图3 信息化驱动教学生态魔方结构微应用

三、成果与影响

（一）校内应用

1. 师生共长共荣，成效显著

2015年至今，混合课程修课学生数超2.4万人，访问量达1 020万人次，课程平台平均日访问量达5 000人次以上，生均在线学习2.8小时/每天，2019年春季学期学生对混合式课程教学的平均满意率高出非混改课程3.8个百分点；学生参加省级以上技能竞赛获奖488项，是2015年前4年的1.8倍，近4年平均就业率95.6%，连续4年位居广西电网校园招聘录取人数第一，是广西高校先进就业单位。

教师获省级以上信息化教学大赛奖104个，其中，国家级奖9个，实现了广西高职院校在国家级信息化教学能力比赛一等奖零的突破。教师获奖数位居全区第二。

2019年学校申报的教学成果《教育信息化战略下构建电力高职教学新生态的研究与实践》获广西职业教育自治区教学成果一等奖，同年学校还获得全国职业院校学生信息化职业能力提升和认证项目院校；此外还支撑了多个教学团队或实训基地的成果申报，如学校电厂热能动力装置教学团队获得首批国家级职业教育教师创新团队。

2. 专业教学资源建设领跑广西高职

2018年，联合主持的电力系统自动化技术专业教学资源库是广西唯一获得国家级专业教学资源库建设的立项项目，目前项目已进入全面验收和推广应用阶段；2017年，电力系统自动化技术专业教学资源库获得自治区级立项，目前已完成全部建设任务，2022年年底将迎接项目验收；2019年电厂热能动力装置专业教学资源库建设项目获得自治区级立项；2021年顺利通过全国职业院校数字化校园示范校申报。

（二）区内外推广

（1）提升了社会服务能力。近四年，依托信息化电力技术综合服务平台，通过远程自主在线学习和线下应用检验等方式培训有关企业员工近20 000人。

（2）先后有保定电力职业技术学校、广西国际商务职业技术学校等30多所院校来校学习交流，郑州电力高等专科学校、广西机电职业技术学校等10余所区内外职业院校学习借鉴了该成果有关做法，取得明显成效，受到有关院校的肯定。

（3）多次受邀在全国、全区有关会议上发言。先后在全国电力教指委全体委员会议、清华教育信息化论坛、广西高职教改教研经验交流会等做相关经验介绍10多次，受到与会领导、专家、教师的好评。

（三）社会影响力

《广西日报》、广西电视台、光明网等多家主流媒体先后对该成果进行了86次报道；在《中国职业技术教育》《广西电业》上发表了成果建设的3个典型案例。其中，"全面打通数据流转，积极构建育人'两平台'"案例被评为教育部教育管理信息化应用优秀案例，"'互联网+迎新'助力广西电力职业技术学校信息化发展"被评为广西教育信息化典型示范案例。

四、经验与启示

（一）在加强信息化实践的同时要注重理论指导和总结凝练

参与实验校、示范校的申报过程，既是建设网络、软件的项目实践过程，又是需要相应理论指导和顶层设计的一个过程。在多年的信息化实践中，学校创建了师生"共生共长"的电力职教教学生态魔方结构，将信息技术赋能职业教育落实在"信息技术+"教学生态魔方结构的创建上，基于《迎接数字大学：纵论远程、混合与在线学习——翻译、解读与研究》等理论专著提出的未来学习系统理论架构，结合能源互联网时代下高素质电力技术技能人才培养特点，在多维视域下创建了适应师生"共生共长"需求的具有"多模块、多组合、多维度"特点和"共享、共创、共荣"功能的"三多三共"信息化教学生态魔方结构，让每个人都成为教学生态的参与者、实践者、推动者和创造者，通过师生共创实现共享共荣，达到"促智能校园建设，促教学质量提高，促优质资源建设，促教育教学创新，促办学竞争力提升"的"五促"效果。

（二）善于在实践过程中不断进行迭代创新

无论是小的信息化建设项目，还是大的混合教学平台建设、虚拟仿真基地建设，都不是一蹴而就的事，需要多年不断累积，在这一过程中，不要怕犯错，要敢于有想法有创新，比如学校创新了"三类四级五结合"混合式教学课程改革管理机制，涉及混改课程建设、教师成长、教学实施的改革管理机制，能够基于大数据分析指导"三类"混合式教学课程开展与师生适切的开发与应用，按照"四级"递进的成长路线引领教师在教学创新中实现自我发展，从"德智合、工学合、理实合、虚实合、双师合"五个维度引导课程团队改革课程教学，促进学生全面发展，持续优化师生共生共长的教学生态。

（三）建立促进师生应用信息化的激励机制

要探索建立促进教师应用信息化的激励机制，紧紧依靠广大教师，充分调动他们的积极性、主动性，使他们"会用、乐用、常用"；要建立健全资源开发利用的长效机制，更新优化原有教育教学平台和资源库，有效支持课堂教学和个性化学习的优质课程资源体系；在学校的"双高"和提质培优等自治区重大专项中，信息化建设都是其中一项重点专项任务，配套了相应的经费；在学校人事绩效改革中，各部门年度绩效尝试将信息化建设内容纳入部门绩效占比，对学校各职能部门配合信息化建设起到了一定的推动作用。在具体教学实践上，遵循有利于吸引学生学习、方便学生学习、帮助学生理解的"三个目的"，在第二课堂、易班、图书馆检索技能活动中开展信息化相关内容的主题宣传活动，把课外活动学习学分作为激发学生提升信息化素养的一个手段；在内容建设上坚持实用性、多样性、简约性、形象性、趣味性等"五项原则"；突出任务单与导学、网络课件、可视化资源、测试题等"四点要素"的设计和制作；强化课程团队建设、加强研究和指导、加强学习和交流、配套建立促进师生应用信息化的激励机制。

专家点评

广西电力职业技术学院坚持立德树人、聚焦电力产业、促进转型发展，制定了"信息技术+教育改革"发展战略，在信息技术深度融合教育、教学方面取得了可喜的成绩。主要做法与成效如下：

一是建设教学平台，丰富数字资源。该校与清华大学教育研究院共建综合教学平台，与中关村软件园及相关企业共建"互联网+电力"仿真实训平台，开发混合式教学课程430门，积累60T教学资源，育人环境建设水平大大提升。

二是注重校企合作，强化混合式培训。该校以人为本，深化教学改革，探索"信息技术+教学"生态"魔方结构"，实现教师、学生、资源、环境和组织教学的有机结合，形成信息技术条件下教学生态的良性循环。混合式教学改革得到了师生认可，2015年至今，混合式课程修课学生达2.4万人，平均在线学习达2.8学时/天。

三是重视技能竞赛，提升办学水平。近年来，该校教师获得省级以上信息化教学大赛奖项104个，其中国家级奖项9个；该校电厂热能动力装置教学团队获得首批国家级职业教育教师团队；学生参加省级以上技能竞赛获奖488项。近年该校毕业生平均就业率95.6%，连续4年位居广西电网校园招聘录取人数第一，是广西高校先进就业单位。

流程变革、数据对话让学校治理走向智慧
——重庆市荣昌区职业教育中心"四化"智慧校园治理模式探索之路

重庆市荣昌区职业教育中心

一、背景与现状

(一) 政策推动

中共十八大以来,国家陆续出台了《教育信息化十年发展规划(2011—2020年)》《教育信息化2.0行动计划》《中国教育现代化2035》等系列政策文件,推动信息技术和智能技术深度融入学校管理、教育教学全过程,大幅提高决策和管理的精准化科学化水平、教育教学信息化水平,增强网络与信息安全管控能力。

(二) 现实需要

重庆市荣昌区职业教育中心作为国家教学改革示范校、重庆市高水平建设中职学校,有较好的智慧校园建设基础,但如何推动信息化引领的治理体系与模式变革和教育教学革命、保持学校的竞争力和可持续发展,是学校长久的重大课题。因此,主动适应信息技术引领的教育革命,探索一体化智慧校园平台支撑的智慧校园治理模式成为学校可持续健康发展的现实需要。

(三) 思路与目标

以服务教育教学为宗旨、全面提升学校智慧治理水平为导向,强化顶层设计,坚持项目统筹、资金统筹、校企协同,将学校治理理念、规章制度、工作流程全面全程融入一体化智慧校园平台,将教育大数据与智慧校园管理平台有机融合,实现信息技术与校园治理、教育教学深度融合共享,集成为一体化教育教学、管理与服务的智慧校园平台,着力提升学校日常管理和业务运行智慧化水平,创新探索系统化、规范化、精细化和信息化的"四化"中职学校智慧治理模式,成为全国信息化建设特色标杆学校。

二、特色与创新

(一) 变革流程，探索"四化"智慧校园治理模式

智慧校园平台是现代管理学和信息技术融合创新的最新成果，能有效地提升学校治理信息化水平，但能否真正实现智慧化治理，不取决于平台本身，而取决于学校各类各项管理的流程是否既符合学校自身治理实际与特色，又符合信息化简洁快捷操作的最优流程。为此，结合学校的治理管理实际与特点，我校与成都依能科技股份有限公司合作，技术人员与学校领导层以及各个职能处室部门对接，反复研讨，协同梳理并优化各类管理流程，再造易操作的线上流程。学校采取先覆盖学校核心管理和业务工作，然后再覆盖其他一般管理与业务工作的分段式方式稳步推进，形成了"研讨变革优化—实践验证优化—问题导向再优化"的循环式管理流程优化模式，保证了流程简洁、快捷、实用、高效。

通过流程再造，建立起管理系统、业务系统和文化系统一体化的智慧校园平台系统，以融合集成的智慧校园平台支撑流程设计、流程运行、执行反馈和大数据分析，实现各系统互联互通，初步建立起系统化、规范化、精细化和信息化的"四化"智慧校园治理模式（见图1），有效驱动了学校治理模式变革，促进了部门协作，提高了学校治理效率与管理效益。

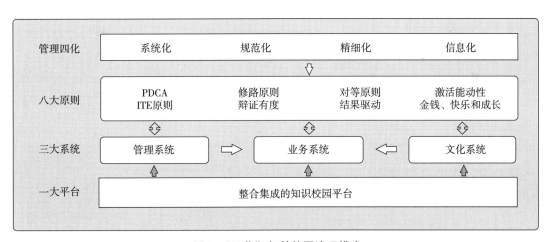

图1 "四化"智慧校园治理模式

(二) 数据对话，精准助力智慧校园"四化"治理

学校通过一体化智慧校园管理平台，依托优化的线上流程，实时采集学校管理数据、学生成长数据、教育教学数据，做到一数一源、伴随式搜集、预警监控，并通过数据分析反馈对话，系统性地持续优化学校现有治理体系、治理执行标准和各类管理制度，使校园治理更系统，管理更规范有序、更精细有质，信息更加实时通畅。

数据即时推送：运行状态、用户、归寝、出勤信息等。
情况全面掌控：各部门工作汇总数据瞬间全面掌握。
数据预警提醒：设定阈值，自动提醒，提前预警。
高效及时沟通：便于各级各部门领导及时有效沟通。
权限灵活管理：灵活配置，不同权限账号不同数据页面。

学校各级管理者可运用整合集成的智慧校园平台完成各种数据监控、预警及分析，便于及时发现问题、改进管理。

三、成果与影响

（一）实现学校系统治理、科学管理的智慧化

1. 实现学校治理的系统性智慧化

以需求为导向，立足数据支持管理决策，建立起适合学校实际的发展规划、目标、标准和制度体系，实现对学校年度目标任务、短期目标任务的关键节点管控，通过智慧校园平台实现对各项任务执行过程实时跟踪、反馈与评价，建立起贯通校、群、人、事的多维度、多层级、多领域动态智慧分析体系，对与学校发展相关的重要指标进行实时跟踪、对比和提醒，即时生成报告，供学校各级各部门决策参考，具体实现以下目标：

（1）目标对齐：通过 OKR 工作法及 CFR 持续性绩效沟通的实施方法及平台支撑工具的运用，有效地将教职工个人目标、部门目标与学校目标对齐，形成组织执行合力，助力学校年度目标及短期目标的达成，如图 2 所示。

OKR目标管理
- 学校年度目标对齐：学校使命愿景
- 部门年度目标对齐：学校年度目标
- 个人年度目标对齐：上级部门年度目标
  优先对齐主管部门年度目标
- 个人月周工作对齐：个人年度+所在部门年度目标
- 个人日常事务对齐：个人年度+所在部门年度目标

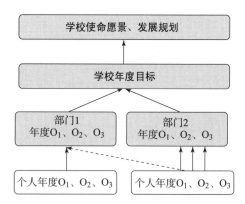

图 2　OKR 目标对齐与关联

（2）标准统一：通过分析学校各部门业务，开展基于平台的流程优化与再造，建立起线上工作任务执行规范与标准，统一教职工行为规范。

过程跟进：运用每日工作计划总结、工作任务管理、项目协作、事务交办、工作报告等平台信息化办公工具，实现了任务执行过程跟踪与反馈，如图 3 所示。

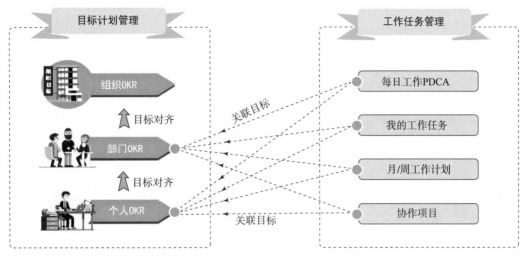

图 3　工作任务执行与目标计划关联

（3）数据预警：运用平台的数据监控工具对相关目标、任务的执行情况进行全面有效的监控，相关人员能及时发现问题、解决问题并适时预警，完善了学校风险控制能力。

总结改进：通过挖掘数据、分析数据，以图表、图形等可视化方式和综合数据报表在运营指挥中心、信息化看板上直观展示，各类各级管理人员能方便快捷地实时查询数据，及时发现问题、解决问题、总结经验、改进提高，提高科学管理和治理水平。

2. 实现螺旋循环的智慧教学管理

利用智慧校园平台，将学生入学前的专业人才培养目标管理、专业人才培养方案管理、各类教与学活动实施管理、考试考务管理、成绩管理等各个环节均作为一个小的螺旋改进单元，按从每堂课、每门课到专业教学计划方案，从小到大螺旋循环、层层相扣，并且每个螺旋运行均有计划、执行、总结、改进环节，各个环节应用数据即时采集、自动分析、主动预警，各部门及时调整，保障管理目标高效、高质量达成，实现了教学管理规范有序、有效、有质，如图 4 所示。

3. 实现教师发展与管理的智慧化

教师依据学校师资队伍建设规划和所在的专业（学科）群师资建设规划，在人力资源管理系统中制定自身的职业生涯定位和个人发展规划。依据个人发展规划中的任务进行教学、学生管理、科研等工作，并在应用系统中进行登记和审核，形成教师个人发展的电子档案，教师通过个人档案，使用平台工具分析、诊断自我发展状况，促进教师自主个性化发展，专业（学科）群依据教师个人档案诊断本专业（学科）师资队伍的建设情况，形成专业（学科）群师资队伍建设报告，学校在专业（学科）群师资队伍建设报告的基础上，形成学校层面的师资队伍建设报告，实现对教师培养、培训、引进等教师发展与管理的精准把控，为建设高素质专业化教师队伍奠定了坚实基础，如图 5 所示。

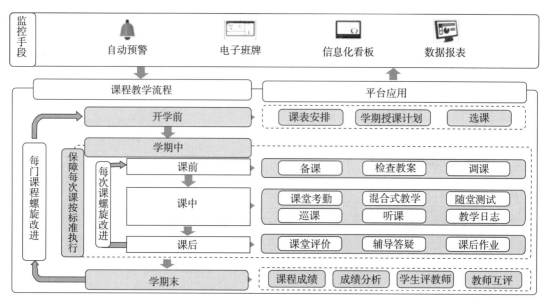

图 4　智慧校园平台支撑教学管理层面循环改进

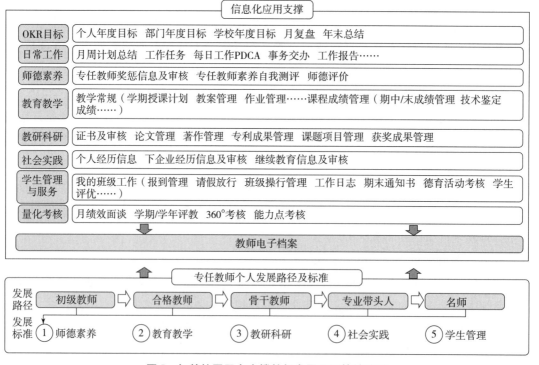

图 5　智慧校园平台支撑教师发展层面持续改进

4. 建立"三全育人"智慧管理系统

学生层面主要对学生的文化素养、思想道德素质、实践能力方面进行数据采集、分析。通过智慧校园平台应用与 AI 人脸识别等物联网设备联通，实时采集学生课堂表现、日常操行表现、课程成绩、实践活动表现、奖惩以及学生进出校门、宿舍、消费等数据，形成学生成长档案，教师、学生以及家长均能随时随地查看学生成长档案，从而形成全员、全程、全方位的"三全育人"智慧管理系统，为学生健康成长保驾护航，如图 6 所示。

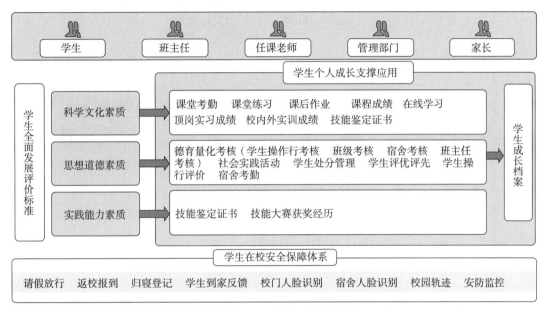

图 6　智慧校园平台支撑学生成长层面持续改进

（二）实现校园疫情及安全智慧防护

新冠肺炎疫情期间，利用智慧校园平台，建成"疫情上报"系统，实时采集师生个人健康信息，进行师生 GPS 定位并预警，及时掌控学校师生的健康状况和位置情况，如图 7 所示。

应用师生扫码通行、校园多点管控、外来人员通行管理、教职工复岗管理、学生返校管理等功能，将所有出入校园的人员纳入统一管理，确保了人员全覆盖，保障了校园安全稳定；同时利用智慧校园管理平台进行网上授课、开展网络辅导，确保了疫情期间教学任务的顺利实施。

此外，学校"一脸通"系统覆盖教室、实训室、食堂、宿舍、校园超市，通过无感人脸识别认证、学生 GPS 定位与预警等，为校园师生安全搭起了智慧防护罩。

（三）建成智慧服务大厅，实现一站式智慧服务

以问题为导向、以服务为宗旨，系统梳理涵盖师生日常教学、科研、后勤、生活等服务事项，建设包含管理驾驶舱、场景式服务大厅等一站式校园智慧服务大厅，为师生提供

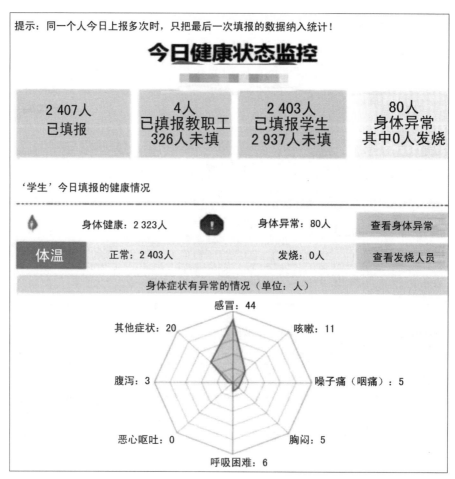

图 7　疫情数据监测

智慧服务，有效实现"师生少跑腿，数据多跑路"。学校招生报名、缴费、宿舍分配、食堂就餐、超市消费均通过一体化的流程协作体系在智慧校园平台系统里完成（见图8）。

（四）智慧治理成效美名扬，引领川渝中职建设忙

近两年，学校"四化"智慧校园治理模式成效初步显现，吸引了重庆渝中职业教育中心、重庆巴南职业教育中心、重庆垫江职业教育中心、四川矿产机电技师学院、四川广元市职业高级中学、四川泸县建筑职业中专学校等川渝地区近20所职业院校到校学习智慧校园建设应用情况，学校信息中心袁永波、邓万明等教师到重庆永川区职业教育中心等十多所中职学校指导智慧校园建设。学校获评2020年重庆市信息化先进单位。

信息化治理与服务篇 | 389

服务大厅，与我相关
按用户角色和权限自动配置业务，管理、教学、办公事务一键切换处理。

常用信息，基本满足
在平台电脑端、App端和桌面端，95%的常用业务都能在各门信息门户中快速查看与办理。

布局清晰，快速定位
门户页面界面分区清晰、办事指引规范清晰，方便用户快速定位到业务应用，操作路径更快捷。

遵循习惯，自由调整
根据自身业务使用习惯，可将平台常用业务功能自定义到个人信息门户首页，满足个性化服务需求。

图 8　一体化的流程协作体系在智慧校园平台系统完成

四、经验与启示

（一）流程变革是实现智慧校园治理的前提

各大平台公司都可以实现智慧校园平台的信息技术，但每个学校尤其是中职学校，差异化大、个性特征突出，要实现智慧治理，仅靠技术是无法实现的，必须要基于学校治理和管理实际，进行符合学校实际与管理特色和平台技术特性的流程优化与再造，方能实现治理的智慧变革。

（二）物联网大数据平台共融是智慧治理的保证

由案例可知，通过诸如人脸识别系统的物联网设备采集各类管理与活动的数据，形成大数据，并使之与平台融合，通过数据挖掘、数据分析，才能为管理者提供有效的、精准的实时决策数据参考，从而实现智慧治理与管理。

（三）成果导向，课题支撑，强化智慧校园建设教研

因智慧校园建设的教研科研不足，没有高层次的课题支撑，所以我校智慧校园建设缺乏标志性成果，在建设的系统性和深度方面仍然不足。为此，针对建设中存在的瓶颈问题，以课题研究为支撑，推动智慧校园建设向纵深发展，形成标志性成果，引领学校治理体系和教育教学革命，成为学校创新办学体制机制和发展的重要推动力。

（四）深化校企合作，协同推进智慧校园建设

我校与成都依能科技股份有限公司协同建设智慧校园的经验启示：必须与平台技术公司合作，长期协同建设，才能建成符合学校需求的真正的智慧校园。因为学校的技术力量是有限的，学校的事务也是发展变化的，平台技术公司对教学管理和教育教学的理解也是有限的，靠买平台就能一劳永逸建成智慧校园是永远不可能的。

专家点评

> 流程变革、数据对话让学校治理走向智慧资源库建设与应用新模式。学校从变革流程着手，联合软件开发企业对接各个职能部门，用数字化思维和数字化手段，梳理各类管理和业务流程，从核心业务到一般业务分段推进，形成了"研讨变革优化—实践验证优化—问题导向再优化"的循环式管理流程优化模式，并进行了数字化流程再造，有效驱动了学校治理模式的变革。同时从职能部门数据看板需求出发，通过校域数据治理与分析，按学校业务板块形成了动态看板，为学校管理决策提供了有效支持。学校以流程、数据为抓手的"四化"智慧校园治理模式，总体架构合理完善、实施路径清晰，有效切中了智慧校园建设难点和师生应用痛点，提升了学校日常管理和业务运行智慧化，充分发挥了智慧资源库的作用，非常具有特色和可推广意义。

超融合智慧校园在信息化治理与服务中的案例介绍

贵州经贸职业技术学院

一、背景与现状

(一) 发展背景

随着互联网、大数据、物联网、云计算、人工智能（AI）、5G、VR（AR）、数字孪生等新技术的不断发展与应用，"互联网+""大数据+""物联网+"等信息化技术应用场景迅速普及，"互联网+教育""大数据+教育"等服务模式已成为教育信息化发展的新方向，信息化治理与服务逐渐成为职业教育信息化发展的重要内容。传统的校园治理与服务是"烟囱"式的，普遍存在体验感低、流程繁杂、效率低下等问题，而使用新技术、新模式服务于校园治理与服务，推动治理服务理念发展、创新、变革，推进治理服务的便捷、普及，提升治理服务效率、效果已然成为共识。

在此背景下，《中国教育现代化2035》《教育信息化2.0行动计划》《教育部等六部门关于推进教育新型基础设施建设构建高质量教育支撑体系的指导意见》《贵州省第十四个五年规划和二〇三五年远景目标的建议》等文件相继出台，旨在加快新一轮教育信息化建设，实现信息化教学、管理、服务新模式。

贵州经贸职业技术学院以习近平新时代中国特色社会主义思想为指导，认真贯彻落实习近平总书记对职业教育工作的重要指示，在新一轮信息化建设浪潮中，结合学校现有信息化资源与自身信息化需求，大力发展建设超融合智慧校园，以构建高速、移动、绿色、安全、共享、泛在的新一代网络信息设施体系和互联互通的信息资源共享为支持，以便捷高效、融合创新的信息服务体系和智能应用为重点，实现信息化在教育教学、校园管理、校园服务等方面的深度融合。同时，深化互联网、云计算、大数据、人工智能在智慧校园中的应用，逐步实现"互联网+大数据+人工智能"支撑学校教学、治理、服务高质量发展新格局。

(二) 发展现状

目前学校超融合智慧校园项目建设正在优化完善，严格按照《高校数字化校园建设规范》重点建设"全校一张网""基础一朵云""数据一平台""校园一码通""网站一个群""教学一个库""服务一站式""全校一张图""安全一体化"九个一工程，努力建成一个"全面感知、数据驱动、深度融合、多维服务"的智慧校园环境,切实提高学校治理服务信息化水平,开创"信息赋能、提质增效"治理服务新模式,助力学院信息化高质量发展。

二、特色与创新

(一)超融合智慧校园整体结构

超融合智慧校园整体结构由五大组件组成(见图1)。

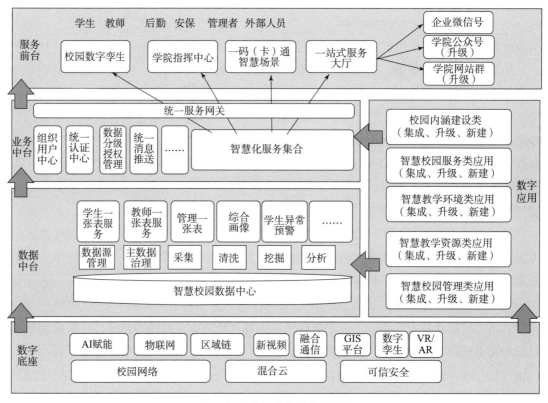

图1 超融合智慧校园整体结构

(1)超融合数字底座:数字底座是支撑智慧校园可持续发展的新一代基础设施,包括校园网络、混合云、GIS平台等。其核心是利用实时全量的校园数据资源优化环境、教学、管理、服务、内涵五大领域的创新应用,同时提升学院治理体系和治理能力现代化水平,实现数字化转型。

(2)超融合数据中台:数据中台建设包含数据交换系统、数据存储中心、数据资产管理、主数据管理、数据治理体系、数据开发体系、数据服务管理等模块;通过数据中台完成梳理学校数据需求、数据来源、数据格式、数据维护、数据更新、数据共享、数据使用等关键问题;建立包括组织、制度、标准、流程、安全、技术等内容的数据资产管理长效机制；全面建立统一的数据交换体系，规范信息从采集、处理、交换到综合利用的全过程，实现全校资源数据的有效存储与管理；为学校教学、科研、管理和广大师生提供全面、及时、准确、可用、安全的数据资产及服务。

（3）超融合业务中台：业务中台构建学校统一的用户中心、流程中心、认证中心、消息中心、权限中心等，赋能各传统业务系统，为智慧校园建设夯实基础；业务中台建立、调度、维护校园服务体系，作为智慧校园建设核心支撑。

（4）超融合服务前台：服务前台是智慧校园服务入口的总和，以统一信息门户平台作为对外宣传和服务的官方入口；统一移动服务平台企业微信作为师生服务的统一入口，以学院公众号作为校内外协同的移动服务入口；以学院指挥中心作为学院管理层决策指挥的数据可视化大屏入口；以校园数字孪生搭建智慧校园三维可视化管控平台，实现模型与数据的融合呈现，实现线上与线下的融合；智慧场景服务是通过各种智能终端，为师生提供便捷、智慧的校园服务，包括但不限于智慧门禁、智慧图书馆、新零售、智慧打印等。

（5）超融合数字应用：超融合数字应用指的是信息化与教育综合的一切信息化应用的集合，包括智慧环境类应用、智慧教学资源类应用、智慧校园管理类应用、智慧校园服务类应用、校园内涵建设类应用。

（二）超融合智慧校园发展特色与创新

结合学院现有信息化基础创新提出"九个一"工程建设理念，充分体现超融合智慧校园建设的特色与创新。

（1）全校一张网：完成校园骨干光纤的重构与 5G 网络基础设施建设，对校园网进行扩容提速，出口总带宽较 2021 年增加 50% 以上，实现"光纤 + WLAN + 5G"未来新型网络设施的高密度、高质量、全覆盖，建立三校区互联互通的"全校一张网"，充分满足教育管理智能化与教育教学智能化的需要。完成校园网 IPv6 规模化部署改造升级，实现重点信息系统支持 IPv6 访问，学校 IPv6 用户使用率提升到 60%，逐步实现 IPv4 到 IPv6 的过渡。

（2）基础一朵云：构建超融合智慧校园基础设施云平台，实现计算、存储、网络资源的虚拟化、弹性化、统一化、安全化管理，为智慧校园各个数字应用系统集中部署提供统一基础设施。

（3）数据一平台：建立大数据综合应用平台，以"数据指挥中心 + N"的融合发展模式链接各类应用系统，实现数据共享互通，切实消除数据孤岛，助力数据交换、挖掘、分析、共享全过程。

（4）校园一码通：建成全校一码通服务体系，形成身份认证、校园支付、金融圈存安全信息闭环，为进出校门、图书借阅、宿舍生活、食堂就餐等典型应用场景提供快捷、安全、易用、实惠的智慧化服务。

（5）网站一个群：建立学院网站集群管理平台，快捷响应各部门网站开发、调试、部署等需求，统一进行门户管理，提高网站建设效率与后期维护水平，实现网站管理智能化。

（6）教学一个库：以学院师生需求为导向，建设开放、共享、智能、统一的数字教学资源库，以校本资源为核心，大力推动学院精品课程建设，积极引入其他院校优质教学资源，不断丰富教学资源库，为学院师生提供更广阔的教学空间和更充足的教学资源。打造资源共建共享环境，促进教师开展线上线下混合式教学，创新教育服务供给模式，满足师生新时代"互联网+职业教育"教育教学需求。

（7）服务一站式：打造师生一站式服务大厅，推动多部门联审缩短办事流程、缩短办理时限、提高一次办结率，把表单填写、申请、审批、证明等流程化服务通过线上完成，力推"让信息多跑路，让师生少跑路"，全面提升信息化服务质量。

（8）全校一张图：建立全院统一的指挥中心，通过全息可视化大屏实时展示资源、教学、管理、服务等各个方面的态势，数据信息一阅便知。

（9）安全一体化：构建"可信、可控、可查"的安全防护体系。严格落实信息系统安全等级保护2.0制度，全面加强网络安全体系建设，增配网络安全设备，引入专业信息安全服务，构建"主动防御、全面审计、动态感知"的信息安全体系，为学院网络安全、师生信息安全保驾护航。

三、成果与治理服务示例

（一）发展成果

目前超融合智慧校园系统已基本实现"全校一张网""校园一码通""网站一个群""服务一站式"等工程建设，其他工程建设也在同步进行中。

"全校一张网"。实现三校区之间网络互通互联，为上层应用数据交换、业务数据流转、各校区数据共享提供前提保障，为教学、管理、服务等场景提供基础服务。目前完成校园骨干光纤的重构与5G网络基础设施建设，校园网扩容提速，IPv6改造升级，全面实现IPv4、IPv6协议双栈运行，改善了师生用网体验。

"校园一码通"。通过"一码通+智能手机"服务，打造无处不在的服务模式。二维码应用场景主要包括但不限于传递信息、移动支付、电子凭证。学生从进入校园环境开始，便可以通过"一码通"便捷获取校园内所有场景下的服务。例如，校园大门门禁，学生通过扫码获取身份认证凭证；对于进出图书馆，教学楼，宿舍等场景，"一码通"同样能够高效地提供服务；对于食堂、校园超市、校园无人售货设备等，通过"一码通"进行移动支付服务，让师生获取简单化、便捷化的购物体验；对于新生报到、疫情防控等应用场景，通过"一码通"实现新生快速报到、快速通过、信息自动获取，避免传统报到模式中因表格填报、确认节点流程复杂而出现的学生大面积聚集、长时间等待服务等现象。

"网站一个群"。学校已经通过企业微信平台，集成教务、教学、学工、财务、OA、人事、资产等一系列的业务管理系统，大大方便了用户查询业务与使用各种服务，切实解决了师生"办事难"的问题；通过统一身份认证（UIS）、单点登录（SSO）提高了用户使用系统满意度；通过统一的管理平台和服务渠道降低了学院管理难度，还便于后期统筹新的业务系统建设、推广、使用、维护，并完成角色、权限的相关管理。

"服务一站式"。充分体现"服务优先""管理即服务"的理念，将服务与流程有机整合，简化业务办理流程，辅以各种自助服务设备，如打印机、智慧终端的使用，实现了从底层繁杂的多部门数据流、业务流到上层良好的用户服务体验的无缝连接和转化，形成了"注重服务、关心体验"的治理服务新格局。

（二）典型治理服务示例

我校依托超融合智慧校园在新生报到、学生请假、毕业生离校、文件审批等流程实现了物理空间与数字空间的融合，通过数据在各业务平台上的流转，解决了数据孤岛的问题，拉近了各业务部门的距离，让师生"少跑一趟路、少进一扇门、少找一个人"。下面以大一新生报到为例，展示我校信息化治理与服务水平。

每年9月份是大一新生到学校报到的时间。大一新生由于初次来到校园，对学校的各项情况都不是很了解，加上注册报到流程本身是一个多部门协同的过程，且报到时间通常集中在1~2天内完成。因此，新生报到是一项"时间短、程序繁"的任务，经常会出现入学报到时学生排长队、等待报到服务的现象，进而可能造成新生大面积聚集、校园局部交通拥挤等情况，既影响学生的入校服务体验，也给校园安全治理造成隐患。

为了改善以上现状，在2021级新生迎新中，学校使用超融合智慧校园平台协助新生报到，开启信息化治理与服务新模式，快速、高效引导2021级新生完成报到注册。2021级新生从进入校园大门开始，首先使用手机扫一扫进校二维码，填写个人基本信息，获取入校身份认证凭证，同时系统自动检测到该用户为大一新生，通过校园3D电子地图引导学生到报到现场确认地点完成刷脸确认，经过该环节确认以后，系统智能提示学生进入在线选宿舍、床位流程，学生在线提交意向宿舍、床位申请并获得审批同意后，系统提示学生到宿舍进行刷脸确认入住，并同时提示学生拥有了进出图书馆、教学楼、宿舍等权限，进而完成新生报到。整个报到流程使用线上信息录入+线下智能确认，一站式服务，学生进入校园后，能够方便快捷报到。学生基础信息只需一次采集输入，学生处、教务处、图书馆、后勤处等多部门便可同步获取，消除了传统的"数据孤岛""信息孤岛""信息不对称""烟囱式服务"。

通过业务梳理、数据集中、数据流转、服务整合等流程，结合互联网、大数据、微服务等信息技术，努力做到"让数据多跑路、让流程简单化、让学生少等待"，让新生在"陌生"的环境中找到温暖的第一站。超融合智慧校园系统在2021级新生迎新中，获得了广大师生的好评和领导、同行的关注。

四、经验与启示

高职院校信息化治理与服务发展是一个长期、连续、不断补充、不断完善的过程。本文介绍了我校信息化治理与服务的发展案例，学院通过超融合智慧校园系统有效提升了信息化治理与服务水平。经过多年的建设、发展、使用，我校在信息化建设发展中积累了以下经验：

（一）信息化建设需全局统筹，加强顶层设计规划

高校信息化建设不是一蹴而就的，而是一个长期的建设过程。因此在建设过程中既要指定特定的统筹部门，又要加强信息化建设顶层设计规划、阶段性目标规划，从而形成一个系统的、完整的、有步骤的、可持续发展的长期规划。明确信息化建设整体分为几期建设工程以及每期工程的建设目标与建设内容。如果信息化建设没有特定的统筹部门，就很难形成顶层设计规划、阶段性目标规划，就会造成信息化建设不连续，软硬件设备很快就不能满足服务需求，打击师生对信息化建设的期望，进而动摇信息化建设的信心与决心。

（二）信息化建设思路需"因地制宜"，依据实际情况来制定

高职院校在信息化建设过程中，需从学院实际情况出发，制定出与学院现有资源相匹配、与学院未来发展相适应的建设目标。在新一轮信息化建设浪潮中，各高职院校将普遍面对如何将已经建设完成的软硬件设施、业务系统与新一轮信息化建设项目相整合的问题。因此有必要结合院校自身情况，增强新一轮信息化建设的兼容性、扩展性，整合现有资源，提高现有资源利用率，同时兼顾学院未来发展目标。

（三）信息化建设需集思广益，进行多部门联动

信息化建设是一项系统化工程，旨在"信息赋能，提质增效"。因此如何让信息化为学院各部门赋能，如何提升学院治理服务质量、提高治理服务水平等问题贯穿整个信息化建设过程。为解决以上问题，需要信息化统筹部门引导，各部门集思广益、积极配合。在信息化统筹部门引导下，既要各部门整理部门内部业务流程，删繁就简，形成部门内部信息化建设需求，又要彼此协助整理跨部门业务流程，精简部门间信息交换流程，形成部门间统一的信息化建设需求，最后由信息化统筹部门统一建设，做到"人人参与，服务人人"，做到院校领导机构在日常决策中有数据支撑，各系各部门业务流程全面线上化、简单化、可定制，师生用户在"网上找得到，办事跑一次，审批不见面"。

专家点评

"超融合智慧校园在信息化治理与服务中的案例介绍"是贵州经贸职业技术学院推荐的学校信息化建设案例，该校结合现有信息化资源与自身信息化需求，大力发展建

设超融合智慧校园，信息化治理与服务方面成效显著。

贵州经贸职业技术学院以便捷高效、融合创新的信息服务体系和智能应用为重点，建设"全校一张网""基础一朵云""数据一平台""校园一码通""网站一个群""教学一个库""服务一站式""全校一张图""安全一体化"工程，实现了信息化在教育教学、校园管理、校园服务等方面的深度融合，深化了互联网、云计算、大数据、人工智能在智慧校园中的应用，逐步实现了"互联网＋大数据＋人工智能"支撑学校教学、治理、服务高质量发展的新格局。该案例有两个亮点示范作用明显：

（1）"九个一工程"理念先进、成果显著、治理服务示例翔实，全校建设成了一个"全面感知、数据驱动、深度融合、多维服务"的智慧校园环境，开创了"信息赋能、提质增效"治理服务新模式，助力学院全面高质量发展。

（2）学校信息化建设指导思想清晰务实，不仅做到了"全局统筹、顶层设计"，而且做到了"因地制宜"，依据实际情况制定出与学院现有资源相匹配、与学院未来发展相适应的建设目标。

遗憾的是"九个一"工程偏重于解决传统的"数据孤岛""信息孤岛""信息不对称""烟囱式服务"等问题，"教学一个库"对教学支撑力度略显薄弱。

数字校园助力双高建设　诊改体系保障人才培养

兰州职业技术学院

一、背景与现状

中共十八大以来，国家高度重视教育信息化工作，相继出台了《教育信息化2.0行动计划》《职业院校数字校园规范》《高等学校数字校园建设规范（试行）》《教育部关于加强新时代教育管理信息化工作的通知》等指导性文件。对职业教育信息化的重视也前所未有，特别是在《教育部财政部关于实施中国特色高水平高职学校和专业建设计划的意见》和《教育部等九部门关于印发〈职业教育提质培优行动计划（2020—2023年）〉》中将职业教育的信息化建设与应用列为重点建设内容。

兰州职业技术学院高度重视信息化工作，启动数字校园建设工程，将数字校园建设列为学院优质校建设的十大突破任务之一。按照教育部所颁布的《职业院校数字校园建设规范》的建设思想，设计数字化校园建设方案，着力解决学校在信息化发展过程的问题，推进学校信息化建设与应用的整体工作。近年来，学院信息化建设取得了明显的成效，开展混合式教学改革，促进信息技术在教学中的深度应用；依托智慧校园建设，改变学校管理方式，提升管理效能；引进优质教学资源，实现随时随地自主学习；完善信息化教学支撑环境，提升信息化课堂应用水平；建设虚拟仿真平台，改革实践课程教学形式；搭建教学诊改平台，实现内部质量保证；建设思政教学资源库，开启思政教育新模式；建设智慧创新实训中心，提升社会服务能力。

二、特色与创新

（一）完善智慧校园基础设施

1. 智慧校园，云为基础

通过数字化校园云平台实现了主要业务系统的计算、存储资源虚拟化部署，有效地为数字校园应用平台建设提供了弹性的、可扩展的云计算平台，目前已部署各类虚拟服务器150余台，计算资源1 300个CPU核，数据存储容量300 TB，基本满足了数字校园建设的软件部署需求。

2. 三大校区，无线无忧

在基础网络建设，重点改善了校园网出口带宽，现有IPv4出口带宽6.5 Gb/s，IPv6

出口带宽 1 Gb/s。升级全网骨干设备，全面支持 IPv4/v6 双协议。建设校园无线网，目前共建设完成 AP 2 400 多个，注册无线用户 10 000 多人，完成了三大校区所有区域的无线网络全覆盖。真正实现了"骨干万兆化、有线/无线全覆盖、IPv4/v6 全兼容"新型校园网。

3. 一卡在手，走遍兰职

为推进信息化的深度应用，学院 2017 年启动一卡通升级项目。新的一卡通系统应用涉及餐饮消费、门禁管理、浴室管理、直饮水管理、自助文印、自助存包、图书借阅、会议签到、城市公交、圈存转账、一卡通手机 App 等（见图 1），对师生的生活、工作、学习等方面起到了良好的作用，实现了"一卡在手，走遍兰职"，使用效果赢得了师生的一致好评。

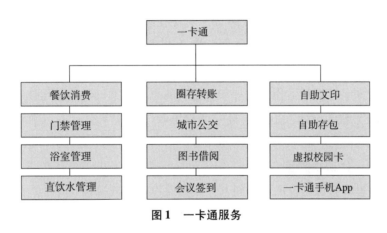

图 1 一卡通服务

4. 网络安全，守护全校

学院在进行信息化建设的同时高度重视网络安全建设，采用"网防 G01"、教育网网盾等公有网络安全平台加强网上重要信息系统的防护，增加防火墙、WAF、漏洞扫描系统、IDS 等安全设备提升网络安全防护水平。

2017 年 5 月，学院特邀中国工程院院士、国务院信息化专家咨询委员会委员、国家集成电路产业发展咨询委员会委员、国家信息化专家咨询委员会委员沈昌祥一行专程到我院详细指导学院信息安全与管理专业的学科建设，并为学院师生做了一场题为《用可信计算筑牢网络安全防线》的精彩学术报告。

学院积极响应国家号召，加强网络安全人才培养，与北京工业大学合作建设"信息安全"专业，成为省内高等职业院校中首个开设的网络空间安全一级学科下的专业，并于 2017 年 9 月开始进行招生。为进一步扩大学院网络安全人才培养的辐射带动作用，在兰州市委宣传部和市委网信办的支持下，兰州市网络安全学院在兰州职业技术学院挂牌成立，搭建了政府、行业、企业、院校协作发展的平台，促进了教育链和产业链的有机融合，创新产教融合、校企合作体制机制，着力培养具有工匠精神和创新创业能力的网络安全人员，为兰州市网络安全事件处置提供人才和智力支撑。

5. 智慧创新实训中心，提升社会服务能力

学院进一步改善实训条件，提升社会服务能力。学院 2019 年在新建的实训大楼中建设智慧创新实训中心，采用华为、锐捷云桌面技术完成 900 端云桌面终端建设，建设新型交互式智慧教室、微课教室及 IP 广播、视频监控、可视对讲等附属设备，大幅改善了学院信息化教学的实训条件。仅 2020 年 8 月开始学院和甘肃省人事厅、甘肃省财政厅、兰州市财政局、兰州市卫健委等部门合作承担了近 15 万人次的社会培训和无纸化考试工作，提升了学院的知名度，扩大了学院的社会服务能力。

（二）线上教学，云端育人

兰州职业技术学院积极探索信息化技术下，在线教学如何更好地开展思想政治教育工作，推进信息技术与课堂教学的深度融合，实现在线育人的目的，推进线上课程思政和"云端育人"活动，下发了《关于征集课程思政微课视频的通知》，统一部署、统一安排创建"课程思政"微视频在线资源库，开展"云端课程思政"教育。活动以推进"课程思政"为目的，深入挖掘和运用专业课程所蕴含的思政元素，以信息化技术为媒介，突出优质"课程思政"教学设计，不断丰富"课程思政"教学素材。有力推动各门课程与思想政治理论课同向同行、同频共振、协同发力。

1. 精心建设，微课视频呈特色

在开展课程思政微课建设活动期间，共收到课程思政微视频 556 个。学院成立课程思政微课项目组，对课程思政微课视频进行了分类、整理、审核，共审核通过 375 个微课视频、11 个模块（抗击疫情篇、爱国主义篇、生命健康篇、理想信念篇、传统文化篇、工匠精神篇、法治诚信篇、科学技术篇、生态文明篇、时代楷模篇、网络安全篇），其中抗击疫情篇 78 个、爱国主义篇 54 个、生命健康篇 46 个、理想信念篇 44 个、传统文化篇 46 个、工匠精神篇 34 个、法治诚信篇 11 个、科学技术篇 26 个、生态文明篇 15 个、时代楷模篇 7 个、网络安全篇 14 个。"课程思政微课教学资源库"以"深挖思政教育资源素材、辅助课程思政教学建设"为理念、以信息化技术为媒介，深入分析教师的备课痛点，突出优质课程思政教学设计，把习近平新时代中国特色社会主义思想、疫情防控、爱国主义精神、科学精神、时代楷模事迹等内容传递给学生，奏响铸魂育人的最强音。

2. 智慧校园，助力在线育人

课程思政微课建设过程中，教师能够较为准确地把握课程中的思政元素，并依托学院智慧校园 App，PC 端与 App 端应用同步，依托学院搭建的网上课堂，将课程思政微课资源共享，实现课程思政微课资源教学应用覆盖全校教师、学习应用覆盖全体在校学生，解决了在线育人的问题。通过数字化、网络化丰富课程思政微课资源，打破教学时空界限，解决课程思政教学资源的延伸问题。通过网上多彩课堂实施云端育人，创新教育模式，解决育人模式的拓展问题。

(三）建设质量诊改体系，保障人才培养质量

质量是高职院校赖以生存和发展的基础，学院以事业发展规划为主线，依托智慧校园搭建的信息化平台，围绕五个层面（学院、专业、课程、教师、学生）开展诊改工作，建立目标—标准—运行—诊断—改进质量螺旋递进的常态化自我诊改机制，实施目标链管理与部门绩效考核关联，将自我测评与标准诊断相结合，以真实数据为基础，通过量化考核指标，进行过程监督控制，推动各层面诊改工作逐步落实。

1. 明确发展规划，形成质量目标链

长期以来，学院领导把质量建设作为学院可持续发展的基础性工程，牢固树立人才培养质量是办学生命线的观念，科学制定事业发展规划目标，加快推进质量文化建设，不断增强全员质量意识。按照学院第二届党代会发展目标，奋力完成"十三五"收官任务，提早谋划"十四五"事业发展规划，明确未来发展新目标。同时，学院将目标分解到各部门年度计划中，明确工作进度和步骤，层层压实责任，形成质量目标链，实现学院发展新目标（见图2）。

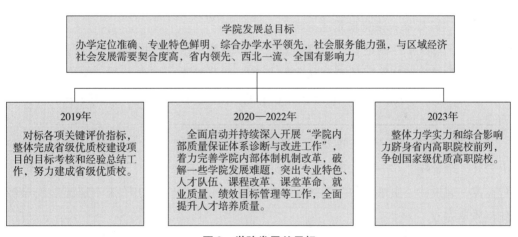

图2　学院发展总目标

学院以"静态环+动态环"的"8字螺旋"（见图3）内部质量保证系统作为运行机制。"静态环"依据工作目标、工作标准及规范，构建"目标、标准、设计、组织、实施、诊断、激励、学习、创新、改进"的质量控制体系。"动态环"构建"监测、预警、改进"的实时监控和预警，及时调整和改进后续工作以"8字螺旋"形式呈现上升趋势。"静态环+动态环"构成一个有机整体，相辅相成、互联互动，使内部质量管理由静态直线开放模式转变成动态螺旋闭环模式。

2. 推行工作标准，打造质量标准链

从学院实际出发，制定了《兰州职业技术学院内部质量保证体系诊断与改进实施方案》，构建了"五纵五横一平台"质量保证体系，完善各层面的质量标准和工作制度，来

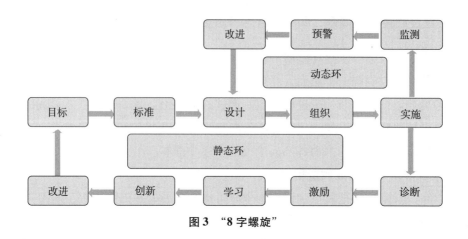

图3 "8字螺旋"

实现学院管理水平和人才培养质量的提升。按照工作要求，学院梳理了各部门的工作职能，按照"岗位—职责—目标—标准"的工作流程，制定符合学院发展的岗位说明书，最大限度地发挥了组织效力。各部门按照其职责自立工作目标、自定工作标准、自主实施、自我诊改，工作效率得到了明显提高。

3. 完善考核标准，强化质量监控链

学院结合诊改工作制定了《兰州职业技术学院部门绩效考核办法（试行）》，建立了各部门的分类绩效考核指标体系。从目标任务、质量控制、工作业绩、突出贡献四个方面，依据目标任务的重要度、难易度和创新性来确定工作权重，做到公平公正、公开透明。

2020年，学院将195项年度党政工作要点录入内部质量保证监测系统，实现工作任务线上公开，结合线上"一页纸报表"，做到规划任务"有章可循、有据可查"。学院加强过程监控，通过"一页纸报表"清晰掌握工作进展情况，结合使用"8字螺旋"确保各项工作高质量完成。

4. 教师对标诊断，助推职业发展

学院以提升教师专业能力为目标，制定教师入职培训标准、"双师"教师、专业带头人、骨干教师、教学名师、技能大师等认定标准，构建教师不同阶段发展的标准体系，让每个教师都能按自己的发展和成长制订自我发展规划，使教师对自己的未来充满希望。为此，教师发展中心制定了教师发展标准（见图4），为教师进行画像，经过一段时间的诊改，再为教师精准画像。通过这样反反复复修正，找到每位教师精准的发展方向，提高教师的素养和能力，帮助教师职业发展。

学院一直以来重视教师队伍建设与发展，关注教师个人的全面成长。在2019年全国职业院校教师教学能力比赛中，学院教师获三等奖1项；在甘肃省教师教学能力比赛中，学院教师获奖21人（其中一等奖1项，4人；二等奖2项，7人；三等奖3项，10人）。在《甘肃省教育厅 甘肃省总工会 甘肃省人力资源和社会保障厅 甘肃省财政厅 甘肃省卫

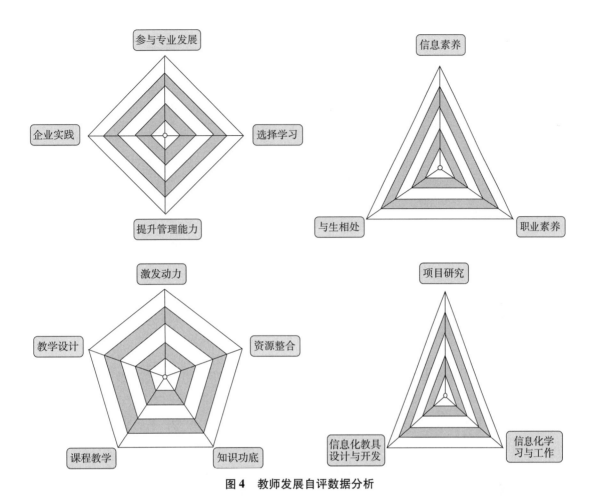

图 4 教师发展自评数据分析

生健康委员会关于公布 2019 年全省职业院校教师技能大赛获奖名单的通知》中，学院荣获高职组团体第一名。

5. 学生成长画像，精准帮扶就业

按照学院人才培养目标，完善学生"学业发展""职业发展""个人素质发展""社会能力发展"四个方面的发展标准，开展学生成长自评画像。针对其不足方面制定解决办法，由教师负责精准指导，经过一段时间后再进行二次画像，不断提高学生的综合素质，引导学生积极向上、自信成长、全面发展。

学院借助信息化和教学诊改平台，展开大数据调研分析。依托教育部、省教育厅就业信息平台，以及西北人才网和学院"云就业"平台，积极为毕业生推荐线上招聘信息。2020 届毕业生 2 999 人，就业率已达 98.67%（见图 5）。

学院对重点群体毕业生进行精准画像，确保"一生一卡"台账和"一对一帮扶"机制不间断，实施精准助力重点群体就业帮扶。2020 届重点群体毕业生就业人数 1 076 人，就业率 99.91%，其中建档立卡贫困户毕业生、零就业家庭毕业生、少数民族毕业生、入伍复学毕业生、两州一县毕业生 100% 就业，残疾学生 14 人，已就业 13 人，确保对所有

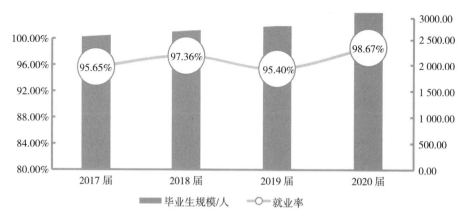

图 5　2017—2020 届毕业生规模及就业率趋势变化

重点群体毕业生做到就业创业"帮扶百分百",力争对有就业意愿的重点群体毕业生做到"就业百分百"。

三、成果与影响

学院近年来的信息化建设与应用取得了良好的成效,2016 年顺利通过教育部首批教育信息化试点验收评估,2017 年 12 月通过职业院校数字校园实验校的中期验收,2018 年 12 月学院通过了首批职业院校数字校园实验校项目终期验收,被评为优秀案例。2019 年学院被评为兰州市网络安全先进集体。2021 年学院被中央电教馆授予"职业院校数字校园建设样板校"。信息化建设模式得到了省内外众多兄弟院校的认可,先后有甘肃林业职业技术学院、酒泉职业技术学院等十余所高校来校交流信息化建设经验。

近 3 年来,学院师生在省部级以上教学比赛及各类技能大赛中获奖 140 余项;先后承办了全国电子商务技能大赛、全省职业院校技能大赛、第四十五届世界技能大赛甘肃选拔赛、全国机器人焊接大赛等职业技能竞赛以及中华人民共和国第一届技能大赛等重要技能大赛。

学院先后承办了甘肃省职业院校信息化教学研讨会、全省职业院校教学工作诊断与改进研讨会、甘肃职业教育信息化研讨会、职业院校校长信息化领导力高级研修班等职业教育信息化会议,为全省职业院校的信息化建设、应用推广起到了良好的带动辐射作用。

2019 年获评省级精品在线课程 2 门,2020 年获评省级精品在线课程 7 门。2019 年获批省级信息化能力提升项目 1 项、2020 年获批省级信息化能力提升项目 1 项。学院的信息化建设案例入选了 2019 年全国职业院校信息化建设案例集。

四、经验与启示

信息化工作是一项系统化的工程,是一件有始无终的工作,作为一所高职院校,兰州职业技术学院将以教育部制订的"职业教育提质培优行动计划"为指引,以持之以恒的精神推进信息化建设与应用，促进教育教学改革，为学校的人才培养质量提升做出应有的贡献。

专家点评

兰州职业技术学院以教育部制订的"职业教育提质培优行动计划"为指引，持之以恒推进信息化建设与应用，促进教育教学改革，服务学校"双高"建设，为学校的人才培养质量提升做出了应有的贡献。

该校高度重视数字校园建设工作，将数字校园建设列为学院优质校建设的十大突破任务之一。在学校数字校园建设中，抓软硬件环境建设、推进信息技术在教学和管理中的应用并重，建设工作扎实推进，切实解决了学院教学、管理中的实际问题，体现了应用驱动的核心理念，学校工作也因此提升了水平。

学院依托智慧校园搭建的信息化平台，围绕学院、专业、课程、教师、学生全面开展诊改工作，通过目标—标准—运行—诊断—改进质量螺旋递进的常态化自我诊改机制，实施目标链管理与部门绩效考核关联，形成了自我测评与标准诊断相结合的自我诊改机制，以真实数据为基础进行过程监督控制，推动各层面诊改工作逐步落实。

复合案例篇

数据驱动的智慧教学综合系统赋能高质量教学的探索与实践

乌海职业技术学院

一、背景与现状

（一）背景

乌海职业技术学院作为乌海市唯一一所高等职业院校，积极推动新时代教育信息化改革，将教育信息化作为人才培养创新的新引擎，结合国家"互联网＋职业教育"、大数据等发展战略，探索教育信息化对人才需求和教育形态的变革，研究智能环境下教与学的改变，推进新技术支持下的教育教学创新，支撑引领教育现代化发展。乌海职业技术学院在数据驱动的智慧教学综合系统赋能高质量教学方面进行了有效的探索与实践，取得了显著成效。

（二）存在的问题

（1）教学应用管理系统"烟囱林立"，数据不统一、不共享，信息孤岛现象严重。学院适应教学改革，先后建成了网络教学平台、实践教学平台、智慧课堂平台、教学诊断与改进平台，改造升级教务管理与服务系统，但都各自独立运行，未能实现数据共享，运行状况参差不齐，形成了信息孤岛。

（2）网络、信息影响力不够，专业人才队伍缺乏。教师普遍存在应用信息化技术能力水平较低的现象，缺少专业化的信息化培训与交流，开展定期培训制度尚不完善。信息化技术与教育教学融合深度不够，仅凭师生个人积极性参与，缺乏系统性引导信息化技术融合。

（三）、环境与资源

学院一直致力于数字化校园建设，2016年被确定为首批立项建设的"国家级职业院校数字校园实验校"，2018年通过评估验收。2020年，学院被认定为"国家级职业院校数字校园建设样板校"。先后建成了共享型网络教学平台、智慧课堂平台、实践教学管理平台、教学诊断与改进平台，升级改造教务管理与服务系统，有力支撑了信息化教学改革。

学院加强课程信息化建设项目的过程管理，先后制定了《混合教学课程建设管理办法》《在线开放课程建设管理办法》《网络课程建设的原则意见》《共享型专业教学资源库建设实施细则（试行）》等制度。

学院积极探索教学信息化建设与改革，开展混合教学改革，基于传统课堂教学，结合在线学习，将两者有机结合，突出各自的教学优势。实施翻转课堂教学，探索新型课程建设的实施策略，融信息技术于学院实践和核心课程建设，改造传统教学，推进教学改革，切实培养学生的自主学习能力。

学院实施教师信息技术应用能力提升工程，纳入教师素质提高计划，邀请清华大学、超星集团教育技术专家进校，进行信息化教学设计培训和讲座，有力地推动了教师有效应用信息化技术，教师获自治区级及以上信息化大赛46项。

（四）设计与实施

从2016年开始，学院积极推进信息技术与教育教学融合发展，构建了数据驱动的智慧教学综合系统（见图1），从内容和体系、方法和技术、服务和管理方面改革，赋能高质量教学。

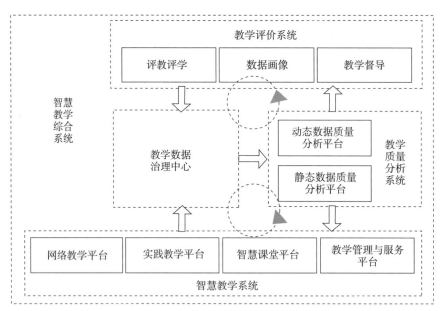

图1 智慧教学综合系统示意

经过5年多的探索与实践，建成了"一中心两闭环三系统"智慧教学综合系统，即构建了教学数据治理中心，构建了由网络教学平台、智慧课堂平台、实践教学平台和教务管理与服务系统组成的相互补充又相互依存的智慧教学系统，构建了采取评教评学、数据画像、教学督导等方式的全过程教学评价系统，构建了静态和动态数据分析的教学质量分析系统。通过数据驱动，教学质量数据分析（见图2）反馈作用于智慧教学系统和教学评价系统，实现双线循环、螺旋式改进和提升，向教学要质量，形成了数据驱动的智慧教学综合系统赋能高质量教学的新模式，在教育管理与服务、教学应用方面的信息化水平得到了提高。

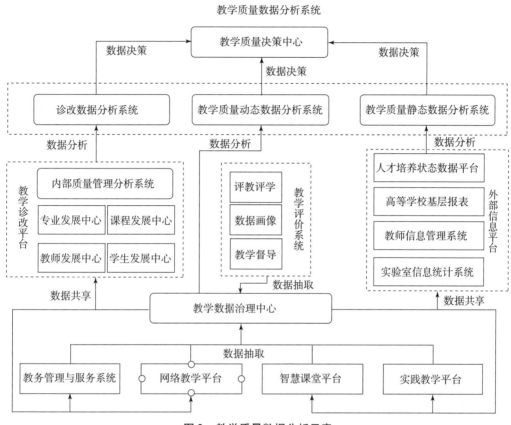

图2 教学质量数据分析示意

（1）构建新型差异化教学和个性化学习模式。学院网络教学平台积累了大量学习资源，把课堂与学习空间相连，拓展了教与学的空间；建设教学素材资源库，使学生获得身临其境的学习体验，为不同学习基础、学习需求提供了适合的学习环境；在线直播、线上教学等新形态突破了传统课堂时空，满足学生多样化需求；智慧教学系统实现实时互动、即时反馈、全程监控，使教师动态跟踪学生学习状态，为学生个性化学习提供了可能。

（2）智慧教学助力课堂革命。构建以改进教学为目标的教学评价系统，激发了课堂教学活力；智慧教学综合系统助力课堂教学，线下互动交流、线上互动教学，通过大数据找到教学问题，促进课堂教学优化，激发了学生学习的兴趣；课堂拥抱信息技术，在课堂教学中创设教学情境，师生角色转换，使学生在课上动起来；实现了教学内容与新技术、新产业、新业态同步变化，新内容及时引入课堂，增强了课程的开放性、灵活性，打造与产业发展同频共振的课堂，让课堂教学"活"起来。

（3）提升教师信息化应用能力。改变教师"被迫"采用信息化手段开展教育教学，从技术运用向融合应用转变，比如在网络教学平台基于混合教改理念建设网络课程。在智慧课堂平台，让老师们更关注课堂教学活动的设计、教学活动的达成度等，使师生无感知应用技术到课堂教学过程；以与清华大学开展的"混合教学改革项目"带动提升教师信息化教学能力，教师能主动适应信息化新技术变革；通过现代信息技术整合教务数据，教务数据高度统一和共享，实现教务全生命周期的协同管理，促进师生信息素养的提升。

（4）坚持以自主网络教学平台开发建设网络教学资源。学院线上教学全部使用自主网络教学平台，加之混合教改成果不断应用于线上教学，课程教学资源不断积累，基本满足学生在线学习，同时，教师课程建设也获得了成就感，避免了教师教学资源重复建设。面对突如其来的新冠肺炎疫情，全院近8 000名学生全部在学院自主网络教学平台开展大规模线上学习，线上互动活跃、总体运行平稳，在线教学氛围和效果良好，基本达到了预期目标。

（5）构建智慧教学评价体系。建立了教学数据治理中心，从数据采集、质量检测、数据清洗到数据共享，从数据治理驾驶舱、系统运行动态监控到全量数据质量报告，实施教学数据治理，实现了实时动态采集智慧教学系统和教学评价系统教学数据，也解决了教学应用孤岛问题；完善评教评学指标体系，建成课程等4个发展中心，并构建了4个层面评价的数据画像，采取线下听课、线上督学、课内监控和课外监测的督导方式形成教学评价系统，实现全过程全方位评价；建立动态数据实时质量分析和静态数据学年质量分析平台，形成教学质量分析系统，分析诊改数据反馈作用于智慧教学系统和教学评价系统，通过数据驱动、双线循环，客观反映课堂教学效果，实现教学质量螺旋提升。

二、特色与创新

（1）创新教学环境，支撑高质量教学方式变革，建立新型教与学模式，使智慧教与个性学成为新常态。在课堂教学中，教师应用智能工具赋能教学，支持开展课堂教学活动，实现教学实时评价、动态选择资源等。在"教"的层面，实现信息技术为教师提供探索教学的平台，课堂教学更加生动活泼；在"学"的层面，学生能够通过智能学习工具实时获得教师帮助，借助微课、网络学习资源等开展个性化学习。

（2）坚持自建网络教学平台，增强学院在线教学能力。一直坚持自主建设网络教学平台，截至目前累计：教学资源达8.53万个，播课单元0.54万个；选课学生达16.80万人，教师进入课程达14.28万人次，学生进入课程达1 293万人次，访客进入课程达8.32万人次，最高日访问达1.6万人次；课程被访问677万次，阅读教学资源870万次，课程讨论区发文130万个，上交作业67万份。自主网络教学平台建设，强化了教育信息化基础能力。

三、效果与影响

1. 成果校内应用成效显著

（1）建成自治区级及以上线上课程27门，建成网络课程269门，线上线下混合教改成效显著。学院自主建设网络教学平台，课程日访问最高达 1 026 人次，课程总访问最高达 6.39 万人次；完成线上教学改造重点课程 86 门和优质核心课程 64 门，项目化教学改革项目 176 个；建成教学素材资源库，视频、动画、仿真等素材达 24 万个；实现线上线下学习的相互补充，融合多种教学模式，助力传统课堂教学改革。

（2）建立智慧课堂教学新模式，课堂教学整体效益明显提高。系统运行两年来累计开展教学活动 1.26 万次，参与学生约 26 万人次，参与率达 77.53%；教师活跃率最高达 156.90%，教师积分最高达 1 473 分，完成听课督导近 2 904 人次，实现了课堂教学针对性教、练、评，提高了课堂教学的有效性。

（3）共享网络课程 576 门，为学院毕业生和地区企业员工提供在线继续学习服务。借助网络教学平台"课程联盟"，与清华大学教育技术研究所合作，对外开放共享优质教学资源，为从学院毕业的近 1.1 万名学生继续提供学习服务，也为地区近 1 700 名企业员工提供继续教育服务，满足职业人员知识更新的需求，培养人们终身学习和主动学习的能力，助力区域产业转型发展。

（4）信息化大赛教师获自治区级及以上奖项 46 项，教师信息化应用能力提升明显。组织了六届信息化教学大赛、五届微课教学大赛，参与的教师达 67%，一批青年骨干教师脱颖而出。

2. 成果推广应用效果明显

该成果在呼包银榆经济区职业院校联盟 36 家职业院校中得到了广泛推广与应用，本成果"1＋N"信息化教学新模式在全国 386 所职业院校数字校园实验校推广交流，并通过教育部发布的《职业教育信息化发展案例报告（2019）》在全国高职院校推广应用。

四、经验与启示

（一）完善和改进教学评价体系

落实《深化新时代教育评价改革总体方案》，整合人才培养全过程的教师教学和学生学习行为数据，构建科学的评价模型，综合反映教学效果与质量。

（二）探索构建 5G＋智慧教学综合系统

积极开展"5G＋智慧教育"应用试点，构建 5G＋智慧教学综合系统，建设"5G＋互动教学"体系、"5G＋智能考试"系统、"5G＋综合评价"体系等，实现课堂沉浸式教学、全息互动教学等应用场景，为职业教育高质量发展提供新路径。

专家点评

该案例为有效解决生源多样化对差异化教学和个性化学习的需求，以及课堂活力不足、教师信息化应用能力不足等问题,坚持问题导向,从内容和体系、方法和技术、服务和管理方面改革,开展系统规划和设计,推进信息技术与教育教学融合发展,赋能高质量教学。

该案例规划建设完成教学数据中心,构建完成由网络教学平台、智慧课堂平台、实践教学平台和教务管理与服务系统等组成的智慧教学系统,支持评教评学、数据画像、教学督导等工作的全过程教学评价系统,实现静态和动态数据分析的教学质量分析系统等3个系统,通过教学质量分析数据反馈作用于智慧教学系统和教学评价系统,实现双线循环、螺旋式改进和提升,构建形成"一中心两闭环三系统"智慧教学综合信息服务系统,实现教与学全过程动态数据采集和效果分析,形成了数据驱动的智慧教学综合系统赋能高质量教学的新模式。

该案例坚持自主开发建设网络课程资源,持续提升教师信息化应用能力,推行"1+N"信息化教学新模式,促进信息技术与教学深度融合,持续筑牢课堂主阵地,重塑课堂价值,使课堂成为有活力、有质量、有智慧的人才培养主战场,提高了教学质量,服务区域经济社会发展能力得到显著提升。

数据治理体系下的高职院校现代化治理水平提升

吉林铁道职业技术学院

一、背景与现状

（一）学校概况

吉林铁道职业技术学院是一所具有优良革命传统和悠久历史文化的省属公办全日制高等职业院校。学院是国家"双高计划"建设单位、国家优质校、国家首批"1+X"证书制度试点单位、国家现代学徒制试点单位、全国就业50强高校、全国黄炎培职业教育奖优秀学校、全国职业院校数字校园建设实验校、吉林省"双高计划"建设学校、吉林省示范性高职院校。

（二）背景与面临的问题

学院于2013年年底整体搬迁至占地1 300余亩的新校区，构建了校园基础网络、虚拟化平台、平安校园、一卡通等系统，但是信息化基础仍旧比较薄弱，主要面临的问题如下：

（1）校园网络速度慢，Wi-Fi接入密度低。
（2）仅有财务、教务、图书等几个分散的业务系统，管理工作信息化水平低。
（3）系统建设分散，数据无法共通共享。
（4）多媒体教室仅配备投影、扩音系统，虚拟仿真实训室基本为零，没有信息化教学环境支撑。
（5）以数据分析为基础的决策支持系统为零。
（6）校园一卡通采用实体卡，物联网建设为零。
（7）平安校园仅有监控，智能化水平低。

（三）问题的解决策略

面对教育信息化对职业教育的革命性影响，以问题为导向，学院制定了一系列的信息化建设目标，自2017年职业院校数字校园实验校项目起，开启了数字化转型的新征程。

（1）要使师生全面享受无处不在的高速校园网络。
学校构建了校园私有云、万兆级核心和Wi-Fi全覆盖、全接入的基础网络。

(2) 要使师生全面享受灵活便捷的在线服务。

构建了30余个业务系统，管理工作全面实现信息化；构建了统一身份认证、统一信息门户，使师生在电脑端或移动端通过一个入口即可访问全部信息系统。

(3) 要使师生全面享受融合创新的数据支撑。

构建了校级全域数据中心，全面实现数据共享和数据价值的深度挖掘；构建了数据运营平台，全面掌握数据资产；构建了融合集成平台，使学院各信息化系统融合成为一体。

(4) 要使师生全面享受泛在、自主、个性化的教学环境。

构建了网络教学平台，一部分教学过程发生在网络空间；构建了104间智慧教室，将教室这一实体空间发生的教学行为全面数字化；构建了30余个虚拟仿真实训室，为师生全面提供贴近现场的实训环境。

(5) 要使师生全面享受透明高效的学校治理。

构建了综合态势感知平台，使学院全面掌握校园当前的安全、人员、车辆、资产等各方面态势；构建了教学诊断与改进系统，使学院全面掌握学院、专业、课程、教师、学生等各个维度的数据。

(6) 要使师生全面享受方便周到的校园生活。

构建了以人脸识别和二维码应用为核心的一卡通系统，全面为师生提供校园身份识别、校园金融、校园餐饮服务；构建了地理信息系统，为师生和各信息系统全面提供校园地理和空间信息服务；构建了物联网平台，全面提升校园环境的可感知水平。

(7) 要使师生全面享受无死角的校园安全。

构建了智能化的平安校园系统，全面保障师生在学院实体空间的安全；构建发展信息和网络安全体系，全面保障学院数据资产的安全。

近5年学院信息化建设投入超过5 000万元，目前，学院是国家职业院校数字校园建设实验校，是紫光旗下新华三集团教育行业样板学校，并向全国各院校传播了我校智慧校园建设模式和经验。

二、特色与创新

(一) 构建了全域数据、万物互联、全面云化、集成融合、面向未来的智慧校园基座

智慧校园建设往往会遇到一些困难。首先，"烟囱式"的信息化系统建设仍旧普遍存在，既会导致大量的重复建设，又会使各个系统无法真正发挥其能力；其次，现有的建设条件往往会制约新的信息化系统建设及发挥其能力；再次，信息化系统能力要能跟上学校快速变化的需求，这要求系统要具备良好的弹性扩展能力；最后，当信息化系统实现大量关联后，单一信息化系统进行更换、升级，往往会影响其他信息化系统。

为解决上述这些问题，要求我们在建设智慧校园（见图1）一开始时就做好顶层设计，要提供完善的平台能力。为此我们构建了MPP分布式数据库、大数据平台、人工智

能平台、私有云平台、地理信息系统、物联网平台、数据运营平台、融合集成平台等一系列的智慧校园基础平台，构建了 SDN 数据中心，在架构上就保证了良好的软硬件弹性扩展能力，未来的信息化系统都可以像"搭积木"一样在这些平台基础上进行建设，运算、网络、存储、数据、安全等各种资源都可以有效满足新系统建设，并能够适应业务系统快速变化的需求。学校所有信息化系统无论是数据还是接口都与数据中心进行单独连接，在逻辑上形成"星形"结构，单一系统的更换、升级都不会影响其他信息化系统。

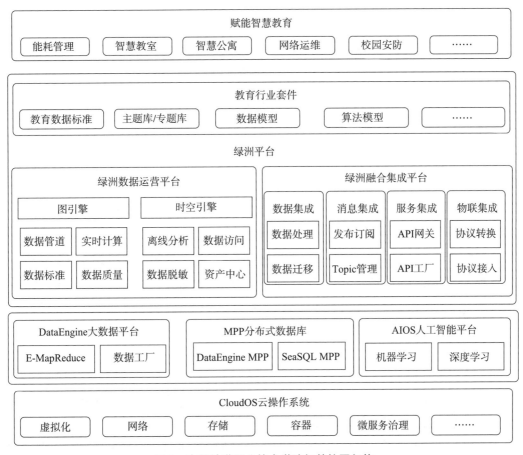

图 1 吉林铁道职业技术学院智慧校园架构

（二）构建了数据全面共享、全面融合、全面安全和全生命周期管理的数据治理体系

数据是智慧校园发挥其能力的核心，数据治理是每一所高校无法绕开的难题。首先，要对数据进行确权、确责，实现"一数一源"，这是解决数据孤岛问题的核心；其次，当数据经过汇聚、清洗、聚合从而完成充分的共享后，学校各个信息化系统将形成一个整体，某一数据的质量将不再仅仅影响本业务系统，因此要对各业务系统采集的数据进行质量监控，保证数据产生的准确性和时效性；再次，当聚合类数据出现问题时，要能够找到发生问题数据的真实来源，因此分析数据血缘将是十分必要的；最后，数据的安全使用是

一切工作的前提，因此必须进行数据的脱敏和安全性保障。

为此，吉林铁道职业技术学院通过数据治理，以大数据平台为核心，针对学工、教务、人事、科研、高职扩招、资产、图书馆、实习实训、财务、就业招生、微服务系统等20余个主要业务系统，经历了数据调研、数据确源、制定标准、数据采集、依标建表、数据清洗等工作，分层建设了数据中心仓库，形成数据资产沉淀到MPP分布式数据库中；大数据平台对汇聚来的数据进行监测，根据需要出具数据质量报告，用以督促各业务系统提升数据质量；数据形成了完整的血缘关系，通过融合集成平台，经过必要的数据脱敏，以服务的形式开放、共享、支撑上层的各类应用。

目前已经完成了数据标准表265个，含数据标准5 023项，其中已经完成数据汇聚的数据元2 745个；ETL任务共计501个，数据质量指标3 564个。

（三）构建了基于数据融合创新、深挖数据价值、数据可视化的智慧校园综合态势感知体系

为使复杂的校园管理业务实现可视、可管、可控，就要深挖数据价值，从而全面提升教育决策科学化、管理精准化、服务个性化水平，支撑构建高质量教育体系。

为此，学校搭建了一系列的智慧类决策支持系统。主要包括：通过智慧校园IOC平台和智慧校园三维空间管理系统，实现了校园整体综合态势感知，包括地理信息管理、安防态势、人员态势、车辆态势、物资态势、位置数据、校园导航等维度；通过物联网平台及相关设备对实训楼的资产进行了资产实时定位及管理；通过教学诊断与改进系统，将各种数据汇聚、分析并进行可视化呈现，支撑人才培养质量提升；通过智慧教室系统将线下教学过程数据化，为各类人员决策提供支持。

三、成果与影响

经过数据治理，在智慧校园基座上，学院建设了一系列的决策支持系统，使学校各管理部门的工作方式发生了改变，越来越多地运用数据分析结果辅助决策。例如：教学督导人员不再挨个教室地听课，而是利用智慧教室管理系统来巡课、听课和通过数据进行精准评价；学生管理人员常态化地使用人员态势感知平台了解学校当前人员情况和处理突发事件；安全保卫人员常态化地使用综合态势感知平台了解学校当前人员、车辆的情况并及时处理各种事件；资产管理人员更多地运用资产态势感知平台进行资产管理；学院领导和各部门领导常态化地通过教学与诊断改进平台的各类数据分析进行决策辅助，等等。智慧校园数据治理逻辑结构如图2所示。

（一）智慧校园综合态势感知（IOC）平台

该平台基于校园地理、空间信息系统，结合各业务系统的数据，从安防、人员、车辆位置、物资等维度实现各类数据可视化的态势分析及动态展示。

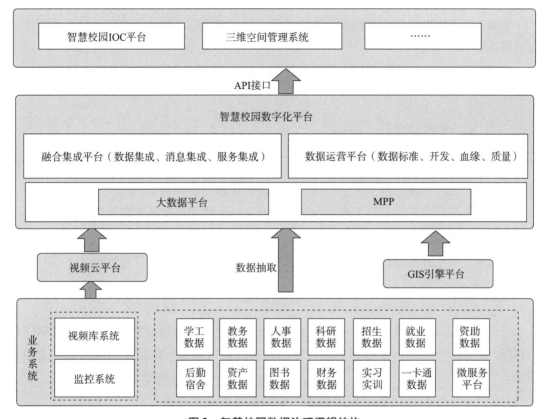

图 2　智慧校园数据治理逻辑结构

案例一：施工将光缆挖断，安防态势立刻显示摄像头出现故障，相关人员立即协调解决问题。

案例二：某学生失联，通过学生行为轨迹分析，半个小时内在 1 200 余个摄像头中将其行为轨迹描绘出来，便于快速找到学生。

案例三：学生发生不正常聚集，在地图上点开覆盖当前位置的摄像头进行实时画面查看并进行处理。

案例四：施工车辆未按照学校规定路线行驶，通过车辆态势分析快速找到其行驶轨迹并按照协议进行处罚。

案例五：资产管理人员快速定位某一区域资产的分布情况，辅助资产清查等相关工作。

（二）智慧校园三维空间管理系统（GIS 平台）

基于该平台，师生可以实现楼层、房间号级别的校内导航等数字地图服务；同时以该平台为框架，可以无缝集成各业务应用系统，建设成一个可持续发展的、开放性的校园地理信息服务平台。

案例六：新生想去财务处交款，可以导航至精确到房间号的财务处。

案例七：平安校园中所有摄像头的位置都根据 GIS 进行了精确的设定，想看到哪里就看到哪里。

案例八：根据 GIS 中路网的分布、人员和车辆轨迹分析可以快速查看人员和车辆走过的道路。

（三）融合集成平台

通过该平台，实现对学校不同厂商多业务系统的数据集成与治理，无论是数据层面还是消息层面，各个系统之间不产生直接交换，保证了独立性和安全性。

案例九：各个系统数据都汇聚到数据中心仓库中，使用任何数据都以接口的形式通过融合集成平台从数据中心仓库中提取。

案例十：各个系统在进行对接时都是在融合集成平台上进行接口封装。

（四）教学诊断与改进平台

将学校各个业务系统的数据进行汇聚，以学校、专业、教师、学生、课程等为维度进行画像，帮助学校诊断人才培养内容，并依据发现的问题进行改进，不断提高人才培养质量。

案例十一：校长想了解学校层面的相关数据，打开驾驶仓，资产、人员、收入、支出、就业、招生等各种数据就会以可视化的形式展现出来。

案例十二：某位教师想了解自己讲授的课程情况，进入平台，关于自己所讲授课程和相关学生的数据会以可视化的形式展现出来。

（五）录播型智慧教室平台

学校 104 间教室全部建设成为录播型智慧教室。学生可以不限地点通过互联网直接接入教室上课；课后学生可以对已经上过的课程进行点播回放。在学生无感知的情况下进行点名、签到。上课过程中学生的学习情况、教师的上课情况都进行数据化并记录下来，为教师本人、督导人员、管理人员的相关决策进行支持。

案例十三：新冠肺炎疫情期间，某些学生非个人原因无法返回学校，学生在家里就可以随同在校的同学一起上课。

案例十四：教学督导人员在指挥中心直接进行巡课操作，各个教室的上课情况就可以按照要求显示出来。

案例十五：教学督导人员和教师可以在课后查看整节课程学生的学习情况，可以查看学生各种行为的比例，以 3 分钟为间隔查看每名学生的行为和参与度。根据教师主导课堂时间的长短，对教师进行类型划分。

案例十六：对于讲授相同课程的不同教师，通过同课异构功能进行数据对比，便于督导评价和教师集体备课等工作。

四、经验与启示

智慧校园往往面临着数据孤岛、重复建设、建用两层皮、信息化系统需求快速变化、信息化系统要求敏捷部署等多方面问题。吉林铁道职业技术学院从一开始就做好了智慧校园顶层设计，构建了全域数据、万物互联、全面云化、集成融合、面向未来的智慧校园基座，使得未来智慧校园的建设得以通过模块化的方式弹性发展。

得益于大数据、人工智能、物联网、5G等技术的应用，智慧校园建设要更加注重数据的融合创新。吉林铁道职业技术学院通过构建校级全域数据中心，与数字孪生相结合，使信息资源得以整合；通过构建融合集成平台，将原本校园各个分散的业务数据进行连接、融合，促进业务的创新、开发；上述两个平台的构建最终实现了校园业务数据统一采集、数据源头统一管理、数据服务统一发布，建成了智慧校园统一大平台，使校园能够智能化、智慧化运行，不仅有利于提升学校整体管理效率，还提高了学校信息化应变能力，提升了学校管理现代化水平。

下一步，吉林铁道职业技术学院会进一步将5G、区块链等最新信息化技术应用于智慧校园，将大数据赋能智慧校园建设，深挖数据价值，打造创新应用，为建设中国特色、世界水平的职业技能型大学而努力奋斗！

专家点评

> 该案例体现出学校重视智慧校园顶层设计，构建形成全域数据、万物互联、全面云化、集成融合、面向未来的智慧校园基座，为智慧校园可持续发展奠定基础。
>
> 该案例注重数据的融合创新，通过构建学校全域数据中心，与数字孪生相结合，使信息资源得以整合；通过构建融合集成平台，将原本校园各个分散的业务数据进行连接、融合，促进了业务的创新；智慧校园统一平台实现了校园业务数据统一采集、数据源头统一管理、数据服务统一发布，使校园能够智能化、智慧化运行，提升了学校整体管理效率和信息化应变能力，促进了学校管理现代化水平提升。
>
> 该案例特点体现在：一是构建了全域数据、万物互联、全面云化、集成融合、面向未来的智慧校园基座；二是经过数据调研、数据确源、制定标准、数据采集、依标建表、数据清洗等工作，形成了完整的数据关联关系，通过融合集成平台，经过数据脱敏，以服务的形式开放、共享，构建了数据全面共享、全面融合、全面安全和全生命周期管理的数据治理和应用体系；三是为使复杂的校园管理业务实现可视、可管、可控，构建了基于数据融合创新、深挖数据价值、数据可视化的智慧校园综合态势感知体系，提升了教育决策科学化、管理精准化、服务个性化水平。

聚焦育人·聚焦创新·聚焦发展

上海市经济管理学校

上海市经济管理学校以"信息技术引领教育教学改革"特色示范校建设为基础，立足信息化标杆校建设，以教育信息化应用为抓手，围绕一条主线、两个中心、五大工程，通过跨部门、跨系统、跨业务的整体联动，构建具有可持续性发展的校园生态环境，以精准智能服务方式，提高师生应用的满足感，促进学科专业体系的完善、教学内容的更新、学习形式的拓展、教学方法的转变，聚焦课堂、聚焦发展，充分利用信息技术的优势，助力实现学生、教师、学校的共同发展。

一、背景与现状

上海市经济管理学校2018年获评上海市首批信息化应用标杆培育校，学校将该建设定义为"一把手"工程，由学校校长沈汉达教授亲自负责，校长、校党委书记担任双组长，其他校级领导为组员，主要负责项目的决策和领导，全面规划发展蓝图，有序推进项目建设。成立专家小组，定期召开专家组会议，论证实施方案，为项目建设提供全程咨询与指导，以确保项目建设的科学性和规范性。成立工作办公室，统筹、协调各项目的人力和物力，确保各建设应用项目按计划有序进行。学校信息化部门技术骨干、专业教师、一流企业三方通力合作模式，形成一支业务精湛、结构合理的教育信息化技术支持和深化应用的队伍。组建各项目工作小组，实行各项目组责任制，每个应用项目配备对口支持人员，全方位提升学校信息化的应用层次，为高效开展信息化应用工作形成保障。

二、特色与创新

（一）聚焦应用体验，打造校园新生态

学校自2015年上海市示范校建设时，就是以信息化作为建设主线之一，建立了教务管理平台、教师听课系统、东西部教学互动平台、师生服务平台。在应用中，虽然实现了无纸化办公，但是使用者需要记住不同账号和登录密码，极为不便。2019年，在我校信息化应用建设中，通过顶层设计、统一标准、平台对接等方式，打造"一网经管"平台。该平台整合已有业务平台形成统一入口，在应用和用户体验上有了更大的改进，为学生教师、管理者提供一站式教育教学服务。同时，作为学校平台基座，不仅整合了原有平台，而且即将开发的系统与平台都在这一平台上完成。此外，制定数据中心接入规范，为与教

育部、上海市统一数字基座对接做好准备。

(二) 集结各类数据，赋能校园治理

随着学校不断发展与管理水平不断提升，学校各级管理者更关注各种数据对于治理学校方面的赋能作用。学校在信息化建设中，注重流程后的各种数据的统计与汇总，充分发挥数据优势，赋能学校综合治理，助力学校数字化转型，已建成巡视巡查数据分析系统（见图 1）和招生数据分析系统，为相关部门提供了有效数据，用于管理与招生决策支撑。

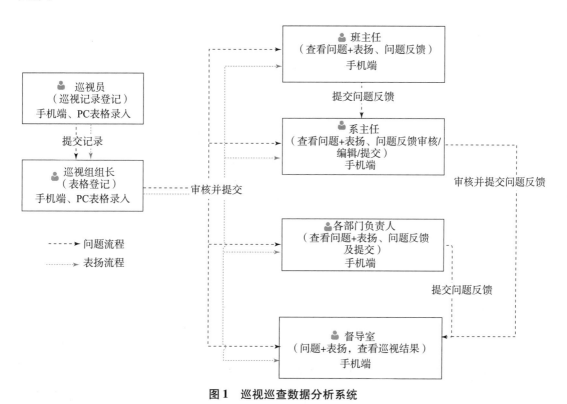

图 1　巡视巡查数据分析系统

(三) 打破学习空间，构建无边界学习环境

学校通过智能无边界教学信息环境建设，解决了实训教室不够用、班级固定学习空间不够、教学资源校内校外充分应用不够等问题。云桌面系统的部署，极大提升了实训机房管理效率，传统 21 间机房需要 6~8 名管理维护老师，而经过虚拟化建设之后，全校 21 间云教室仅需要一到两名维护管理人员，并且能够将以往更新软件、同步系统这样烦琐耗时的工作集中在服务器上安装，快速推送到客户端的任务。限于网络安全控制，学校很多学习资源、实训系统、校务办公应用只能校内访问，通过云桌面系统，老师、同学就可以随时随地访问校内资源。目前我校教师云账号共有 145 个，云教室拓扑结构如图 2 所示。

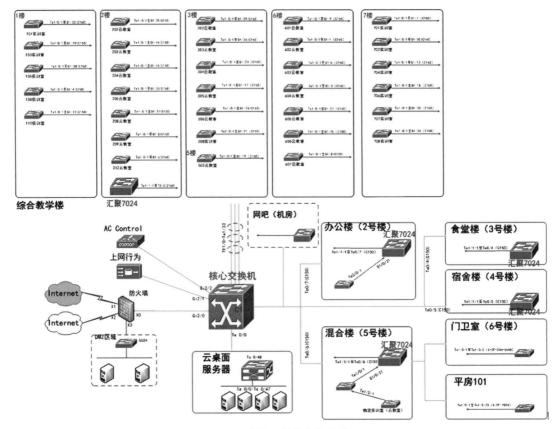

图 2　学校云教室拓扑结构

（四）立足品牌专业，践行混合式教学模式

学校拥有上海市三大品牌专业，基于此，信息技术、财经和商务三大专业群发展态势良好，根据相关课程的地位、性质、教学资源基础等特点，学校分别选择了上述专业的"电子电工""数据库技术""二维动画设计与制作""银行柜面业务处理""金融客户服务""金融服务英语""证券投资分析""职场日语"等课程进行混合式教学改革试点。学校不仅在整个教学过程中贯穿使用混合式教学方法，而且根据专业特点与教学需要，创新构建了线上线下深度融合的混合式教学模式。这种模式不再是信息技术与教学的简单叠加或生硬结合，而是根据具体教学情况将线上教学与线下教学有机融合，渗透于课前课中课后，服务于教学质量与效率的提高。具体而言，学校依托计算机应用、商务日语、金融事务等专业分别构建了以"岗位体验""3D 元素情境""课程知识流"为典型特征的三大混合式教学模式，如图 3 所示。

（五）开发虚拟仿真，构建混合式教学实训系统

学校龙头专业，上海市品牌专业物联网技术专业率先将虚拟仿真技术运用到实训系统

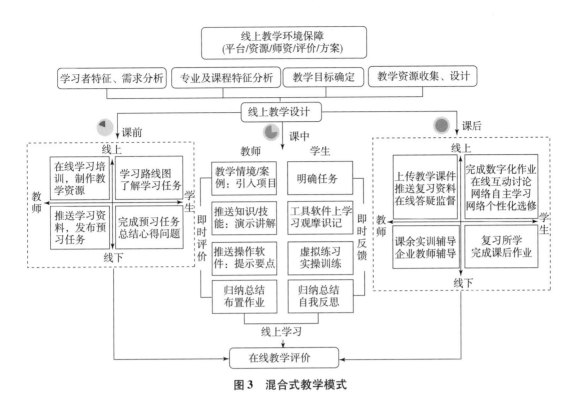

图3 混合式教学模式

建设中。通过将"实物实训"与"虚拟实训"相混合,构建了混合式教学实训系统。以网络施工岗位体验室为例,它不仅引进企业真实岗位设备,形成了真实的网络施工环境,还构建了集虚拟仿真系统、网络平台和可视化教学平台为一体的虚拟环境,模拟综合布线工程设计、网络跳线制作与测试等项目,通过"虚实结合"突破了传统实训方式的局限性。随着虚拟仿真技术、虚拟增强技术、虚拟现实技术的发展,职业教育课程资源建设进入了最佳时期。专业充分应用以上技术解决实践教学中难实施、难再现、难评价和难共享的问题。在前期电子课件、电子教案、视频教程、学习任务方案、习题库、练习操作平台等资源基础上,本专业积极与企业共同研制与开发了系列虚拟仿真课程资源,形成虚拟演示、虚拟互动、虚拟体验、虚拟考核的虚拟仿真教学形式。课程虚拟仿真系统建成后,有力推进了专业课程教学改革。2021年,在此基础上的物联网技术专业获批成为上海市虚拟仿真实训基地建设单位。同时与青海省重工业职业技术学校等兄弟院校共享,为其教学资源建设和课程改革提供了借鉴。

(六)提升学生信息素养与人文素养

学校在教育教学过程中,特别重视学生人文素养教育,建立人文素养知识学习内容,动态升级人文素养教育资源库,以25册人文素养素材为基础,建立人文素养课程知识,扩充人文素养知识点,开发互动资源,丰富练习题库,构建基于课程知识点的动态升级和更新资源库。

进一步开发与专业特点相符的职业人文素养课程，逐步形成"1+X"的人文素养提升模式，其中"1"为通识类人文素养，"X"为职业类人文素养。充分运用虚拟仿真、人工智能打造智慧人文素养体验空间，提升人文素养体验馆基础服务能力：通知预告；实时人数统计、视频直播、虚拟现实互动、互动投票；数据分析与挖掘，优质资源入库，视频点播、活动评价等。

三、成果与影响

（一）"停课不停学"，疫情期间线上教学

2020年全国发生新冠肺炎疫情，各省市在疫情期间"停课不停学"。学校根据上海市教委统一部署，成立网上教学工作专班，制定符合学校实际的网上教学实施方案。从学校信息化基础出发，在线教育教学综合平台、网上教学工作专班上下联动、发挥优势、整合资源，服务师生、满足多元需求，提前谋划、及时响应，做好技术支持和保障工作，明确工作要求和时间节点，确保网上教学有序开展。

（二）案例广泛推广，赢得多方赞誉

学校作为"上海城市经济职教战略联盟"发起单位，多次组织全市及长三角范围内的信息化教学、管理等交流活动，推广数据赋能的成功经验，取得良好社会效应，学校办学成果被广泛认可。

（三）教育信息化，学校师生共成长

1. 社会各界认可度高，学校屡获殊荣

学校自建设以来，通过信息技术手段不断促进教育教学、校园治理、学生管理等，成效显著，得到社会各界广泛认可，获得荣誉较多。

2. 育人成效凸显，学生大赛捷报频传

多年来，学校将技能比赛常规化，使"普通教育有高考，职业教育有大赛"的局面在全校铺开，学校开展一系列教学改革探究活动，不断调整和优化专业结构，大力推进人才培养模式创新和教育教学改革，教师的综合能力以及学生学风和实践动手能力得到了显著提升，实验实训条件有了较大改善，校企合作进一步深化，专业影响力进一步扩大，实现了"以赛促教、以赛促学、以赛促改、以赛促建"。到2021年，上海市经济管理学校学子在全国职业院校技能大赛上共取得了29金24银20铜的优异成绩，三位参赛同学被授予"上海市技能标兵"称号，学校近4年国赛获奖始终位列上海市第一。

在学生社会责任、综合素质培养与管理上，同样佳绩频传。通过参加各类活动，学生深刻践行社会责任感、磨炼意志、增长才干。在团中央等部门主办的寻找最美中职生活动中，吴鑫淼同学获全国最美中职生称号；15009团支部获评全国五四红旗团支部；在"挑

战杯"双创大赛中，环保作品《改良城市原有保洁基建设施——固液分离垃圾回收装置》获全国二等奖，并取得专利。

3. 教师信息素养提升，各类比赛屡获佳绩

信息化标杆校开展建设以来，教师信息化素养不断提高，积极利用信息及信息技术开展学习、研究和工作。4 位教师获得全国职业院校教学能力大赛二等奖；上海市职业院校教学能力大赛获得 4 个一等奖、4 个二等奖。3 位教师获得上海市教学法比赛一等奖。

四、经验与启示

在信息化建设过程中，下一步要重点将数据治理和服务工作做好，努力提高学校综合信息化水平，有以下 3 点启示：

（一）深入推进数据治理

下一步学校将深入推进数据治理工程，通过打通多个部门的数据库，畅通教育信息流通渠道，使互联互通的数据产生"1＋1＞2"的叠加效应，充分发挥数据优势和价值。从多个数据源、多种数据形态、多种数据格式中逐步汇聚数据，形成核心数据仓库，为数据应用、数据分析提供有效的数据基础，并能从海量数据中根据需求挖掘出有用信息，为教育教学及学生成长提供服务。

（二）持续优化数据分析

基于物联网等新技术的深度应用，构建智慧平安、绿色、健康校园，推进教育评估数字化，开展数据驱动的教育综合评价各类应用。通过多维度数据监测与分析，支持学生综合素质提升、立德树人等方面的成果展示。开展以教学和管理应用为导向的数据治理，通过汇聚、过滤、分析等过程，挖掘职教学生潜质、特色，支持职教学生学业发展与职业生涯规划，对学生全面发展提供精准化服务，为教师专业化发展提供数据支撑服务，为学校管理者提供全方位决策分析，为教学整改提供数据系统支撑。依托伴随式数据采集，建立长周期、跨场域、多维度的师生画像。加强教育评价数据治理，构建覆盖师生终身的数字档案，为学生成长与教师发展提供精准指引和指导，推进学校教、学、管、评、研一体化。

（三）5G＋智慧教育应用

依托 5G 网络超高速、低时延、大连接、高可靠等特性，学校将积极推动 5G＋智慧校园建设，围绕 5G＋互动教学、5G＋智能考试、5G＋综合评价、5G＋智慧校园、5G＋区域教育管理等领域重点环节多区域建设，实现校园中室内室外 5G 全覆盖网络。

专家点评

一、教学改革的背景

通过跨部门、跨系统、跨业务的整体联动，构建具有可持续性发展的校园生态环境，以精准智能服务方式，提高师生应用的满足感，促进学科专业体系的完善、教学内容的更新、学习形式的拓展、教学方法的转变。

二、教学改革做法

学校根据信息化建设总体目标，围绕学校教育教学中的"教""学""管""评""考""服务""资源""家校"八大场景应用，夯实基础建设工程、深化混合教学工程、打造信息化业务全流程、采集教育教学管理数据工程、提高师生信息素养工程。

学校建设了校园智能物联网、教育云网融合、深化混合教学工程等，定制开发了在线教育综合管理平台，建立了引领式自主学习系统，新建市级精品课程、市级网络课程、校级精品课程、校级网络课程，开发基础教学资源多媒体课件，新编和修订校本教材，开发数字化教材，并在此基础上对杂乱无序的教学资源进行高度整合，形成了实时更新、系统开放的专业群教学资源库。学校构建了混合式教学实训空间，"实物实训"与"虚拟实训"相混合，加强了信息化应用效度，构建了混合式教学实训体系，突破了传统实训的局限性，提升了中职学生实训效果。

三、特色和成果

学校通过信息技术手段不断促进教育教学、校园治理、学生管理等方面的发展，成效显著，获得荣誉10项。学生在近4年全国中等职业学校技能大赛国赛成绩优秀。教师信息化水平与信息综合素养得到很大提升。学校社会服务工作赢得了社会广泛赞誉。

信息化支撑职业教育区域协同发展模式探索与实践

青岛职业技术学院

一、背景与现状

（一）背景

青岛职业技术学院是一所省市共管、以市管为主的全日制职业院校。在职教职工781人，全日制高职在校生13 000余人。学校秉持"修能、致用"院训，实施"品牌办学"战略，以办人民满意的教育为宗旨，以服务地方经济社会发展为己任，坚持产教融合、校企合作，坚持工学结合、知行合一，努力建设中国特色高水平应用技术型大学。

学校在2016年与青岛市教育局联合，率先开展"五年制中高职贯通培养"改革，并成立了青岛职业技术学院应用技术学院，与青岛市18所中职学校联合成立"青岛中高职一体化培养职业教育集团"，开展共同培养，至2017年招生达2 500余人；同时组建了高职院校校企合作联盟，牵头成立了青岛市高等教育研究会高职教育优质课程共享中心等，探索和推进中高职集团化培养项目、集团化办学和混合所有制办学新模式。学校联合各方组建了试点项目理事会，中高职专业建设指导委员会、学生工作委员会、师资培训工作委员会，质量监控保障委员会等协调领导组织，为青岛职业教育区域协同发展构建了组织保障。

（二）现状

近年来，学校深化"融合化、智慧化、国际化"发展战略，大力开展智慧校园建设工作，全面推动信息技术特别是智能技术与教育教学深度融合创新工作，智慧校园基本建设完成，"人人皆学、处处能学、时时可学"的智能化学习环境基本完善。学校与相关院校以信息化、智慧化为依托，针对中高职贯通培养和青岛职业教育协同发展面临的问题与痛点，大力开展线上与线下相结合的跨校混合教学模式创新、信息化教育教学资源建设、教师信息化教学能力协同提升等，积极推动学校与区域职业院校信息化教学创新发展，全面带动发展了中高职贯通培养涉及的18所中职学校及区域职业院校的信息化教学环境、网络教学空间、课程数字资源和教师信息化水平，成效较为显著。

学校在服务青岛职业教育区域协同发展方面，通过构建基于互联网的系统化学习环境全面有效地拓展了现有的学习环境，不断深化教育资源共建共享，大力开展线上线下混合式教学模式，既符合新时代下新职教对教育教学改革的需要，也符合新时代青岛乃至山东区域经济对技能型复合人才培养的需要。学校通过加快智慧校园建设，全面促进信息技术和智能技术深度融入教育教学和管理服务全过程，不断提升区域职业教育院校协同改进教学、协同优化管理、协同提升绩效，从而推进各院校管理方式变革，提升管理效能和服务水平，有力地支撑了青岛乃至山东区域经济建设。

二、特色与创新

学校立足引领带动青岛职业教育区域协同发展，全面做好顶层规划，构建了以信息化、智慧化为主线并不断完善的"四维一体的中高职衔接跨校混合教学模式"，在服务青岛乃至山东区域人才培养与质量提升方面取得了良好成效。学校统筹自身、中高职院校、社会企业三个方面的信息化教学平台与资源，服务青岛职业教育区域协同发展水平得到极大增强，创新性地提出"同标准建设校园基础设施平台，同标准建设信息化教育教学平台、共建共享数字化课程资源、协同打造信息化教师队伍"，四个维度协调统一、螺旋上升的"四维一体中高职衔接跨校混合式教学模式"。

（一）同标准建设校园基础设施环境和物理教学空间

学校牵头制定统一的校园基础设施环境建设标准，并在青岛市教育局统筹协调下，在区域中高职院校推广实施。通过搭建青岛职业教育虚拟网，为实施区域职业教育协同发展提供基础设施环境保障。同时，为有效提升发挥高职院校师资资源优势，全面辐射中职学校，学校牵头制定具有直播互动功能的智慧教室建设规范，青岛市教育局投资近600万元建设了19间该类型智慧教室，为中高职教师协同教学、同步直播互动等混合式跨校教学模式创新与实践奠定了物理协同教学空间。

（二）同标准建设教学平台，建成统一网络教学空间

为深化跨校混合式教学模式改革，学校建设部署了清华在线教学平台，并进一步整合学校原有的智慧树共享课平台、泛雅教学平台等多个教学平台资源，实现智慧校园统一身份认证，形成统一网络教学空间门户，同时学校与相关院校联合印发《数字化教学平台应用管理办法》，为区域职业院校师生提供了便捷的教学服务。通过统一的网络教学空间（见图1），中高职教师协同合作育人，由原来的分段式以"教"为主逐渐转变为全程化以"导"为主，学生参与教学互动积极性大幅提升，中高职学生注册人数50 000人以上。网络教学空间同时延伸到学生顶岗实习阶段，对学生实习实现课程化管理。学校2019年荣获全国职业院校实习管理案例50强。

（三）共建共享数字化课程资源

支撑青岛职业教育区域协同发展的基础是可共享课程资源。学校以中高职跨校混合式

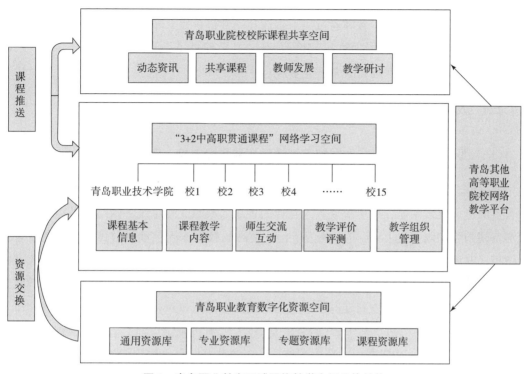

图 1 青岛职业教育区域网络教学空间总体结构

课程建设为抓手,积极推进课程数字化资源的共建与共享。一方面,学校积极推进校级、省级、国家级精品在线开放课程建设进度与质量建设,全面推广共享各级精品在线开放课程达 420 余门,并与中职院校师生共建,打造适合中职起点学生的类型课程;另一方面,学校教师带领中职教师共同开发建设完全适配中职起点的跨校线上线下相结合的混合式课程,目前已完成 79 门。利用线上资源共享优势,中高职院校教师以及企业兼职教师开展协同备课、协同教学、协同研究、共同评价。以课程为纽带,中高职院校教师依据自身环境分别开展线下教学,线上线下相互衔接,区域职业教育协同课程教学质量得到大幅提升,课堂满意率达 96%。

(四)协同打造信息化师资队伍

中高职教师协同开展线上线下相结合的混合式教学是区域职业教育协同发展的关键。学校积极协调青岛市教育局每年拨付 150 万~200 万元,用于中高职院校教师教学能力提升。培训的重点内容是信息化课程开发实践,着重提升教师运用现代信息技术手段整合教学资源、灵活处理教材及设计开发课程的能力。模式主要是由学校一名教师带领 4~5 名中职教师组建课程团队,在实践中研修、在研修中实践,教师整体信息化理念、素养和教学能力得到较大提升。为提升培训效果,还建立了培训考核机制,学员展示课程开发作品,并就作品内容进行公开答辩,答辩通过后上线运行。培训、实践、作品展示、答辩、上线，螺旋式上升的中高职师资团队信息化教学能力体系逐步完善。

中高职教师及企业兼职教师通过线下直播互动型智慧教室和线上统一网络教学空间开展协同备课、协同研讨、协同教学、共同评价，有效促进了中高职专业建设、课程设计、教学组织、顶岗实习等课程化、全程化管理。

三、成果与影响

（一）职业教育区域协同发展数字化课程资源建设丰富，应用效果良好

通过整合清华在线、超星泛雅、智慧树、智慧职教等网络教学平台，网络教学空间和课程资源建设成效明显，初步形成人人互通的青岛区域职业教育统一网络教学空间，网络教学空间师生利用率达100%。以此为依托，中高职教师深入推动翻转课堂、跨校混合式教学模式改革，各院校教师整体信息化教学比例达95%以上。通过大力开发优质数字资源，学校建成校级精品资源共享课（在线课）101门、中高职跨校混合式教学课程500余门。基于区域职业教育院校共建共享后选出的面向全国高校及社会开放的共享课程46门，选课学校数达3 000余所。其中，"服装色彩搭配""看美剧学口语"2门课程被评为国家精品在线开放课程，19门课程入选山东省精品资源共享课程，4门课程获评山东省成人高等教育（继续教育）数字化课程。牵头、参与开发优质专业资源库建设6个，建设智能实训室管理、化工仿真、人力资源对抗等50余个模拟仿真实训软件。信息技术带动引领教学改革和创新发展取得新成效。"'三化'联动，打造区域职业教育资源网络学习空间"荣获山东省教育信息化优秀案例，"基于标准化的在线开放课程建设与运行路径"荣获全国高职高专校长联席会议优秀网上金课案例，学校的国家职业院校数字校园实验校项目阶段性探索成果被山东省教育厅推荐入选"2019年中国教育信息化创新发展论坛"典型案例。

（二）职业教育区域协同发展，信息化师资队伍建设成果丰硕

近几年，学校协调青岛市教育局累计投入资金580万元，培训中高职教师474人，通过多种形式开设100多门专业课程，培训学时超9万，教师教学能力得到较大改善。其中，367人通过信息化培训获得合格证书，通过率77.4%。322名中高职教师通过高校教师资格证，通过率为67.9%。

学校教师获得国家级信息化教学大赛一等奖2项、二等奖2项，三等奖4项；省级信息化教学大赛获得一等奖2项、二等奖4项、三等奖8项；引领带动中职学校教师建设的"电器控制技术"等17门课程获得山东省精品资源共享课，23名中职教师在山东省信息化教学大赛中获奖，8名中职教师在全国职业院校信息化教学大赛中获奖。

围绕青岛职业教育区域协同发展，学校"基于协同视角的中高职贯通培养机制研究——以青岛市为例""'中高职贯通'现代学徒制人才培养模式改革研究""高职混合式课程设计与实施模式探索"等5项课题获得山东省职业教育教学改革研究项目立项，共发

表《政府主导下的中高职贯通现代学徒制人才培养改革实践》《区域中高职贯通培养改革背景下的教师职业能力提升实践探索》《青岛市中高职贯通培养模式改革实践研究》等相关研究论文 18 篇。2021 年，学校入选山东省"智慧教育示范校"建设单位。

四、经验与启示

学校以信息化、智能化为支撑，深入探索实践中高职院校学生贯通培养及青岛职业教育区域协同发展，有效地解决了青岛区域各中高职院校在地理上比较分散、联系上不够紧密、人才培养过程性的精准帮扶和交流困难等问题，加强了校校合作的紧密性。创新性地提出并不断完善"四维一体的中高职衔接跨校混合教学模式"，同标准构建物理教学空间和网络教学空间，在共享课程资源建设和信息化师资队伍打造方面取得丰硕成果。构建了信息化支撑下的一体化课程体系，为区域职业教育协同发展开展"四统筹"（招生就业工作统筹、学生管理工作统筹、教学管理工作统筹、教师培训工作统筹）、"五统一"（统一教学计划、统一教学大纲、统一教学进度、统一课程标准、统一考核标准）奠定了坚实的基础。

学校通过国家职业院校数字实验校项目建设既全面促进了青岛职业教育区域协同发展，也全面打通了校际间教师、学生的互动交流，对如何整体提升区域职业教育协同发展、中高职贯通培养，提升人才培养质量，形成了能借鉴、可复制的中高职衔接模式，具有较高的示范作用和参考价值。学校建设经验"基于优化'县区域'职教教学资源的集团化办学模式改革与实践"获得 2018 年山东省职业教育教学成果二等奖、"青岛职业技术学院五年制高职教育贯通培养改革项目"获得青岛市教育体制改革成果奖，《青岛日报》也以"实施五年制高职贯通培养　构建青岛特色现代职业教育体系"为题，给予专题报道。

专家点评

该案例针对青岛中高职业教育协同发展、贯通培养面临的难点与痛点，与市属 18 所中职学校合作开展"五年制中高职贯通培养"项目，通过成立项目理事会等工作机构，协同改进教学、协同优化管理、协同提升绩效，落实了青岛职业教育区域协同发展组织保障，实现了机制创新。

通过构建基于互联网的教学和学习环境，以共建共享的教学平台和优质教学资源中心为支撑，同标准构建线上线下教学和学习空间，完善激励机制，协同提升师资队伍信息化能力，推进线上线下跨校混合式教学改革，创新性提出和推进"四维一体的中高职衔接跨校混合教学模式"，构建形成中高职贯通的职业教育人才培养体系。区域职业教育实现招生就业、学生管理、教学管理、教师培训"四统筹"，以及教学计划、教学大纲、教学进度、课程标准、考核标准"五统一"，有效促进了青岛职业教育的协同发展，打通了校际间教师、学生的学习交流、资源共享，增强了区域中高等职业教育协同发展，提升了人才培养质量，形成了能借鉴、可复制的中高职衔接人才培养模式。

依托国家级教学资源库的带电作业信息化实训教学探索与实践

广东水利电力职业技术学院

一、背景与现状

电力行业是典型的高风险特种作业行业，电力类职业院校亟须解决教学手段不能满足电力特种作业"高风险、进不去、动不得"的实操要求、带电作业实训教学资源难以满足混合式实训需求等问题。本案例依托国家级教学资源库这种普惠性国家资源平台，利用自主研发的电力虚拟仿真软件，分解成颗粒化实训资源，以积件的方式供师生自由搭建混合式实训，进行了有益的探索与实践。

广东水利电力职业技术学院供用电技术专业是广东省第一批高水平专业群的龙头专业，近十年来，先后完成了国家骨干高职院校重点专业、全国水利示范专业、广东省示范专业、广东省首批一类品牌专业、广东省一流院校高水平专业和教育部高等职业学校创新行动计划骨干专业建设。

供用电技术专业在立足电力行业特色的基础上，紧紧围绕产业发展需求，以人才互用、成果共享、利益共担来进一步深化校企合作，构建了协同育人新生态、创立了开放育人新范式。2019年，由我校作为第一主持的国家级供用电技术专业教学资源库获得教育部立项，逐步建设"四层二维"的电力教学资源体系，并利用自主研发的系列化虚拟仿真软件，重点打造"电力仿真中心"带电作业实训教学模块向全国推广应用。2020年1月至今，全国共有156家学校和59家企业运用"电力仿真中心"模块开展混合式教学和培训，取得了良好的应用效果。

二、特色与创新

（一）主持国家级教学资源库，建设育训并重资源共享平台

建设国家级供用电技术专业资源库，利用智慧职教平台开设在线开放课程和慕课，向在校师生、企业员工、社会学习者以及"一带一路"国家开放。通过电力标准引领资源素材建设，"电力仿真中心"带电作业实训教学模块等教学培训模块校企通用、跟踪前沿技术及时更新，构建了"育训并重、开放育人"的人才培养新生态，有力支撑国内电力类复合型技术技能人才培养，服务中国电力企业走出去。

（二）自主研发系列仿真软件，创建了"理、虚、实一体化"教学模式

专业团队自主研发的系列化电力虚拟仿真软件，涵盖高压试验、输电线路、配网运维等电力核心领域的89项核心技能操作项目，成果在全国高职高专校长联席会议上展示，获得全国高职院校技术研发与应用成果奖，并以科技成果转化的方式向全国推广。

创建了"精讲理论、虚拟训练、实操提升"的"理、虚、实一体化"教学模式，有力推进了电力类专业"三教"改革，实现了学生职业能力三阶段螺旋上升，并以此完成的作品"变电站典型设备高压试验"获得2019年全国职业院校教师教学能力比赛一等奖。

（三）虚拟仿真系统上线，打造"电力仿真中心"带电作业实训教学模块

我校自主研发的虚拟仿真软件系统具有独立自主知识产权，因此，我们可以将《电气设备高压试验三维仿真系统》《电气设备倒闸操作三维仿真系统》《电力系统工程图——实用图解教学系统》《配电作业三维仿真培训系统》《电力作业典型事故模拟体验系统》等软件系统分解为89个实训颗粒素材，逐步形成积件式的"电力仿真中心"带电作业实训教学模块。全网用户均可根据自身需求自由调用模块中的实训素材自由搭建混合式实训。例如：同步发电机的空载、短路、零功率因素特性实验、电网的电流保护等。搭建好的实训项目可以进行调试和实时运行，并可进行交互式操作。当前，可通过该模块进行高压试验、倒闸操作、配网运维、配电作业等带电作业实训（培训）项目。

三、成果与影响

（一）主要成果

1. 标准引领，四层二维：校企共建国家级教学资源库

基于"互联网＋职业教育"思维引领专业发展，建设标准化、个性化教育资源。通过引进标准、制定标准引领育人，通过资源建设、资源开放支撑育人，解决了高职院校供用电技术专业建设中，职业标准与教学标准不融合、资源重教学轻培训、不能有效共享等问题。

联合国内16家高职院校和电力龙头企业，依据电力标准规范，构建了四层二维架构的资源体系（四层：基本素质层、基本技能层、专业技能层、拓展技能层；二维：学校教育、企业培训），建设了基于"互联网＋职业教育"的国家级供用电技术专业教学资源库。

当前全库共建设了9个专业应用模块、30门标准化课程、8门专业双语课程、18门专业慕课、1 450门微课和22 230条符合电力规范的高质量教学资源，全面覆盖供用电技术专业及专业群的课程体系。

截至2021年3月，全库实名注册学习者逾8万人（2020年2—6月疫情防控期间，新增用户近3万余人）、产生各类线上学习交互4 566万次；全国2 114家单位调用资源库资

源,实际应用率在全国203个国家级资源库中排名第24。

利用资源库的8门专业双语课程,电力企业开展柬埔寨、越南、老挝等援建职工的培训,取得了良好的培训效果;还应用于乌干达石油学院、坦桑尼亚阿鲁沙技术学院开展的中非合作办学、"中老"铁路电力配套工程的培训工作等,满足了"一带一路"国家和企业对电力人才培养的需求。

2. 自主研发,线上应用:打造"电力仿真中心"带电作业实训教学模块

针对电力类专业"高风险、进不去、动不得"的教学实训难点,专业团队以广东各电压等级变电站和输配电线路为原型进行职业情境建模,真实还原带电作业现场,自主研发系列虚拟仿真软件4套共计89个项目。自主研发的电力虚拟仿真系列软件根据带电作业实训实际,拆分为实训颗粒化单元,形成积件式的带电作业实训素材库。全网用户均可根据自身需求自由调用素材库中的实训项目任意搭建线上(线上线下混合式)实训,以线上线下相结合、虚实结合的方式进行技能训练,让学生在零风险的仿真环境下进行反复学习,在线考核合格之后,方可进入实训现场进行实际操作演练,可降低操作安全风险,提高学生专业技能水平,增强就业竞争力。

以高压试验仿真软件系统为例,该系统模拟的是广州琶洲地区某110 kV变电站,根据企业标准,开发了高压断路器、互感器等变电站典型设备绝缘预防性试验项目,实现了安全工器具选择、试验操作指引等多项功能,教师可根据高压试验实训进度、学生掌握程度、实训场地(设备)数量等实际情况,将颗粒化实训资源任意组合,开展混合式实训教学,同时,我们还同步开发了在线考核系统,师生均可对知识及技能点掌握情况进行评价。

3. 虚实结合,问题导向:创建"理、虚、实一体化"教学模式

本专业团队对传统的电力类核心课程教学方式(即理论教学结束后直接进入实训)进行了改革,利用"电力仿真中心"带电作业实训教学模块,进一步构建"理、虚、实一体化"的教学模式(见图1)。通过精讲理论、线上虚拟、实操提升的衔接融合,有效解决了带电作业实训难题问题,在"电气试验"等8门专业核心课程均已采用此教学模式,取得了良好的教学效果,形成了可借鉴的教学范式。以此完成的作品"变电站典型设备高压试验"先后在广东省和全国职业院校教师教学能力比赛中夺得一等奖。

(二)主要影响

1. 成果在全国同类院校推广应用

近5年来,在长沙电力职业技术学院、福建水利电力职业技术学院、全国电力行业指导委员会、湖湘楚怡职业教育大讲堂、中国电力出版社、全国骨干教师培训班等单位进行教学能力比赛经验分享30余场,接待包括贵州大学、哈尔滨工程大学等校进行"电力仿真中心"带电作业实训教学模块的应用交流30多次,对海外短期留学生进行培训指导,对新疆职业技术学院、甘肃水利职业学院等院校进行线上专业建设指导。

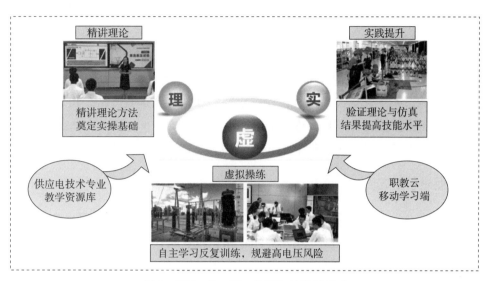

图1 "理、虚、实一体化"的教学模式

2. 成果获得了相关企业协会的认可并推广

本案例获得全国电力行业产教融合十佳案例；在电力行业指导委员会供用电专委会会议、中国电力出版社举办的全国电力教育改革研讨会中得到了企业推荐；团队成员受广州供电局邀请担任"工匠杯"内训师专家评委，并指导参加"第三届全国学习设计大赛"获得金奖。与广东电网公司、华电集团广东分公司等企业的合作育人模式得到企业认可，混合式带电作业模式在全国同类院校中复制实施。

3. 成果获得教育部门高度评价

该成果在教育部创新行动计划骨干专业认定、广东省一类品牌专业验收、广东省一流院校高水平专业验收、广东省第一批高水平专业群立项等过程中获得评委专家高度评价。输电线路运维、机电一体化等多个专业聘请成果主要完成人指导参赛作品并获国赛大奖；广东工程、佛山职院等多家院校聘请成果主要完成人指导混合式实训教学建设。

4. 成果获得社会各界和媒体广泛关注。

近年来，学习强国、《广州日报》、"南方＋"（广东头条新闻平台）、现代职业教育网、《现代职教》杂志、《中国职业技术教育》杂志、《中国电力教育》杂志、中国电力出版社公众号等多家媒体，先后对供用电技术专业教学资源库及"电力仿真中心"带电作业实训教学模块应用所取得的成果，进行了广泛、深入的报道。

四、经验与启示

（一）提升专业水平与团队实力

通过国家级供用电技术专业教学资源库建设，尤其是"电力仿真中心"带电作业实训教学模块的建设和推广应用，能有效提高老师的研发能力、提升带电作业实训水平。通过本案例的应用，供用电技术专业整体水平及综合实力得到了大幅提高，2020年通过广东省首批一类品牌验收，2021年获得广东省第一批高水平专业群立项。培养了省级教学名师1名、南粤优秀教师2名、全国水利职教名师和职教新星2名；专业团队获得全国职业院校技能大赛教学能力大赛一等奖1项，获评省级精品在线开放课程6门，出版精品教材12本，作为第一主要技术负责人开发建设了国家级供用电技术专业资源库，获得20多项省级教科研项目，取得国家专利和软件著作权14项。

（二）促进学生成长

混合式实训教学能大幅延伸学生的实训教学空间，提升学生技能水平。自"电力仿真中心"带电作业实训教学模块投入线上应用以来，我校累计培养电力类学生5 536人次，学生不再受限于实训场地和实训课时，实现随时学、随地练。我校电力类毕业生连续2年在广东电网公司校园招聘考试中录取人数位列全国高校第一，求人倍率多年保持在3.5以上，用人单位满意度达到100%。2年来，学生在职业技能大赛等技能竞赛中获国家级及省级16项。

（三）服务国家智能供配电升级改造

我校以混合式实训模式为主的特种作业考核点是全国高职院校中为数不多的电工特种作业考核鉴定点，近年来为粤港澳大湾区内电力企业开展用电检查员、高压电工等工种培训鉴定，其中高端培训占三分之一以上，培训粤港澳电力企业员工3万余人次，社会服务贡献突出。通过电力虚拟仿真软件的研发，更是为专业培养了一支优秀的技术服务团队，通过技术改造助力中小企业，为解决小水电、农网改造、南方电网增效扩容等技术难题提供了智力支撑。

专家点评

广东水利电力职业技术学院供用电技术专业是广东省第一批高水平专业群的龙头专业，近十年来，先后完成了国家骨干高职院校重点专业、全国水利示范专业、广东省示范专业、广东省首批一类品牌专业、广东省一流院校高水平专业和教育部高等职业学校创新行动计划骨干专业建设。

特色：

（1）主持国家级教学资源库，建设育训并重，资源共享平台，有力支撑了国内电力类复合型技术技能人才培养，服务中国电力企业走出去。

（2）自主研发系列仿真软件，创建了"理、虚、实一体化"教学模式，实现了学生职业能力三阶段螺旋上升。

（3）自主研发虚拟仿真软件系统，逐步形成积件式的"电力仿真中心"带电作业实训教学模块，用户可根据自身需求自由调用模块中的实训素材自由搭建混合式实训。

效果：校企共建四层二维（四层：基本素质层、基本技能层、专业技能层、拓展技能层；二维：学校教育、企业培训）架构的国家级教学资源库，自主研发了电力虚拟仿真系列软件，让学生在零风险的仿真环境下进行反复学习，降低操作安全风险，提高学生专业技能水平，增强就业竞争力。成果获得全国电力行业产教融合十佳案例，在全国同类院校推广应用，获得社会各界和媒体广泛关注。

建设高质量教育支撑体系，推进院校现代化治理变革

广东轻工职业技术学院

一、背景与现状

（一）背景

广东轻工职业技术学院（以下简称"广轻"）建于1933年，前身是广东省立第一职业学校，秉承"自强、敬业、求实、创新"的广轻精神，目前已发展成为"一校三地五校区、中高本多层次"的办学格局，正在推进"国内一流、国际知名"的"双高"院校建设。作为省属唯一国家示范性高等职业院校，既是教育部第一批信息化试点单位，也是中央电教馆"第二批职业院校数字校园实验校"建设单位。

习近平总书记对职业教育工作做出重要指示"职业教育前途广阔、大有可为"，为加快构建现代职业教育体系指明了前进方向。教育信息化要与国家发展和技术进步呈现整体上的拟合共振，国家政策部署、新一代信息技术战略性产业规划影响未来教育信息化发展趋势，以新型网络、人工智能、大数据、工业互联网等新技术应用为代表的"新基建"迅猛发展，为高校信息化发展注入强动力，促进了高校的教育模式、教学环境、产教融合、管理与服务等各领域创新。我校按照国家中长期教育规划纲要、深化教育领域综合改革整体部署要求，在《教育信息化2.0行动计划》《国家职业教育改革实施方案》《职业教育提质培优行动计划（2020—2023年）》等国家方略指引下，以立德树人、人才培养、服务区域产业为中心，构建大教学、大管理、大保障、强督查的"三大一强"广轻院校治理模式，探索跨界融合、创新发展，树立广轻品牌，引领高职院校治理新模式。

（二）现状

2014—2018年，随着信息技术快速发展，信息系统繁多，项目实施改造困难，升级集成、打通成本高，"烟囱"式项目系统难以支撑云计算、大数据、人工智能等新一代信息技术在高校信息化中的创新应用。

广轻工在教育部立项中国高水平院校建设背景下拟"打造信息化建设高地"，在校一把手领导的直接推动下，确立"重应用，有特色，高站位"的指导思想，用一年时间进行信息化项目的顶层规划、业务与技术框架研讨，组织校内外专家进行一系列的可行性论

证,完成了顶层设计、云上重构,推进智慧校园3.0一体化的建设方案,引入技术中台、数据中台、业务中台的架构,构建具有广轻工特色的"智能+职业教育"信息化支撑体系,深化大数据、人工智能在学校空间重建,人才培养模式、教育服务模式和教育治理模式创新的全流程应用,推动新技术支持下的教育模式变革和学校生态重构。

随着学校发展,信息化建设从"基础网络+主要业务应用"的1.0、"无线全覆盖+全业务应用"的2.0,发展到了"智慧化环境+标准一体的全业务重构"的3.0阶段(见图1)。

"双高"建设战略性任务:实施教育信息化战略,打造院校治理高地

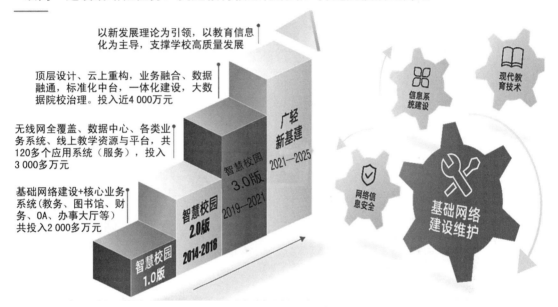

图1 广轻智慧校园1.0~3.0发展历程

广轻智慧校园3.0项目周期36个月,包括基础中台、业务中台、数据中台、学分制教务、成果转化、平安校园智能保障平台、云端学习平台、教师一体化、学生一体化、互联网+党建、资产综合管理、校企合作、集团化办学、大数据应用、用户微服务共15个子项目、48个子系统。

立项阶段,聘请多名国内著名教育信息化专家为顾问,成立了信息化战略发展领导小组,从战略高度多次深入研讨新兴技术发展下的教育信息化变革,实施"互联网+教育"行动,推进"智慧广轻"建设,力图打造绿色智能、安全可靠的新一代信息技术智慧校园,树立广轻模式品牌,引领高职教育信息化发展。实施阶段,成立智慧校园3.0项目推进领导工作组,创新智慧校园3.0联合开发工作组机制、推进项目规范流程,从领导政策、技术管理全方位保障项目顺利优质、高效推进。

二、特色与创新

（一）特色

2021年7月，教育部等六部委发布《关于推进教育新型基础设施建设构建高质量教育支撑体系的指导意见》，指出教育新基建是加快推进教育现代化、建设教育强国的战略举措，提出教育新基建的体系性要求。以智慧校园3.0为核心的广轻新基建，务实前瞻，具有体系性的四大特色。

1. 三中台技术的高职教育信息化底座

广轻智慧校园3.0建设追求"标准化、开放性、可分享、可扩展"，率先采用开放性的云基中台、数据中台、业务中台三中台技术，打造可分享、可复制的高职教育信息化底座（见图2）。

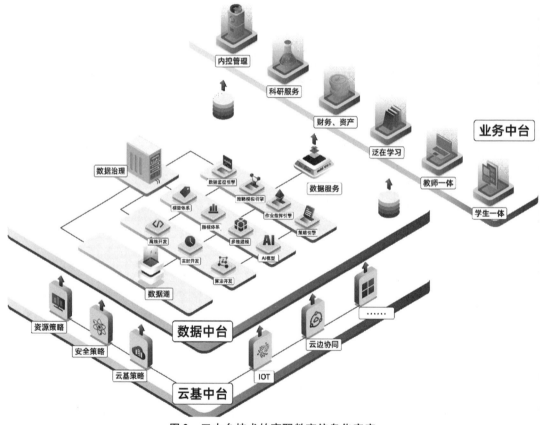

图2 三中台技术的高职教育信息化底座

2. 标准化一体融通的高职院校数据湖

以典型广轻为业务样板，实施国标及部标，制定广轻模式团体标准，建设数据上一体融通、可授权对接外部平台、随时抽样抽查的高职院校数据湖，以"上通下达、横向互联、多校共享"为目标，建成高校大数据生态架构。

3. 整体设计、云上重构学校全域业务

按示范、引领的高质量要求，整体规划设计，在公有云上重构全域业务：平安校园保障体系、学生一体化管理、教师一体化管理、泛在学习与云教务、行政事务管理与数字化监督、项目运行与绩效管理、智慧党建、科研与社会服务、校企合作产教融合、资产与财务互通、高校大数据应用等，建设了业务融合的 15 个子项目共 48 个子系统。

4. 边缘计算、低成本的智慧教学环境

率先采用边缘云架构、集成化中台、简约化课室的建设方案，实现功能增多、成本降低，运维简化、AI 扩展。一期建设 100 间智慧课室，实现与泛在学习平台的对接，从"示范性、比赛性场地建设"上升为"立体构建泛在教育体系，创新教学管理，促进教学质量，提升教师能力、累积课堂教学、充盈课程资源"的普及型智慧教学环境（见图 3）。

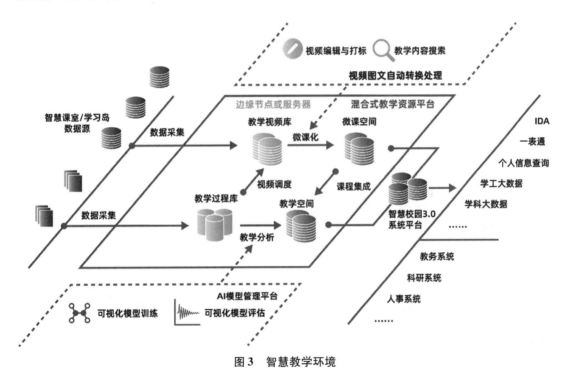

图 3　智慧教学环境

（二）创新

学校以教育信息化牵引教育变革，深化大数据、人工智能在学校数字化空间建设中的应用，实现新技术支持下学校治理生态重塑，向高水平教育现代化迈进（见图 4）。

1. 数字化战略决策，云上重构广轻

"十三五"时期，学校贯彻落实教育部的《高等职业教育创新发展行动计划》《职业院校管理水平提升行动计划》《教育信息化 2.0 行动计划》，提出融合创新的"三大一强"

图 4 智慧校园 3.0 顶层设计

院校治理模式,做出了云上重构广轻的数字化战略性决策,建设一体化、新技术、标准开放的"广轻智慧校园3.0",依托高质量的数字化支撑体系,转变管理理念、创新管理方式、提高管理效率,在"双高"建设的驱动下,力争引领高职教育信息化,打造现代院校治理高地。

2. 建成智慧校园 3.0,新基建新动能

"十四五"开局之年,建成"广轻智慧校园3.0"(见图5),形成高校信息化建设的广轻模式:全域业务、云上重构,业务融合、数据融通,标准化中台,一体化建设,大数据院校治理。广轻模式有效解决了分散建设、重复建设、信息孤岛问题,构建了以信息系统、数据资源、基础设施为基本要素的"广轻新基建",以新发展理念为引领,以教育信息化为主导,支撑学校高质量发展需要。

三、成果与影响

(一)成果

1. 建设跨界泛在的大教学系统,促进教学模式变革

建设"互联网+教育"大平台(见图6),开拓泛在教育新空间,接入数字教育资源,外校优质课程、企业生产现场、数字图书馆、数字博物馆、数字科技馆等,支持教师线上备课、网络教研、在线教学,实现优质教学资源共建共用,异地同步课堂实时接入,开创泛在教学新模式。

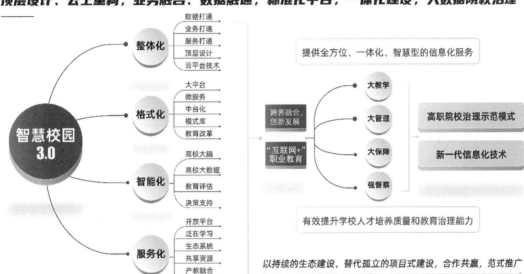

图 5 智慧校园 3.0 技术要求

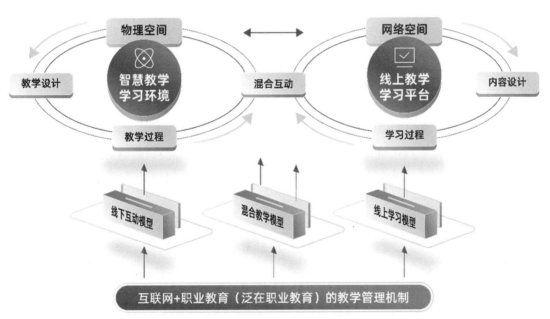

图 6 "互联网＋教育"大教学平台

2. 建设融合共享的大管理系统，提高智能化管理水平

管理流程再造、业务模式重构，以教师发展和学生成长为导向，构建学生一体化系统，涵盖从录取、迎新、在校、就业、离校到校友服务全过程管理，对招生入口、就业出口以及人才培养过程实现实时监控；构建教师一体化系统，涵盖教工从招聘、入职、在校管理到离职、退休的全生命周期管理，实现人才引进、人才管理和人才评价一体化，聘任、学习培养、社会实践、教学、科研、奖惩、活动、考勤、考核、薪酬一体化服务，促成教师发展管理新模式。

3. 建设数字识别的大保障系统，打造网格化平安校园

实体校园和网上校园相融合，人脸识别、AI分析、智能门禁、自助设备、无线定位，多技术协同，校区、公寓、教室、图书馆及公共区域的出入控制，实现网格化、分层分类分区的人员管理，学生晚归未归消息推送、学生动态分析与预警，打造安全有序的校园环境。

4. 建设过程透明化的内控系统，实现精细化预算绩效

以"花钱必问效，无效必问责"为原则，设计预算绩效管理体系，建成预算绩效一体化内控系统，实现对经济活动全程数字化管理，将项目人、财、物流转和监管可视化，落实分权制衡、权责匹配、流程管控、决策为先、业务协同、信息共享，提升治理水平和能力，满足内外部监管和风险防控需要。面向"双高"建设，实现资金使用、项目进度、绩效目标的监管常态化、实时化，实施大数据智能监督。

5. 打造"广轻大脑"决策系统，推动教育治理模式变革

在智慧校园数据中台、业务中台基础上，构建高职特色的标签库、指标库，建立教育大数据分析模型，开发学校运行驾驶舱，打造"广轻大脑"，全面、精准地掌握学校和师生情况。利用大数据进行分析与诊断，实现二级学院考核、职能部门考核、个人绩效考核、项目绩效考核的业绩图谱，调动教职员的积极性、创造性，推进基于大数据的教育治理模式变革。

（二）影响

随着广轻智慧校园3.0建设成效的逐渐凸显，广轻模式得到同行院校的高度关注，学校同时发挥"双高"院校引领担当，联合阿里云、科大讯飞等公司制定、发布中台一体的智慧校园团体标准，与国内多所院校开展信息化建设互助、对口帮扶，共建高校大数据生态。

广轻大力开展职教信息化对口帮扶工作，先后向全国3所职业院校捐赠了智慧校园3.0系统，推广广轻模式，给多所学院做信息化建设讲座和培训，践行"职教帮扶促发展，产教融合谋新篇"，探索信息化建设对口帮扶新模式。

四、经验与启示

1. 领导高度重视，信息化建设作为年度党政工作要点

信息化领导小组统筹规划、顶层设计、一体化建设，破常规，配套专责领导工作小组、资金和政策和资源，狠抓落实，常态化护航推进项目建设过程中的各种问题。

2. 加强学校信息化素养培育

信息化建设素养的核心是转变信息化建设的观念：从建设驱动转变为应用驱动，应用是主角，建设是辅角；从信息中心开始，坚定信心、统一认识，推进信息化素养建设，特别定义并培养部门负责人信息化建设和推进工作的主人翁意识，化被动为主动。

3. 攻克关键的数据治理难点

数据治理、数据中心建设作为信息化的核心，要求投入足够人员，联合组建"高校数据研究小组"，重点推进数据标准化、数据治理、数据中心（数据中台）建设。

4. 务实有效地推进需求调研

需求调研是项目的基础关键，我校在启动智慧校园3.0项目的前期进行了广泛调研，结合高职教育自身发展规律，梳理并完善了需求。

信息化建设永远在路上。面向未来，广东轻工职业技术学院制定"十四五"专项规划（见图7），将推进多校区环路互联、专业教育数据中心新基建、可信安全网络、智慧教室全覆盖、智慧校园工业互联网标识体系的建立和推广。

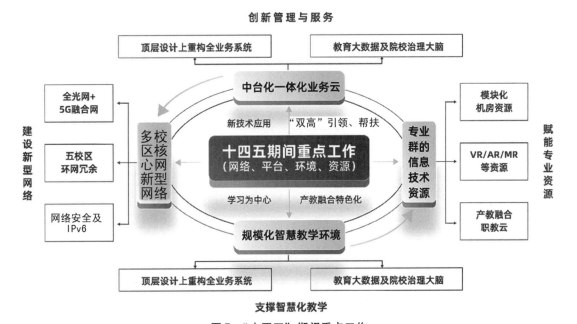

图7 "十四五"期间重点工作

深入研讨新兴技术发展下的教育信息化变革，实施"互联网+教育"行动，推进"智能化广轻"建设，树立广轻模式品牌，成为引领高职教育信息化发展的典范。

专家点评

广东轻工职业技术学院是广东省省属唯一国家示范性高等职业院校，是教育部第一批信息化试点单位，也是中央电教馆"第二批职业院校数字校园实验校"建设单位。

特色：

（1）率先采用开放性的云基中台、数据中台、业务中台三中台技术，打造可分享、可复制的高职教育信息化底座,以"上通下达、横向互联、多校共享"为目标,建成高校大数据生态架构。

(2) 提出融合创新的"三大一强"院校治理模式,解决分散建设、重复建设、信息孤岛问题,构建了以信息系统、数据资源、基础设施为基本要素的"广轻新基建"。

效果:

(1) 建设跨界泛在的大教学系统,促进教学模式改变。

(2) 建设融合共享的大管理系统,提高智能化管理水平。

(3) 建设数字识别的大保障系统,打造网格化平安校园。

(4) 建设过程透明化的内控系统,实现精细化预算绩效。

(5) 打造"广轻大脑"决策系统,推动教育治理模式变革。

广轻模式得到同行院校的高度关注,学校同时发挥"双高"院校引领担当,发布中台一体的智慧校园团体标准,与国内多所院校开展信息化建设互助、对口帮扶,共建高校大数据生态。